WindowScape

窓のふるまい学

東京工業大学　塚本由晴研究室　編

フィルムアート社

「窓を考える会社 YKK AP」を有するYKKグループは、
人にとっていい窓、街並にとって美しい窓を提供するため、
様々な視点で窓に関する幅広い研究を行っております。

本書は、その研究のひとつとして、世界の窓辺とそのふるまいについて
東京工業大学 塚本由晴研究室との共同研究の成果をまとめたものです。

ボウネス・オン・ウィンダミア ｜ イギリス

ドブロブニク ｜ クロアチア

プロチダ ｜ イタリア

ジャイサルメール ｜ インド

イスタンブール ｜ トルコ

西塘 | 中国

ミコノス｜ギリシャ

金沢 ｜ 日本

サラエボ｜ボスニア・ヘルツェゴビナ

目次

光と風

たまりの窓 · 34
House in Guarda / Kula Lotrscak / Gallen-Kallela Museum / Pousada-Sta. Maria do Bouro / Casa de Pilatos Stair Hall / Sultanahmet Camii / Can Lis

にじみの窓 · 50
Kaymakamlar Preserved House / Dar el Annabi / Villa d'Este / 立野畳店 / 聴秋閣 二階 / Saynatsalo Town Hall / Casa Barragan Library / Biblioteca Central de la UNAM

彫刻する窓 · 68
Gaj Vilas / Alhambra Sala de Embajadores / Jewellery Evellers / Casa Barragan Guest Room / La Chapelle de Ronchamp / Das Gelbe Haus / SESC Pompeia Factory

光の部屋 · 84
La Estela / Plečnik House / Photographer's House / Bauhaus / Asilo d'Infanzia Sant'Elia / Casa Estudio Diego Rivera y Frida Kahlo / Casa Barragan Common Room / Lunuganga Guest Room

影の中の窓 · 104
House in Hoi An / 聴秋閣 次の間 / Hanok in Namsan / Buddhist Temple in Pinnawala / House in Nigonbo / Regatta Hotel / Ca'd'Oro

風の中の窓 · 120
Hawa Mahal Eastside / Malaka Museum / Francis Foo House / Tuisi Garden / Fletcher-Page House / Paradiseroad Gallery Café / Via Rome / Sommarhuset

庭の中の窓 · 138
Villa Le Lac Garden / Hawa Mahal Courtyard / Lunuganga Garden / Lunuganga North Terrace / Refreshing Breeze Pavilion / Palazzo Serio Garden

人とともに

はたらく窓 · 156

Tozzi Ponte Vecchio / Bascausevic / Librairie des Passage / Pudi Padi / Koscela / Sewing Shop / Kuru Kahvecisi / Konak Kebap Salonu / Ddeokbokki Dining / Ser Wong Fun Restaurant / Verde / Van Veinstein Expedit Espresso

通り抜けの窓 · 182

Valen / Trznice / House in Guarda Entrance / Lunuganga Dining / Buddhist Temple in Pinnawala / House in Tongli / Bouca Social Housing

座りの窓 · 200

Blackwell White Room / Red House / Waterstones Booksellers Ltd / Blackwell Main Hall / Blackwell Dining Room / Ethno / Mumtazia Preserved House / Enoteka / Peripheral / St. Petri Church / Alhambra Sala del Mexuar / Irish Murphy's Counter / Irish Murphy's Table Set / Di Lorenzo / Vgees Espresso

眠りの窓 · 232

Kaymakamlar Preserved House Living Room / Bastoncu Pension / Tara House / Sri Budhasa / Arthur and Yvonne Boyd Art Center / Falling Water / Casa de Pilatos Garden

物見の窓 · 248

Rapshodia / Villa Le Lac Bedroom / House in Dhibbapara / House in Blue City / Patwon-ki-Haveli / Simit Sarayi / Piazza dello Spirito Santo / Largo Soccorso 8 / Hotel Le Sirenuse /

交響詩

連なりの窓 ・・・・・・・・・・・・・・・・・・・・・・・・・・・ 272
瑞龍寺 / Awaiting Cloud Temple / The Mid-lake Pavilion Tea House / The Glasgow School of Art / Villa Le Lac Living Room / Rowing Club / University of Sao Paulo / 春草廬

重なりの窓 ・・・・・・・・・・・・・・・・・・・・・・・・・・・ 290
Hanok in Namsan / 懷華楼 / 臨春閣 / Restaurant in Rua da Felicidade / House in Sidi Bou Said / Via Leonardo 7 / Palazzo Davanzati Bedroom / Millowner's Association Building / Library of Aveiro University / Business Library / Safari Roof House / Ralph Erskine Home and Office / El Hotel Zaguan del Darro / National Library

窓の中の窓 ・・・・・・・・・・・・・・・・・・・・・・・・・・・ 320
Marina di Chiaiolella / Via M. Scotti / Casale del Vascello / Palazzo Davanzati Main Hall / Bakery in Fener / Land of Nod Café / IIM Dormitory Office / IIM Hemant's Room D-1010 / Esherick House / Exeter Public Library / House in Tlalpan / Hawa Mahal Stair Hall / Hawa Mahal Main Façade

コラム

1 . Geoffrey Bawa ・・・・・・・・・・・・・・・・ 102
　　スリランカの気候風土のなかで、生きること、建てること

2 . Rudolf Olgiati ・・・・・・・・・・・・・・・・・ 152
　　アンティークを通して文化の古層と響き合う創作

3 . Christopher Alexander ・・・・・・・・・・・ 198
　　経験の単位に内在する時間の蓄積

4 . Bernard Rudofsky ・・・・・・・・・・・・・・ 268
　　プロチダにみる総体性と建築的パラダイス

WindowScape 窓のふるまい学 –Window Behaviorology– ・・・・・・ 24
調査地および気候・宗教分布図 ・・・・・・・・・・・・・・・・・ 28
窓のコーストライン ・・・・・・・・・・・・・・・・・・・・・ 30
凡例 ・・・・・・・・・・・・・・・・・・・・・・・・・・・ 31

口絵解説　街の窓 ・・・・・・・・・・・・・・・・・・・・・ 348
調査メンバー・調査地域 ・・・・・・・・・・・・・・・・・・ 350

WindowScape

窓のふるまい学 ―Window Behaviorology―

塚本由晴

なぜふるまいなのか

20世紀という大量生産の時代は、製品の歩留りを減らすために、設計条件を標準化し、製品の目標にとって邪魔なものは徹底して排除する論理をもっていた。しかし製品にとっては邪魔なものの中にも、人間が世界を感じ取るためには不可欠なものが多く含まれている。特に建築の部位の中でも最も工業製品化が進んだ窓のまわりには、最も多様なふるまいをもった要素が集中する。窓は本来、壁などによるエンクロージャー（囲い）に部分的な開きをつくり、内と外の交通を図るディスクロージャーとしての働きがある。しかし生産の論理の中で窓が一つの部品として認識されると、窓はそれ自体の輪郭のなかに再び閉じ込められてしまうことになる。本来、囲いを破っていく窓が、要素という概念の囲いに押し込められてしまうのである。それに対し、ふるまいから窓を捉えることは、窓を通して入ってくる光や風、そこにたまる熱、その熱に寄り添い外を眺める人、街路を歩く人、庭に広がる緑、といった窓に隣接する物事へと目を向けさせ、それらとの関係の中に窓を位置づけることになる。そこに集められたさまざまなふるまいが及ぶ範囲が窓であるという拡張された認識なしには、窓の経験に備わった豊かさは捉えられないし、窓の創造も決してないであろう。窓を様々な要素のふるまいの生態系の中心に据えることによって、モノとして閉じようとする生産の論理から、隣り合うことに価値を見出す経験の論理へと空間の論理をシフトさせ、近代建築の原理の中では低く見積もられてきた窓の価値を再発見することが出来るのではないだろうか。

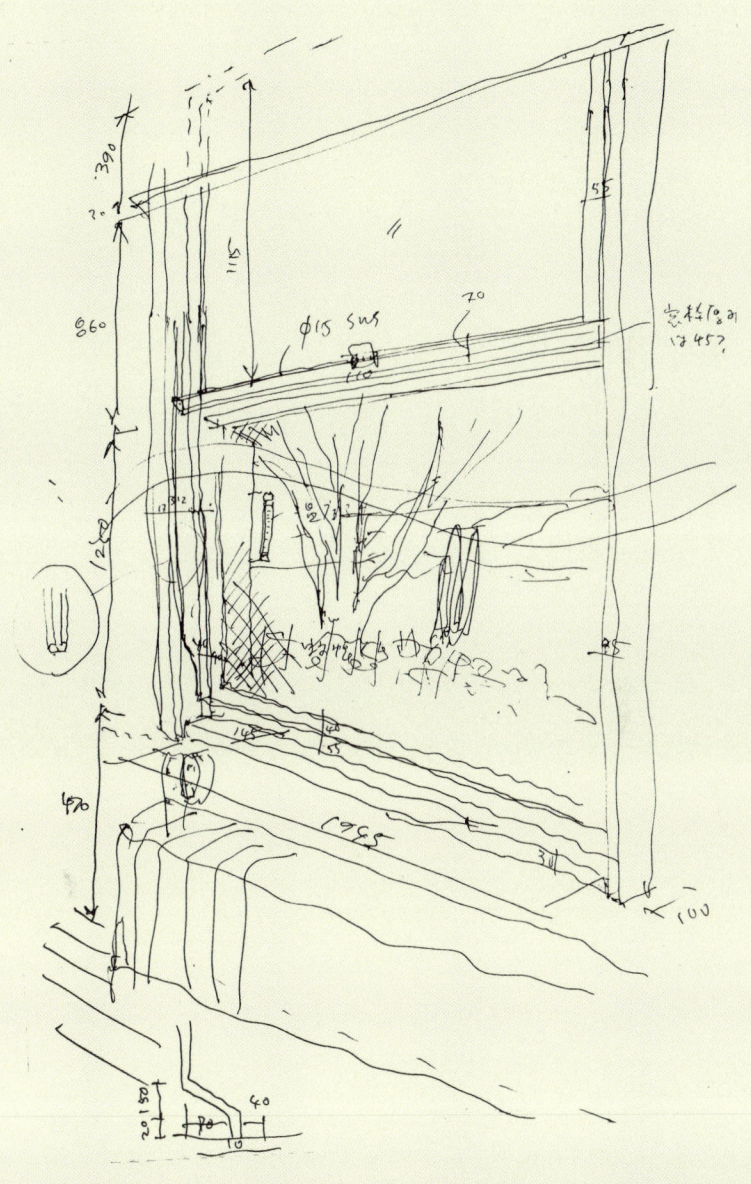

スウェーデン、ステナス、夏の家　実測図

世界各地の窓

本書は、世界各地の窓を、実測や聞き取りなどのフィールドワークを通して記録し、それぞれの窓に集められたふるまいを観察するものである。窓のまわりには、光、風、水、熱などの自然の摂理に従った独自のふるまいがあり、日だまりや風通しの良い場所に居つき、そこに寄り添って窓の開閉を調整する人間のふるまいがある。また、複数の窓が通りに沿って建物群の壁面を反復することで、ひとつの窓では実現できない複雑なリズムやパターンを都市空間につくりだす窓自体のふるまいがある。どの窓にもこうしたふるまいは多かれ少なかれ含まれているのだが、その中の特定のふるまいを強めたり弱めたりすることによって、窓の特徴を意識的に構成することができるのである。こうした特徴は、世界の窓の比較を通して帰納的に導かれたものであるが、創作の場面において演繹的に用いられることで、窓を中心とした有機的な事物の関係についての想像を広げ、新たな窓を生むコンセプトにもなりうるはずである。

実践的で詩的な

窓はその場所の気候風土や社会的、宗教的規範や建物の用途から求められることに対してきわめて実践的に応答しながら、同時にそこに集められ、調整された要素のふるまいを通して、自分ではない別の存在の摂理や道理にしたがって世界に触れる想像力を与えてくれる。その想像力の中で我々は自分自身の境界を超えて世界と一体化するような詩的な体験に浴することができるのである。このように実践的でありながら同時に詩的な想像力をもたらしてくれるところに、窓の時を超えた本質がある。

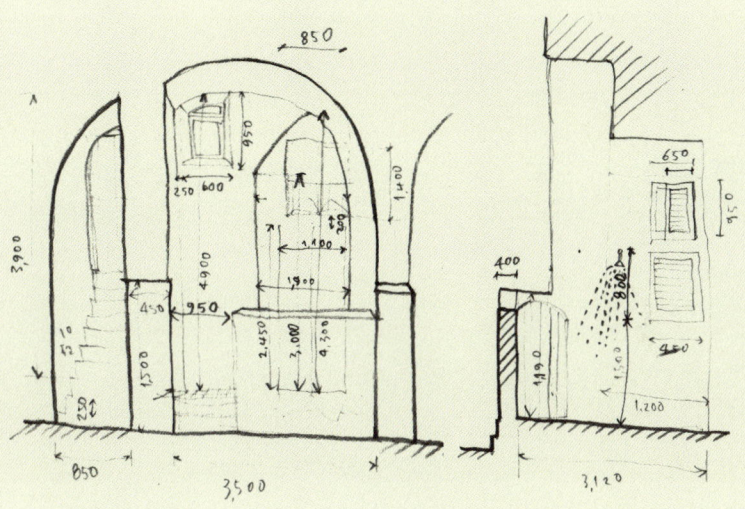

イタリア、プロチダ島、キアイオレッラの住居　実測図

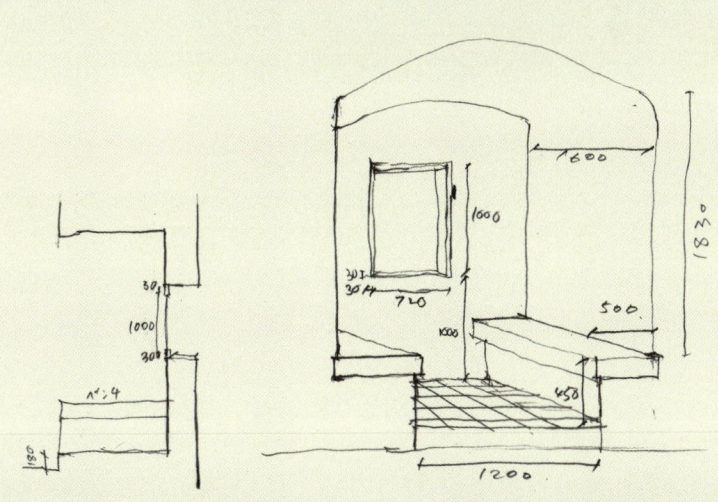

クロアチア、ザグレブのロトルシュチャク塔　実測図

調査地および気候・宗教分布図

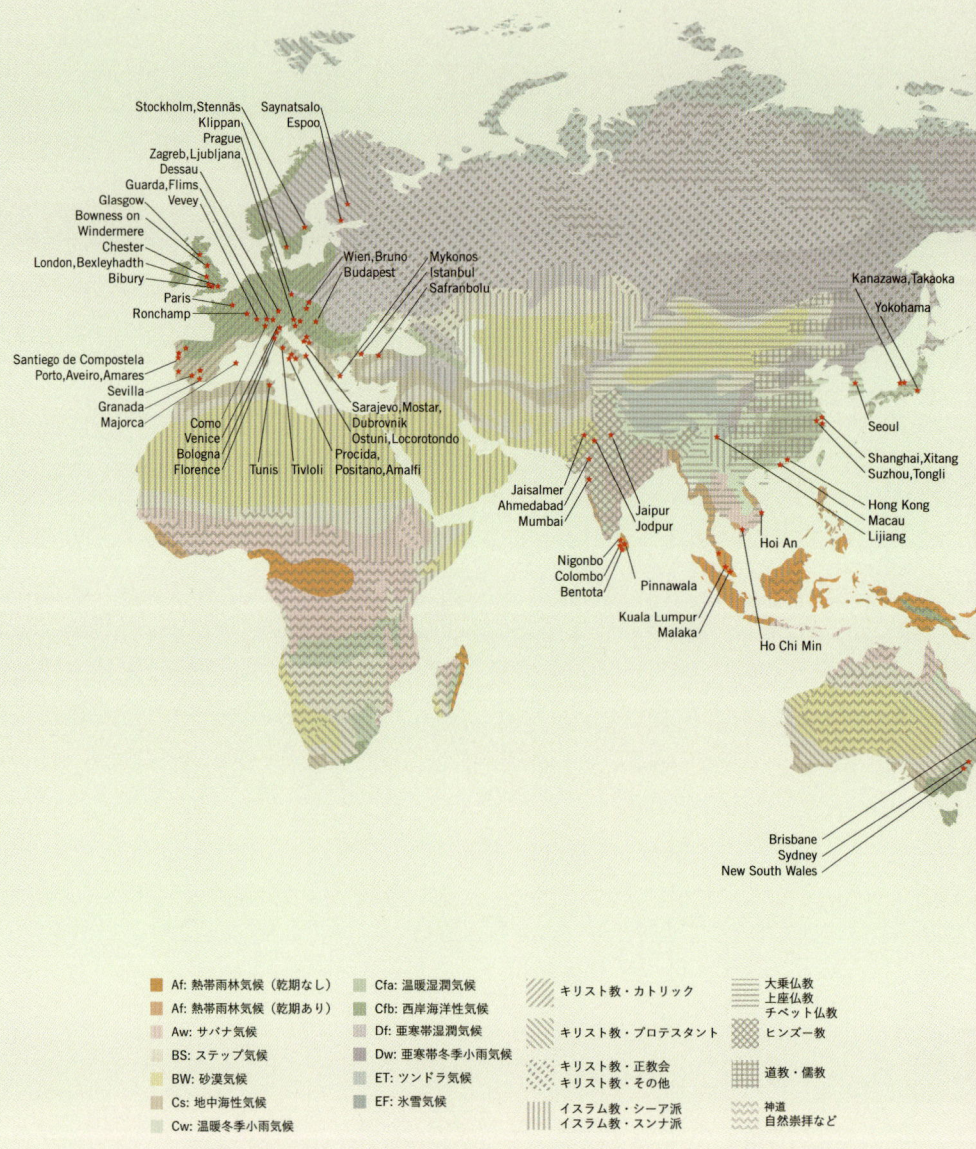

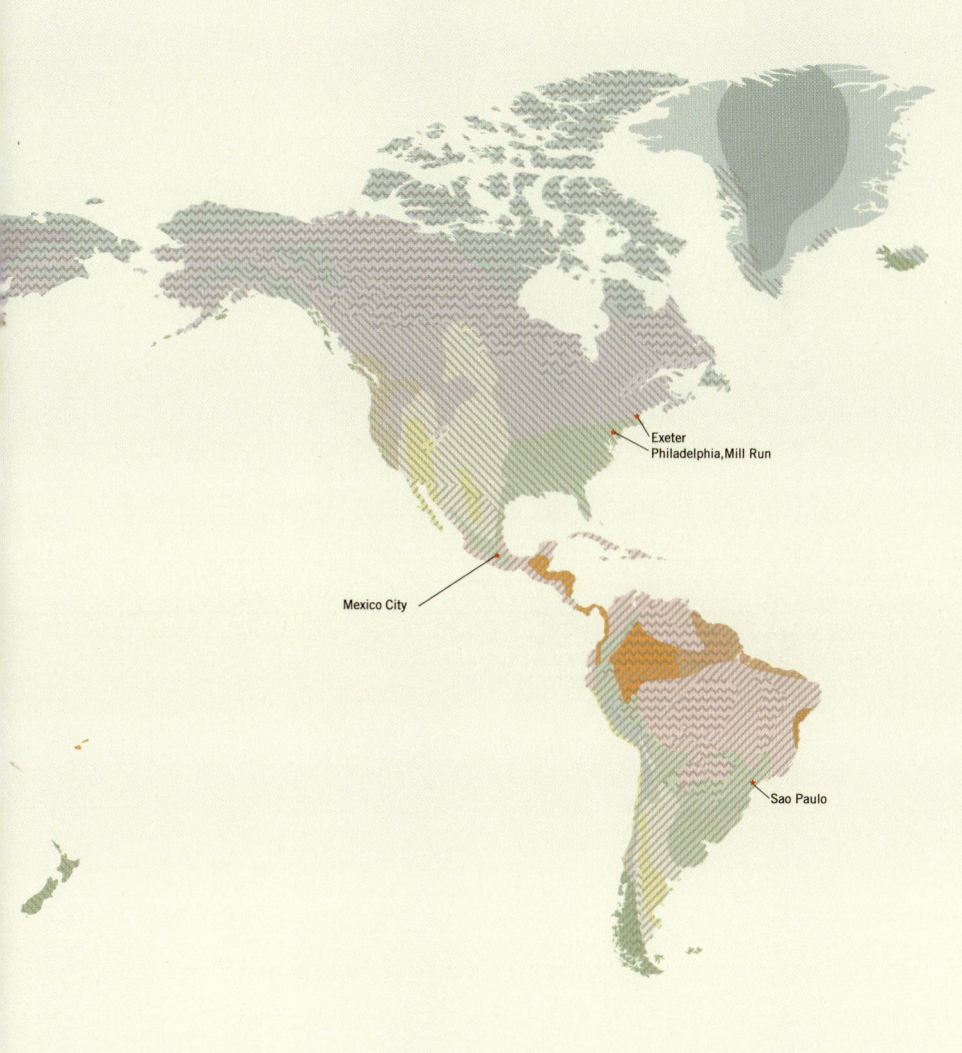

窓のコーストライン

研究を開始した初年度は、寒冷地や砂漠など極端に気候風土が違う地域から、窓のサンプルを集める方針で調査地の選定にあたったが、ある程度の調査を経験した途中から、むしろ少しずつ地域を移動しながら見て行く方が、窓の類似性と差異の両方を把握しやすいことがわかってきた。また、近代以前の伝統的な窓が近現代の建築家によってどのように翻案されているかということにも興味があったので、新旧双方の窓が採集できるという条件を調査地の選定に加えると、交通の要所や湾岸など、水辺に近く温暖な地域が、豊かな窓の表現を観察出来る地域として浮かび上がってきた。そこは地球上で最も人口が集中し、都市化した地域であり、建物の内と外の関係を調整する窓に社会性が色濃く投影され、文化的な奥行きが与えられているように思われた。おそらくシルクロードや、大航海時代の貿易をきっかけに、窓はそれぞれの地域の特徴を拾い上げて、互いにその「知性」を交流させながら少しずつ変化していったのではないだろうか。こうした豊かな窓の文化の連なるヨーロッパから日本まで続くユーラシア大陸の南側の海岸線を「窓のコーストライン」と呼び、人類史上最も窓が多様に開発されたのではないかという仮説を立て、これをもとに研究室のメンバーはその道筋を踏破する調査旅行へと、手分けして出かけて行った。気がついてみれば我々はたいへん意味のある世界一周のしかたを見つけていたのである。

凡 例

本文中、左ページの欧文表記は
以下の意味を示す。

　　　　　　　　　　　　　　建 築 名

例：

Library of Aveiro University
Library / Aveiro, Portugal / Cs

用 途 ／ 都 市 名 、国 名 ／ 気 候 区 分

- 尚、「気候区分」(Cs)に関しては、
  本書 28-29 ページの「気候・宗教分布図」参照。
- また、建物のイラストの寸法は、
  ミリメートルを示す（1050→1050mm）。

1.

／ 光と風

Light and Wind

われわれは、それでなくても太陽の光線の這入りにくい座敷の外側へ、土庇を出したり縁側を附けたりして一層光を遠のける。そして室内へは、庭からの反射が障子を透してほの明るく忍び込むようにする。われわれの座敷の美の要素は、この間接の鈍い光線に外ならない。われわれは、この力のない、わびしい、果敢ない光線が、しんみり落ち着いて座敷の壁へ沁み込むように、わざと調子の弱い色の砂壁を塗る。土蔵とか、厨とか、廊下のようなところへ塗るには照りをつけるが、座敷の壁は殆ど砂壁で、めったに光らせない。もし光らせたら、その乏しい光線の、柔らかい弱い味が消える。われ等は何処までも、見るからにおぼつかなげな外光が、黄昏色の壁の面に取り付いて辛くも余命を保っている、あの繊細な明るさを楽しむ。谷崎潤一郎『陰翳礼讃』

―――

谷崎潤一郎の『陰影礼賛』の一節。土庇、縁側、庭、障子紙、砂壁。建築をつくるという観点からすると、要素や材料、職方の違いによって分節されてしまう様々な要素も、ここでは日本家屋の座敷における光のふるまいが詳細にトレースされることで、有機的連関の中に統合され、艶かしく連続する空間として一体となっている。この光のふるまいについての観察が及ぶ範囲を「窓」と捉えてみると、庭や座敷の砂壁までがその範疇に入ることになる。それは通常の窓を逸脱している。この記述自体がデザインコンセプトとも呼べる域に達している。

たまりの窓

Pooling Windows

ロマネスクなどの西欧の伝統的な石造りの建築は分厚い壁でできている。そこに窓を穿つということは、壁を構成している石をどかし、その厚みの中に人間の身体が、一人か二人、ちょうどすっぽり納まるような、もう一つの小空間を作って行くことでもある。石で閉ざされた闇を、少しずつ光に置き換えて行くことと考えれば、光は重さからの解放を象徴しているとみることもできる。

このときにできる窓の「抱き」は、壁の厚みを室内に出現させ、内部と外部の間にある奥行きを作り出す。窓から入る光は、まずこの奥行きのところで一時停止するかのように、その表面に光を戯れさせる。その明暗の差が強烈なコントラストをなす場合は、目の暗順応の効果によって、室内をより暗く闇の中に沈み込ませることになる。石、タイル、しっくいなどの仕上げが光になめられて、それぞれの素材がもつ肌理がそうした闇の中に鮮やかに浮かび上がる。このわずかに輝いたり、微妙な凹凸の陰影を映し込む、肌理に囲まれた小空間を、ここでは「たまりの窓」と呼ぶことにする。闇を閉じ込めた空間の中に、奥行きをもった肌理が入れ子状に分節されている。あるいは、外側の光に溢れた場所と、内側の闇を閉じ込めた場所の間に、肌理に満ちた奥行きが挿入されている。そうした光のふるまいから観察された特徴には、構造体である壁の厚みに関する情報は含まれていないにもかかわらず、「たまりの窓」は、文化の古層に働きかけるように、光が重さからの解放を意味したことを、繰り返し我々の意識に喚起するようである。

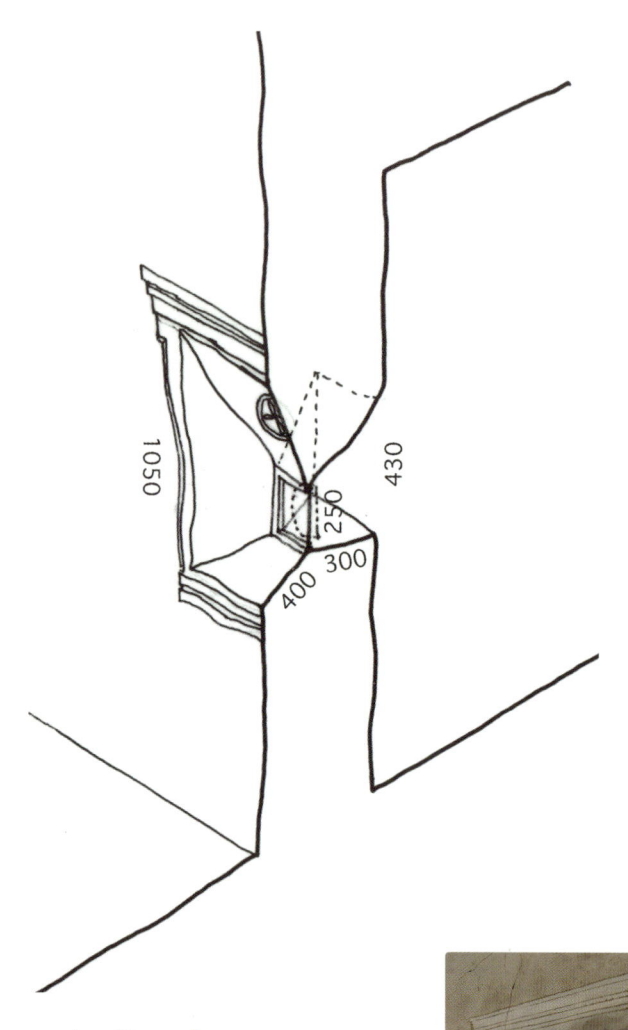

House in Guarda
House / Guarda, Switzerland / Df

スイス山中、グアルダの民家。壁面の漆喰仕上げを引っかいて模様を描くスグラフィティと呼ばれる手法によって、装飾された窓の中に、耐寒性を優先させたひどく小さなガラス窓が嵌め込まれている。ここで絞り込まれた光は室内全体に拡散させる前に、内側から斜めにえぐり込まれた窓のだきにたまる。そこに置かれた小物からすればこれはこれで小さな部屋なのである。暗い部屋の中の小さな明るい部屋。

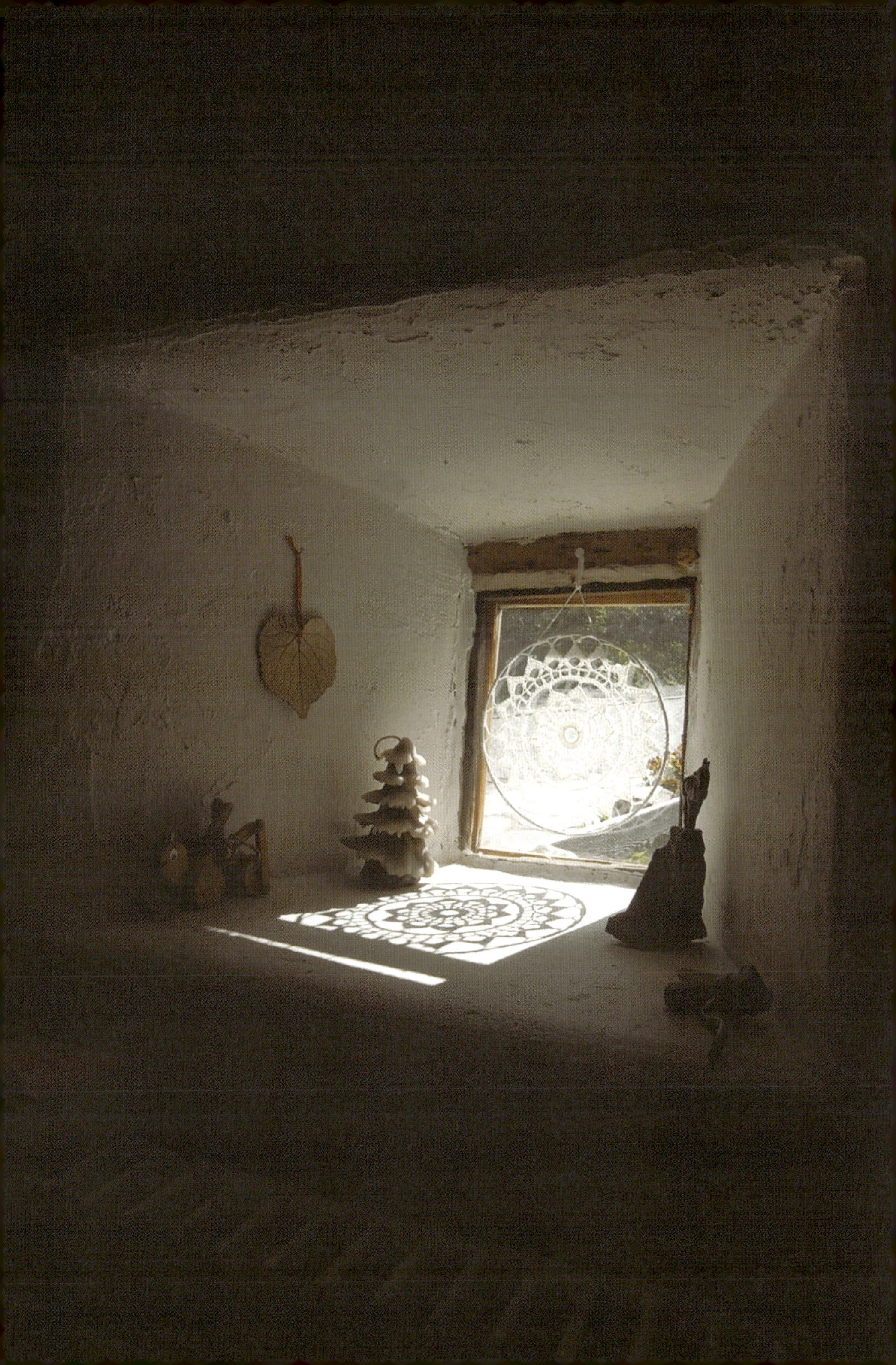

Kula Lotrscak

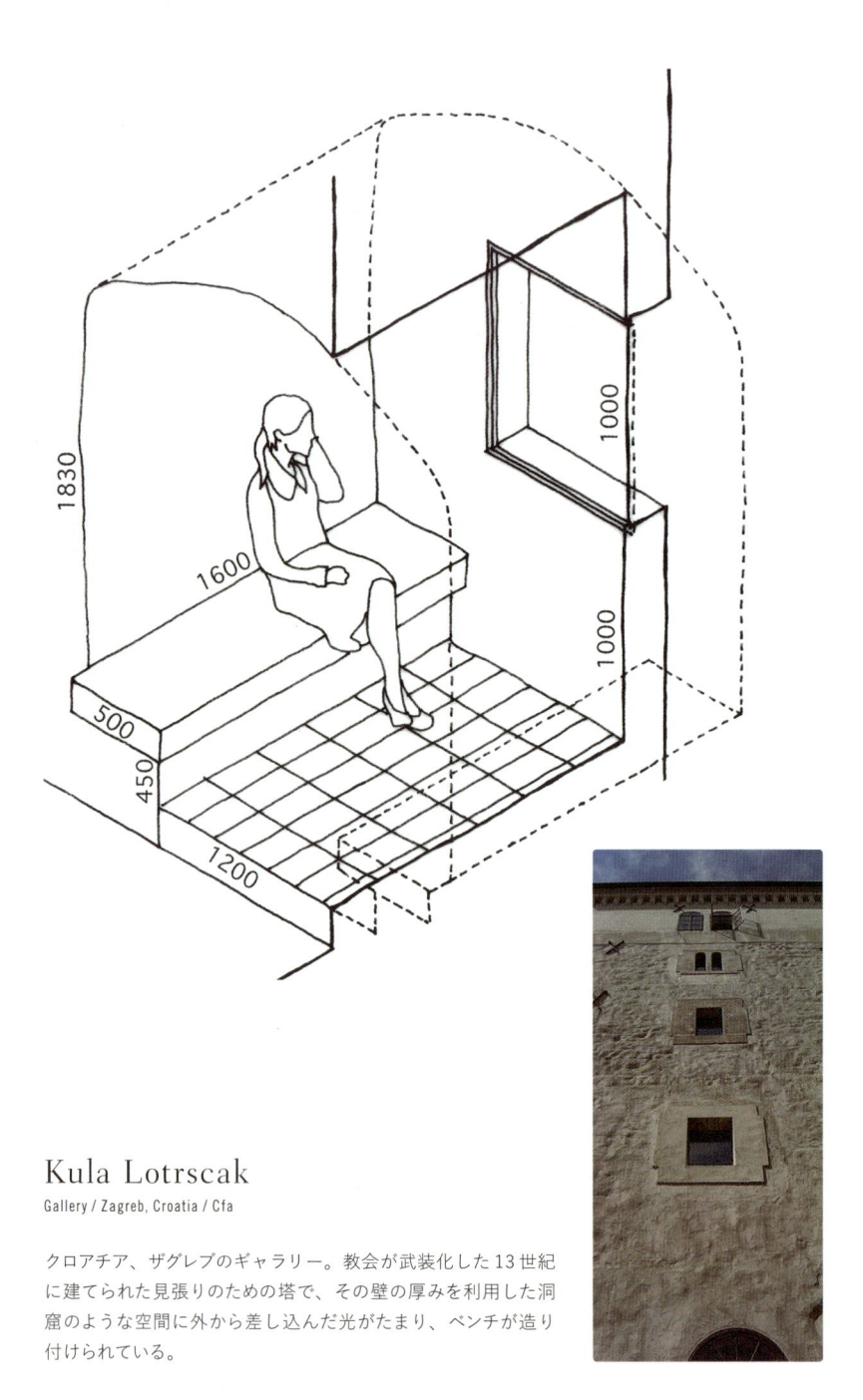

Gallery / Zagreb, Croatia / Cfa

クロアチア、ザグレブのギャラリー。教会が武装化した13世紀に建てられた見張りのための塔で、その壁の厚みを利用した洞窟のような空間に外から差し込んだ光がたまり、ベンチが造り付けられている。

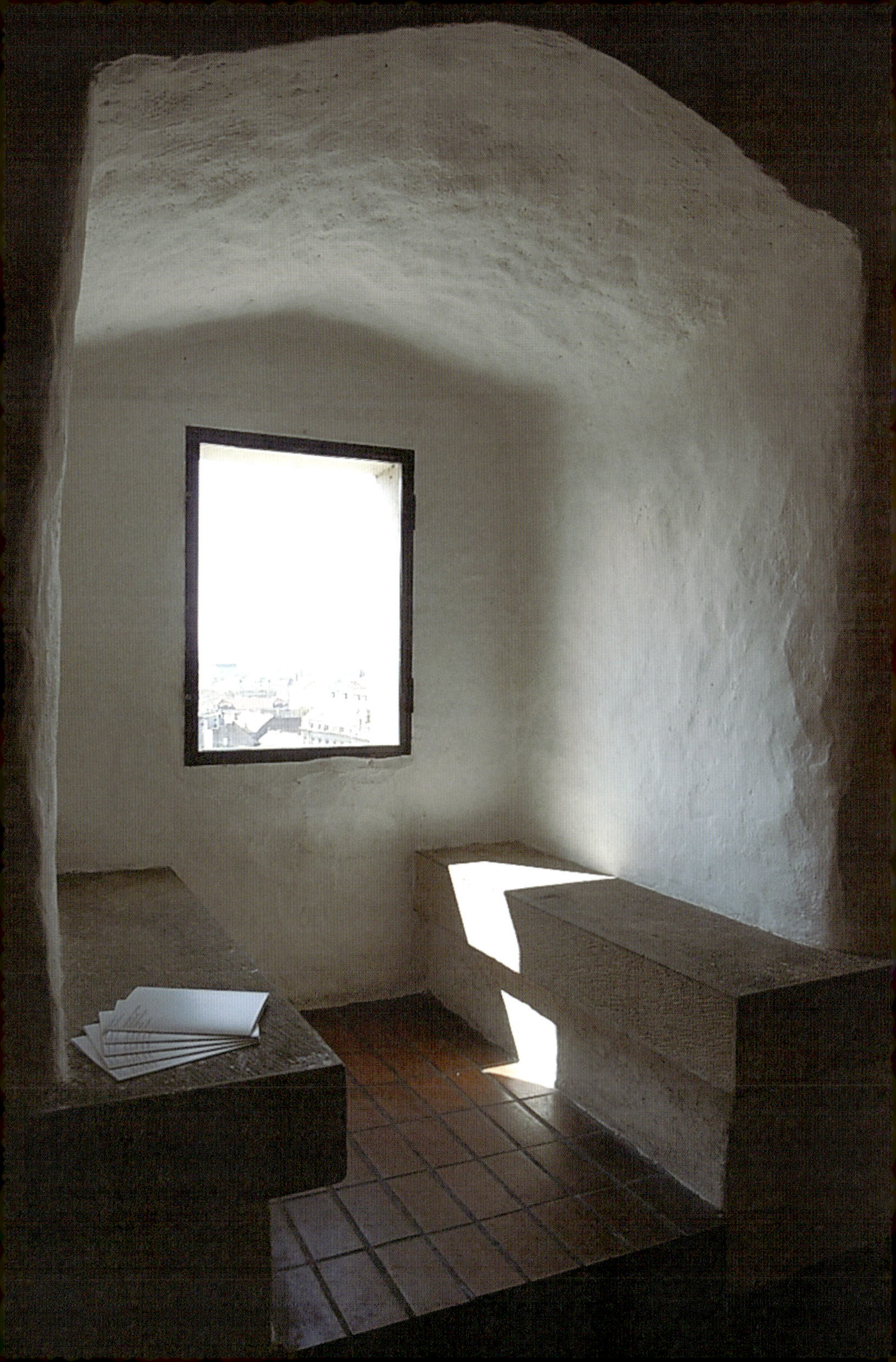

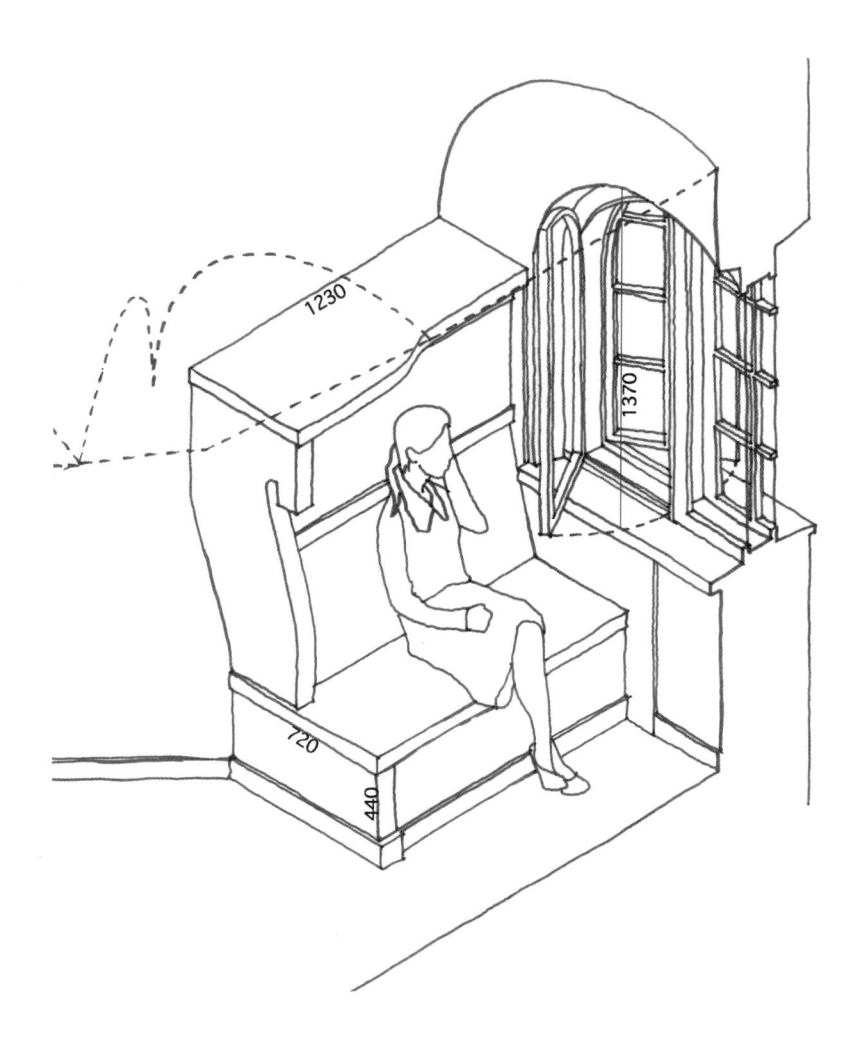

Gallen-Kallela Museum
Museum / Espoo, Finland / Cfb

フィンランドのナショナル・ロマンティシズム期の画家ガッレンカッレラの家。ドームのある8角形の室の一辺がアーチ型のアルコーブになっており、その妻壁の中央に窓が設けられている。収納付きのベンチとテーブルが、このアルコーブと窓にあわせて造り付けられている。

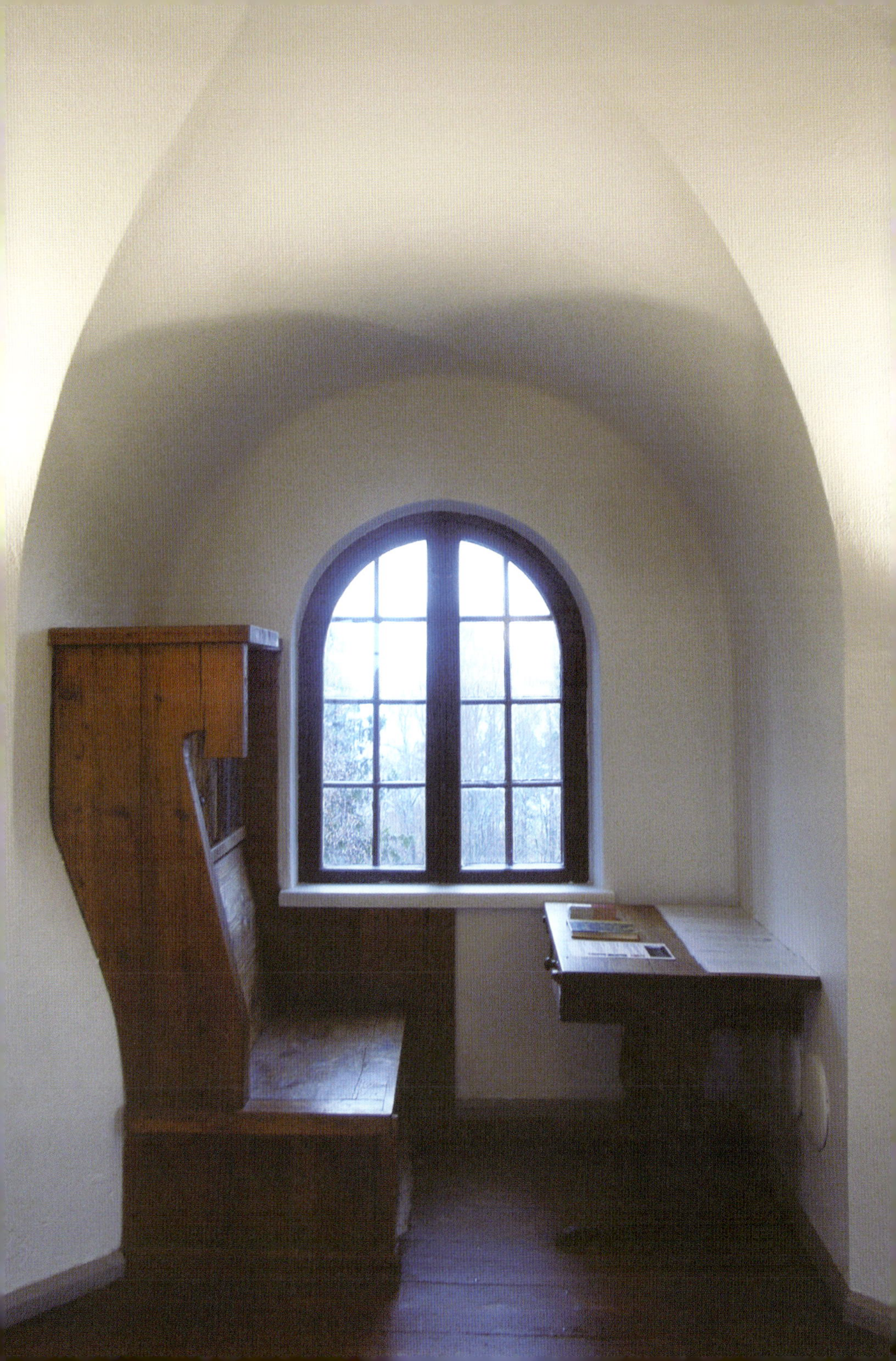

Pousada-Sta. Maria do Bouro
Hotel / Amares, Portugal / Cs

ポルトガル、アマレスの修道院を建築家ソウト・デ・モウラが改修したホテル。分厚い躯体をなす石を彫っていって暗闇の中に掘り当てられた光の泉。

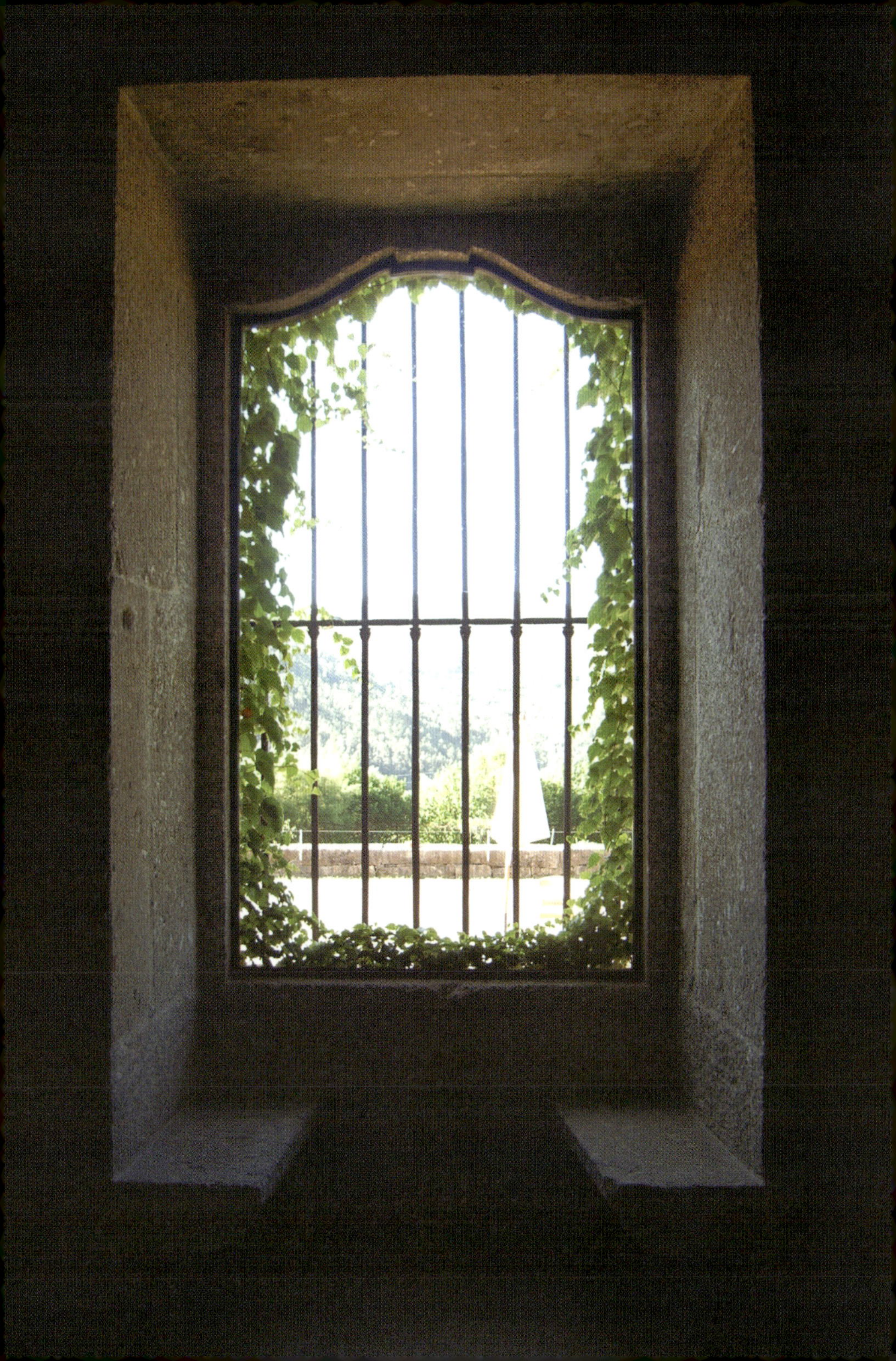

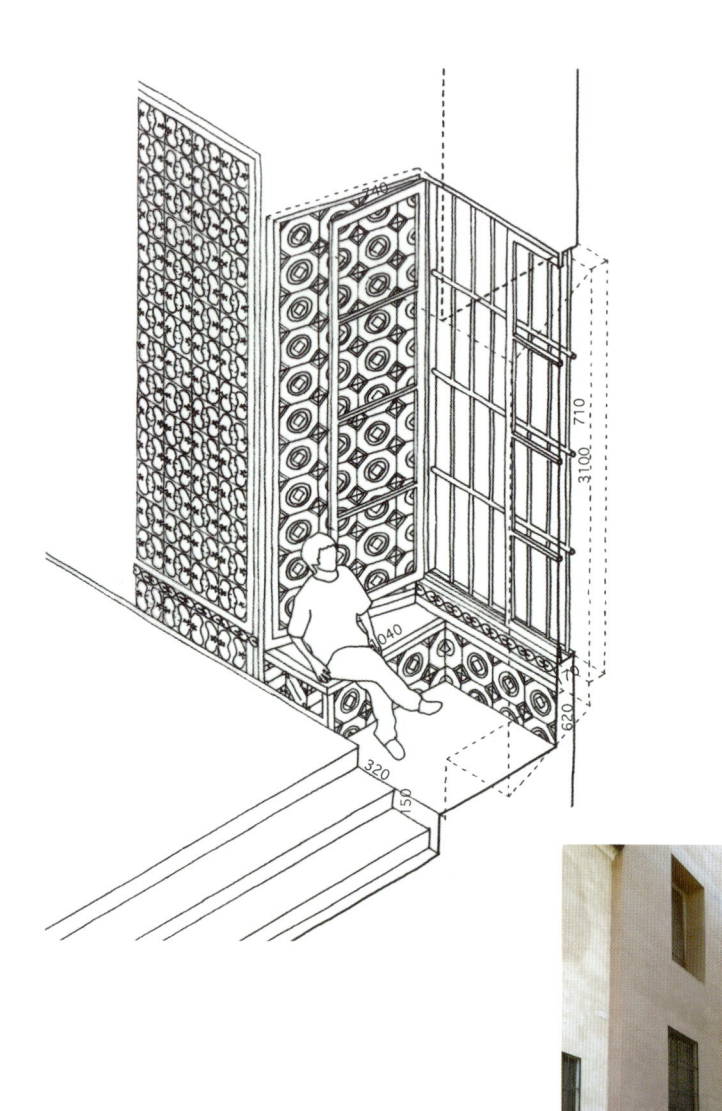

Casa de Pilatos Stair Hall

Palazzo / Sevilla, Spain / Cs

スペイン、セビーリャの15世紀の豪邸。総タイル張りの階段室の途中に、壁の厚みを利用して窓前にベンチが設えられ、そこから内と外の両側が見られるようになっている。これと同じ設えの窓が前後数段分違う位置に3カ所設けられている。

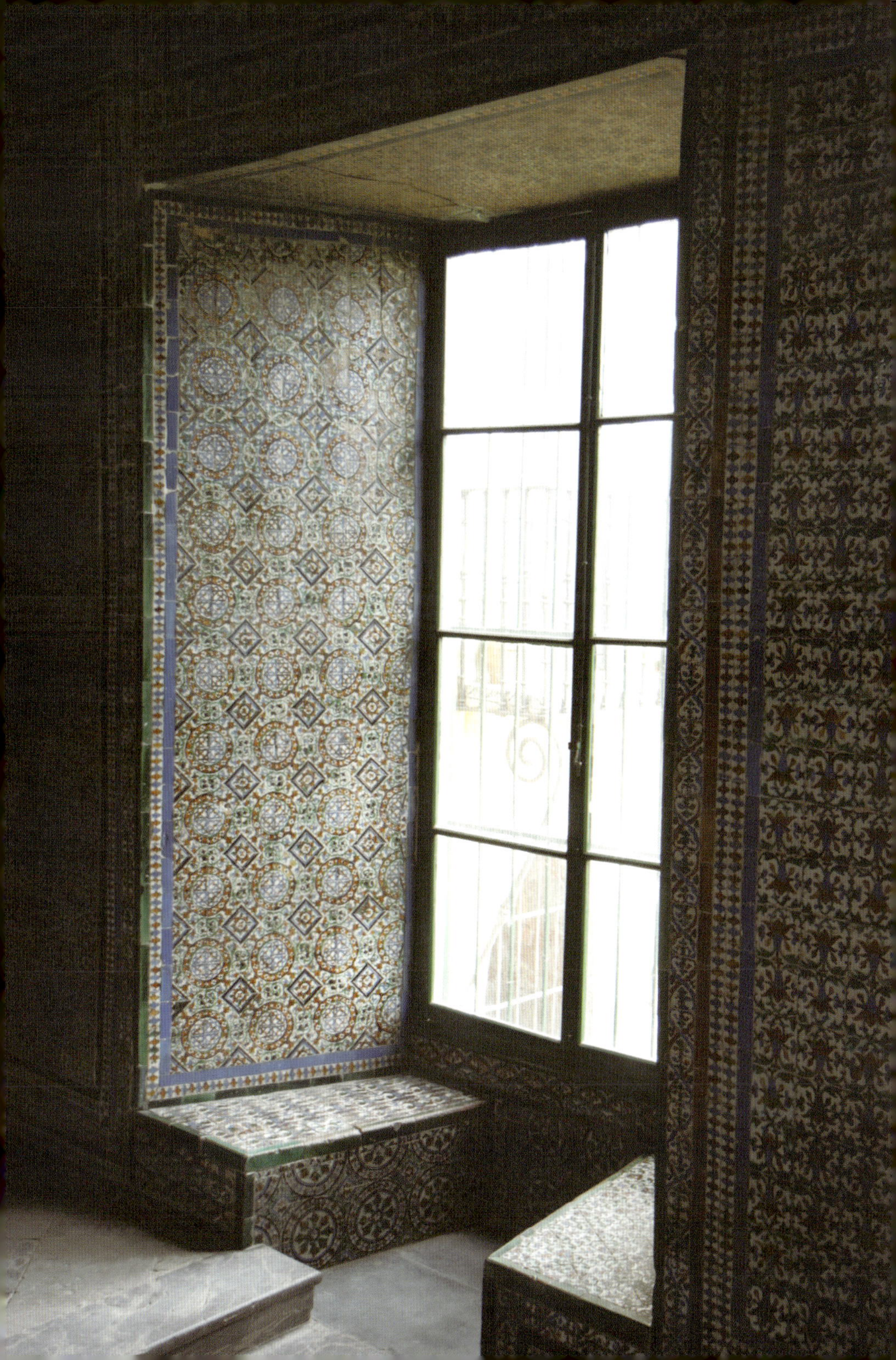

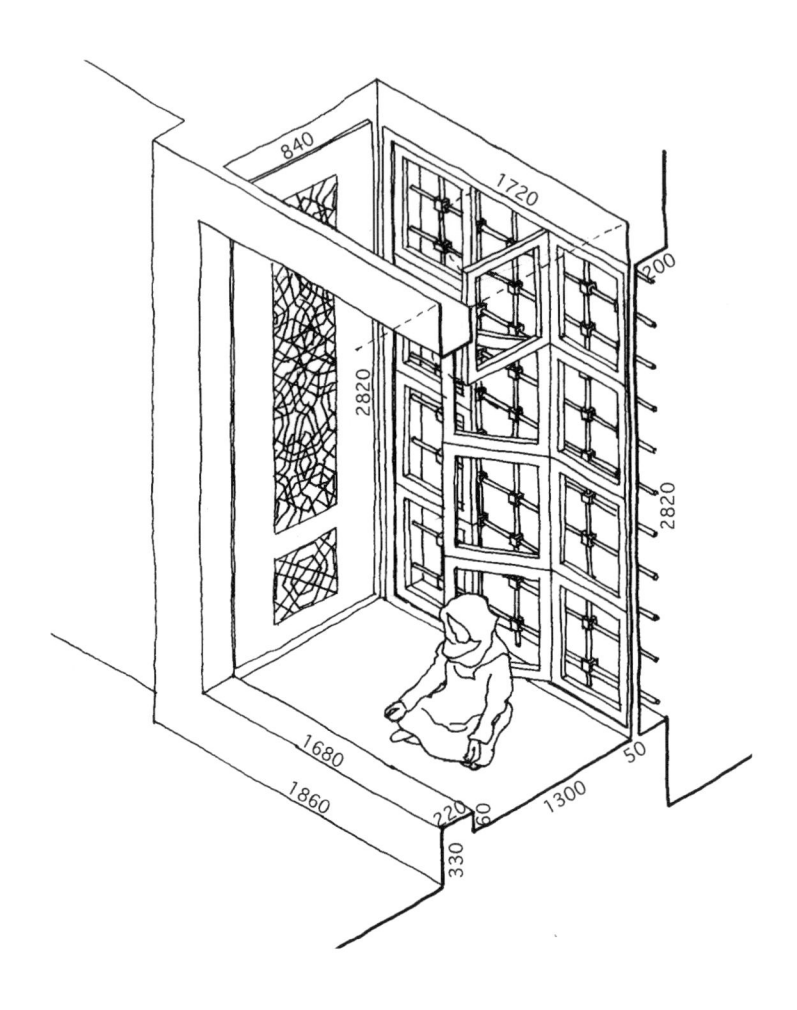

Sultanahmet Camii

Mosque / Istanbul, Turkey / Cs

トルコ、イスタンブールのブルーモスク。巨大なモスク全体の中では小さな部分でしかない窓も、人と比べれば十分に大きい。柱間に反復された窓の一つ一つは、内側の扉を閉じれば、光あふれる個室に、開ければオペラのバルコニー席のようになる。

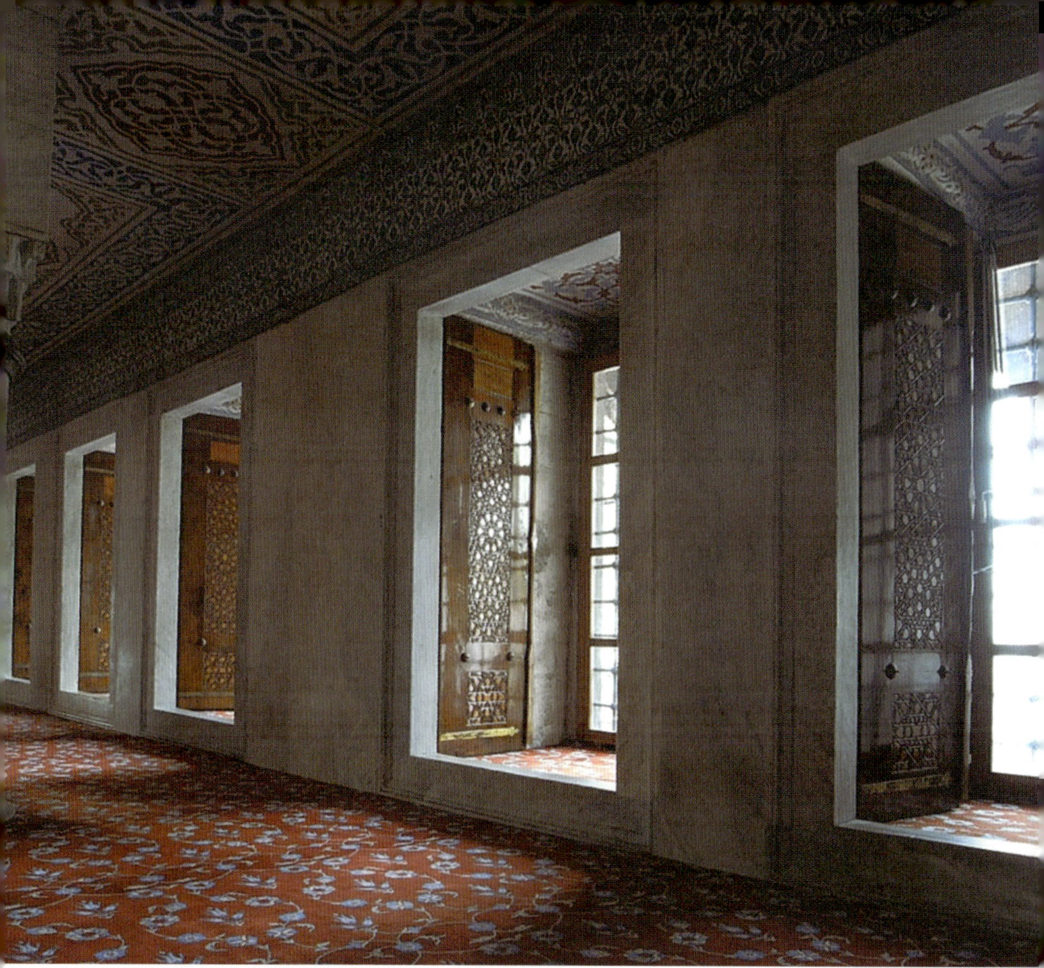
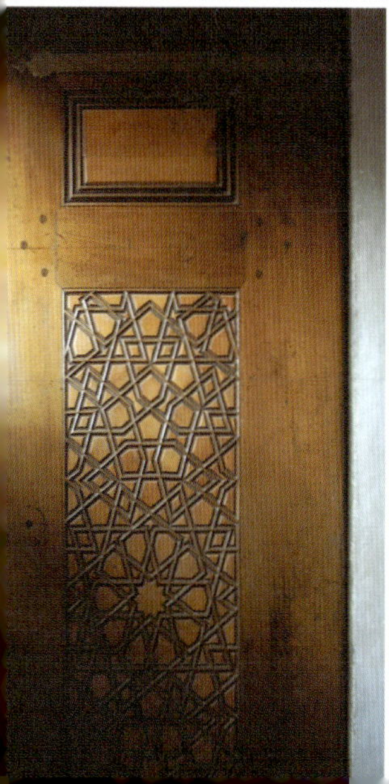
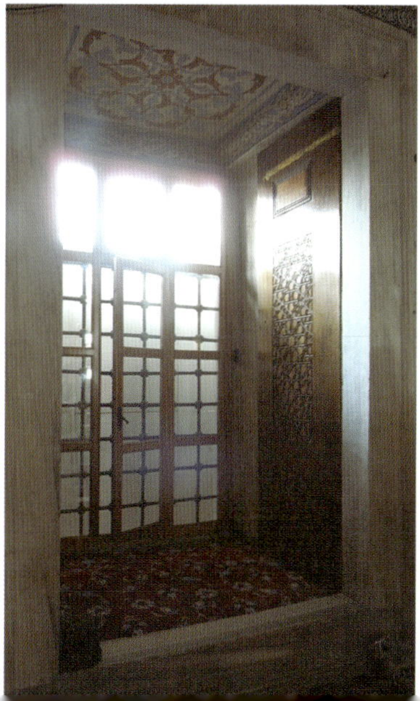
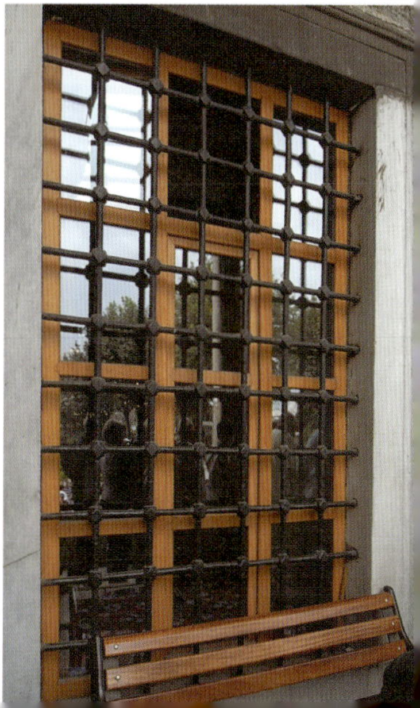

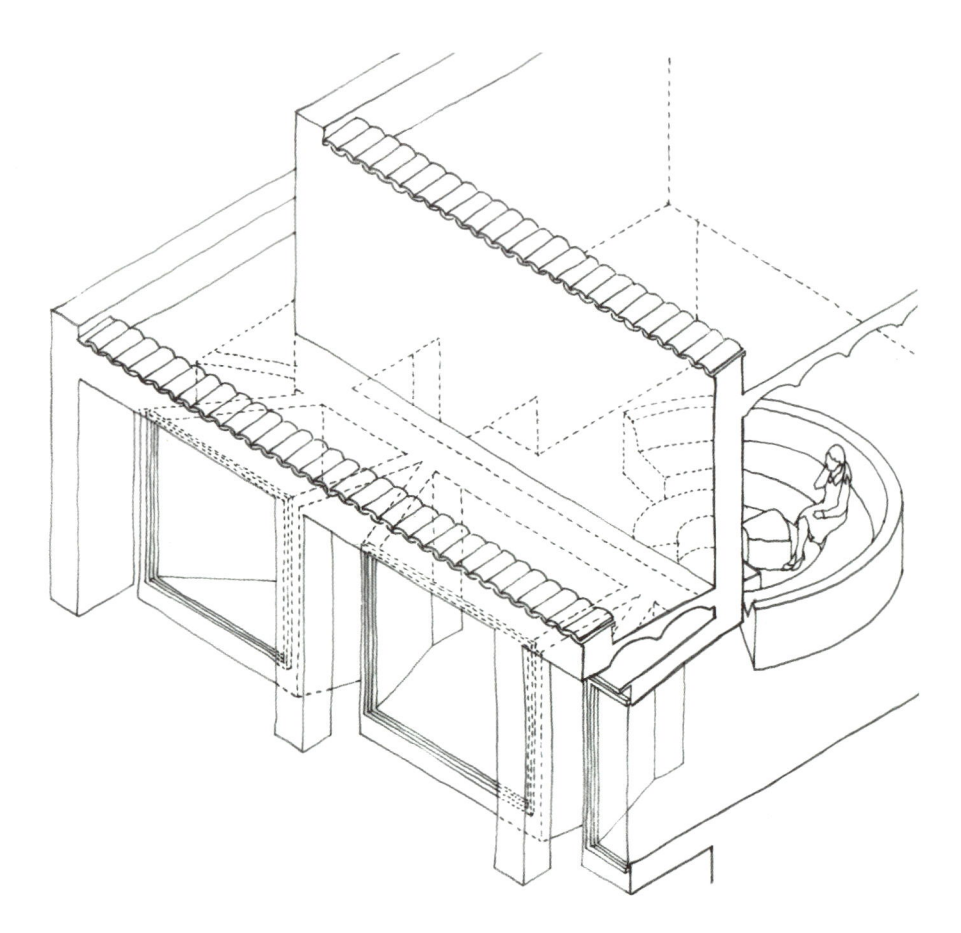

Can Lis

House / Majorca, Spain / Cs

マヨルカ島の崖上にあるヨーン・ウッツォンの自邸(Can Lis)。外に向かって放射状に広がる壁の配置によって、異なる方角に5つの窓が設えられている。崖上で強風に曝されるこれらの窓は、全て外側から取り付けられたフィックス窓であり、それを覆うようにポルティコが設けられている。これにより、窓は常に広間よりも明るい光のたまりになり、室内を映し込む反射や、建具のシルエットなしにただ、地中海を切り取る形になる。切り取られた眺めの中で海面が占める分量が大きくなるように、窓は低くおさえられている。

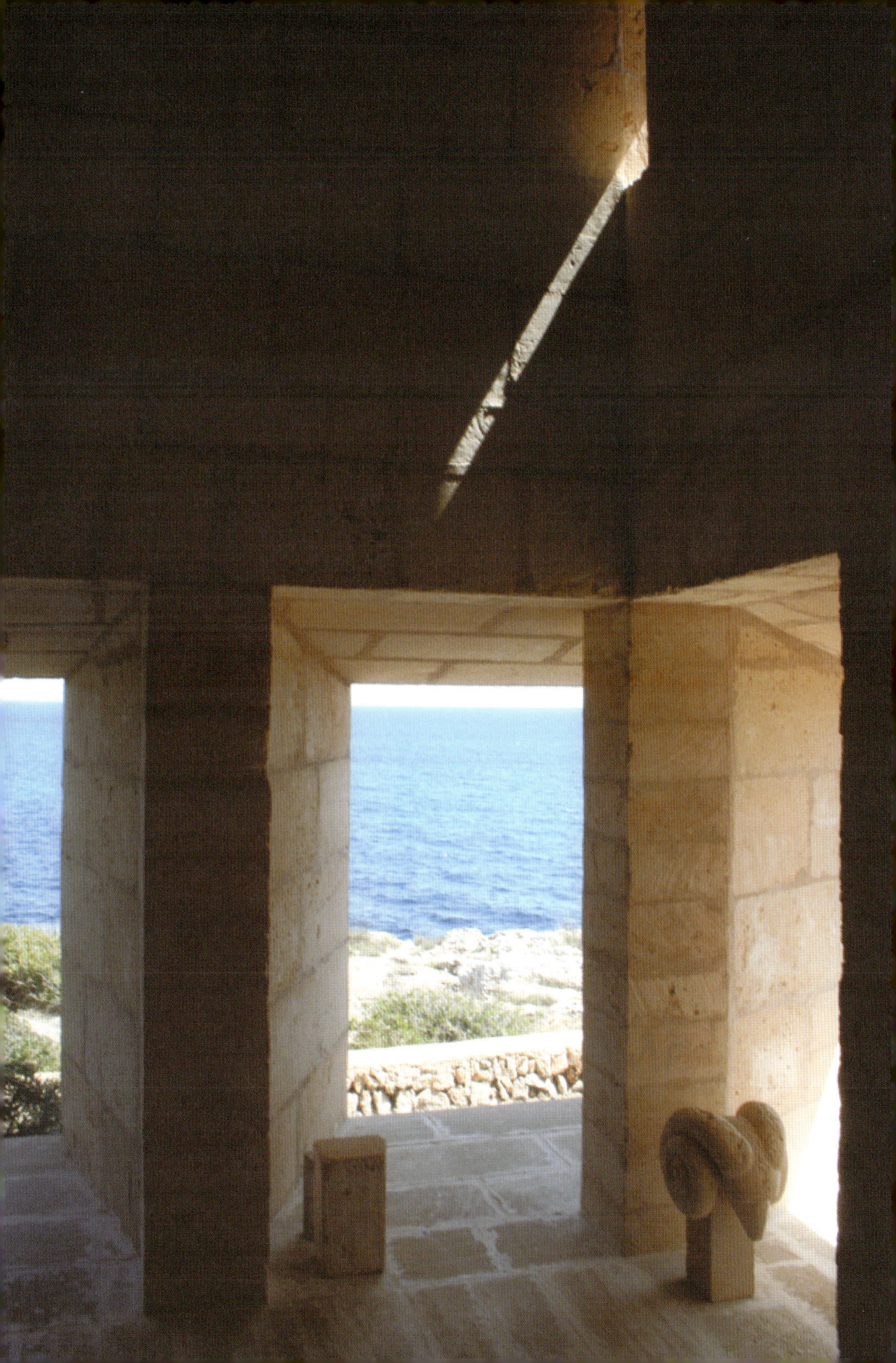

にじみの窓

Dissolving Windows

直射日光が窓から室内に差し込むと、影で満たされた室内に一条の鋭い光の束が突き刺さったようになる。16世紀イタリアのカラヴァッジョはこの光の中に浮かび上がる人物像を多数残したが、17世紀オランダのフェルメールは、光束としての輪郭を失い、粒子のように拡散した光のなかにたたずむ室内の人物を描いた。このフェルメールの絵にみられるような光が一つの塊ではなく、無数の粒のふるまいのようになる窓を「にじみの窓」と呼ぶことにする。このような光のふるまいをつくりだす窓には、微細な格子、レースのように彫り込まれた多孔質な石板、薄くスライスされた石、紙、すりガラスといった、小さな部品を組み上げたり、半透明な性格をもった素材が用いられているという共通した特徴がある。それら小さな部品や半透明な素材が光を細かく反射し、拡散させることで、光と影のくっきりした輪郭は失われ、光のにじんだ状態となる。そこには視覚的な明瞭性はないが、触覚を喚起させる肌理が豊かに含まれている。

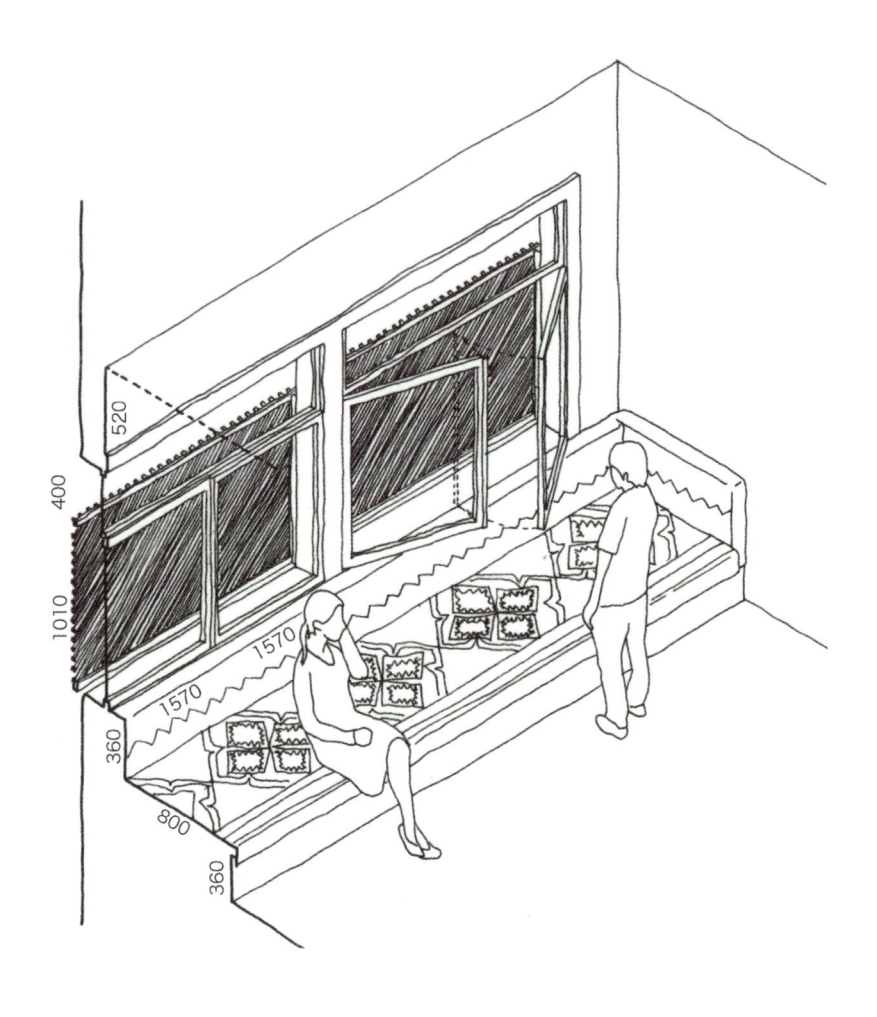

Kaymakamlar Preserved House
House / Safranbolu, Turkey / Cfa

トルコ、サフランボルにある住宅。宗教上の規律によって姿を外部へ見せられない女性が外から見られずに街を眺められるように、木製の格子が設けられている。その間口一杯にソファが組み込まれることで、格子で乱反射した光の中にすっぽりと包まれながら座ることができる。

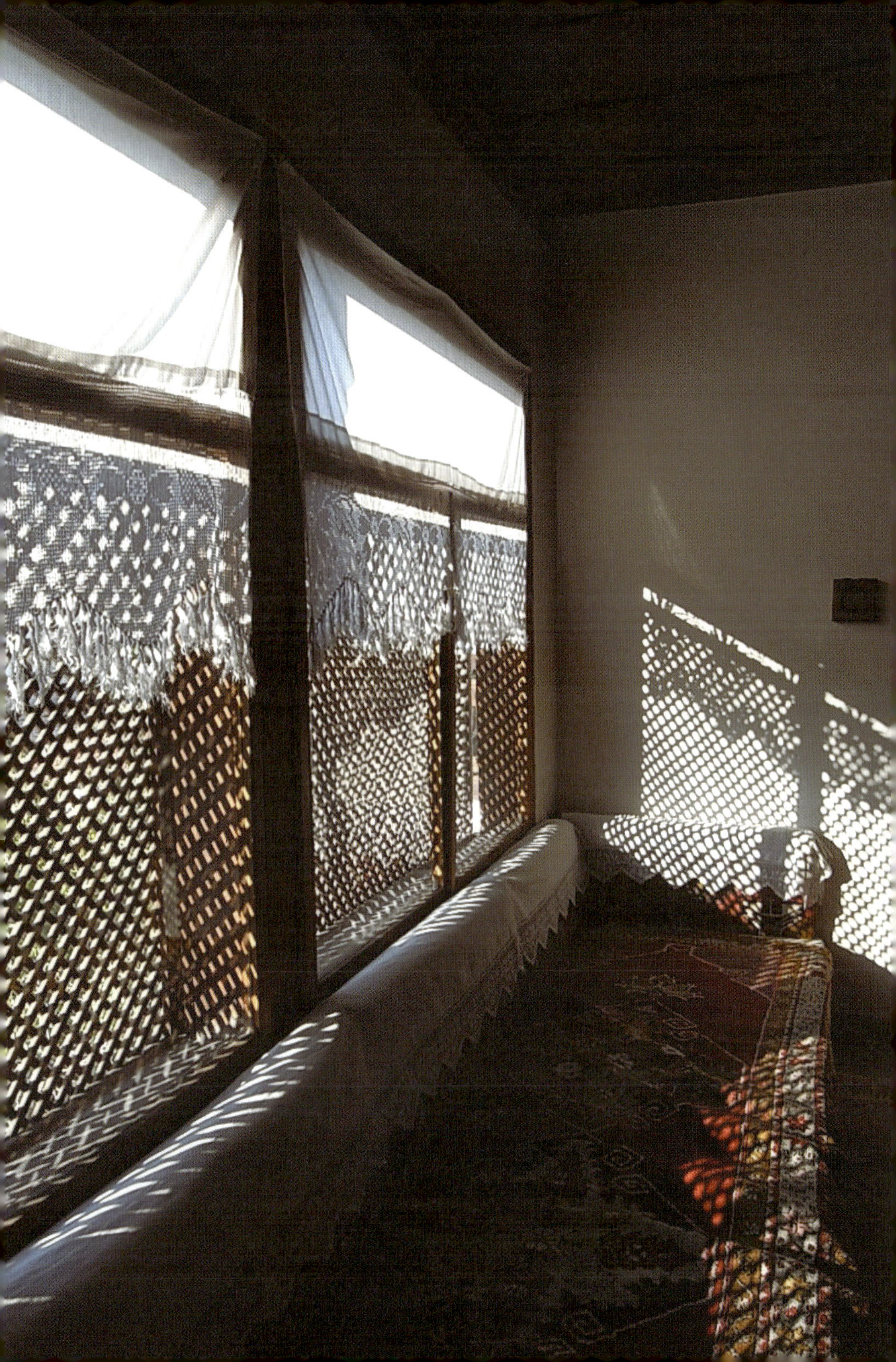

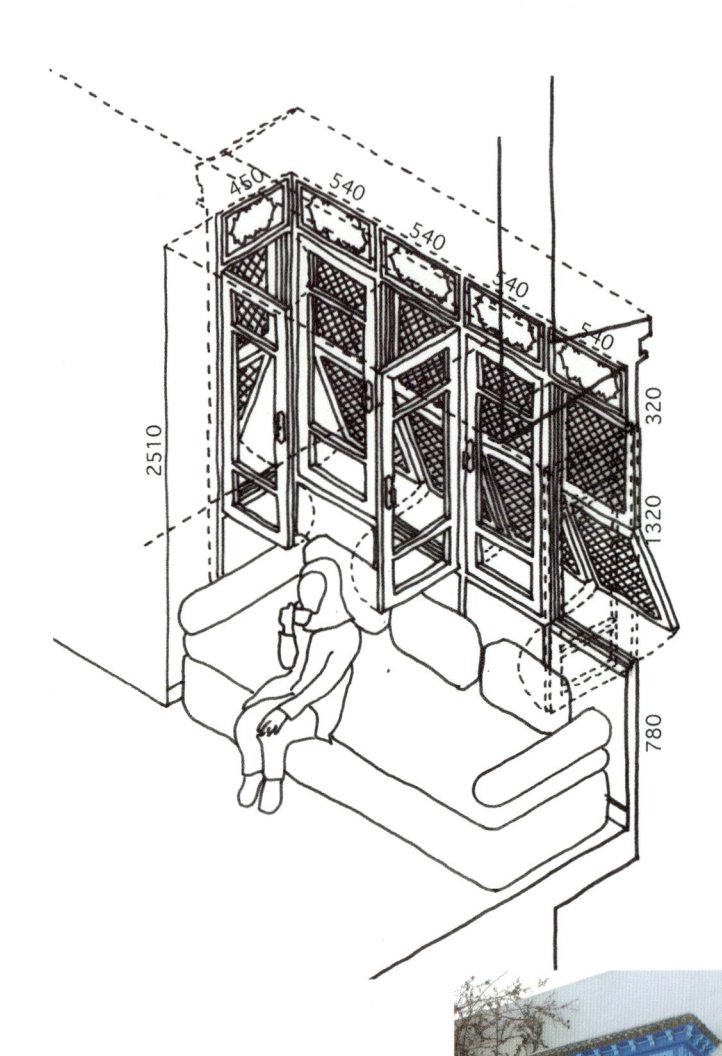

Dar el Annabi
House / Tunis, Tunisia / Cs

チュニジアの地中海沿岸シディ・ブ・サイドの別荘。イスラム建築の影響を受けたこの邸宅の窓はチュニジアンブルーと呼ばれる鮮やかな青が目に涼しい。かつてイスラム社会において外出を許されなかった女性が外を覗くための、ハラージュという美しい出格子に守られている。

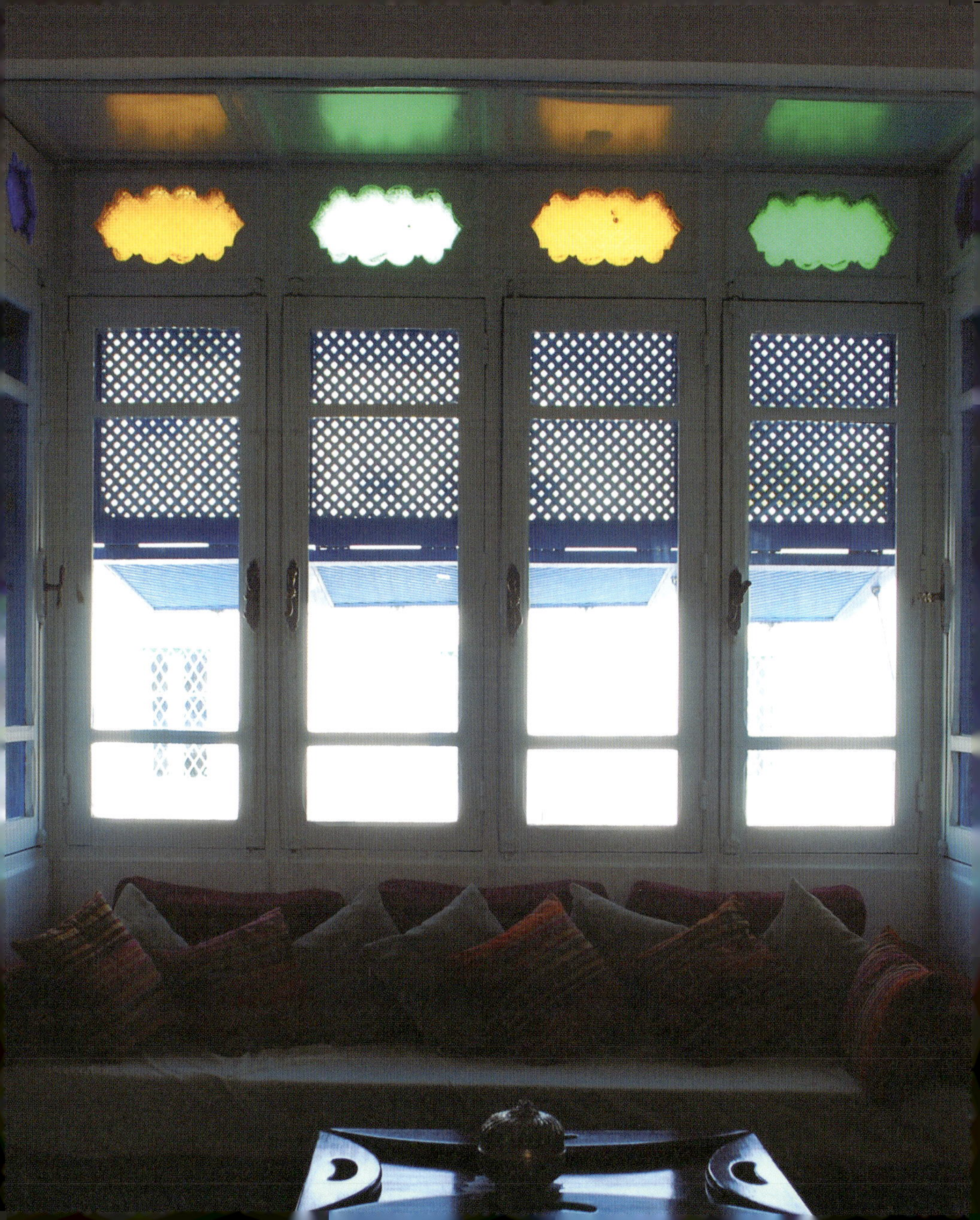

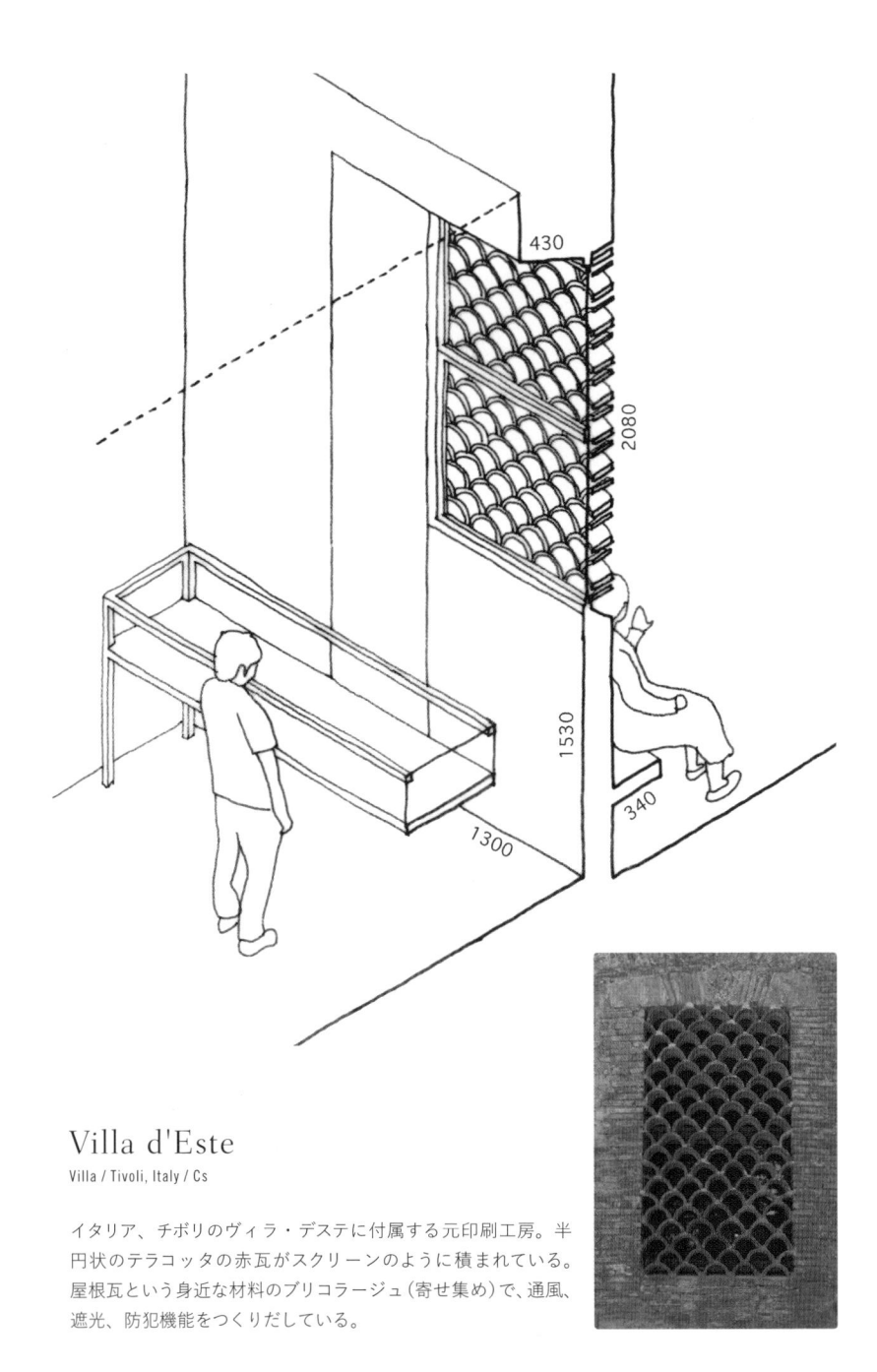

Villa d'Este
Villa / Tivoli, Italy / Cs

イタリア、チボリのヴィラ・デステに付属する元印刷工房。半円状のテラコッタの赤瓦がスクリーンのように積まれている。屋根瓦という身近な材料のブリコラージュ（寄せ集め）で、通風、遮光、防犯機能をつくりだしている。

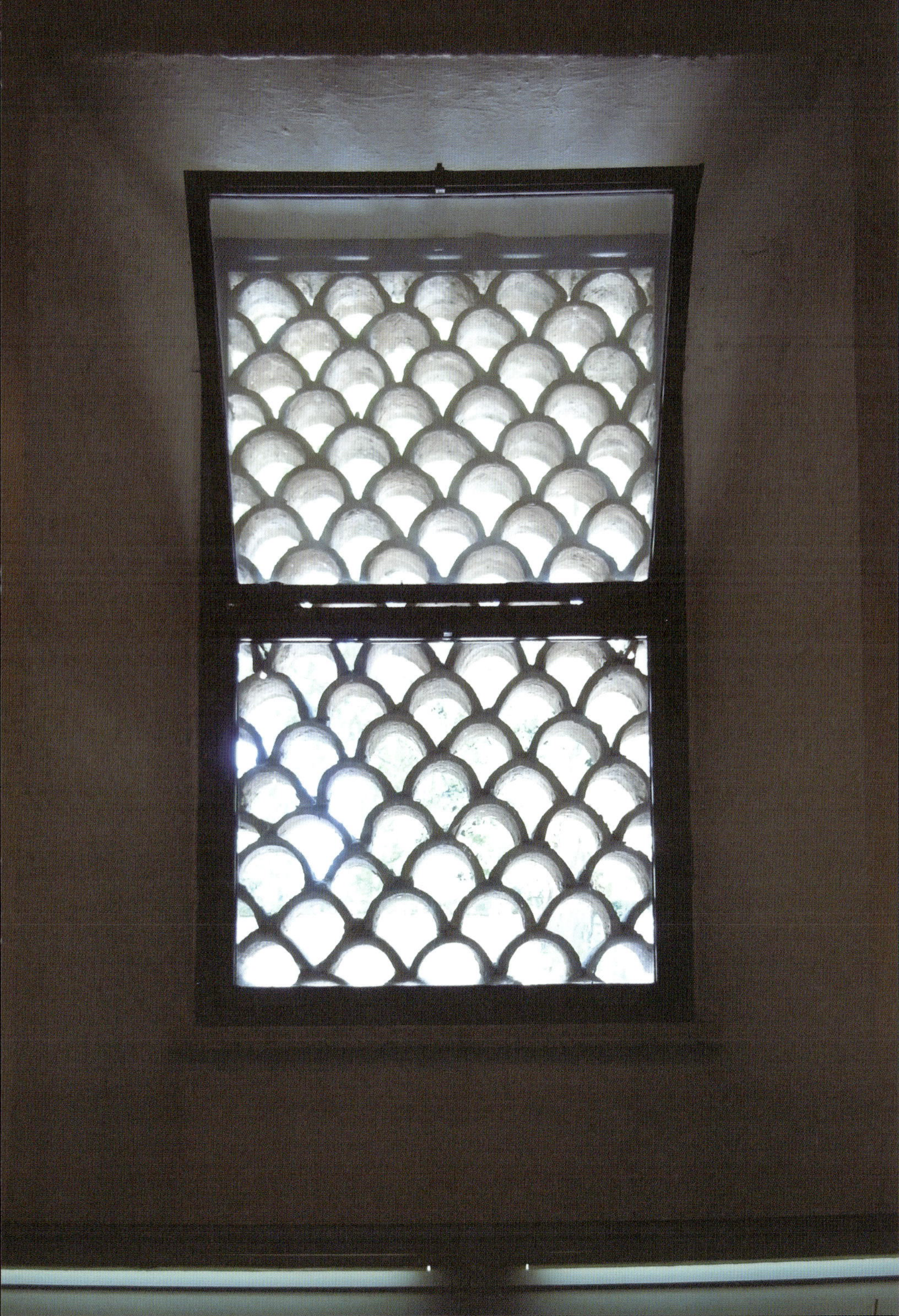

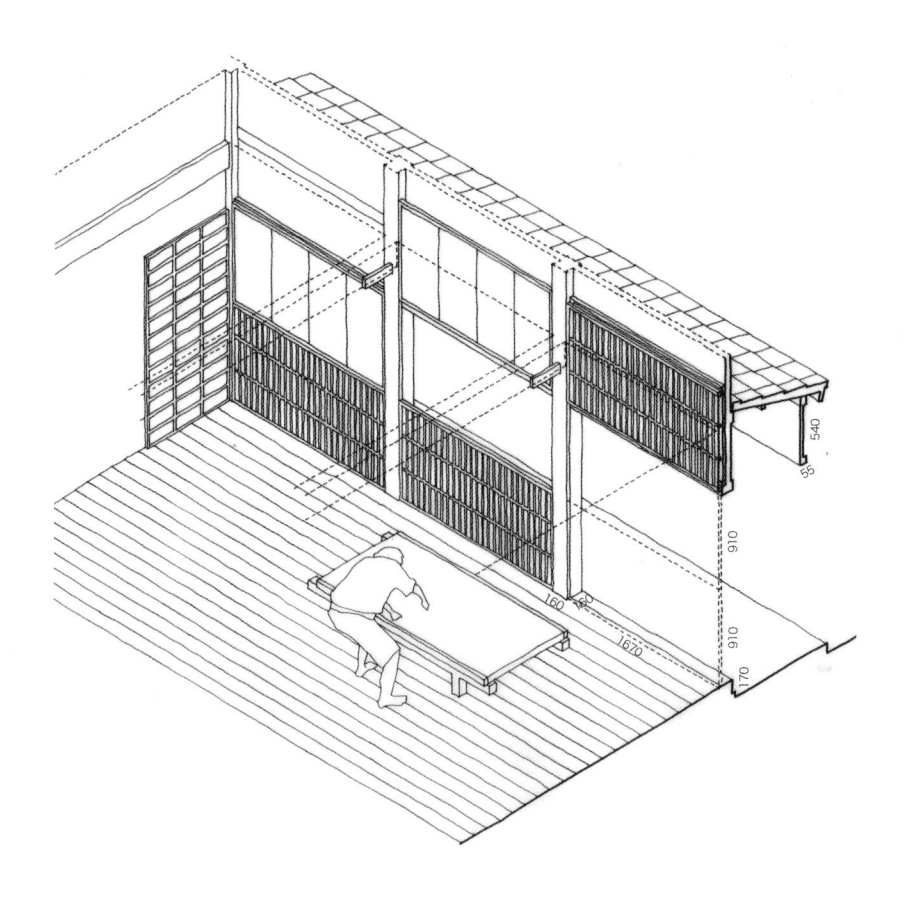

立野畳店

Workshop / Kanazawa, Japan / Cfa

金沢にある畳屋の作業場。出庇の下は、上げ込みの障子戸と、雨戸の連続なので、どこからでも搬出入が出来るようになっている。

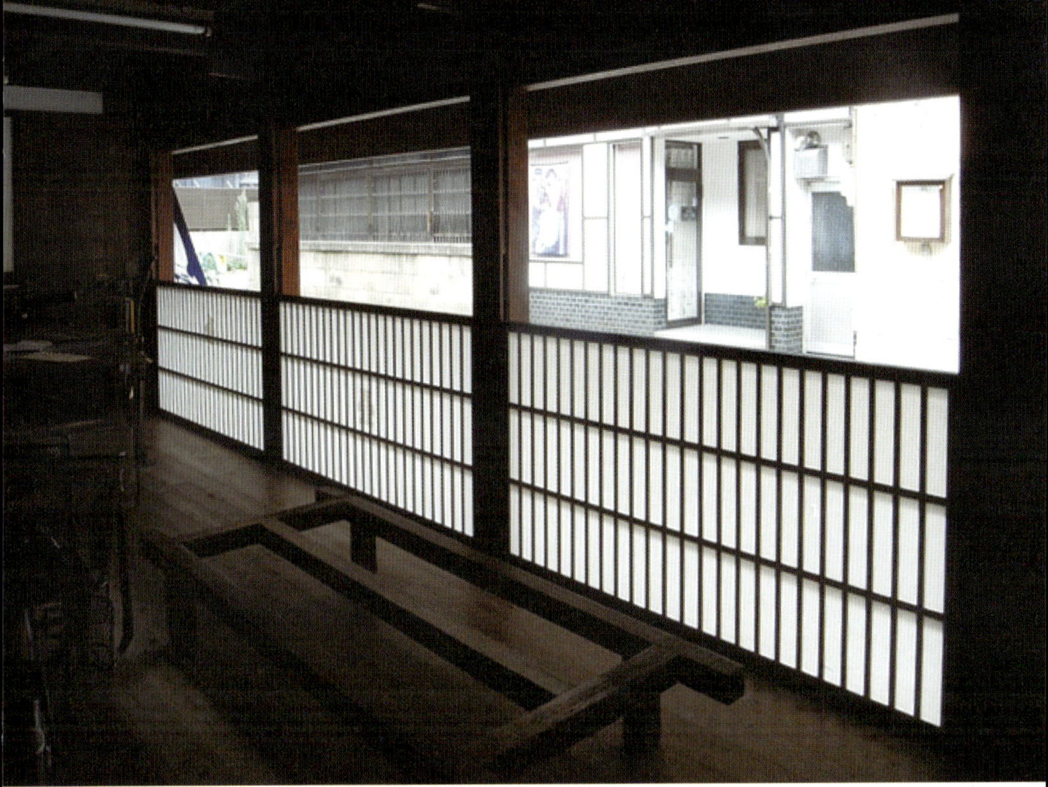

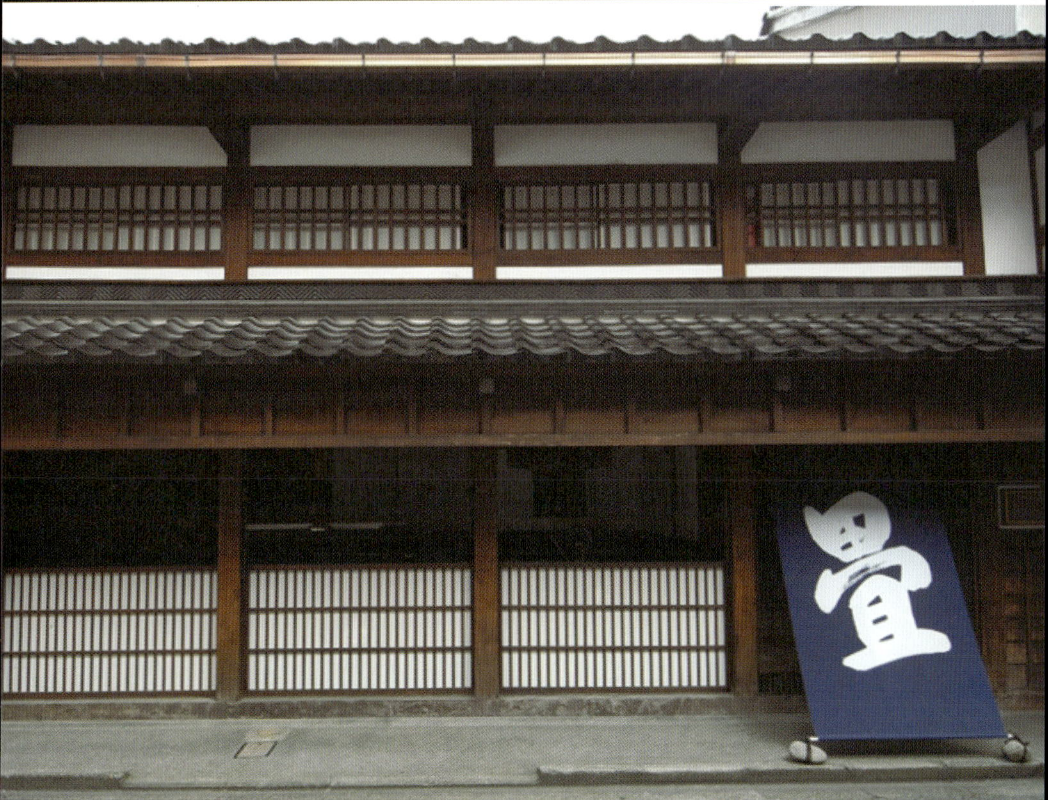

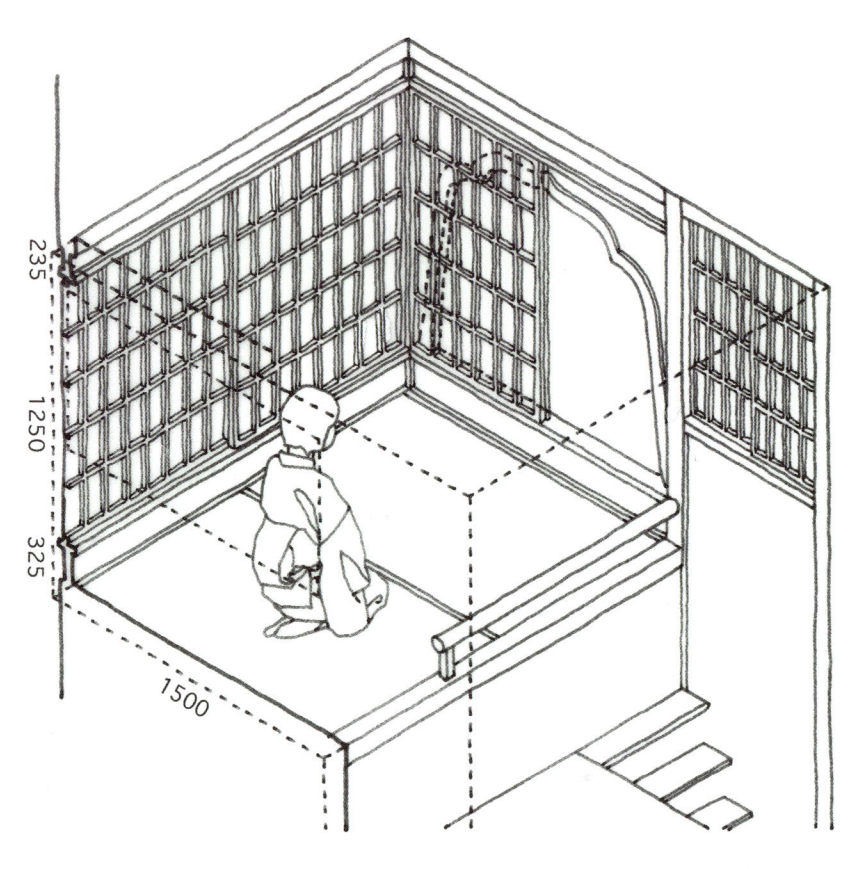

聴秋閣 二階

Tea Pavilion / Yokohama, Japan / Cfa

三溪園内にある茶亭。2階にある2畳ほどの座敷で、三方が障子で囲まれており、拡散された光に満たされる。西にある三重塔に華頭窓が向けられており、障子を閉めれば、華頭窓のシルエットがぼんやりと浮かびあがる。

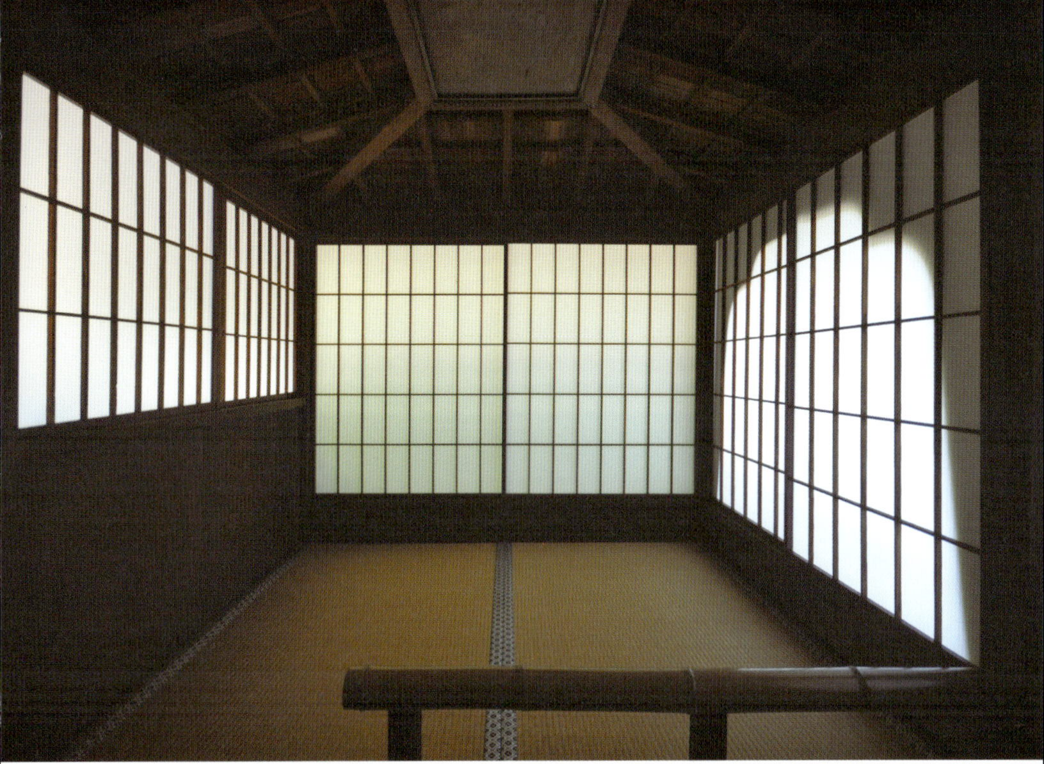

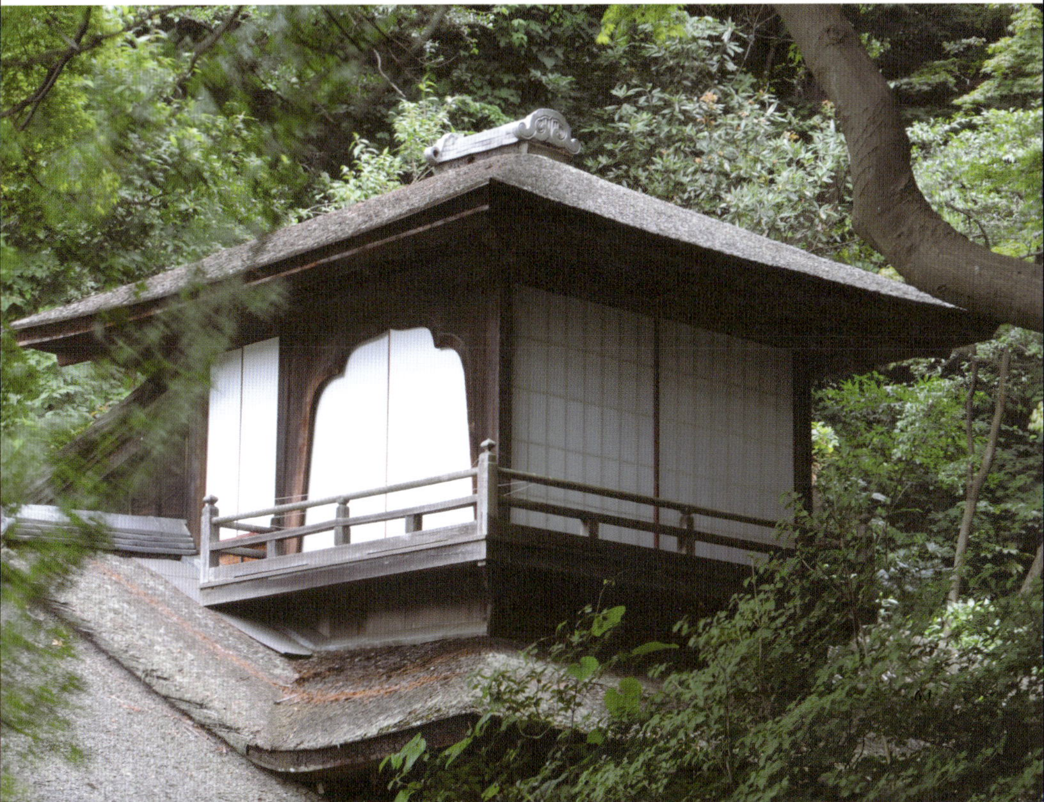

Saynatsalo Town Hall
Town Hall / Saynatsalo, Finland / Df

アルヴァ・アアルト設計のセイナッツァロの村役場。分割された枠ごとに木製ルーバーの向きが違うので光の表情が変わり、光が静かにたわむれるような楽しさが生まれる。上から3列目までは垂直方向のルーバーだが、一番下の列のルーバーだけ水平方向になっている。

光と風―にじみの窓

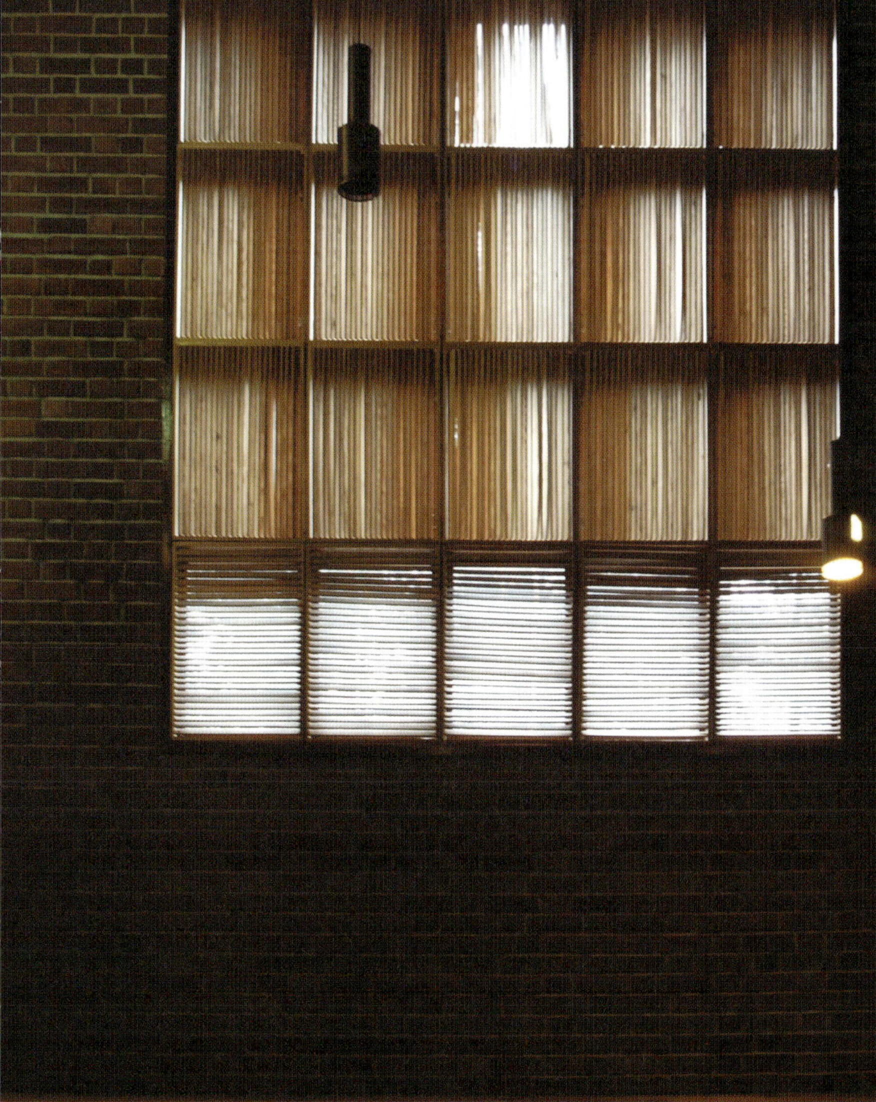

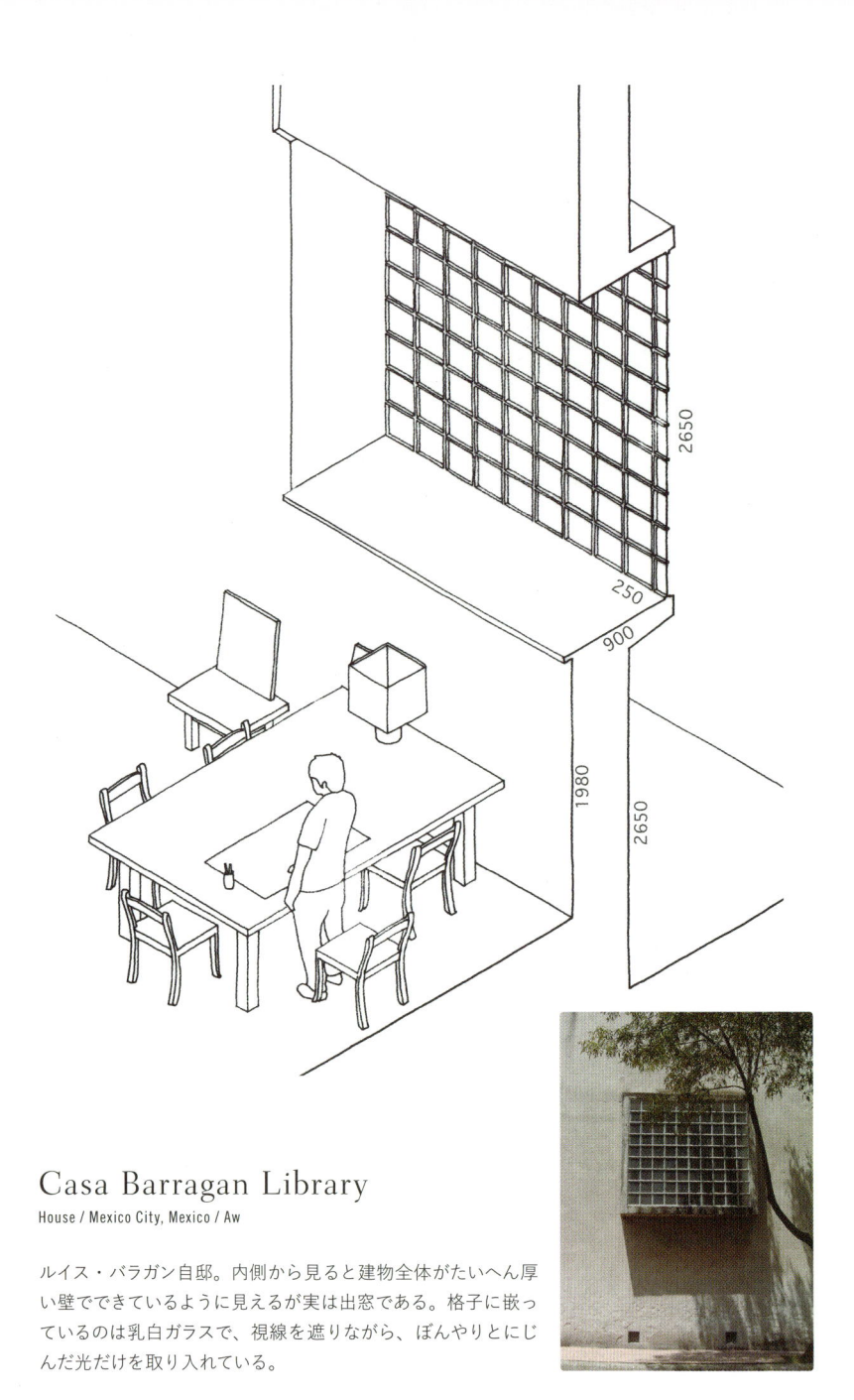

Casa Barragan Library
House / Mexico City, Mexico / Aw

ルイス・バラガン自邸。内側から見ると建物全体がたいへん厚い壁でできているように見えるが実は出窓である。格子に嵌っているのは乳白ガラスで、視線を遮りながら、ぼんやりとにじんだ光だけを取り入れている。

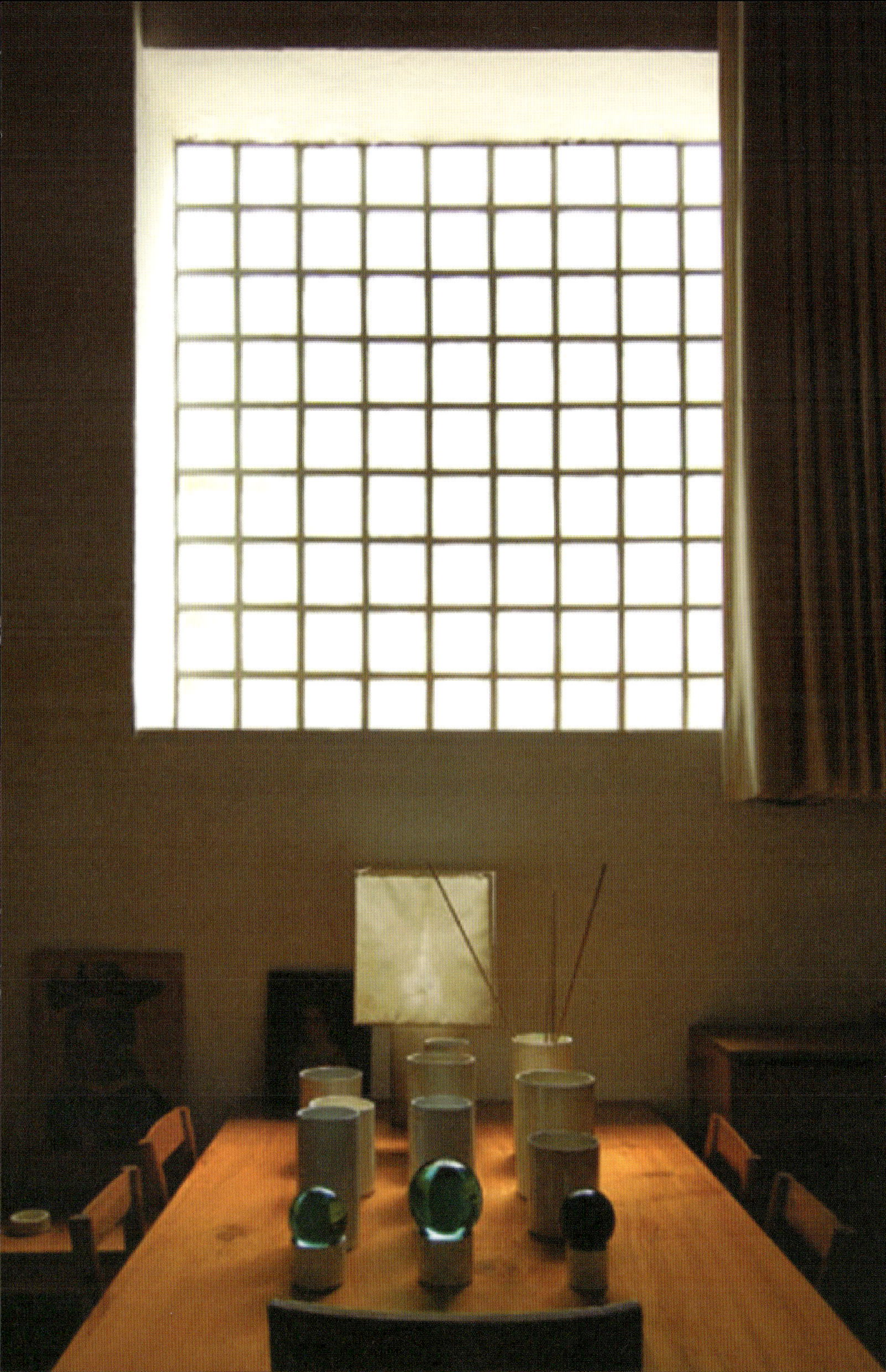

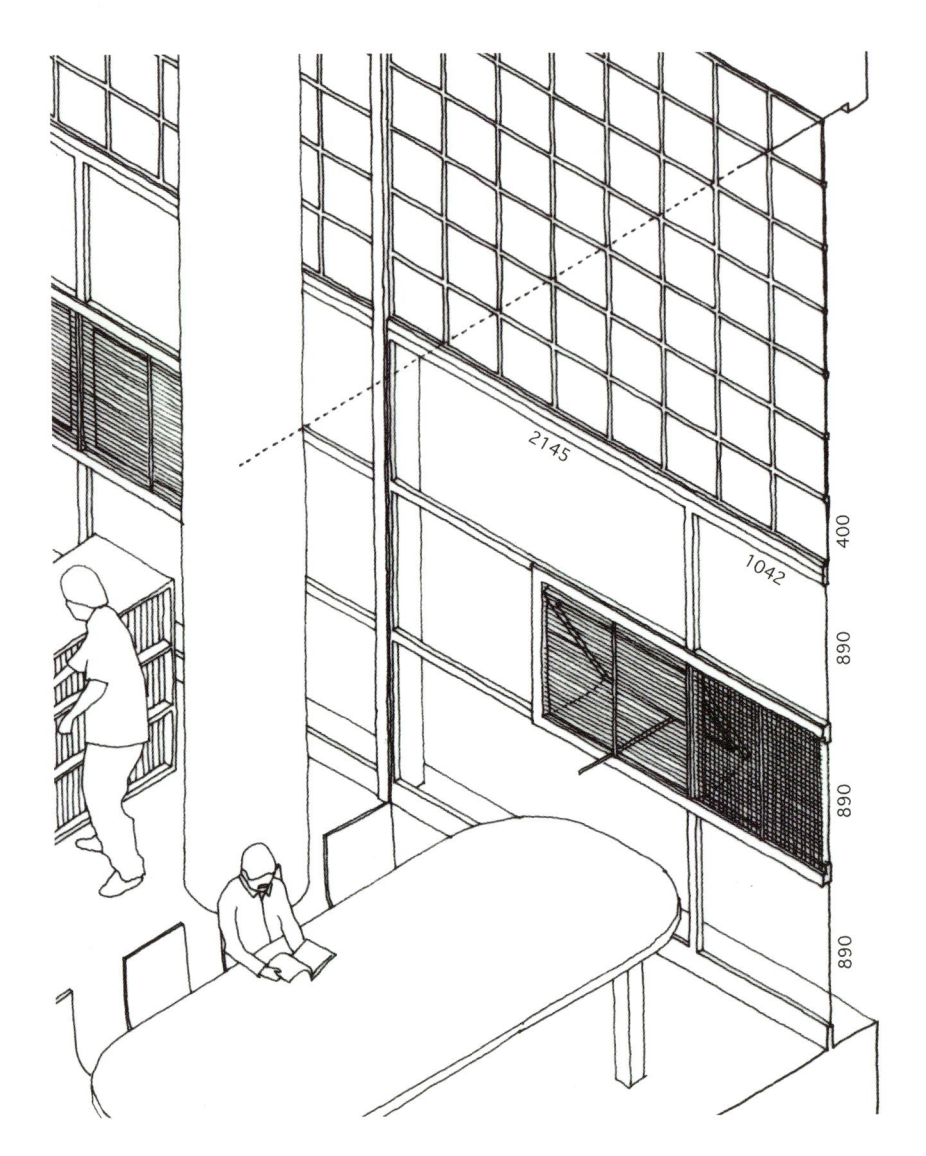

Biblioteca Central de la UNAM
Library / Mexico City, Mexico / Aw

メキシコの建築家ファン・オゴルマン設計の大学図書館。直射日光が入りすぎないよう、上半分に薄い石板を嵌め込み、光をにじませている。下半分のガラス窓は一部が跳ね出し、通風を確保することができる。

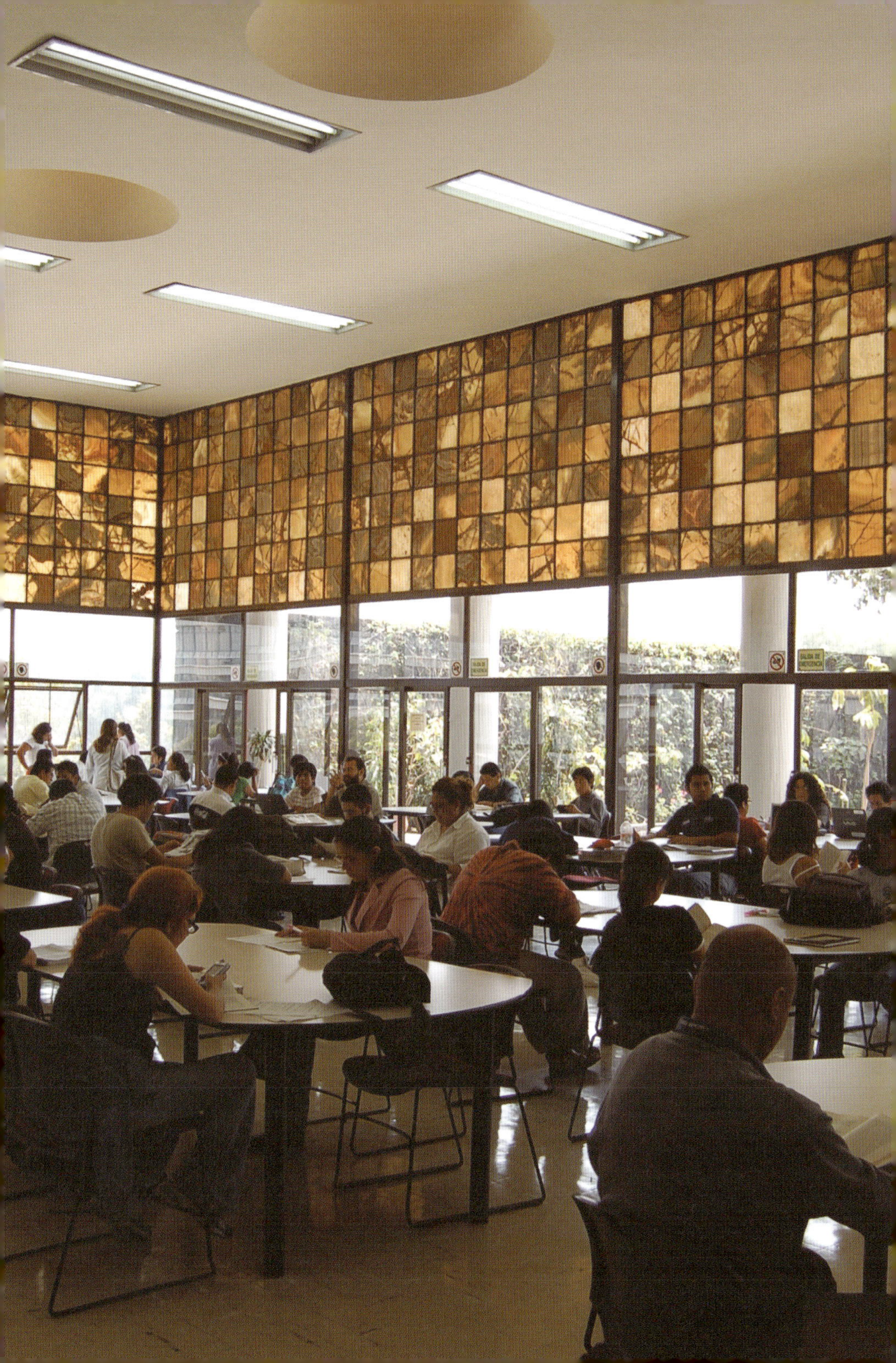

彫刻する窓

Sculpting Windows

自然界には水の流れや波が長い年月をかけて地球を削ってつくり上げた、驚くような造形があるが、光には残念ながら、物体を削って、その力や流れの形を定着させることはできない。しかし仮に光がそんな力をもっているとしたら、その形や流れは、まず窓のところに集中するに違いない。それは窓まわりの装飾や、そこに嵌められたスクリーンの断面として姿をあらわすであろう。あるいは暗闇の中で光自体が特別なかたちをとることで、象徴的な意味を孕むであろう。そういう光が外から侵入してくる力を定着させたような窓をここでは「彫刻する窓」と呼ぶことにする。

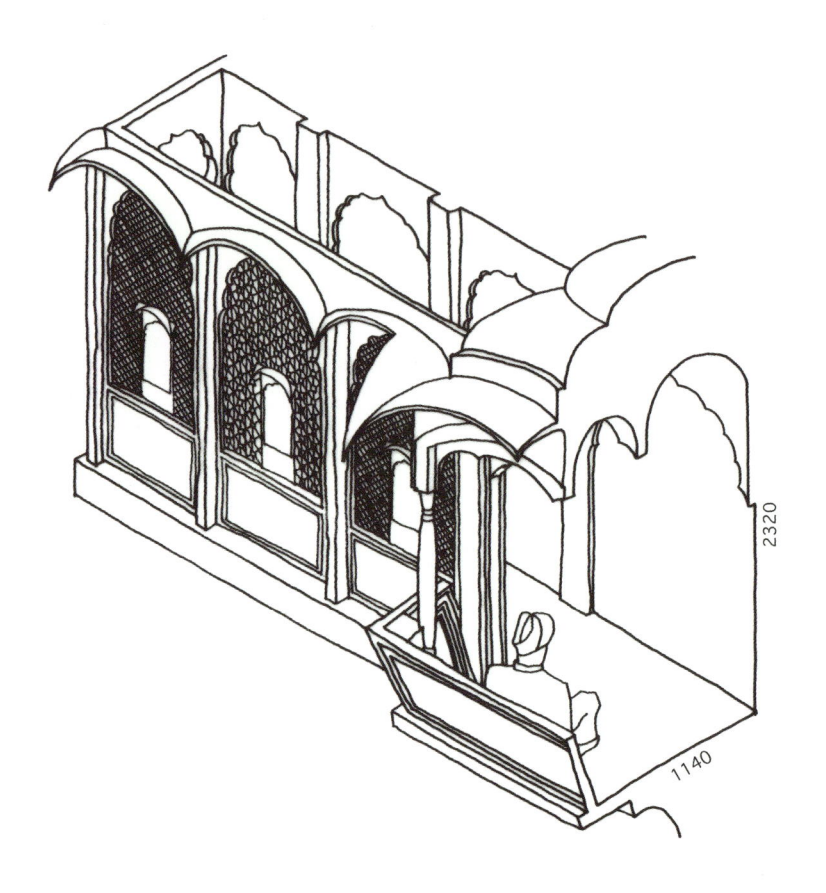

Gaj Vilas

Palace / Jaisalmer, India / BW

ジャイサルメール、ラージプート族によって19世紀半ばに築かれたガジ・ヴィラス宮殿。広場に面した立面の4階部分にはバルコニーが巡らされていて、主寝室の前になるとジャリーと呼ばれる石板の透かし彫りスクリーンが取りつき、ジャロカーと呼ばれる場所となる。その中央の一つがさらに外部へ張り出して謁見台のようになっている。ジャリーには色々なパターンがあり、アーチ型の小開口をその中心にもつ。

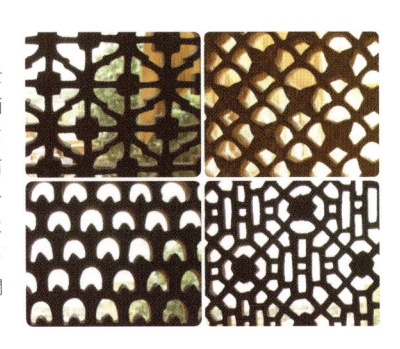

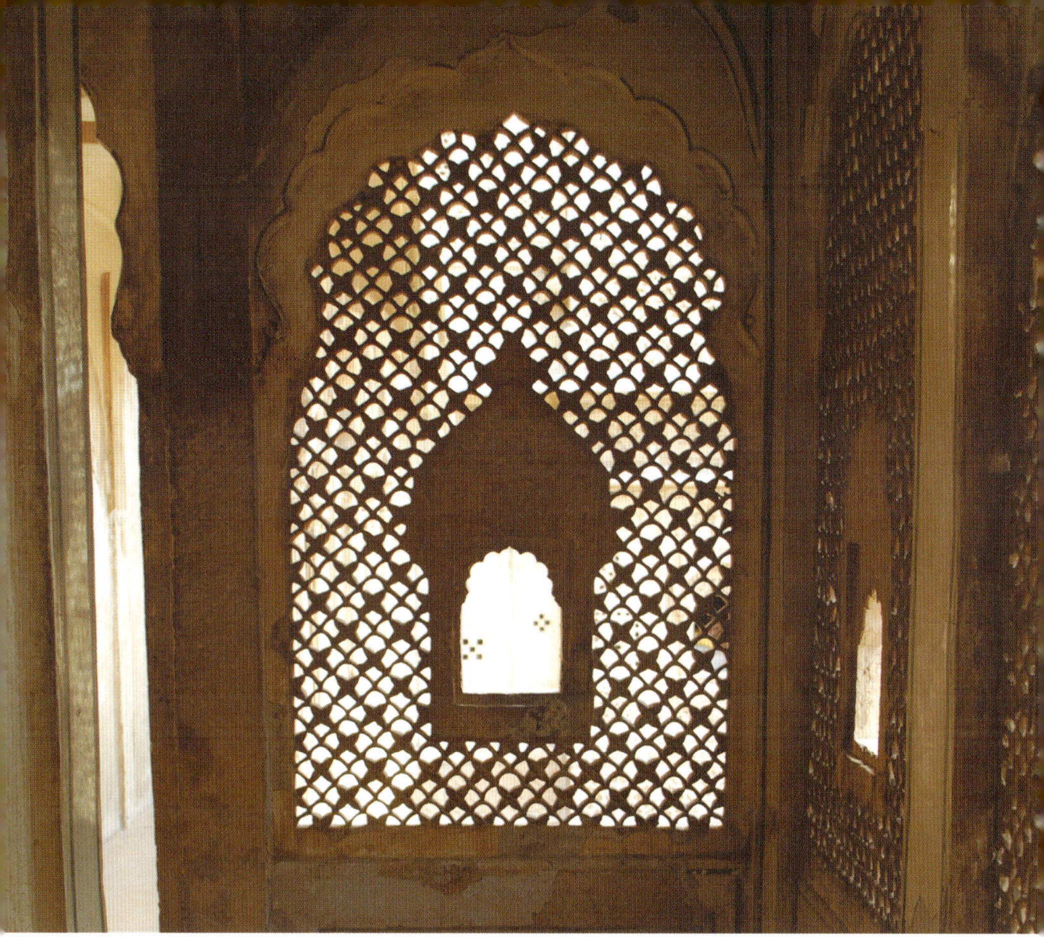
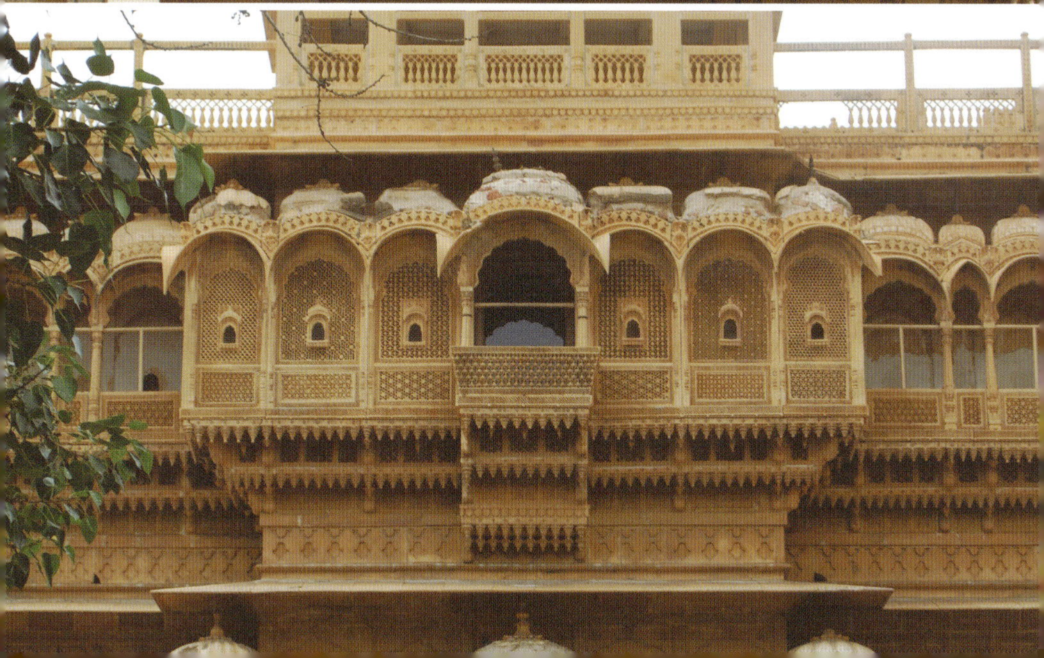

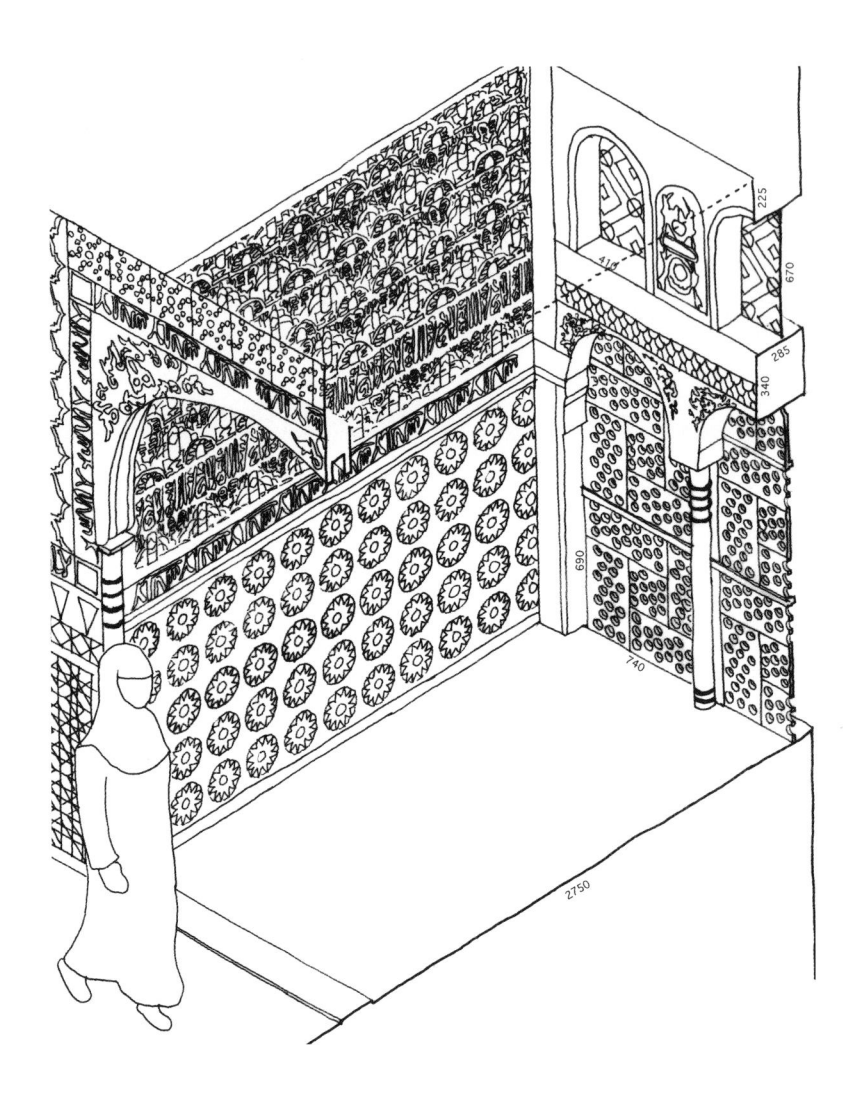

Alhambra Sala de Embajadores
Palace / Granada, Spain / Cs

グラナダ、アルハンブラ宮殿のメスアール宮。イスラムの戒律から窓はセロシーアと呼ばれる細かい木の格子が嵌められ、光がにじむように室内に入り込む。内壁は下半分が色鮮やかなタイル、上半分が鍾乳洞石飾りで装飾されている。

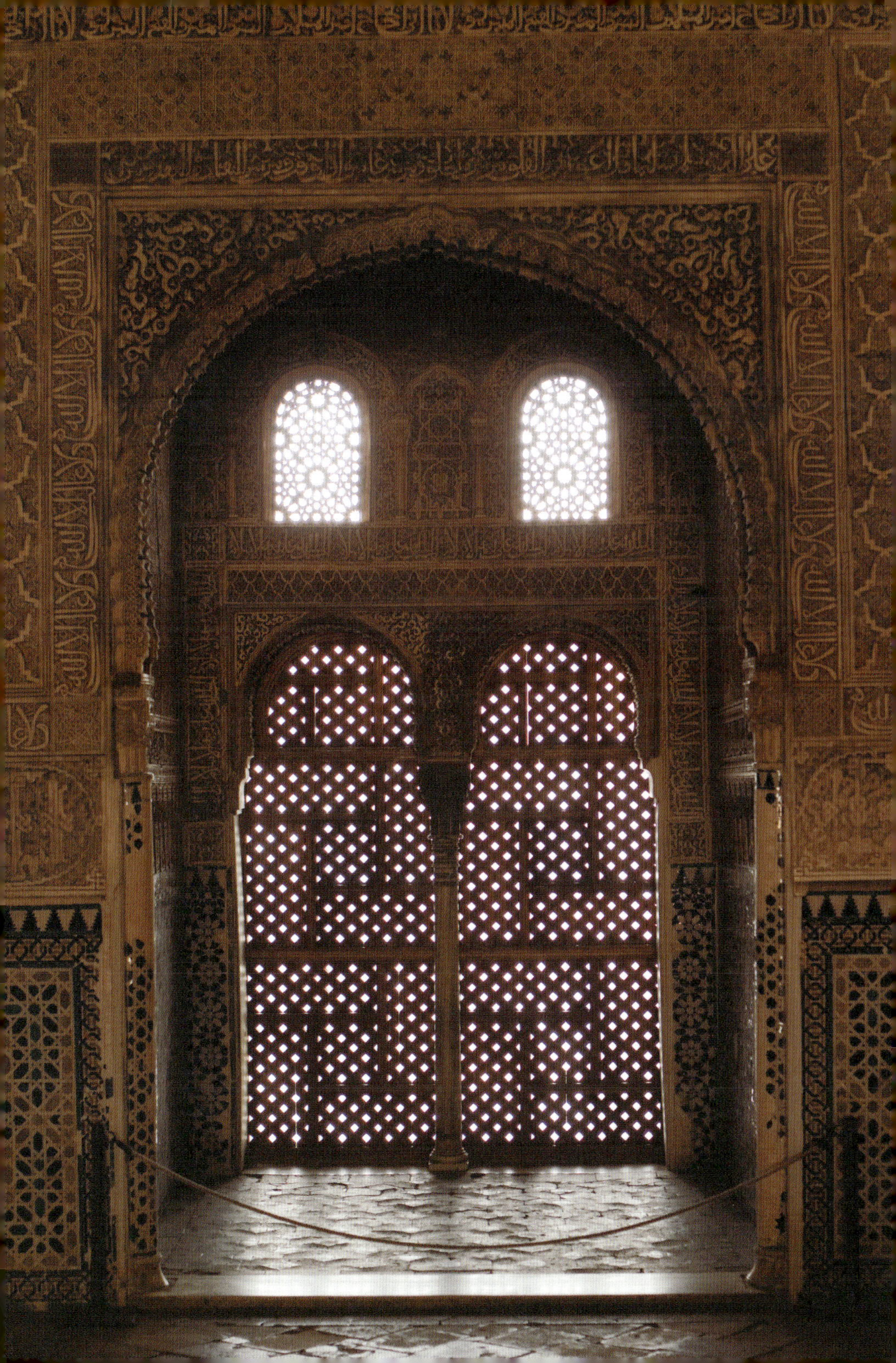

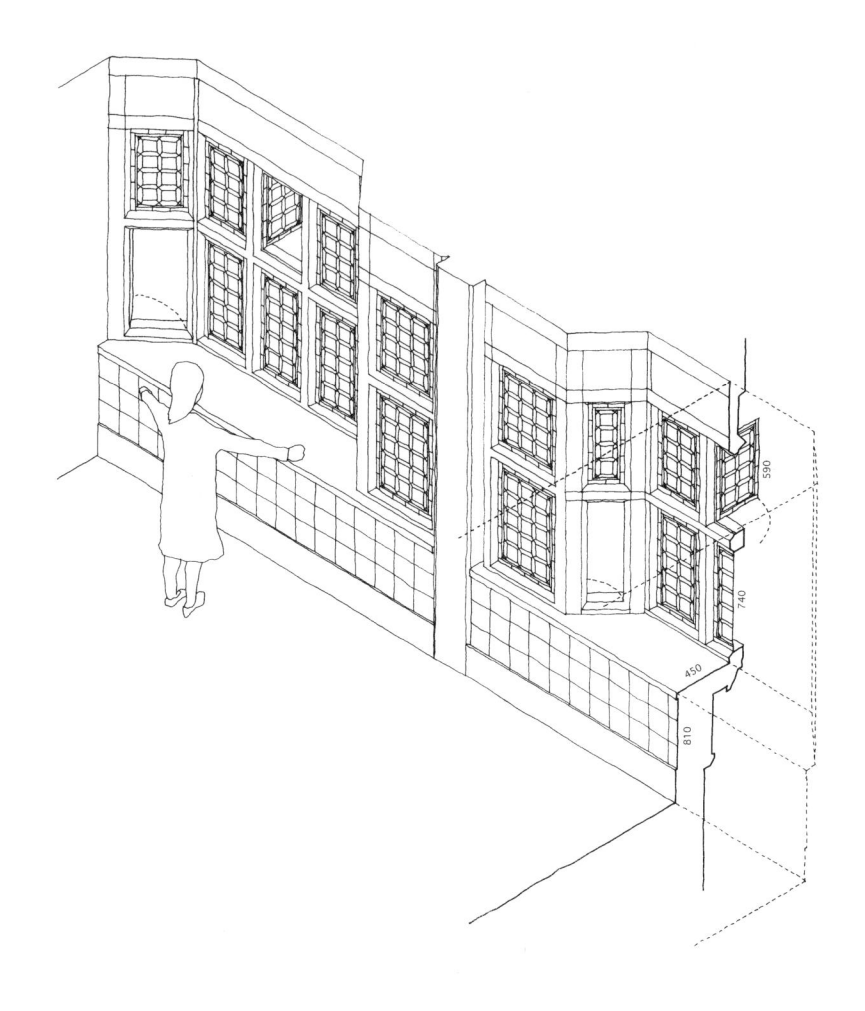

Jewellery Evellers
Office / Chester, England, UK / Cfb

13世紀末に原型が形成されたチェスターの街並みには、チューダー様式のハーフティンバーによる建物が多く現存する。建物は上階へ行くほど壁が張り出し、その一部に出窓が組み込まれている。当時の技術では現在のように透明度が高く大きなガラスは作れなかったので、小さなガラスを鉛でつないで大きな面が作られていた。その重さのため開閉部分は限られており、外の景色が見えるというより、光がガラスの網に掛かって集められたかのような印象になっている。

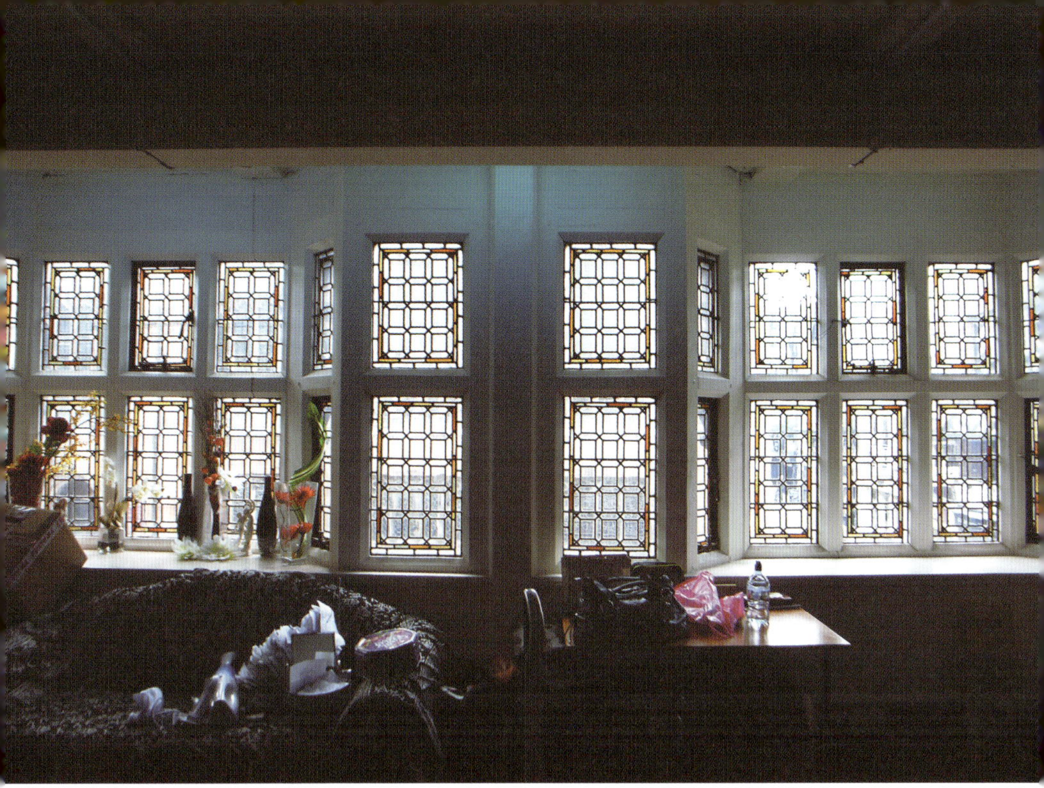

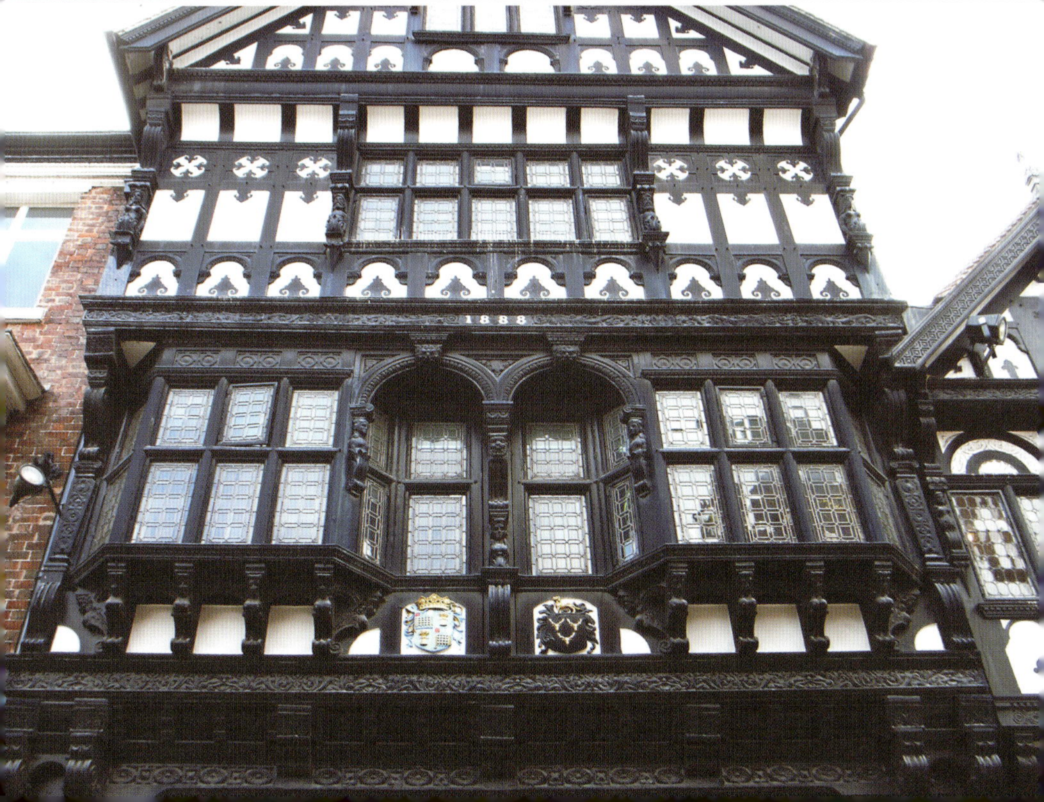
1888

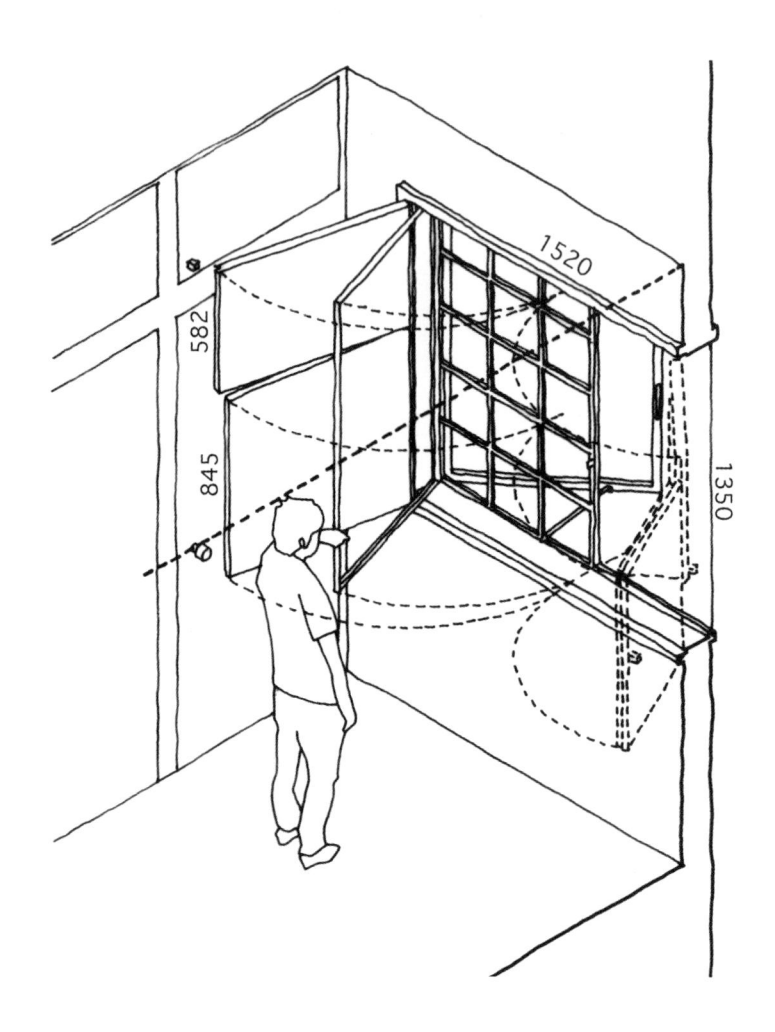

Casa Barragan Guest Room
House / Mexico City, Mexico / Aw

ルイス・バラガン自邸のゲストルーム。格子、網戸、フィックスガラス、外開きガラス窓で構成された窓の内側に、上下、左右の計4枚に分割された木戸がついていて、日射しや部屋の明るさを細かく調節出来るようになっている。少し開けた時にだけ光の十字架があらわれる。

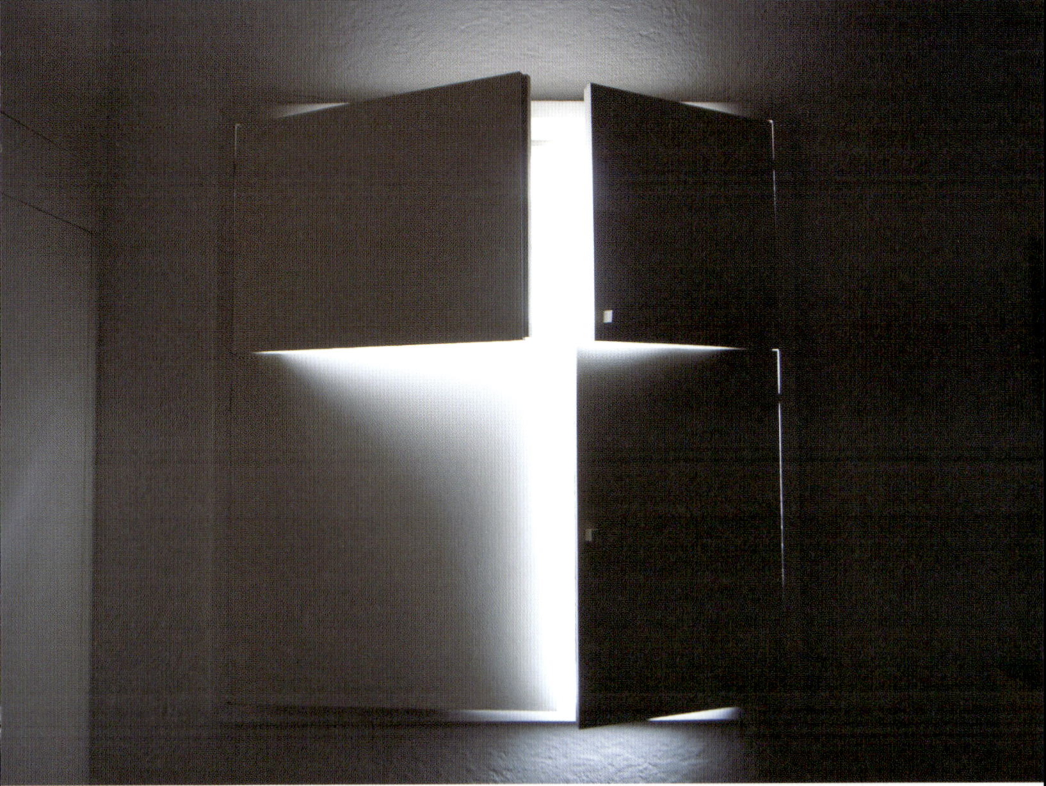

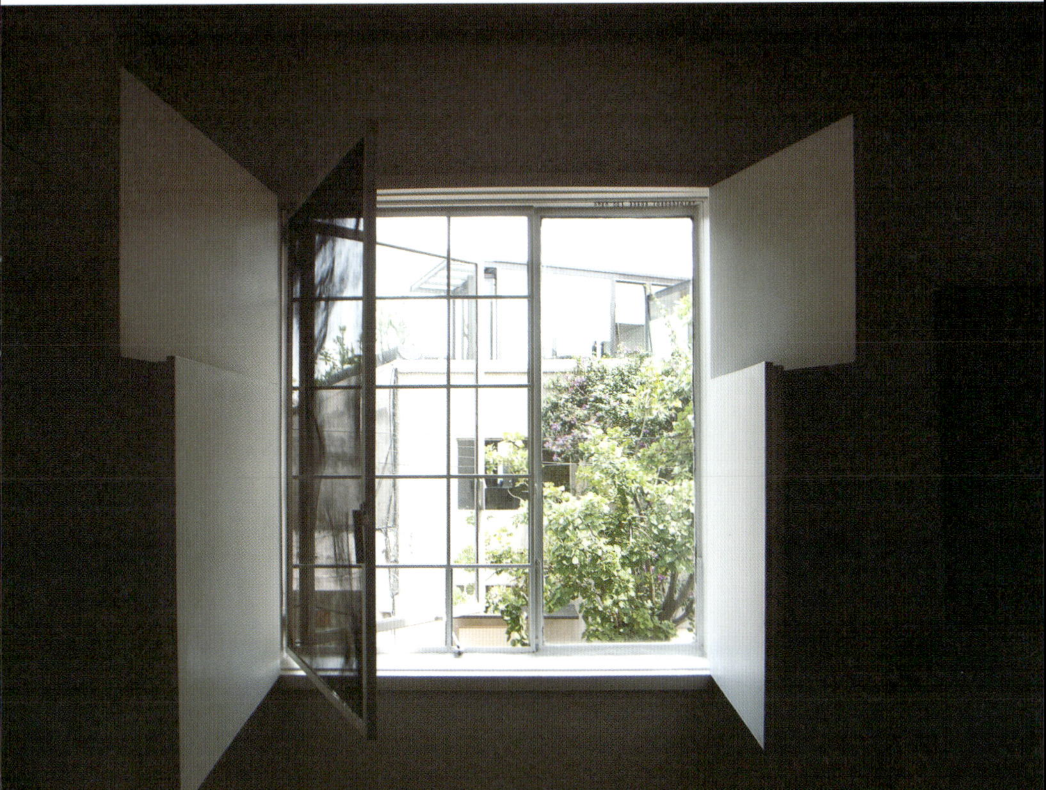

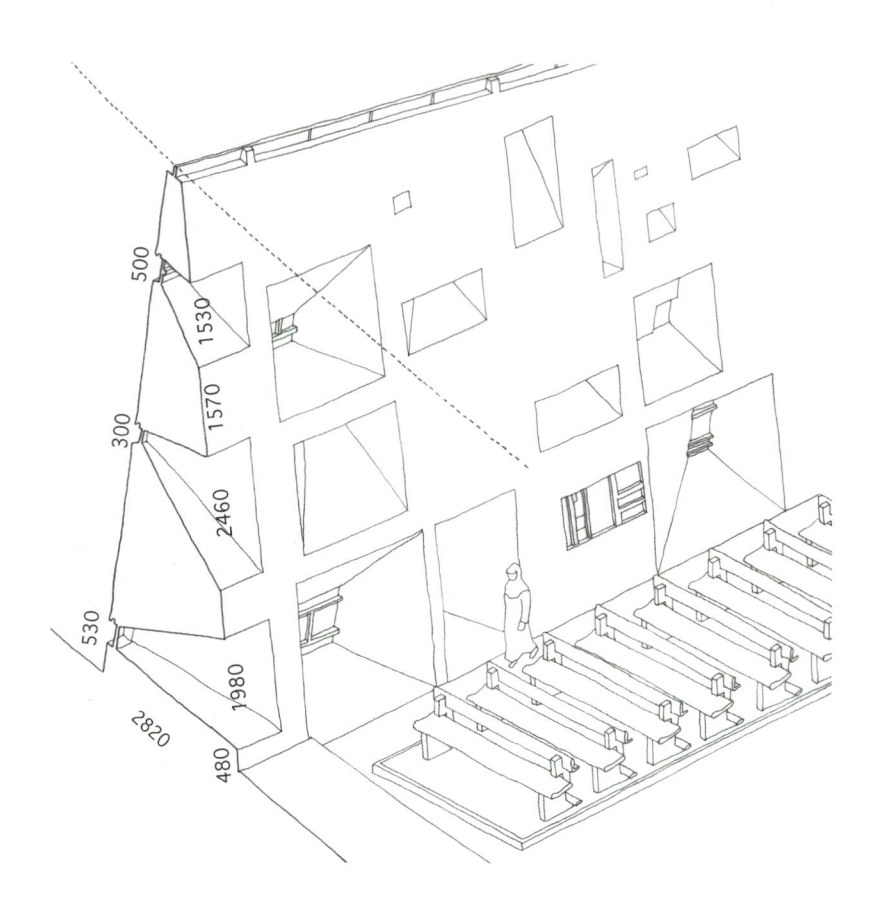

La Chapelle de Ronchamp
Church / Ronchamp, France / Cfb

ル・コルビュジェ設計のロンシャンの礼拝堂。厚い壁に、大きさやプロポーションの異なる奥行きのある窓がランダムに設けられていて、コルビュジェ本人が作成したと言われるステンドグラスが嵌め込まれている。斜めに切り欠かれた深い窓台に多彩に色が溜まることで、一人一人がそれぞれに光と邂逅できる。

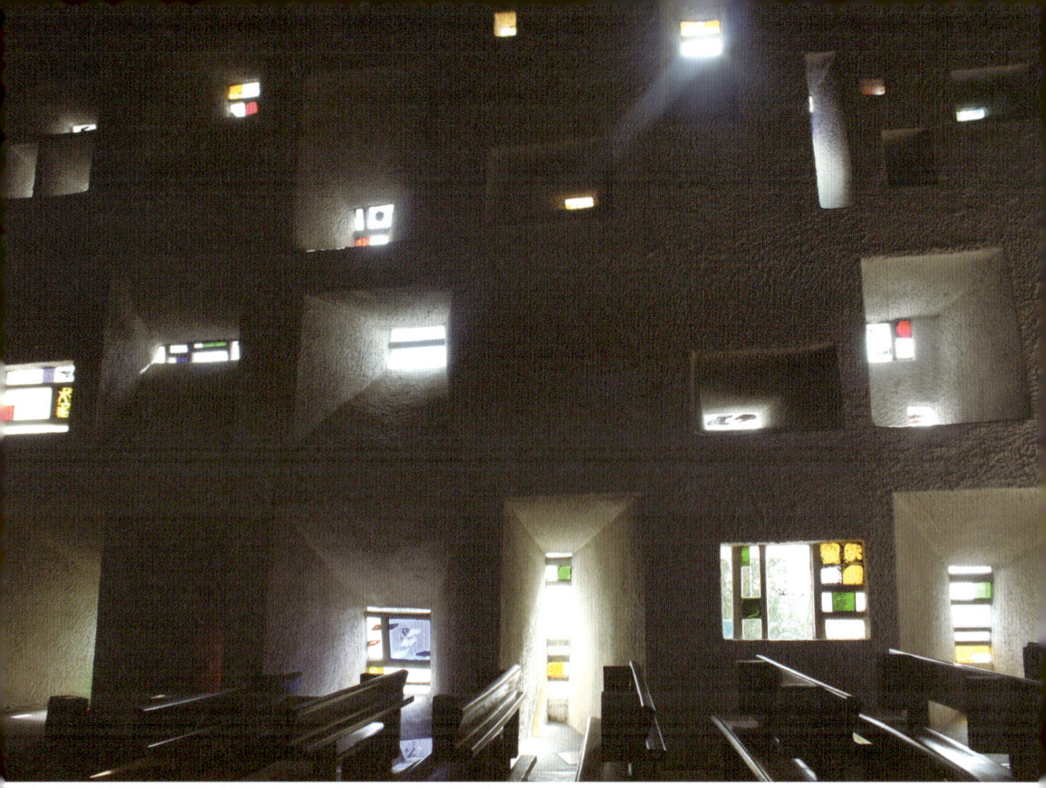

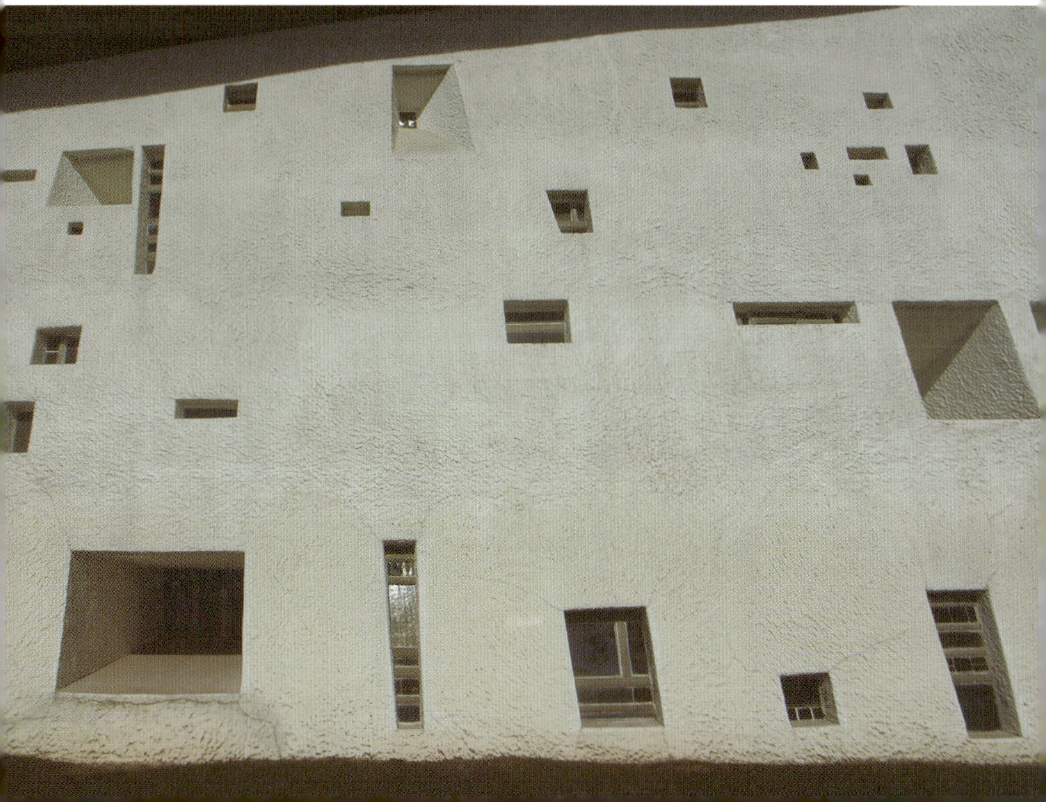

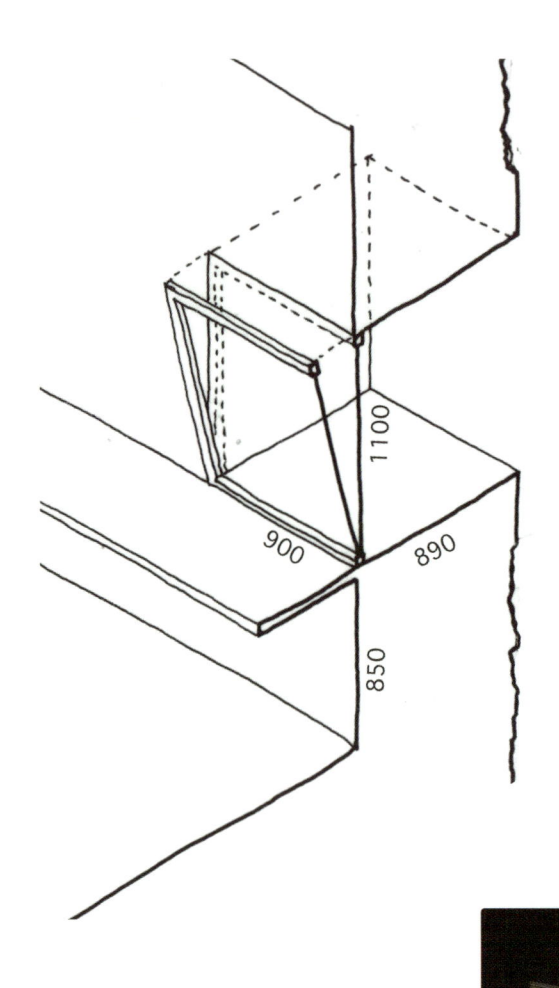

Das Gelbe Haus
Gallary / Films, Switzerland / Df

ヴァレリオ・オルジアティが住宅を改修したギャラリー。窓の下端に合わせて設けられたテーブルに展示品が並べられる。漆喰がはがされ、石の粗面が露になった壁に、規則正しく穿たれた窓は、その縁がコンクリートで補強され、正方形の輪郭が強調されている。厚い壁の内側に建具を納めているために、外観からは壁に開けられた穴のようにしか見えない。

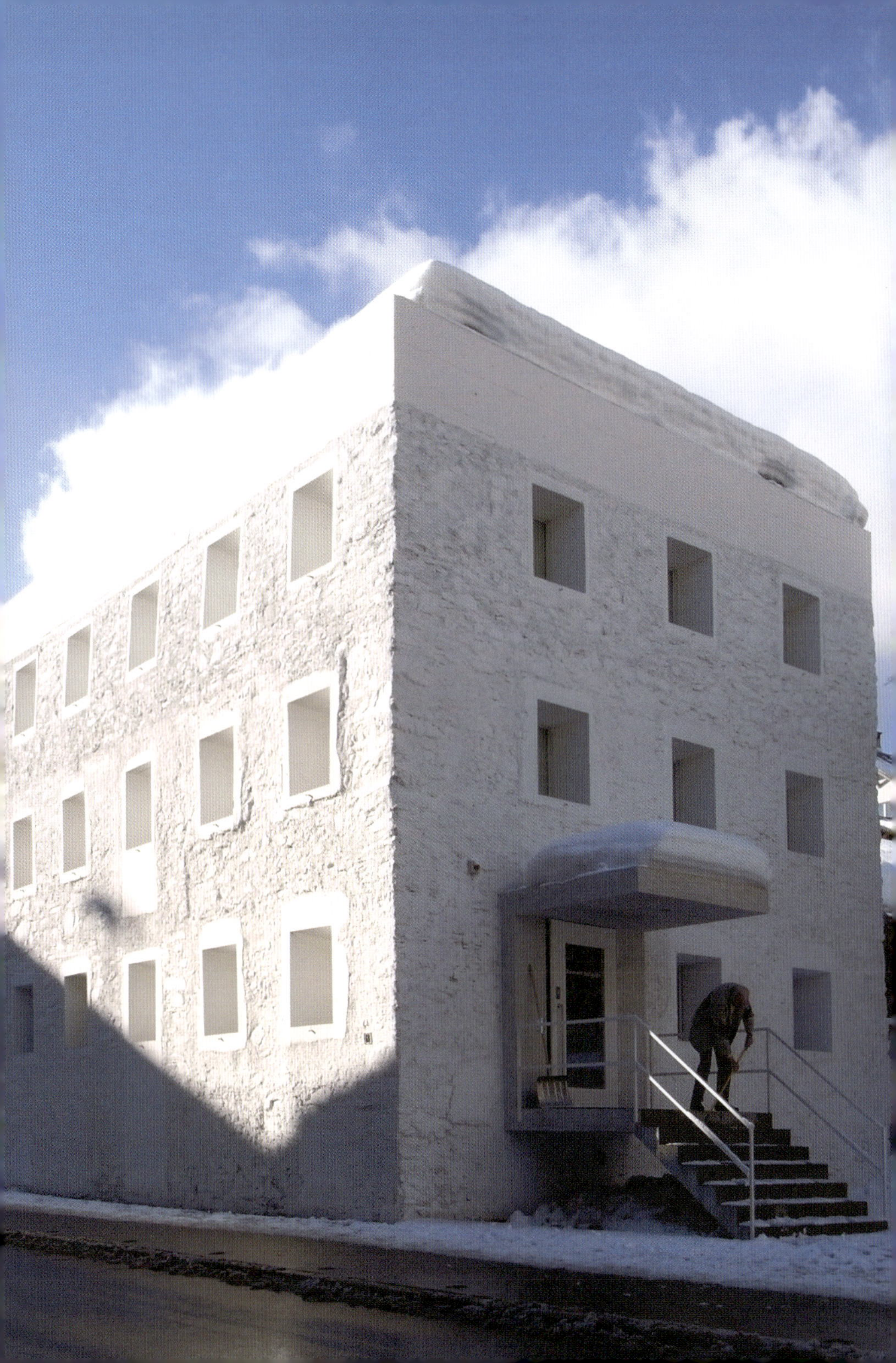

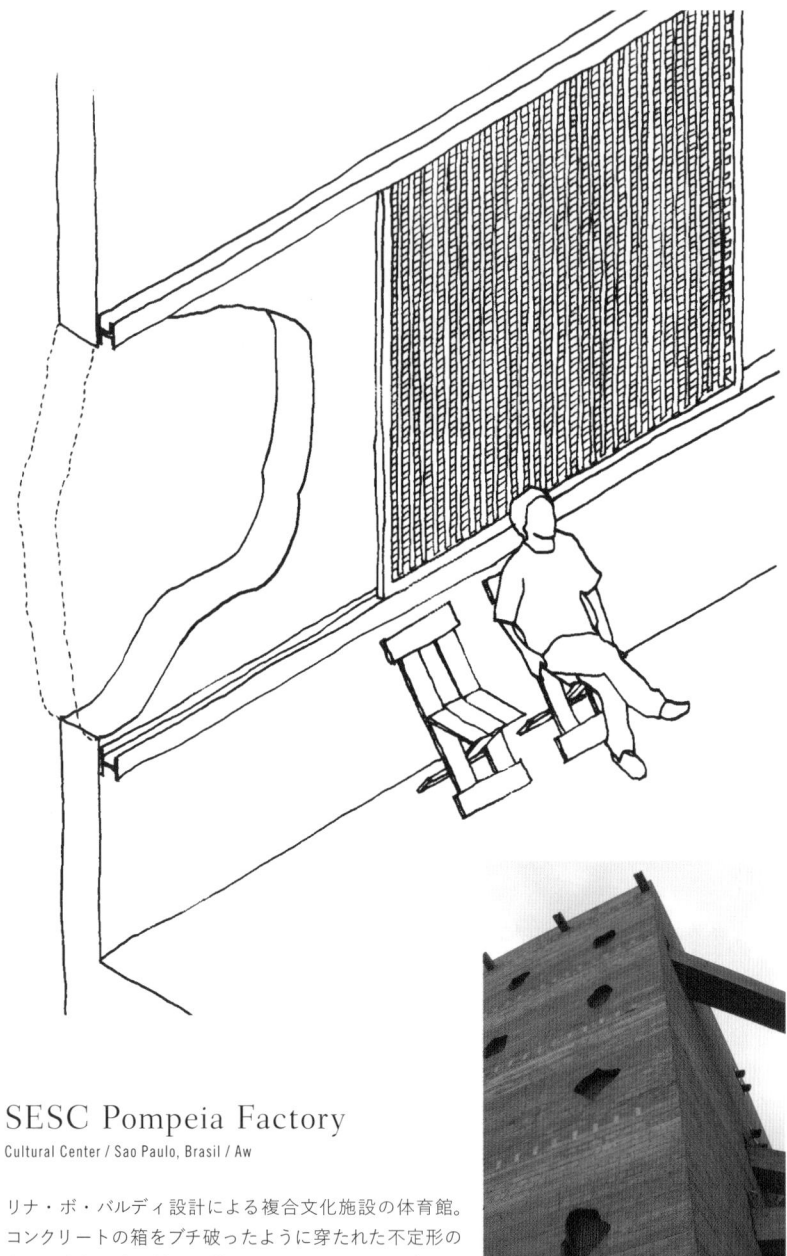

SESC Pompeia Factory
Cultural Center / Sao Paulo, Brasil / Aw

リナ・ボ・バルディ設計による複合文化施設の体育館。コンクリートの箱をブチ破ったように穿たれた不定形の窓は、内側に赤い格子を備えるだけで、ガラスも空調もない。屋外の広場が積層されたような潔さ。

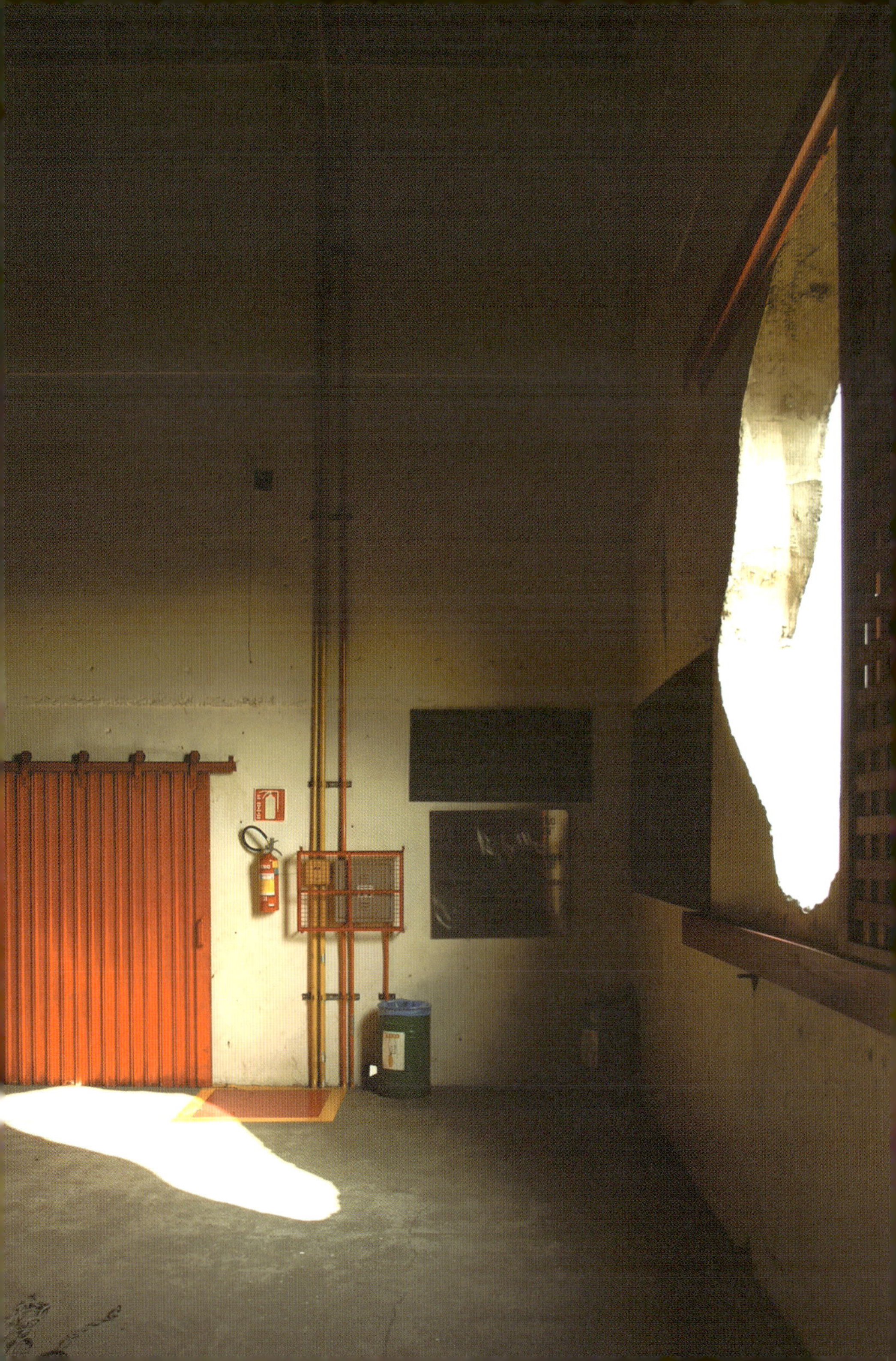

光の部屋

Light Room

窓は平板な2次元ではなく、壁の厚みや枠の厚みといった3次元で構成された小さな空間をもっている。こうした窓のもっている空間にひとたび気づくならば、それを広げていって身体がすっぽりとその中に入り、光に包囲される状態を想像することはさほど難しいことではない。そんな人が入れるような窓ばかりでできた空間を「光の部屋」とここでは呼ぶことにする。窓の空間を拡大するためには、開閉などの操作性も考慮して、小さなガラス板を組み合わせる方法がよく採られてきた。これが奥行きの浅く間口の広い部屋や、外に張り出した付属室に用いられることによって「光の部屋」はつくられる。この窓自体を空間化する想像力は、19世紀に登場した繊細な鉄のフレームや大判ガラスなどの工業技術によって爆発的な展開をみせ、クリスタル・パレスやミラノのガレリア、パリのパサージュなどに昇華された。それは闇を閉じ込める重さに支配された石の建築の系譜に対し、光を集めて無重力を目指す新たな建築の系譜のはじまりである。

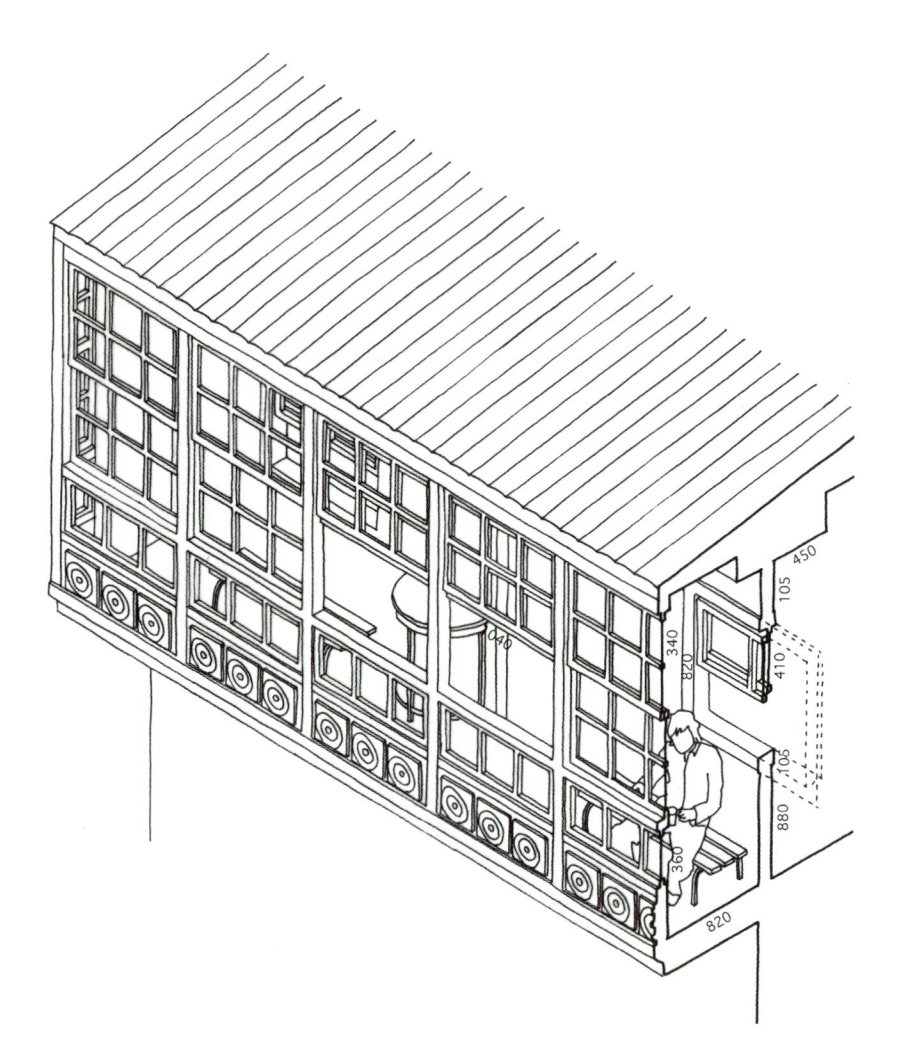

La Estela

Hotel / Santiago de Compostela, Spain / Cfb

サンティアゴ・デ・コンポステーラの広場に面するホテル。この近辺では建物の最上階だけ、ガレリアと呼ばれる白い出窓が間口いっぱいに張り出し、連続する街並みを形成している。木製サッシの上げ下げ窓を組み合わせた連窓の内部は光にあふれた奥行きの浅い部屋になっている。

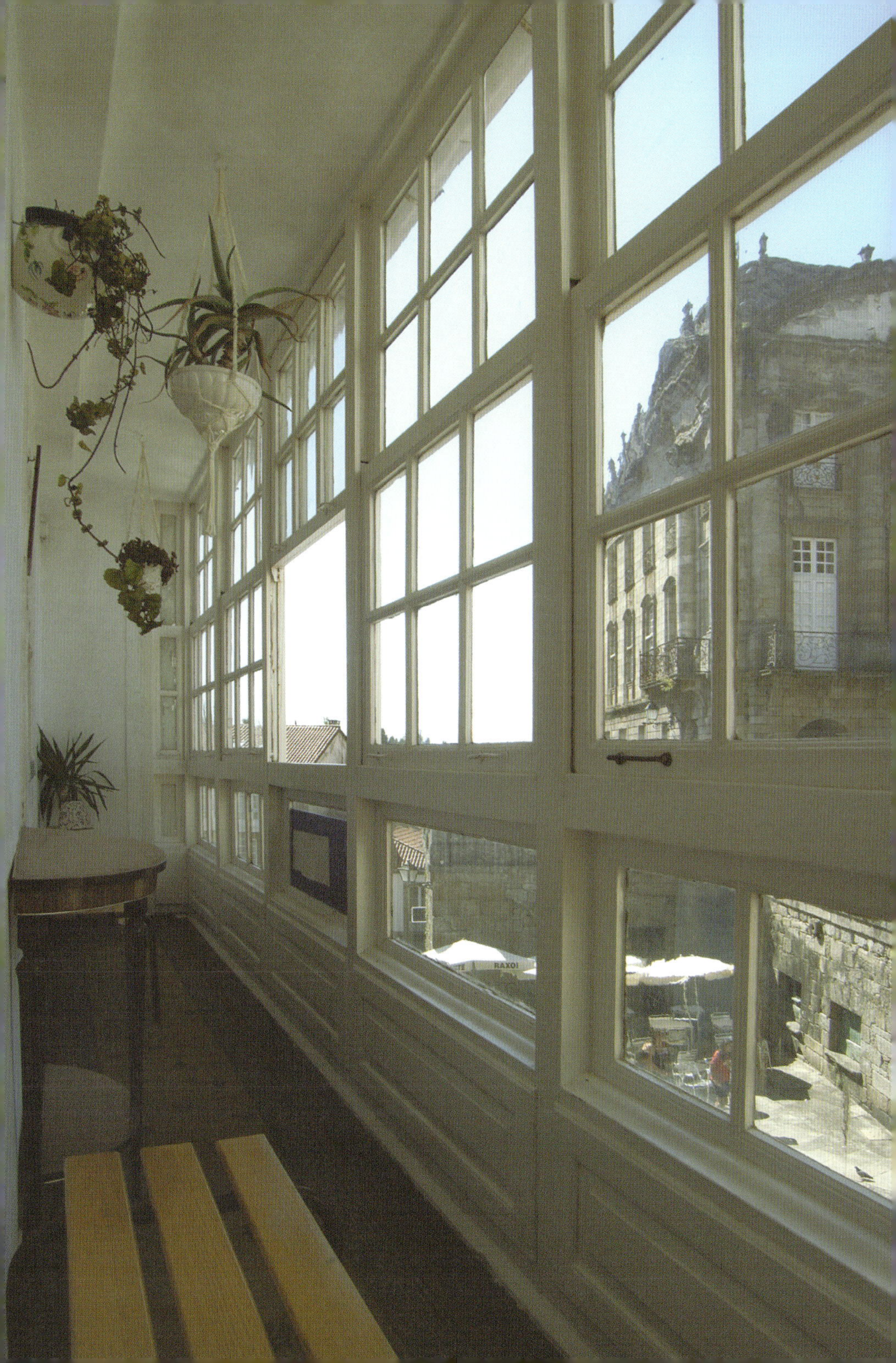
RAXO!

Plečnik House

House / Ljubljana, Slovenia / Cfb

スロベニアのリュブリアナにあるヨーゼ・プレチニク自邸のサンルーム。可愛らしいオーダー柱の列の内側三方に、小割のスチールサッシのガラス窓（一部換気用の内開き窓）が巡らされている。窓の下にはプランター、上にはトレリス（ツタを絡める格子）が配され、内と外の境界に緑が集中することで、境界があいまいになっている。

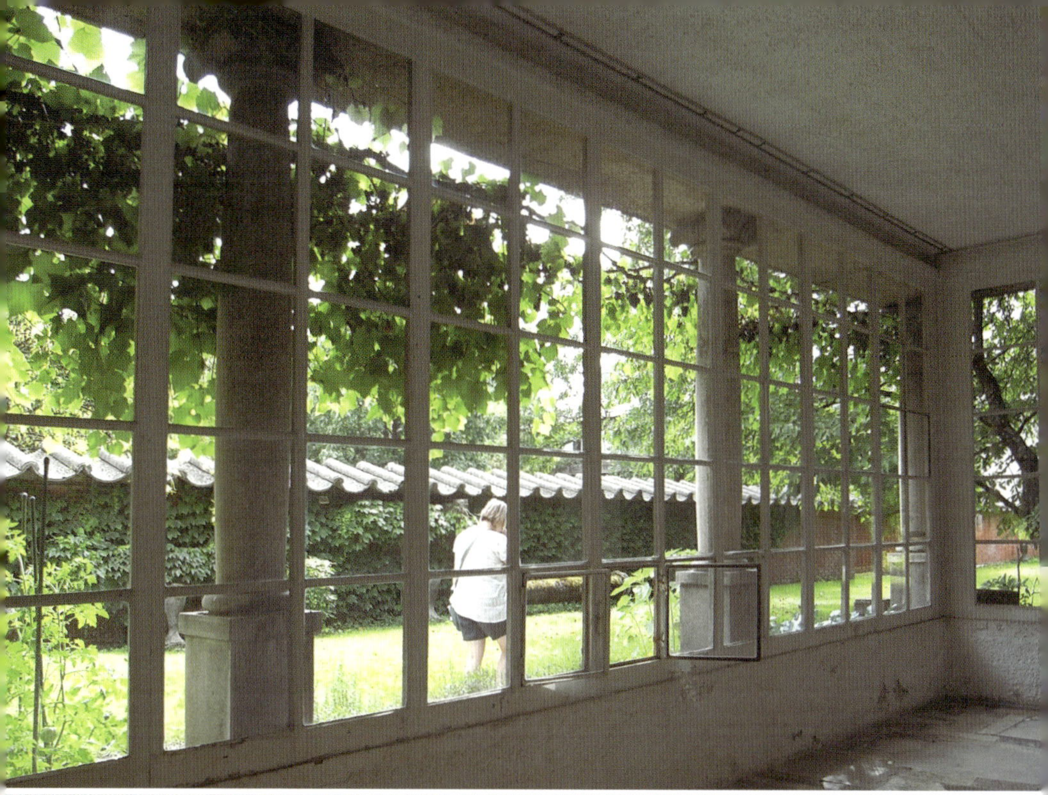
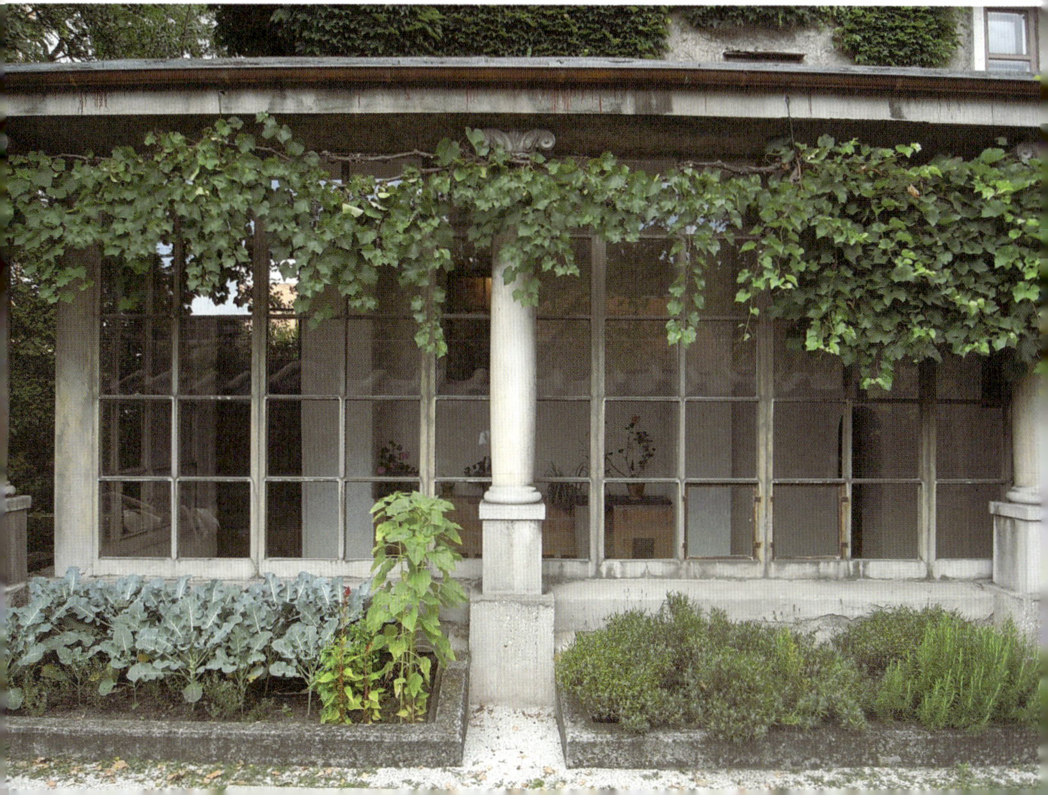

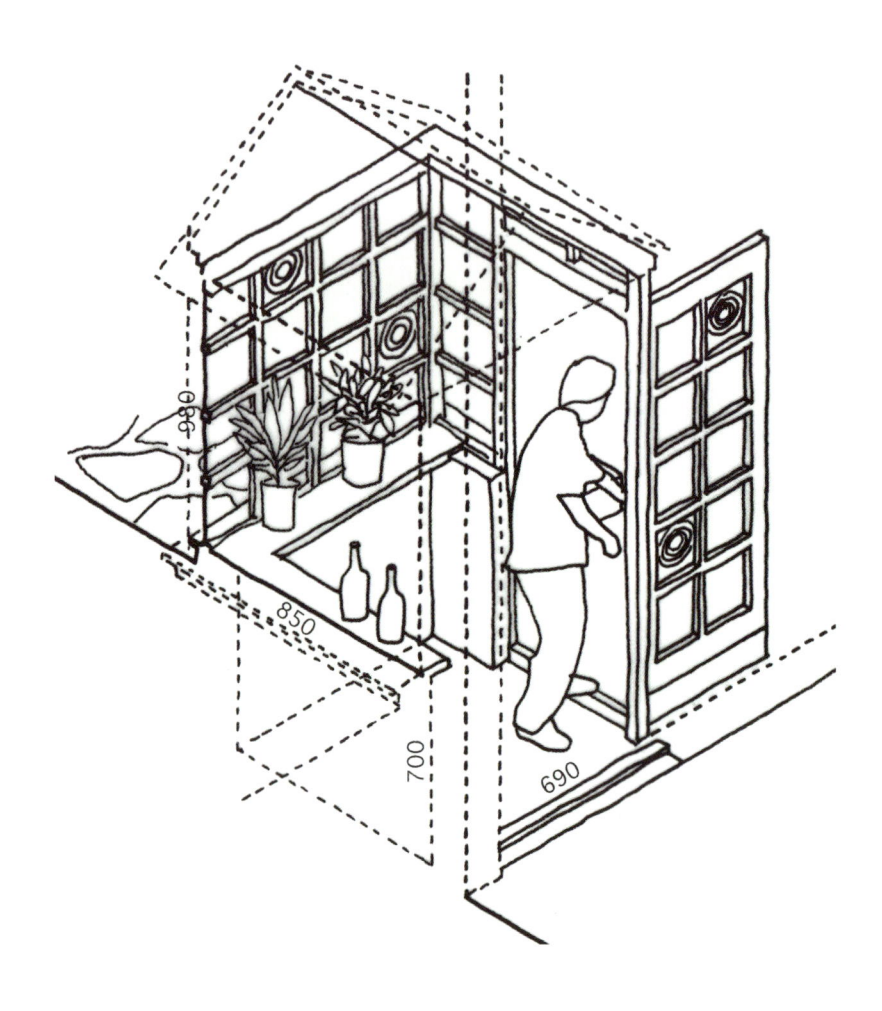

Photographer's House
House / Bibury, England, UK / Cfb

イギリス、バイブリーの写真家のスタジオ兼住宅の玄関。小割りの木製サッシが三面に設けられ、窓台には植物が置かれている。一部には「牛の目窓」と呼ばれる波紋状のパターンのガラスが嵌め込まれている。

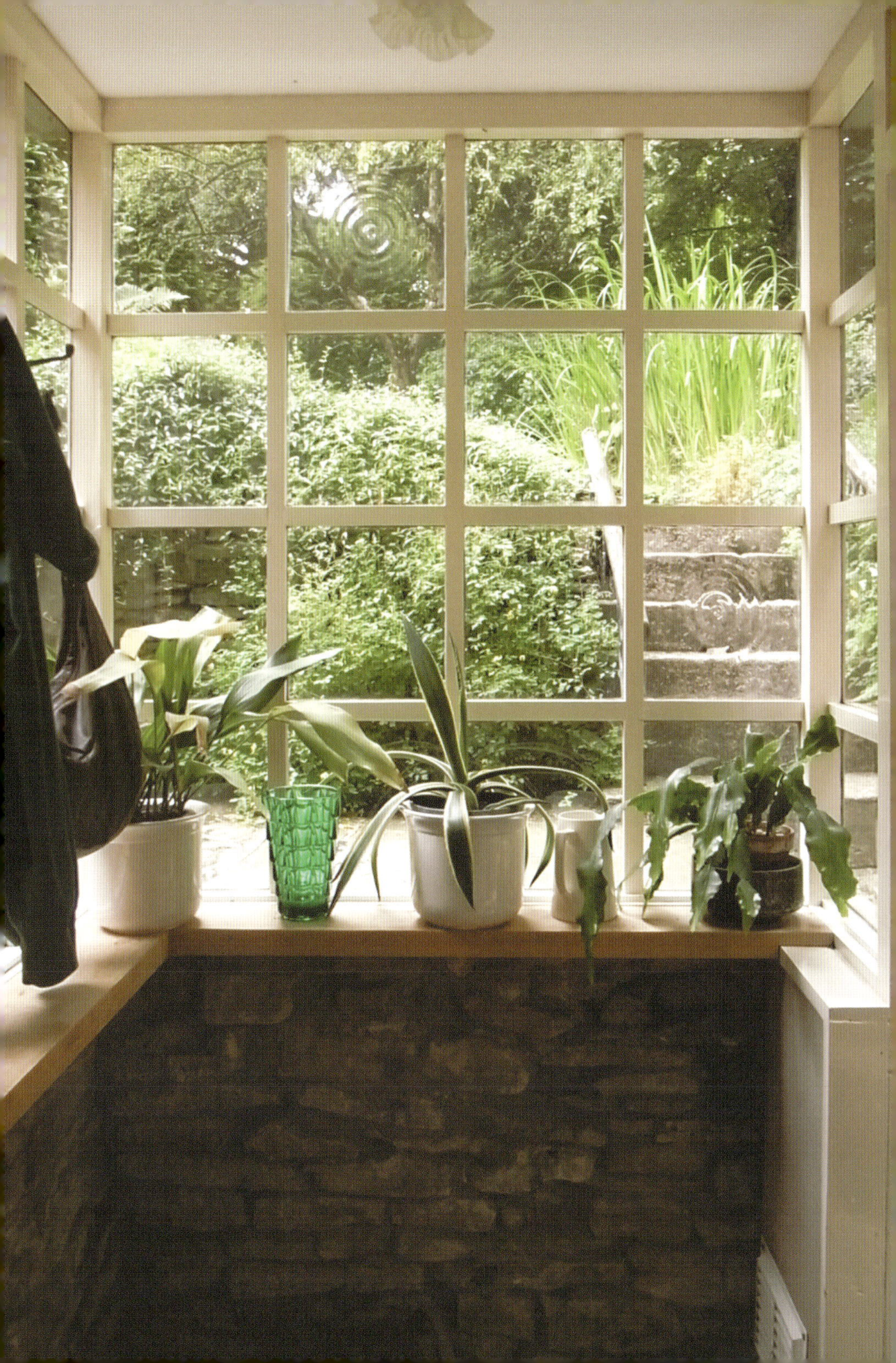

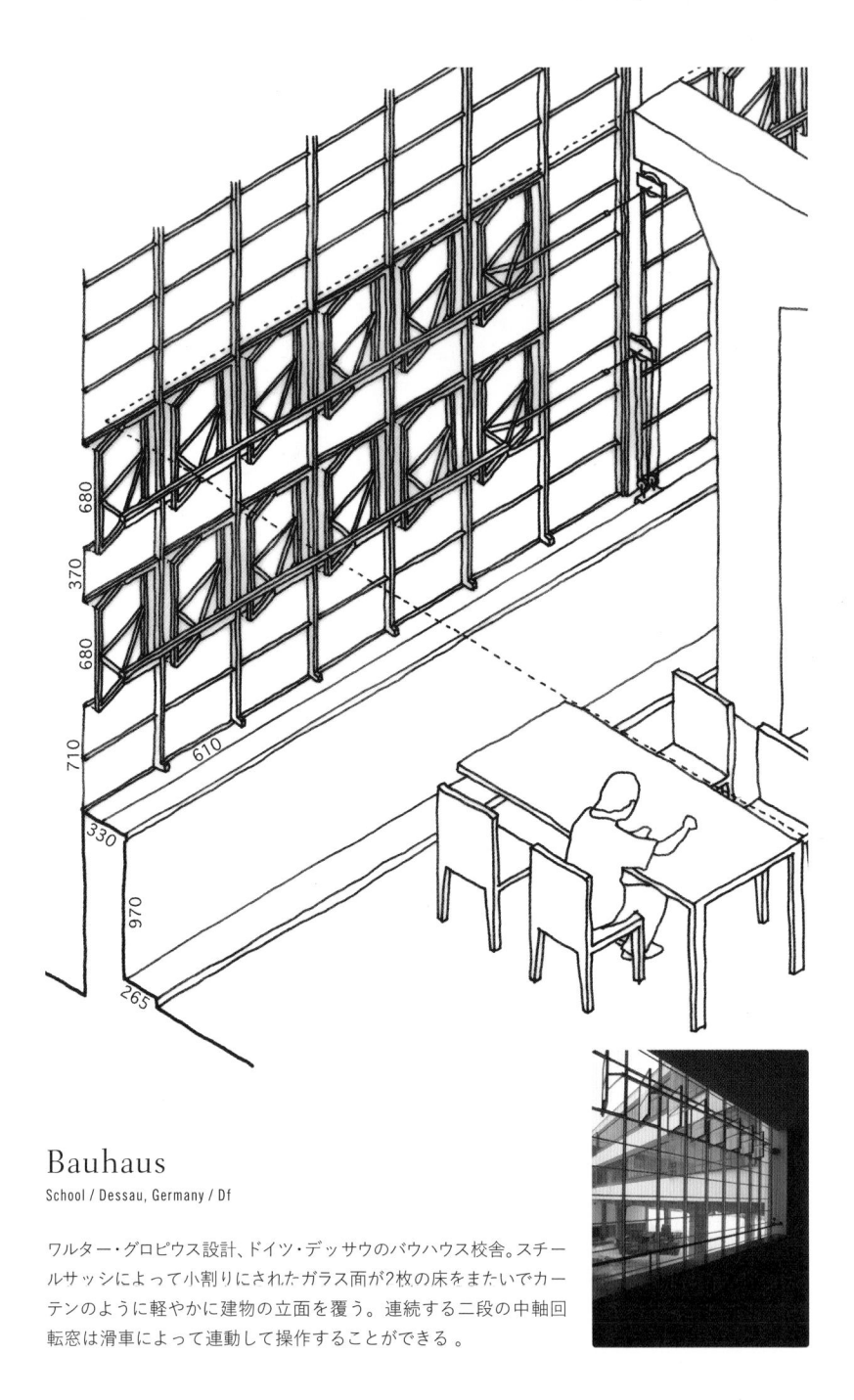

Bauhaus
School / Dessau, Germany / Df

ワルター・グロピウス設計、ドイツ・デッサウのバウハウス校舎。スチールサッシによって小割りにされたガラス面が2枚の床をまたいでカーテンのように軽やかに建物の立面を覆う。連続する二段の中軸回転窓は滑車によって連動して操作することができる。

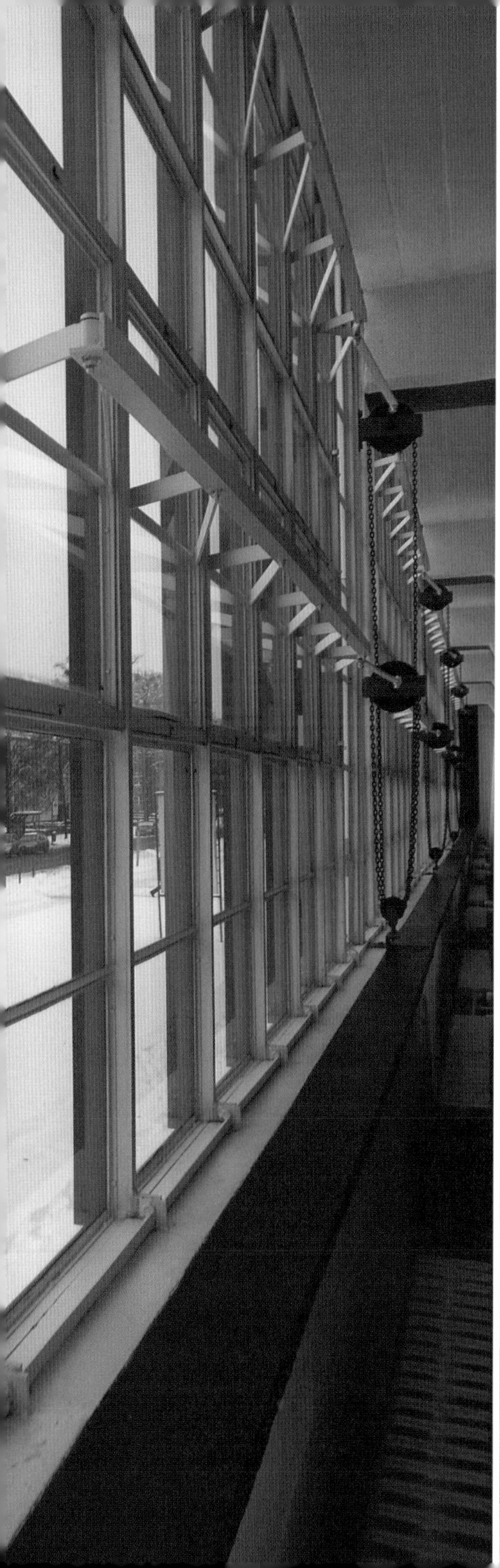
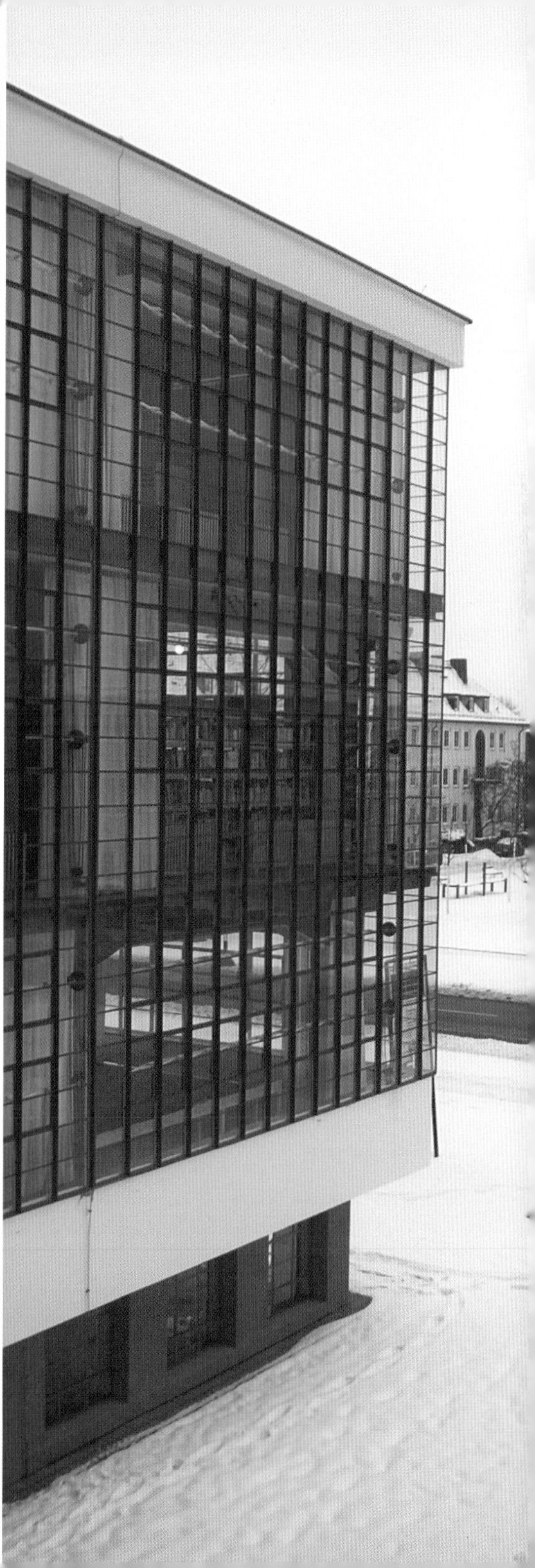

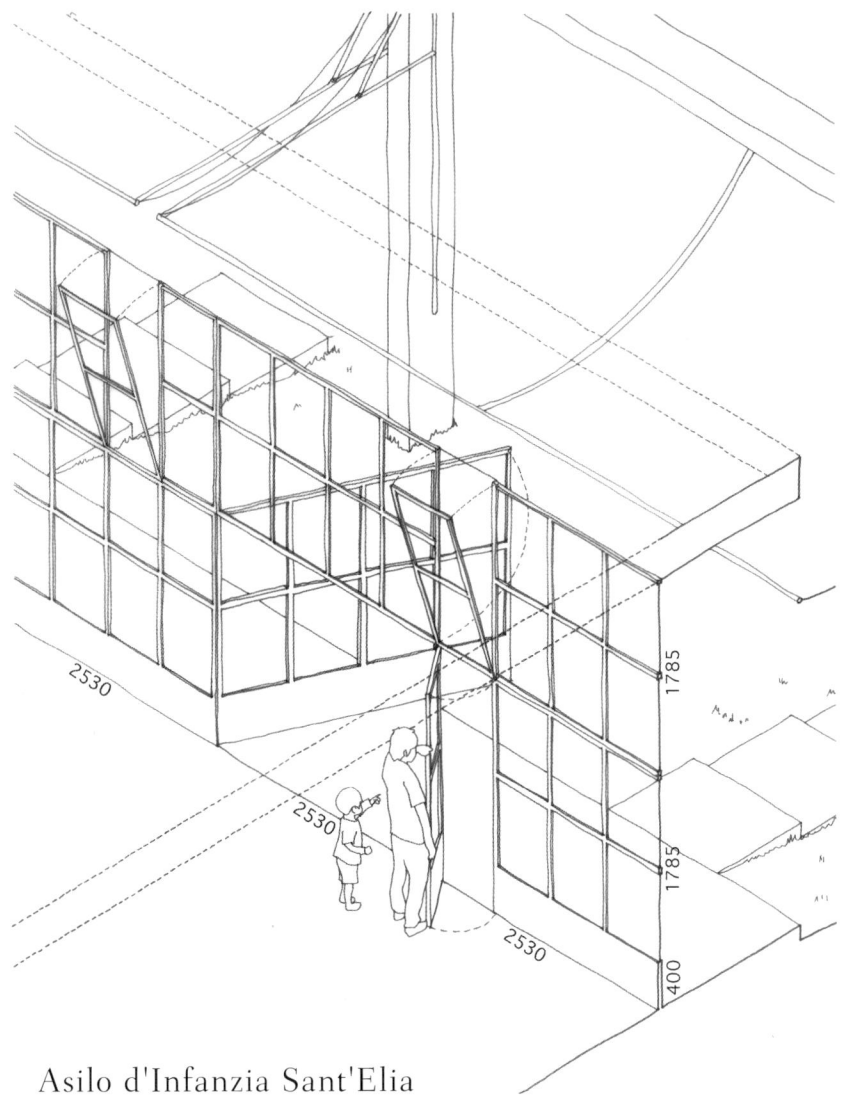

Asilo d'Infanzia Sant'Elia
Kindergarten / Como, Italia / Cfa

イタリア北部、コモにある建築家ジュゼッペ・テラーニが設計した幼稚園。スチールサッシによって小割りにされたガラス窓が約4mの天井高、約7.5mの部屋の幅を占めており、社会規範に浅い幼児たちのふるまいを極めて洗練された光の配置が自然なかたちで導いている。屋外のフレームに取り付けられた日除けのオーニングを開けば、芝生の上と室内の窓際が同じ陰の下に入って、幼児の遊びの領域が延長される。

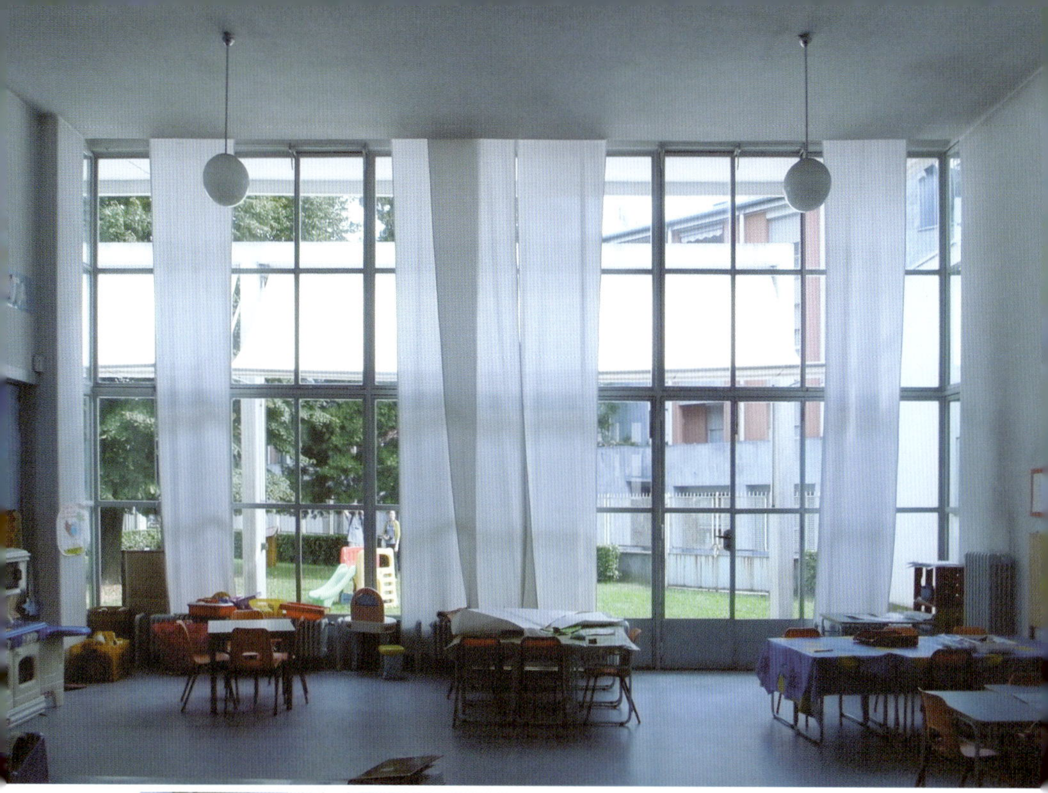

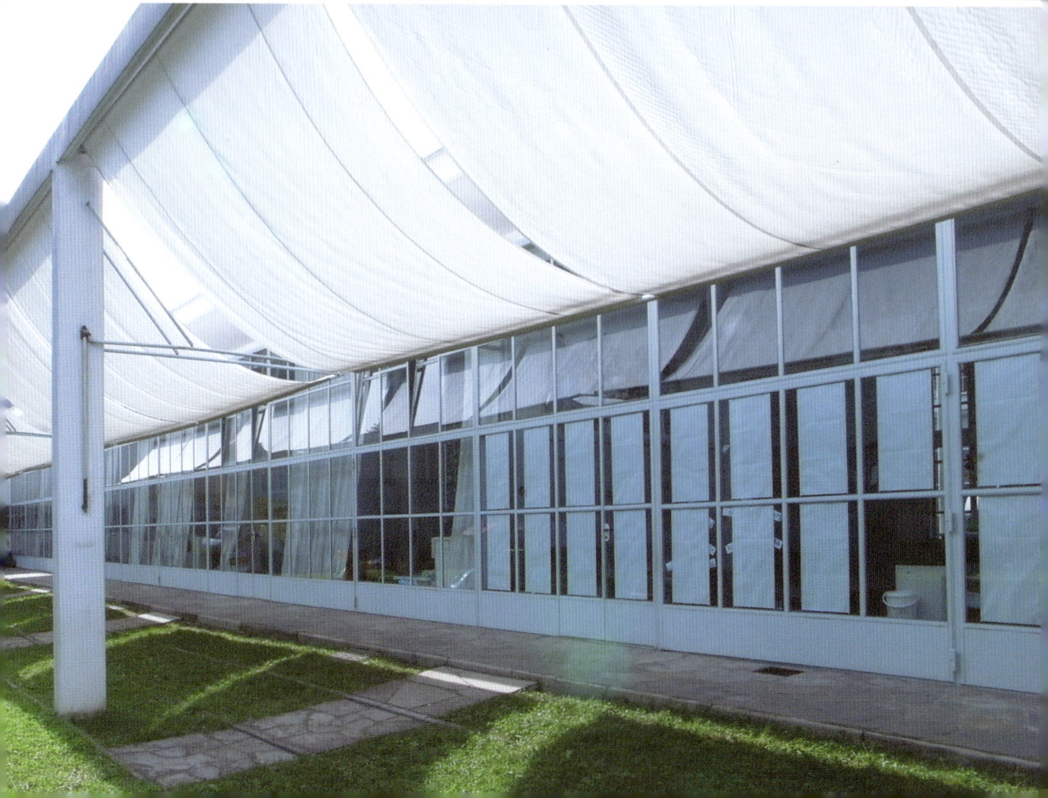

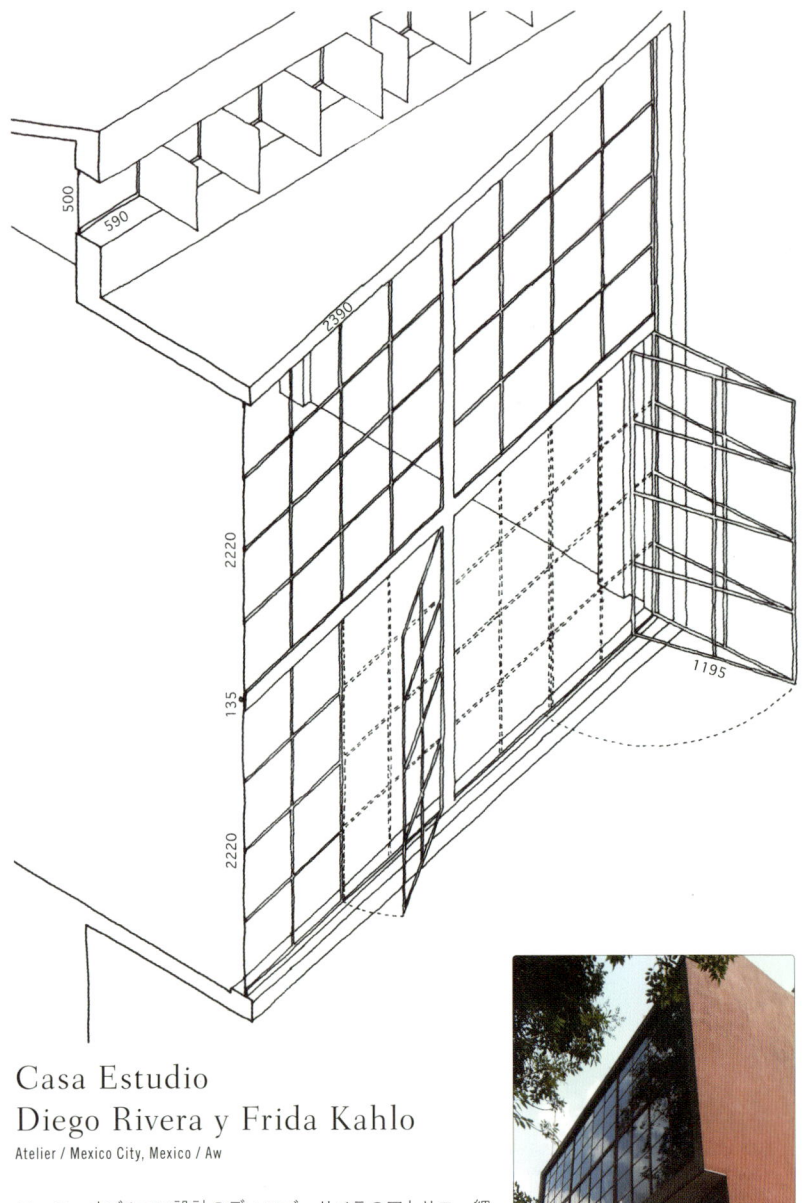

Casa Estudio
Diego Rivera y Frida Kahlo

Atelier / Mexico City, Mexico / Aw

ファン・オゴルマン設計のディエゴ・リベラのアトリエ。細いサッシで分割された、北向きの大きな窓は下半分が分割されて折戸と開き戸になっている。ノコギリ屋根には縦ルーバーと換気窓が組み込まれたハイサイドライトがある。

©Museo Casa Estudio Diego Rivera y Frida Kahlo

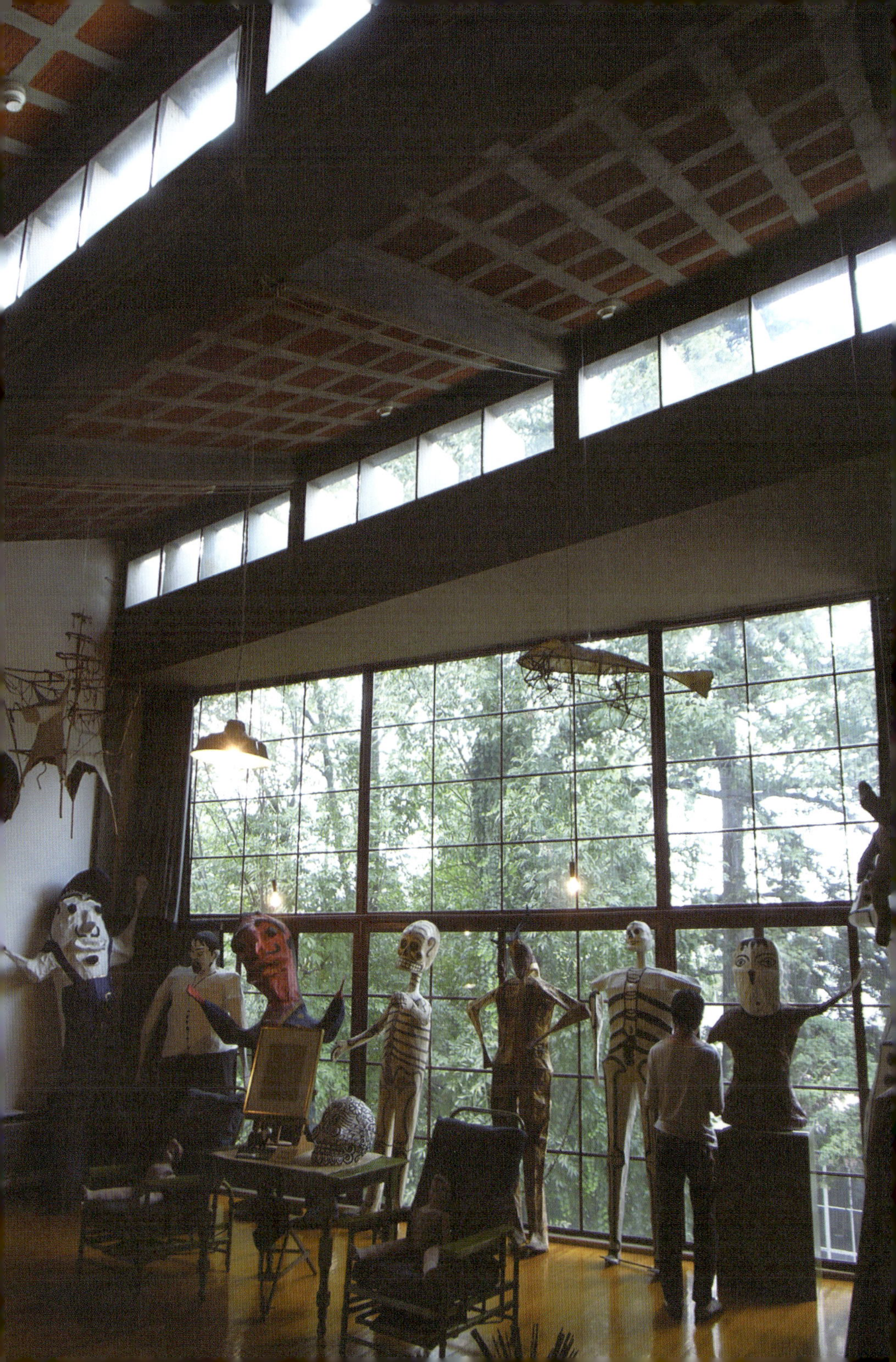

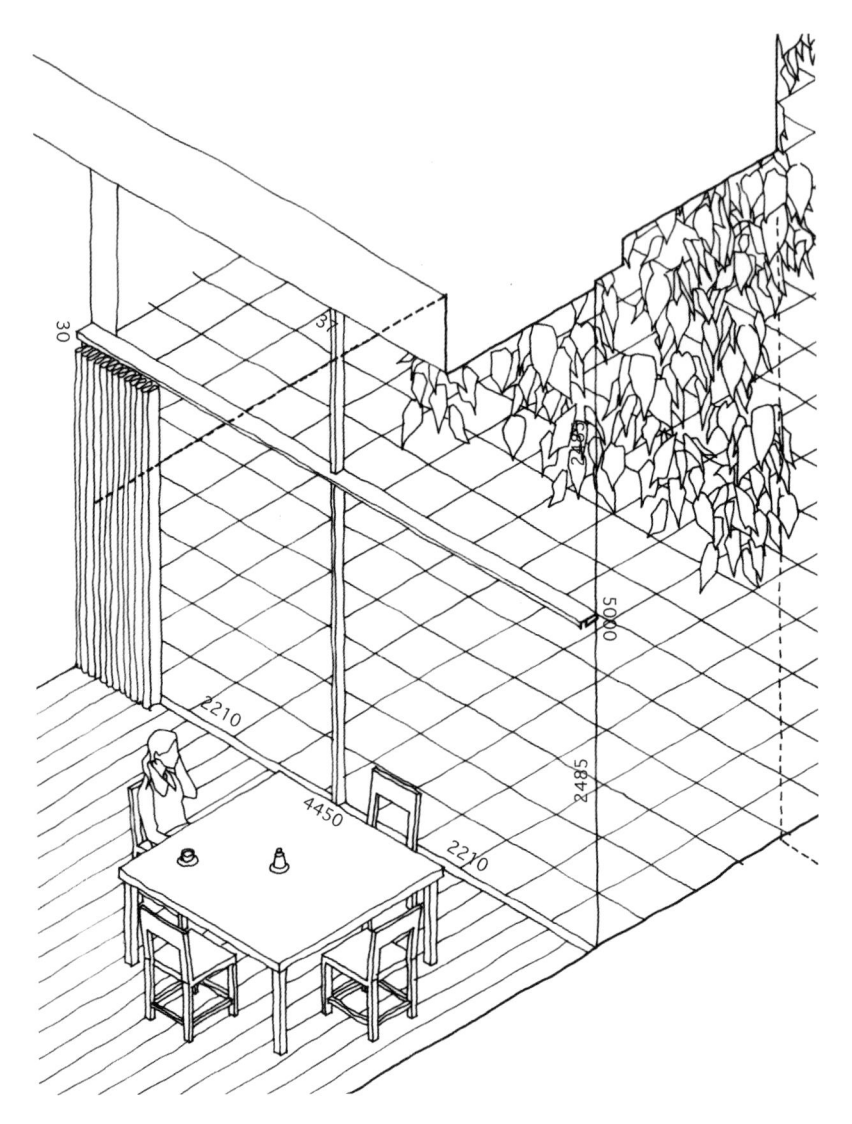

Casa Barragan Common Room
House / Mexico City, Mexico / Aw

ルイス・バラガン自邸のコモンルーム。庭に向かって大きく取られた窓は、すぐ脇にある前室収納と同じ奥行きをだきとして持っているが、そこには何も置かれていない。つまり手前の家具の領域と外の庭のあいだに、光だけの領域が挟み込まれているのである。外周の窓枠は埋め込まれ、無目のシルエットだけが十字架のように浮かび上がる。

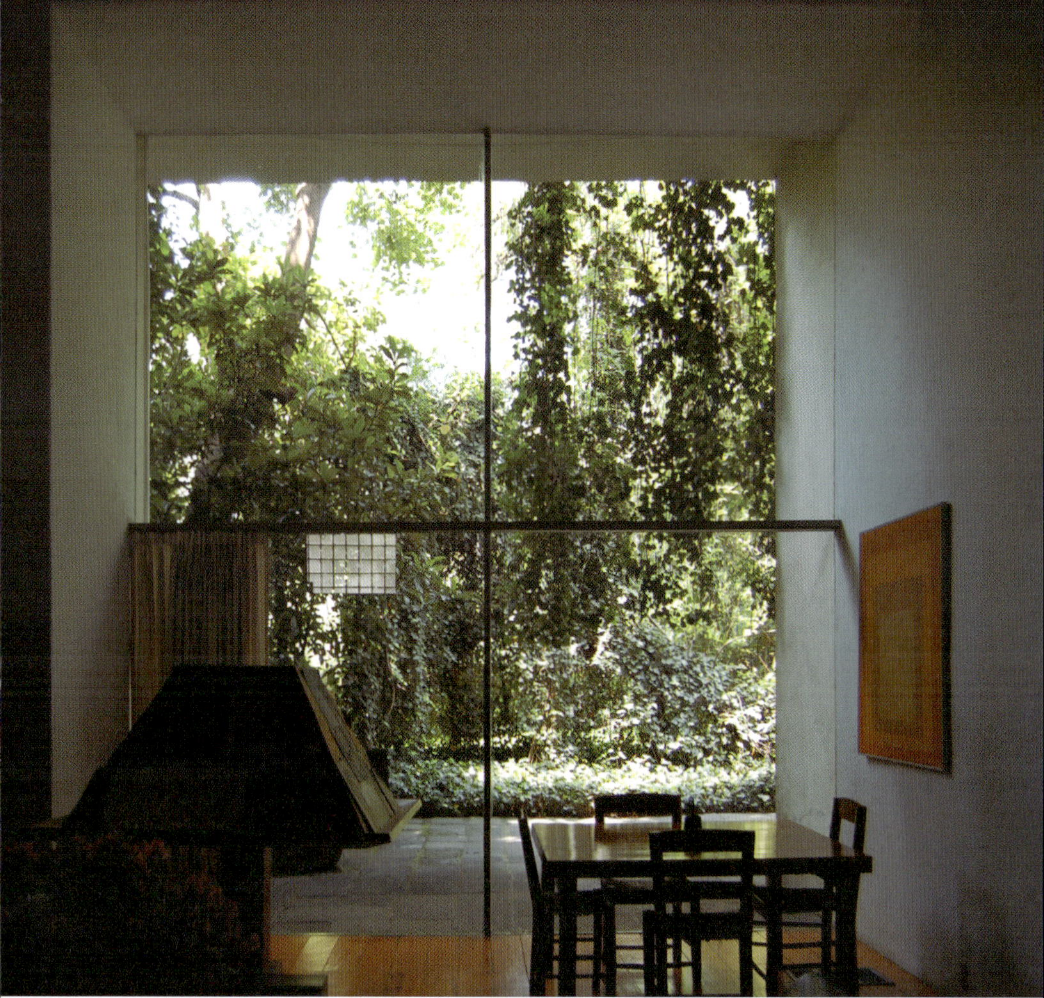
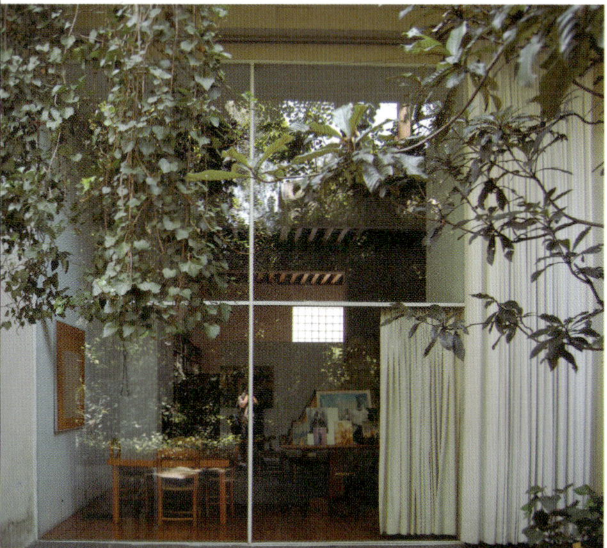
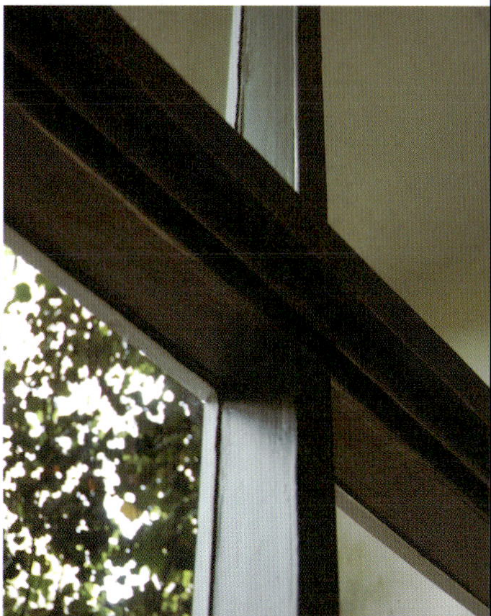

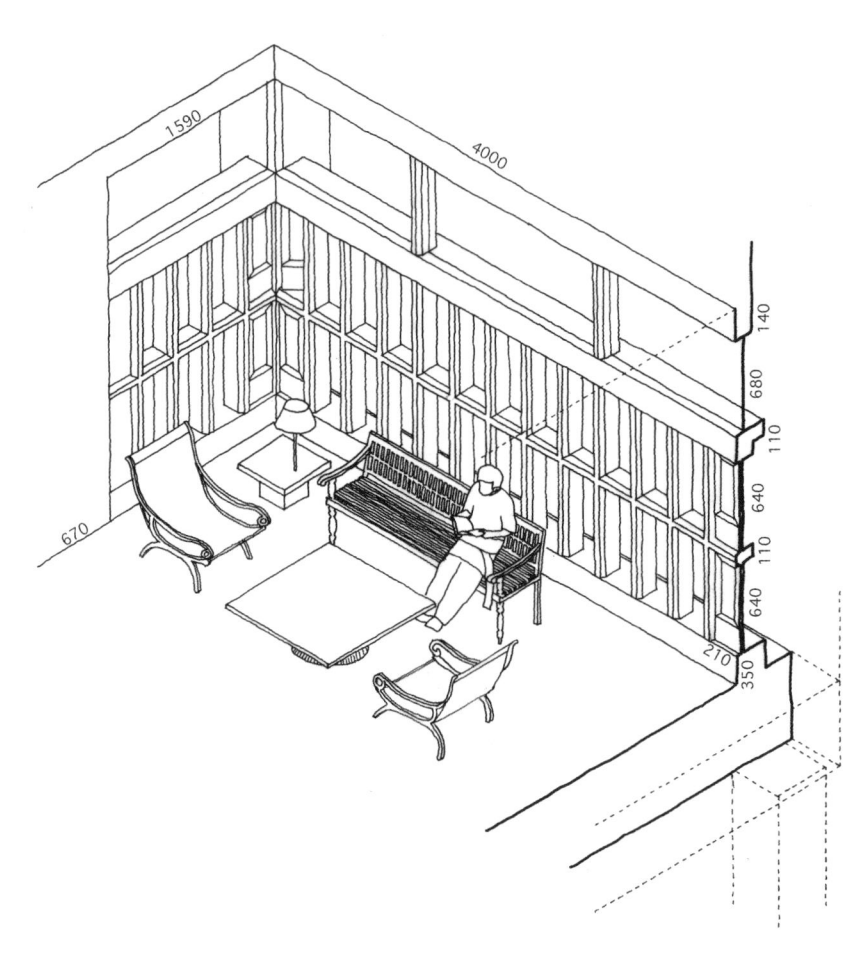

Lunuganga Guest Room
House / Bentota, Sri Lanka / Af

ジェフリー・バワの別荘、ルヌガンガの客室棟。窓を均質な面とするには、反復する桟をできるだけ細くしたいところである。そこで高さを人の背丈までで一旦分節し、天井までの残りの部分をより大柄なフィックスの欄間として処理している。ジャングルとの隣接性を空間の性格に最大限に寄与させようとしている。

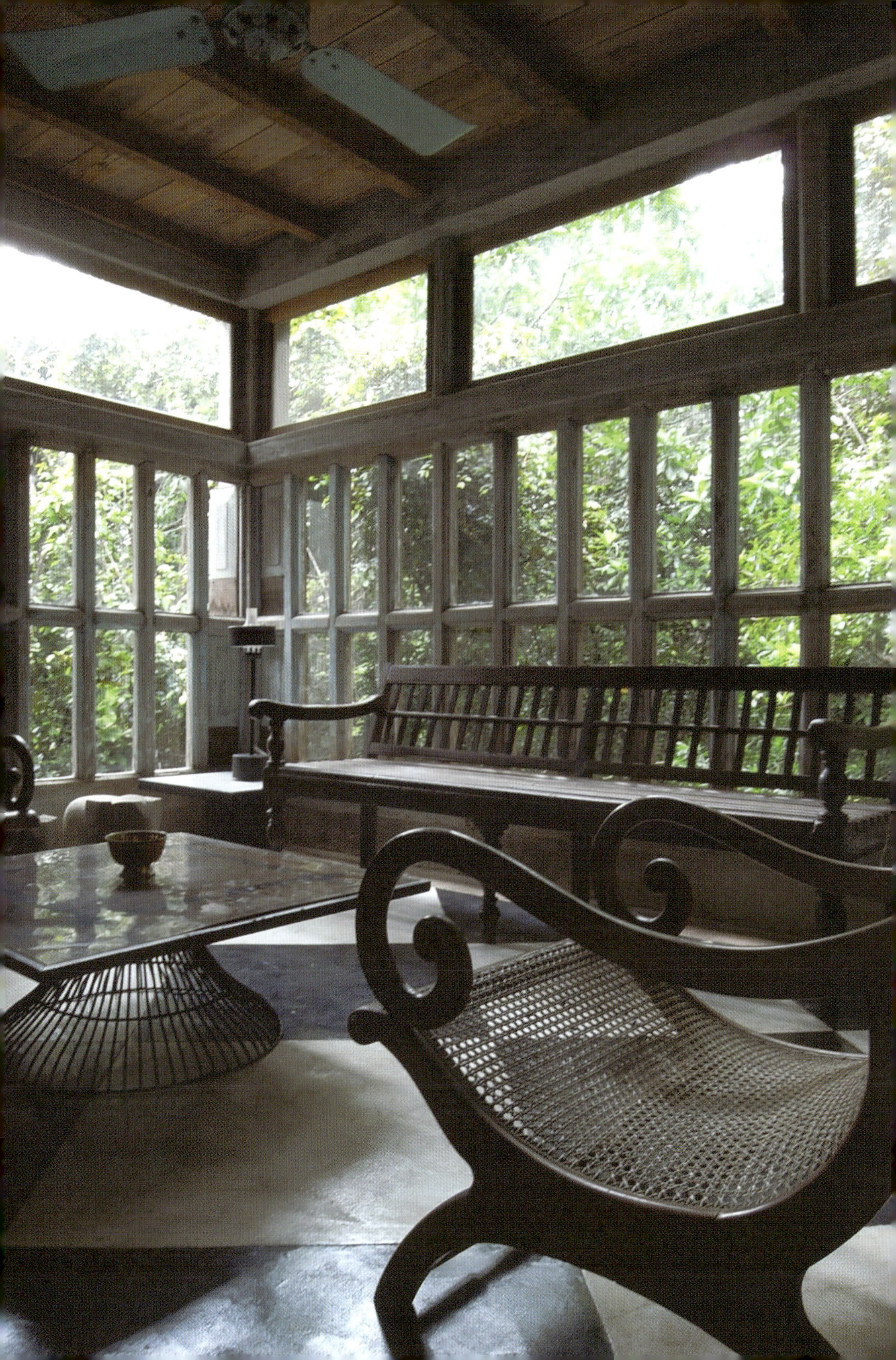

Geoffrey Bawa

スリランカの気候風土のなかで、生きること、建てること

　スリランカの南西海岸、デドゥワ湖の畔の半島に、建築家ジェフリー・バワが生涯手を加え続けた「ルヌガンガ」がある。ビーチのある小さな町ベントタから30分ほど車を走らせると、朝霧の残るじっとりとした空気の中、肉厚な葉が茂る鬱蒼とした木立を抜け、門をくぐると空があらわれてぱっと明るくなり、色あせた赤瓦を戴いたポーチが訪問者を受け入れる。ポーチの先にあるガーデンルームと呼ばれる書斎では、天井の高い一室空間から張り出した出窓に、籐で編まれた骨董の椅子や、ベンチがジャングルの緑に触れられそうな近さに置かれている。全体は5棟からなる分棟形式で、どの建物も雨を凌ぐためにベランダやテラスが設けられ、その屋根を支える柱にはエンタシスや八角形に面取りが施されている。古典的なコロニアルスタイルのモチーフは、いつの時代のものか判然としない。広大な庭には、空へと伸びる椰子や菩提樹が陰をつくり、根元には、放射状に葉が広がるドラセナ、枝分かれに広がるシダなどが茂り、木漏れ陽の差すところは空気中の水分に光が乱反射して霧のように白く見える。母屋にある半屋外のテラスは、一方で居間に続き、もう一方で庭へ開け放たれ、残りは窓ガラスで仕切られていて、その窓のまわりに柔らかなクッションのある深々としたベンチが造り付けられている。北側の湖の方向には、プルメリアの巨木がその激しい枝振りとは対照的な繊細な花をつけ、青々とした芝の上にぽとりぽとりと白い花びらが落ちている。庭のところどころに彫像や石のベンチ、人が入れそうなほど巨大な壺や瓶が置かれている。

1. ──────── テラスからみたプルメリアの巨木
2. ──────── ジャングルに張り出す出窓
3. ──────── 雨を凌ぎ陰をつくる庇空間

このまったく静謐で生命感に溢れた幻想的な雰囲気は何だろうか。それがこの地における気候風土や文化を熟知した実践的な方法の集積の結果うまれているのである。熱帯モンスーン域の気候では堪え難いほどの暑熱と湿気があり、風がないところにいると、すぐに汗が噴き出し不快である。だから大きな屋根によって雨を防ぎ、陰をつくり、風の通りを良くして涼を得る。多くの窓にはガラスが入っていない。簡単に開け閉めできるような板戸、ガラリ付きの扉、高い位置には、格子や網戸があり、常に空気が循環する仕組みになっている。ガラスがないことによって、空気が連続するだけでなく、木々が揺らめくざわざわという音、さまざまな鳥の鳴き声が聞こえ、建物の中に居ようとも、私たちはそれ以上の自然の広がりを感じるのである。バワの建築はスリランカの気候だけでなく、そこで育まれた文化の時間にも深く根ざしている。それは、この地で培われた植民地時代のバンガロー、仏教寺院など、古い時間の層へ遡行することで、この風土の中での人間の生きる条件というものにまで辿り着くのである。私たちは現在の世界のなかでしか物事を考えられなかったり、古いものについて考えきれなかったりする。現代建築が豊かでなく、幸せではないように感じてしまう理由は、そうした私たちの想像力の限界にあるのではないか。「ルヌガンガ」では、現代の生が、人間の生きてきた長い時間の堆積と地続きになって、生きる歓びへ向かっている。(能作文徳)

影 の 中 の 窓

Windows in the Shadow

比較的温暖な地域を訪れると、ガラスが入っていない窓に出くわす。窓にはガラスが入っているものと思っているわれわれ日本人にとっては、きわめて驚くべきことである。この窓は庇や垂れ壁などによって強い日射しを遮り、影をつくることで涼を得るのが目的であり、外からみると窓は影の中に暗く沈んでいる。このような窓を「影の中の窓」と呼ぶことにする。現代の空調設備システムでは安定した室内気候をつくりだすことが可能であるけれども、室内は外の世界の変化を感じることができない密閉された空間となってしまう。逆にガラスのない窓というのは建物の中と外との中間的な領域となり、ヴェランダやロッジア、回廊のような半外部空間のあり方に近接する。影によってできた涼しい場所は半外部空間に人の居場所をつくる。これが街路に並んでいると、生活のふるまいが街にあらわれ、通りゆく人の存在をおおらかに受け止める寛容さが建物や街にかもしだされていく。

House in Hoi An
House / Hoi An, Vietnam / Cw

ベトナム中部の街ホイアンの住宅。ココナッツバンブーを柱梁に、ココナッツの葉を葺いて、壁にしている。いわゆる窓がなく、壁を上に跳ね上げることで、ドアや窓の代わりとしている。開き具合は、ココナッツバンブーのつっかえ棒で調整している。

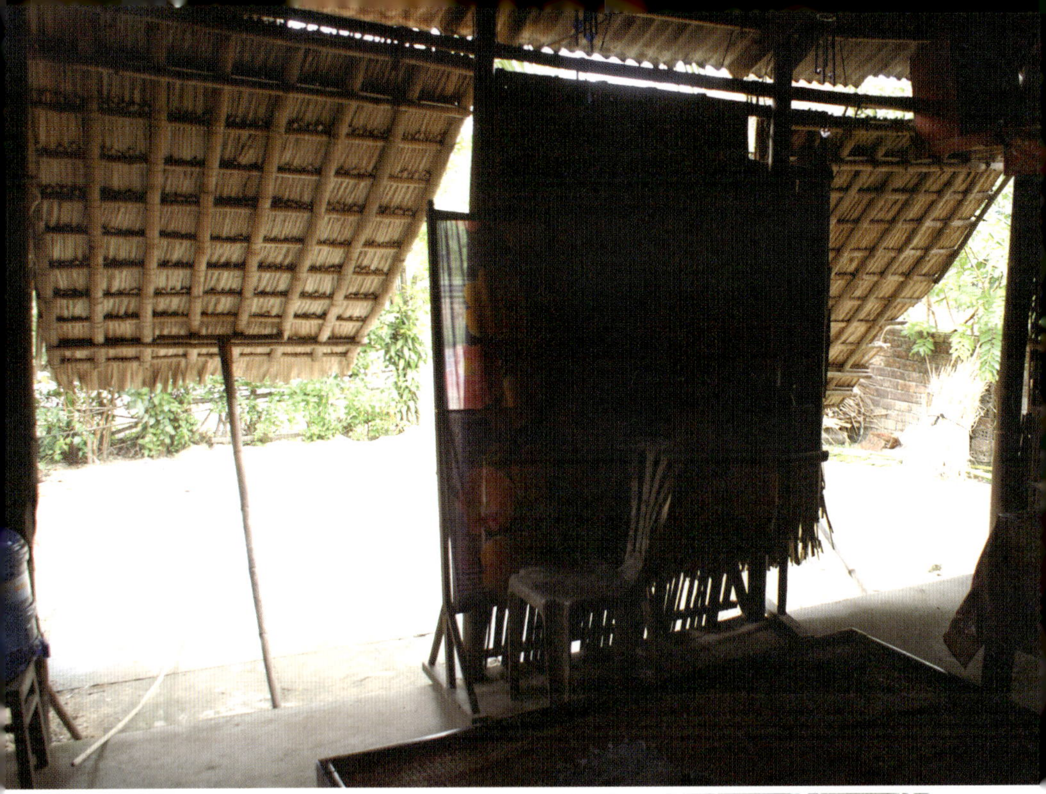

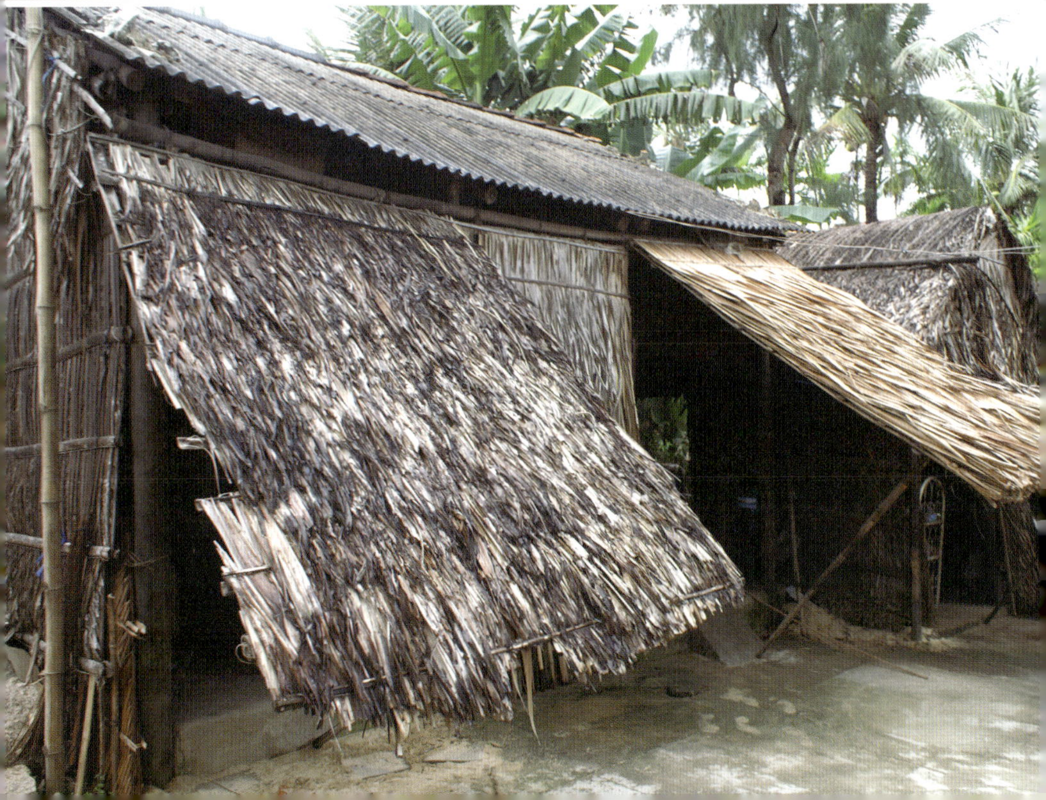

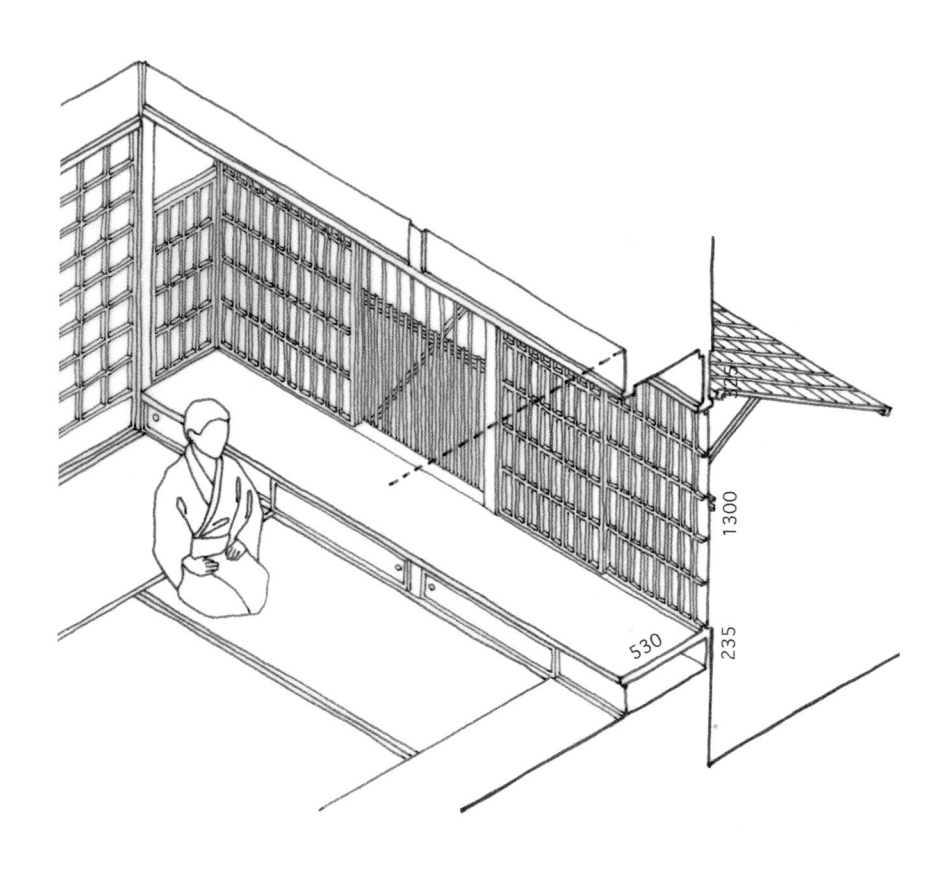

聴秋閣 次の間
Tea Pavilion / Yokohama, Japan / Cfa

横浜、三溪園の茶亭。突上戸が竿によって突き出されている。その内側に格子が設けられ、縦に並ぶ格子が下半分だけ倍の密度で並び、上下に疎密ができる。さらに内側に障子戸が嵌めこまれ、ぼんやりと格子のシルエットが映る。窓の下に深い棚板があり、付書院のような意匠となっている。

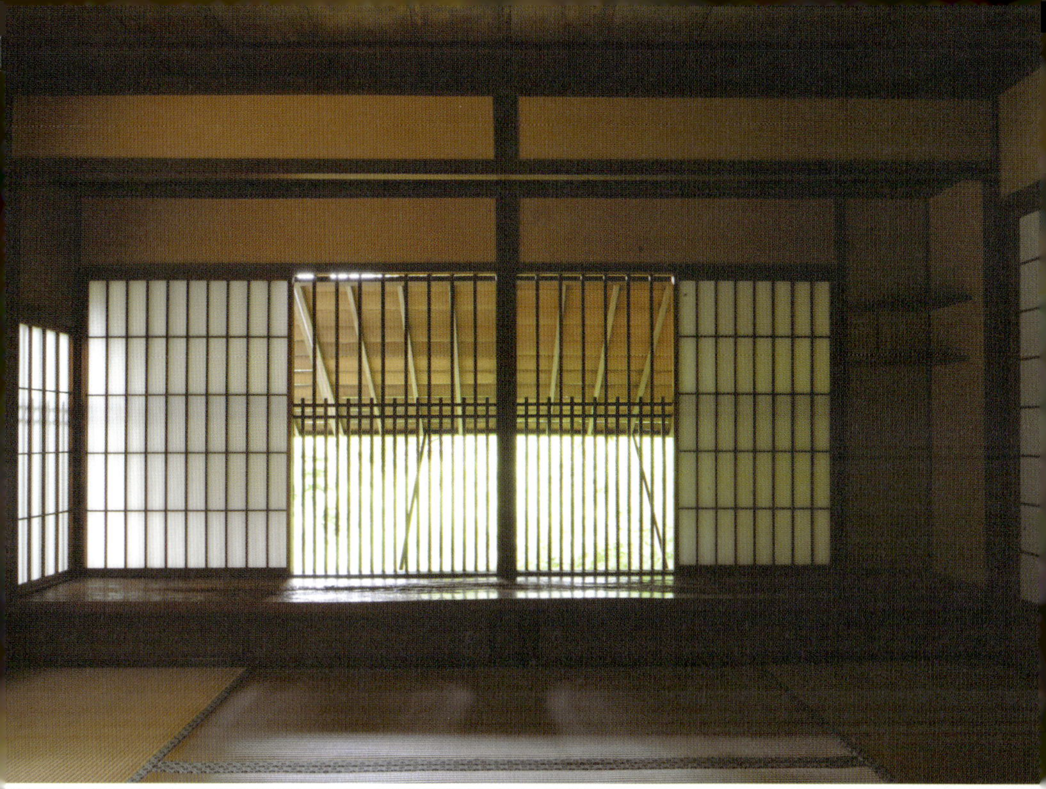

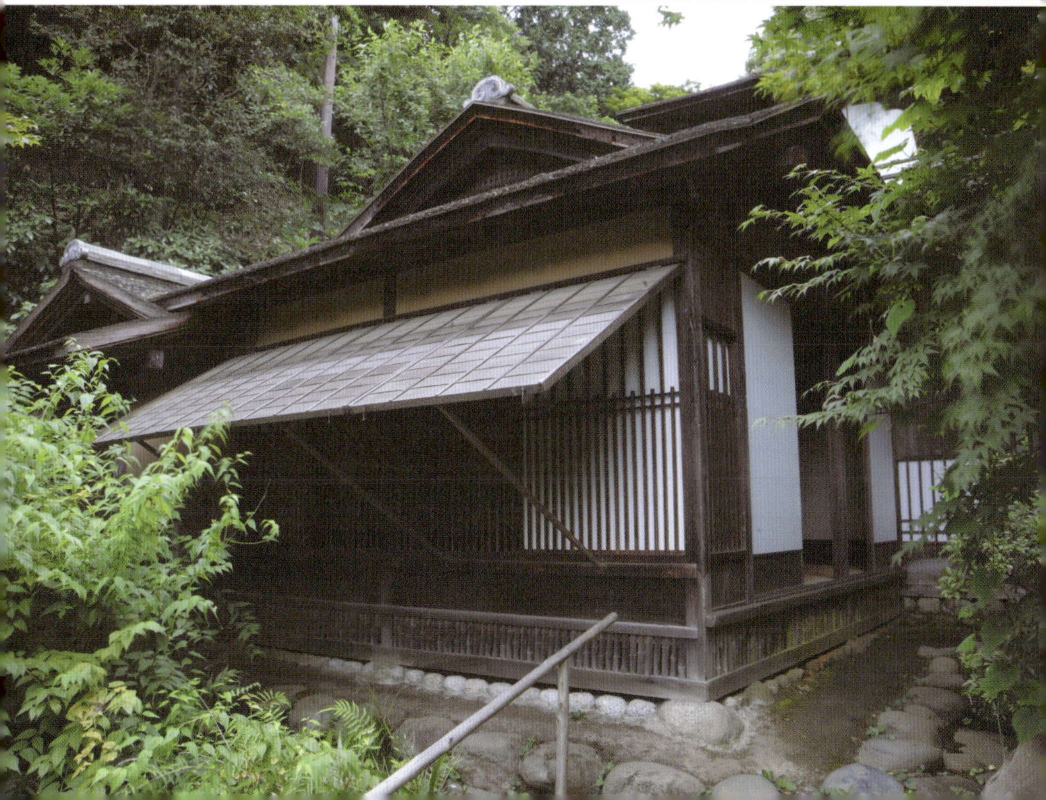

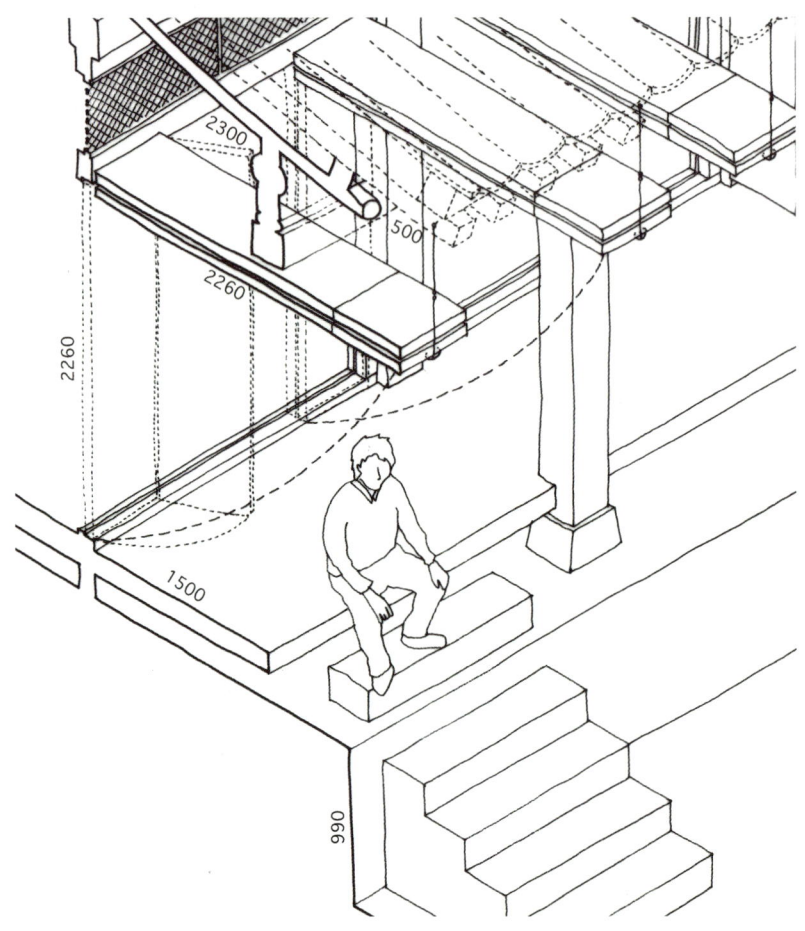

Hanok in Namsan
House / Seoul, Korea / Dw

ソウル、南山の伝統的韓屋。抹楼（マル）と呼ばれる深く張り出した軒のかかった廊下にある開口は、韓紙（ハンジ）と呼ばれる紙の貼られた木製建具のみが設けられている。この建具はとても軽く操作性が高い。2枚ずつが折れ重なり、掃き出し戸として跳ね上げてドゥルスエと呼ばれる軒先の金物により固定される。採光、通風、調湿のすべてにわたって使う人による細かい調整ができるようになっている。

梅窓暖故一枝春

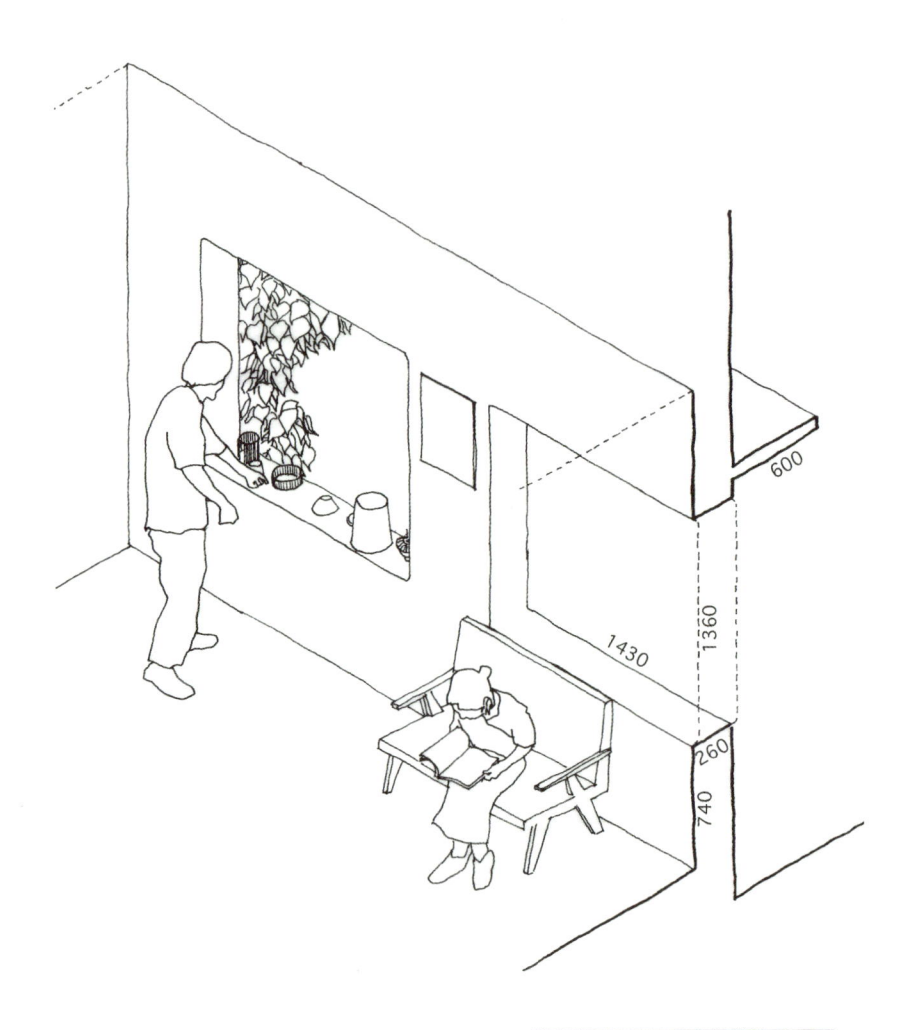

Buddhist Temple in Pinnawala
Temple / Pinnawala, Sri Lanka / Af

熱帯モンスーン気候に属するスリランカ、ピンナワラの仏教寺院の宿舎。回廊の白い壁面に穿たれた開口にはガラスがないが、窓の上部には庇が巡らされ、雨と陽射しへの守りは固い。窓台には食器、窓辺にベンチが置かれ、食事や読書をする場所になっている。

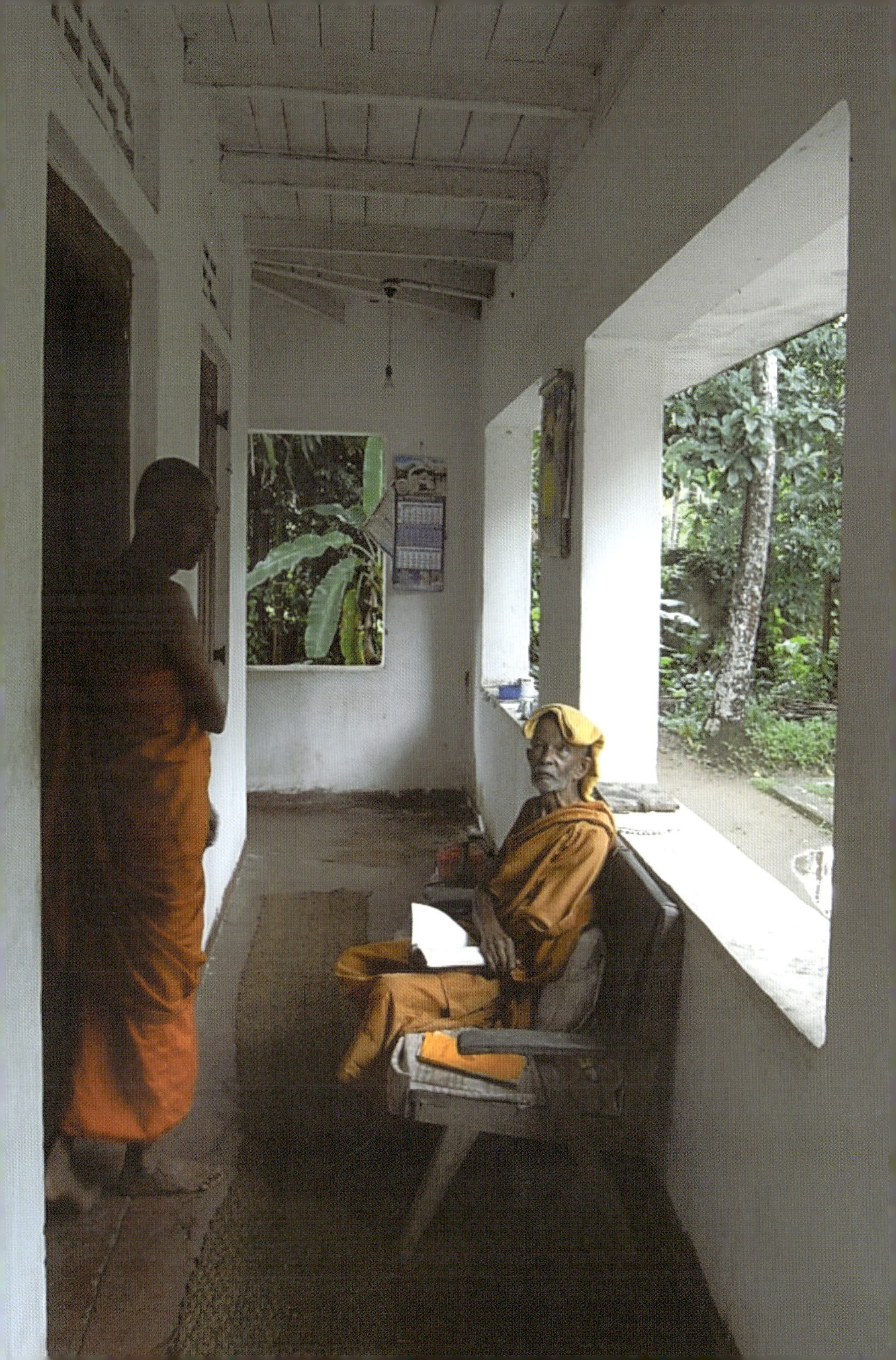

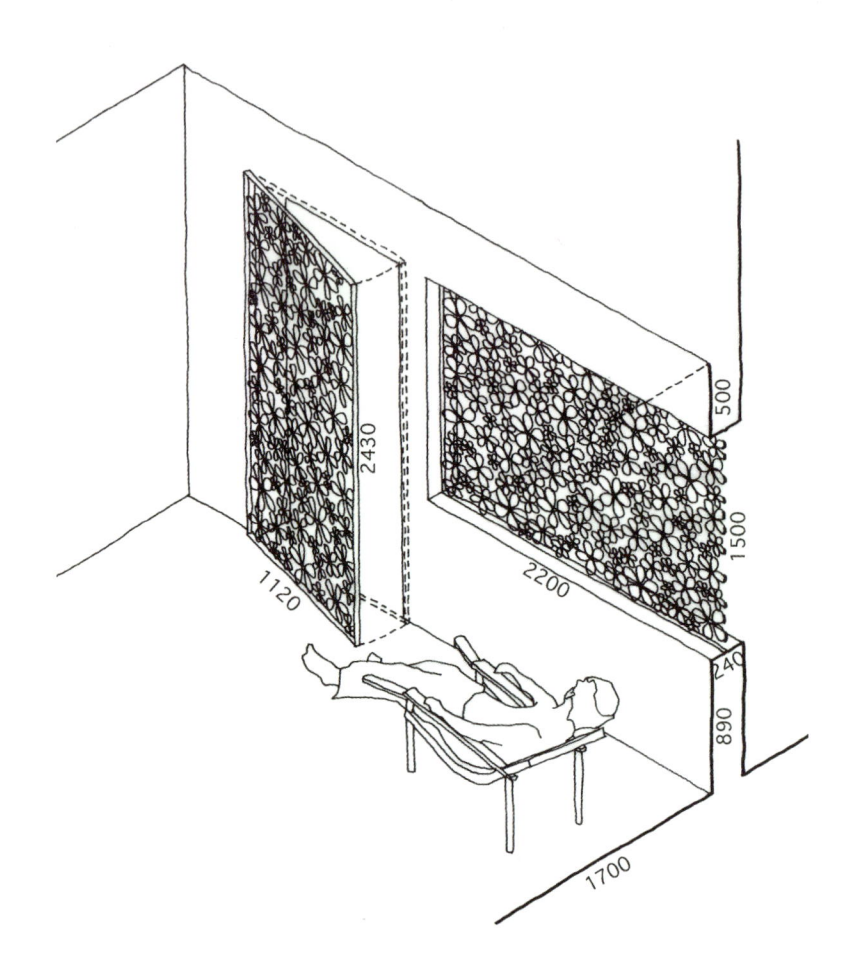

House in Nigonbo
House / Nigonbo, Sri Lanka / Af

スリランカ、ニゴンボの町家形式の住宅。玄関先の窓には、花柄の鉄格子が嵌められ、寝椅子が置かれたロッジアのような空間となっている。外からは闇を背景に鉄色に輝く花が浮き上がり、内からは光を背景に花の輪郭が影として浮かび上がる。

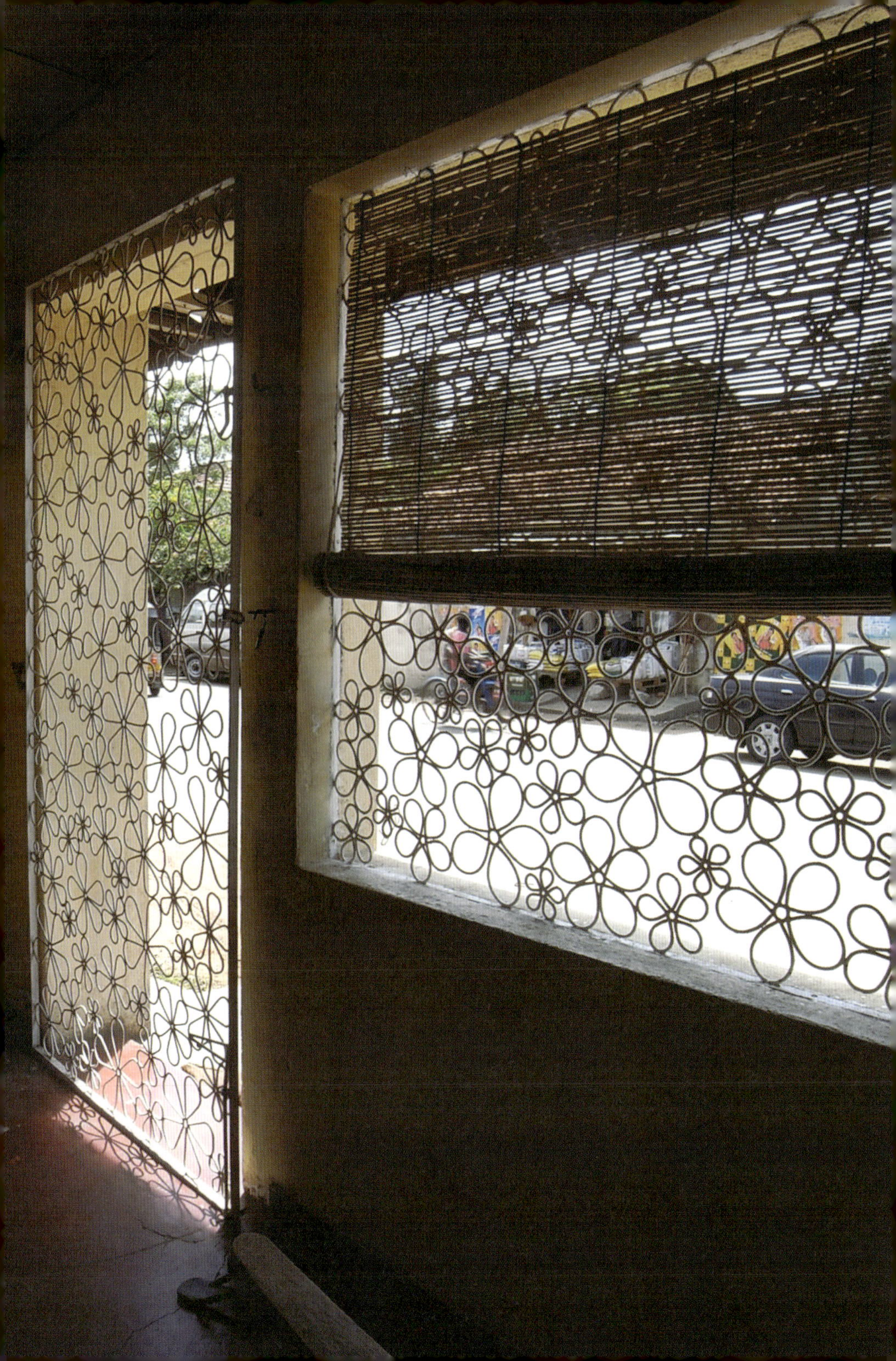

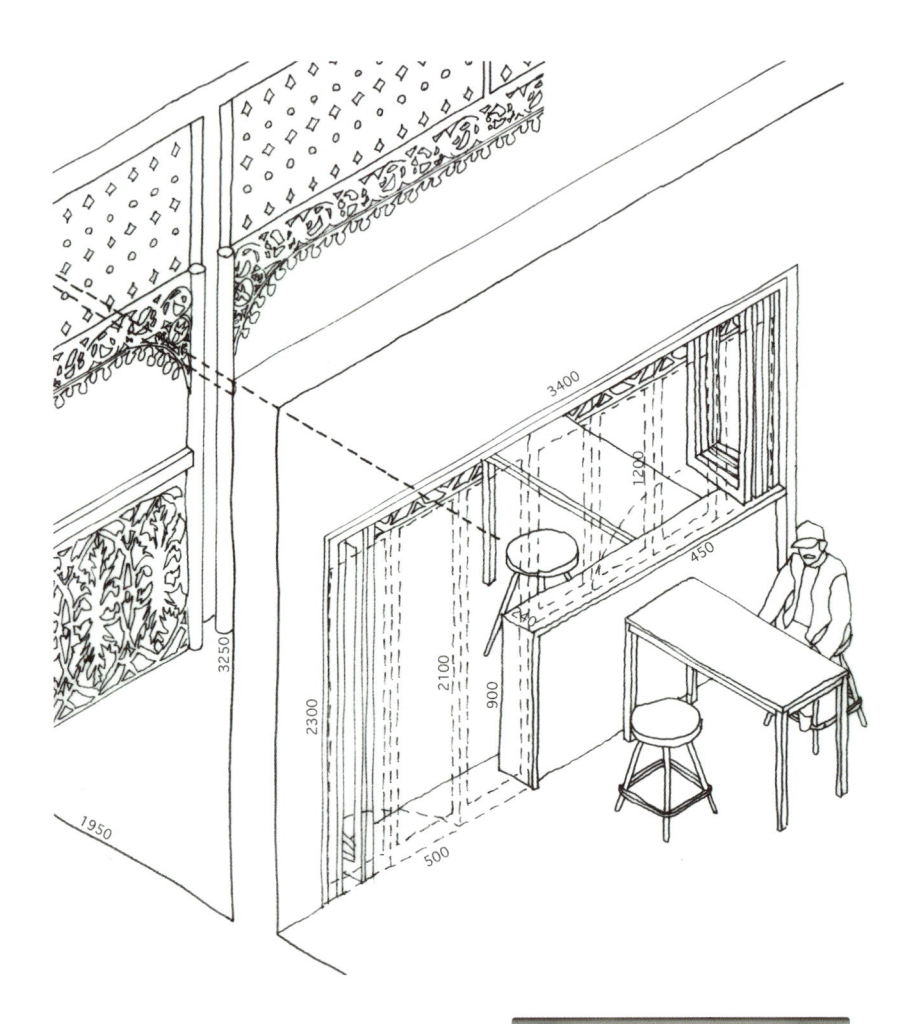

Regatta Hotel
Cafe, Bar / Brisbane, Australia / Cfa

1874年に建てられたブリスベンのホテル。温暖な気候のため、日陰の空間が建物を取り巻くヴェランダの形式が一般化している。装飾された柱、手摺、垂壁を通して風が抜け、光の粒子が拡散するヴェランダでの食事は格別。

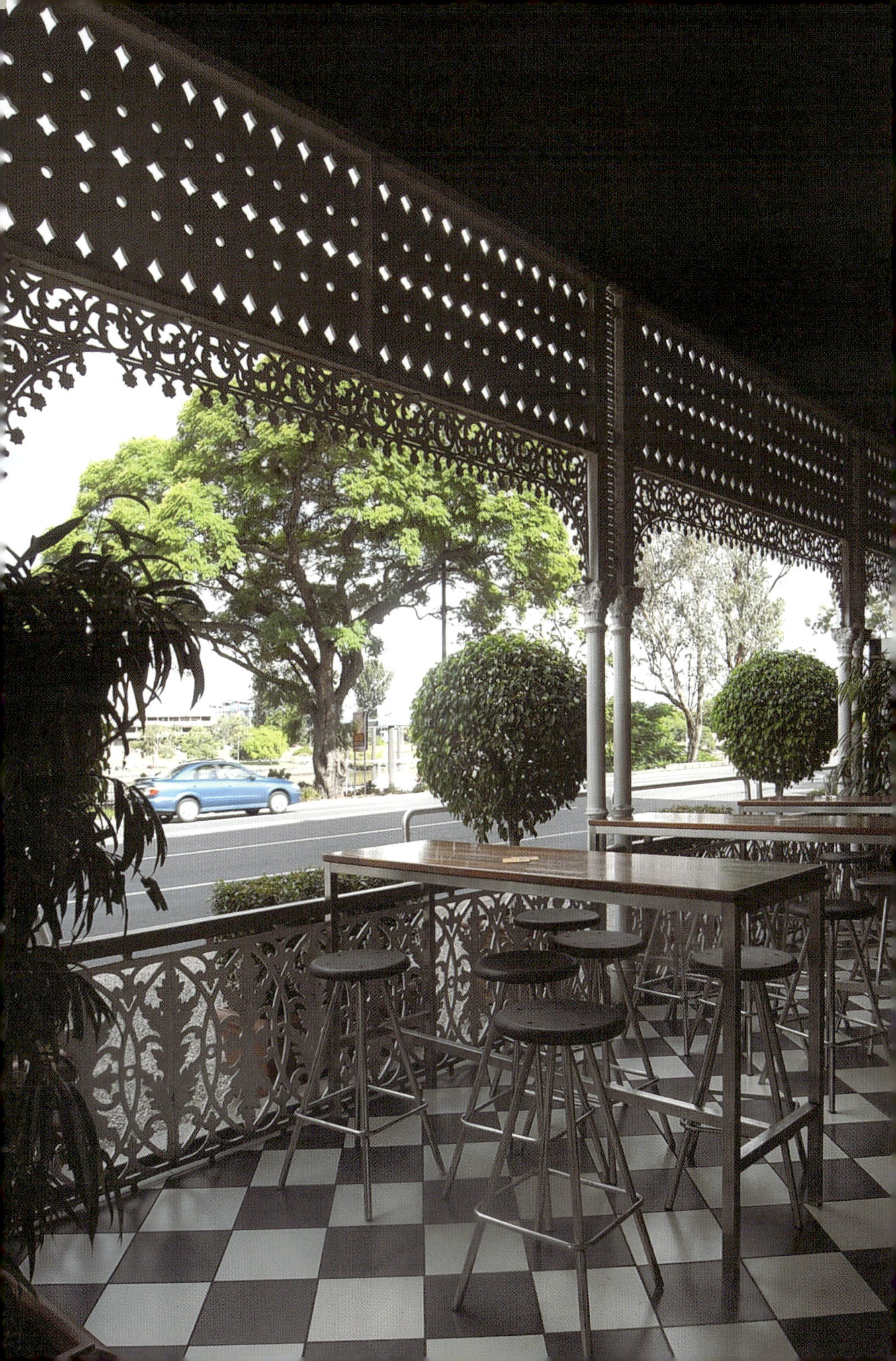

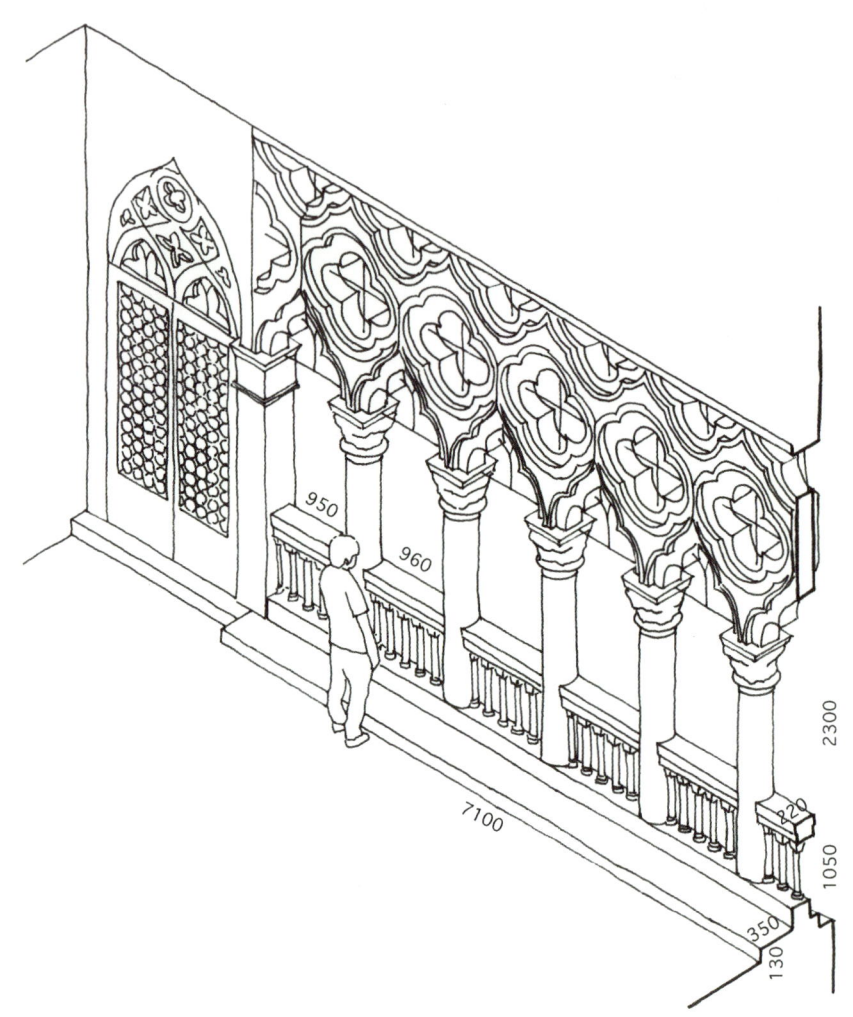

Ca'd'Oro
Palazzo / Venice, Italy / Cfa

ヴェニス、グランキャナル沿いにある、13世紀に建てられたパラッツォ。ピアノノビレ（主階）のバルコニーはヴェニスの目抜き通りであるグランキャナルに対してベネシアンゴシック様式のアーチで装飾されている。運河側からの日射が四葉模様と尖頭アーチのシルエットを床に落としている。

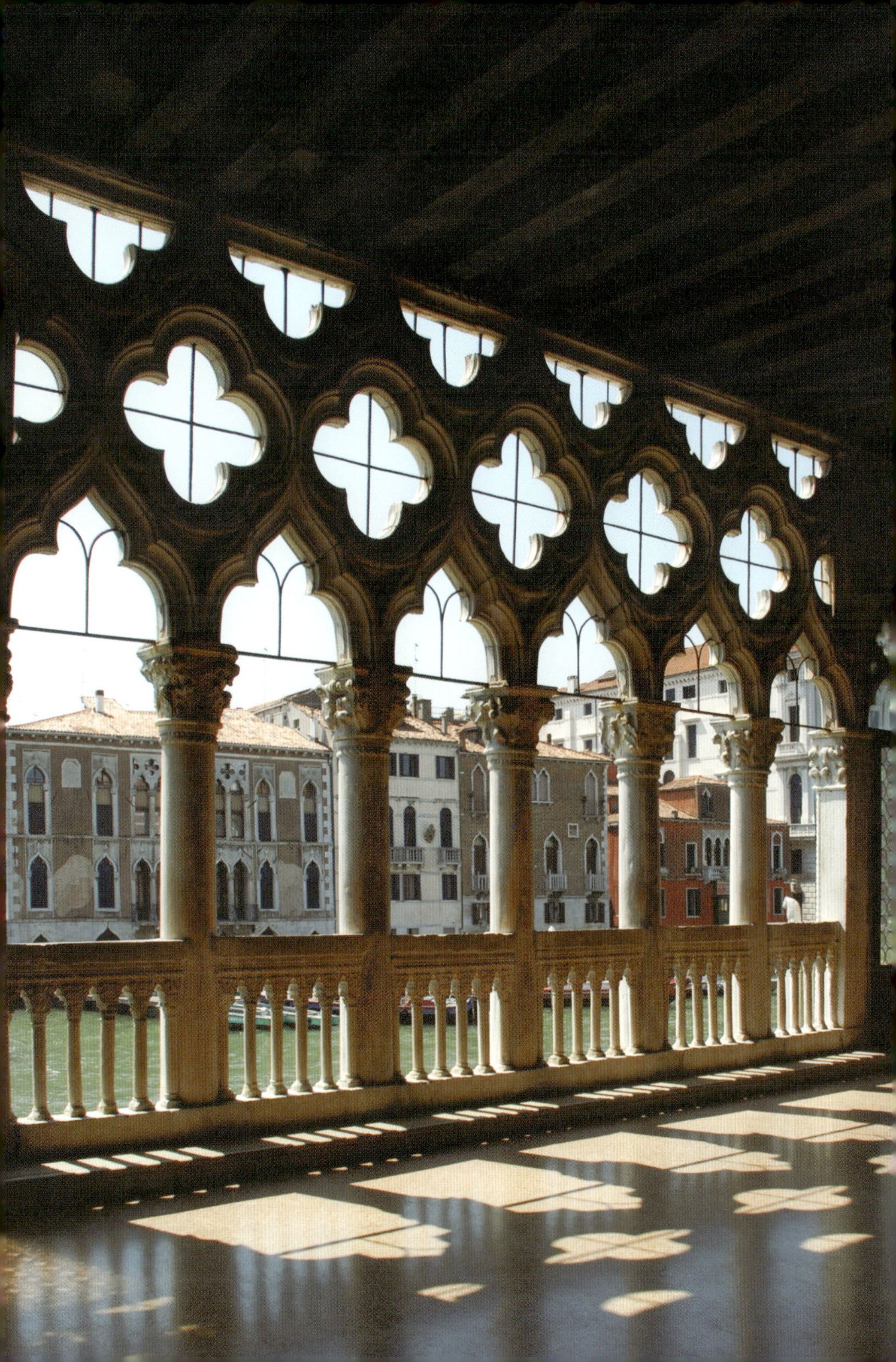

風の中の窓

Windows in the Breeze

壁に穿たれた開口や、柱梁のフレームの間にガラスではなく、格子、ルーバー、ベネシアンなどが納められた窓では、部材どうしの隙間や開閉機構の動きに通り抜ける風が視覚化されているかのようである。風呂の中のような蒸し暑さに包まれる地域で、空気と熱のふるまいを調整するこうした窓を、ここでは「風の中の窓」と呼ぶことにする。その多くはガラスがないので、水密性や気密性を気にせずに可動部をつくることができる。これによって窓の操作性は飛躍的に高くなり、力によって外部に対抗するより、それに寄り添い呼応する姿勢を示すことができる。外部環境に対して、そのふるまいをよく理解し、寛容さをもってつきあう自然観を伝えてくれる窓である。

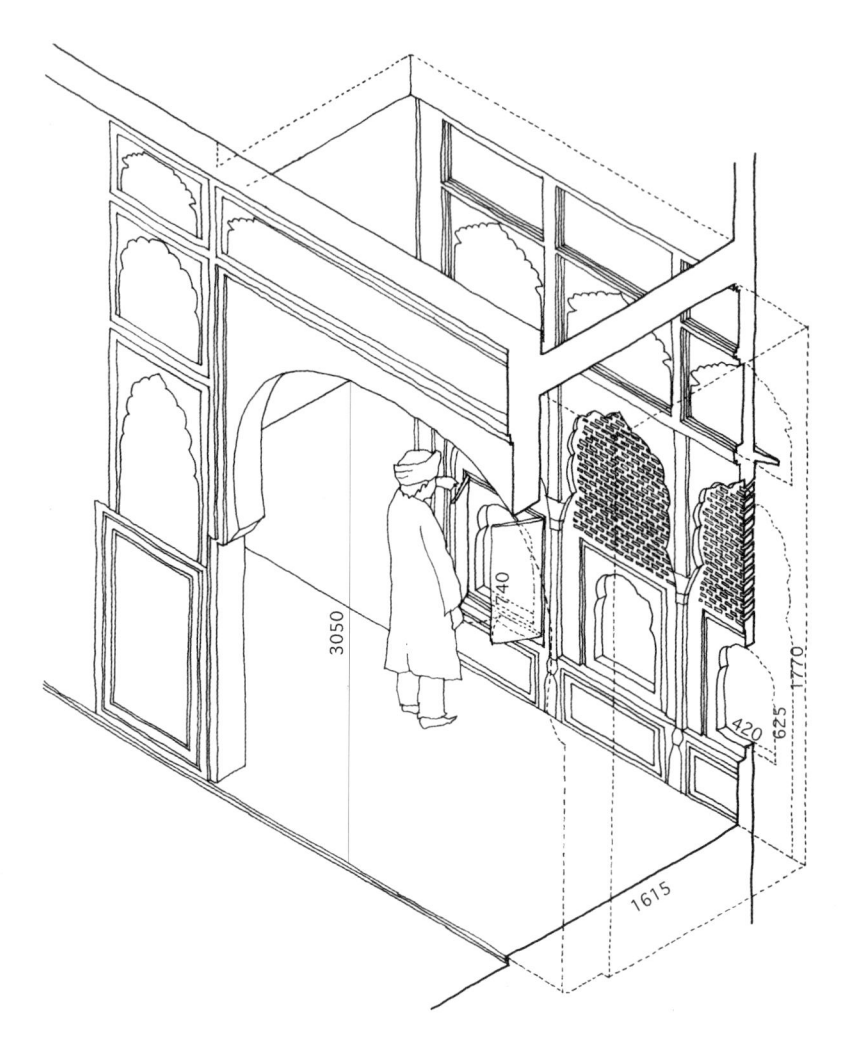

Hawa Mahal Eastside
Palace / Jaipur, India / BW

インド、ジャイプールにある「風の宮殿(ハワ・マハル)」。下部はアーチ型の開口にかぶさるように長方形の両開きの木製建具が取り付き、上部は無数の孔が彫られた石板で覆われている。この石のフィルターは中庭からの輻射熱を遮るだけではない。外側の熱い空気は、外から内へ向けて、斜め上向きに彫られた孔を上昇し、その中の影によって冷却されて内側の孔から微風となって滲み出てくる。

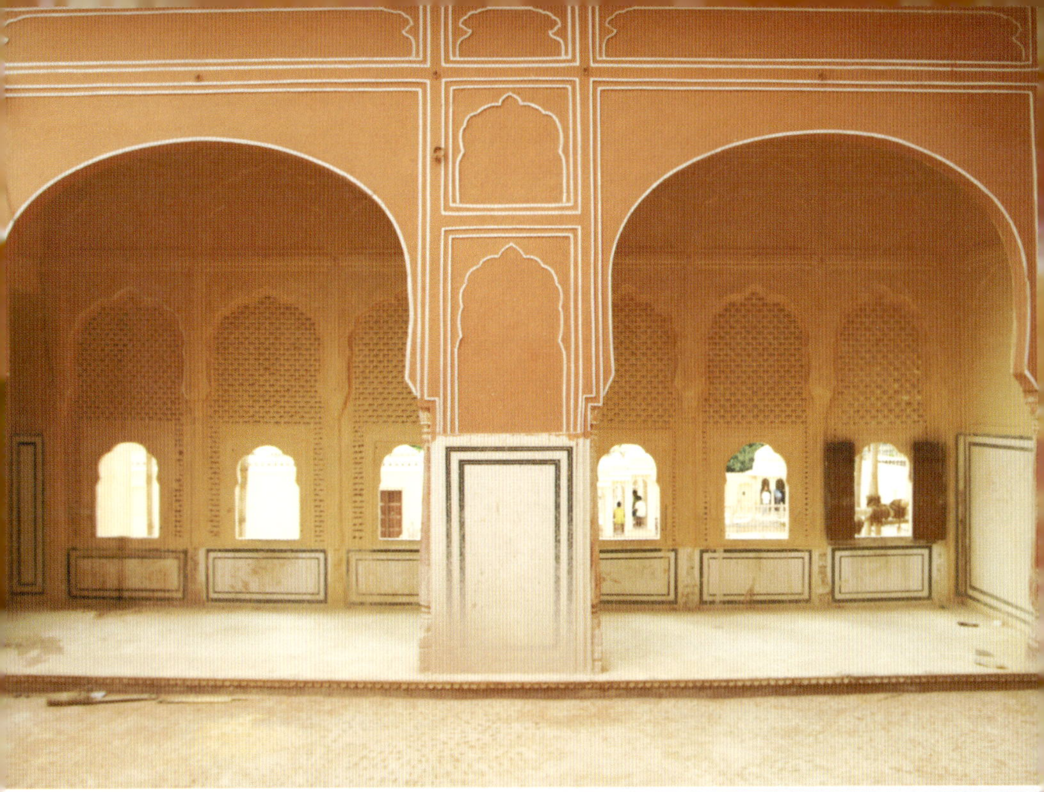

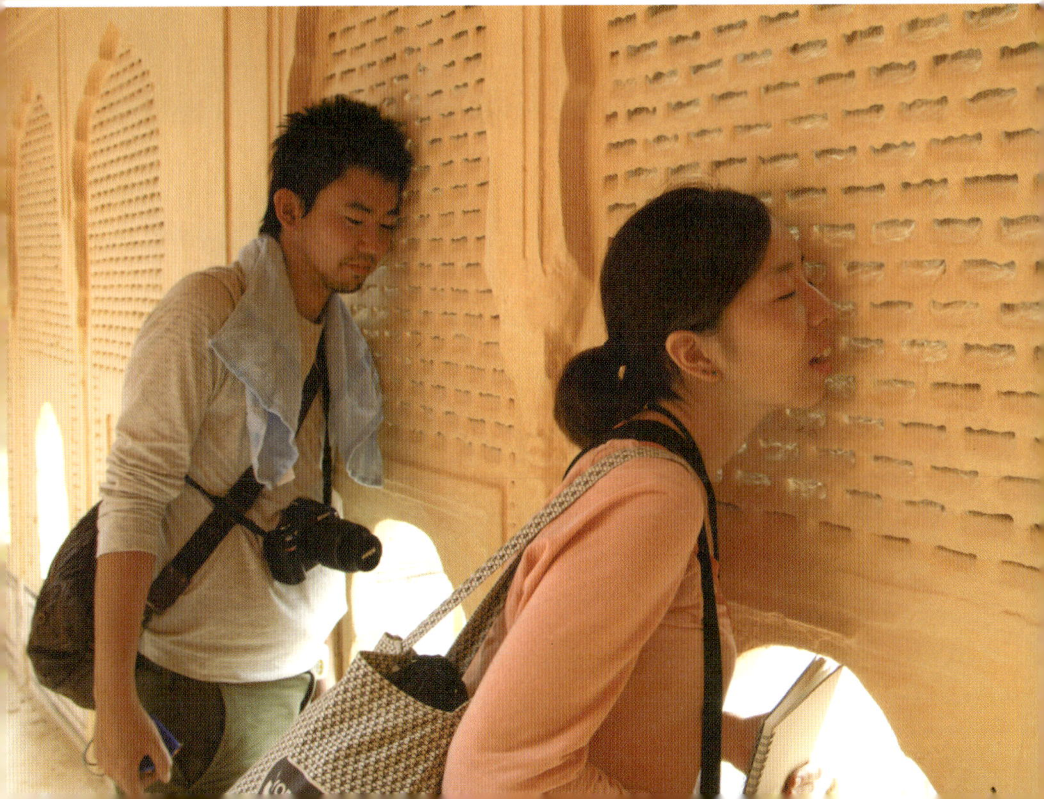

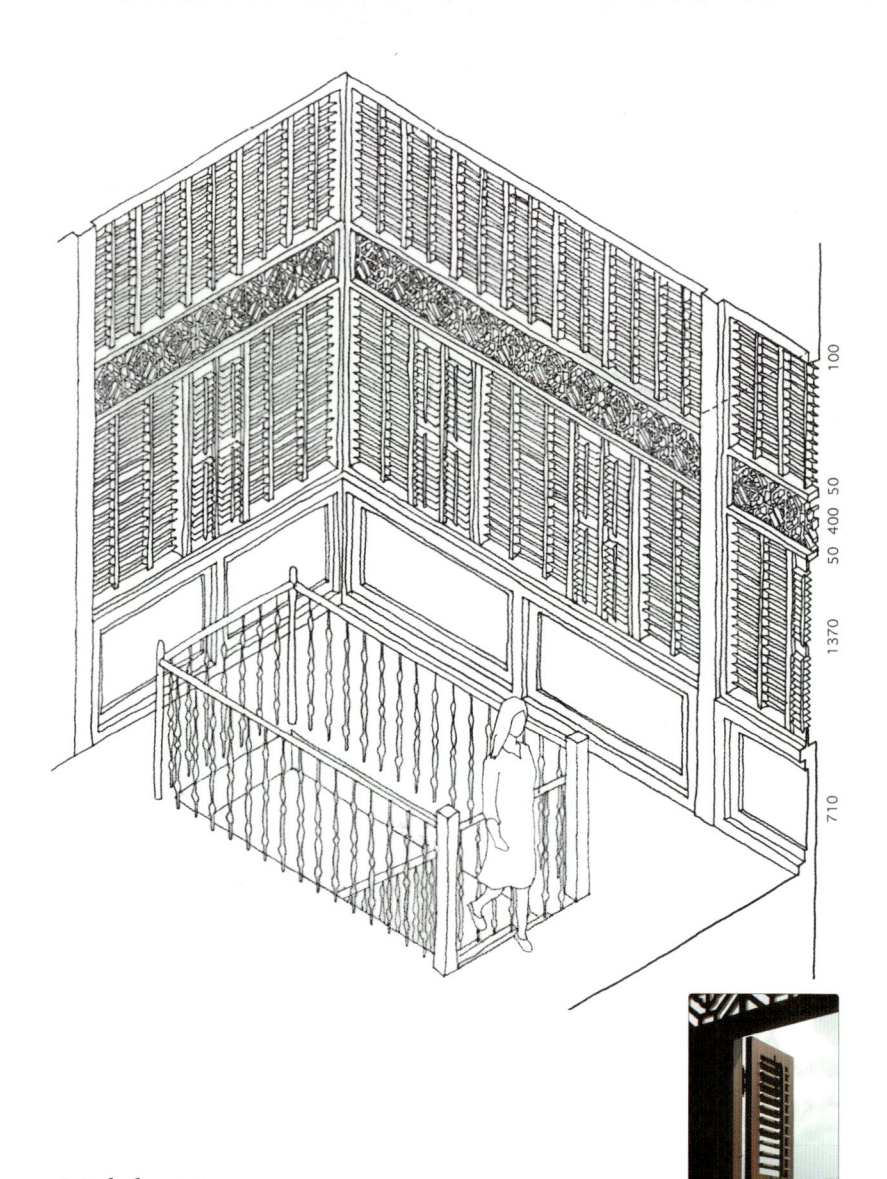

Malaka Museum
Museum / Malaka, Malaysia / Af

マレーシア、マラカにある博物館の階段の踊り場。両開きの木製建具の反復が、欄間の透かし彫りによって上下に分割されている。ガラリの嵌まった窓が日射を遮り、風を取り入れ、中央の欄間が光を微かに取り入れている。建具中央の縦桟によってルーバーの角度は調整可能。

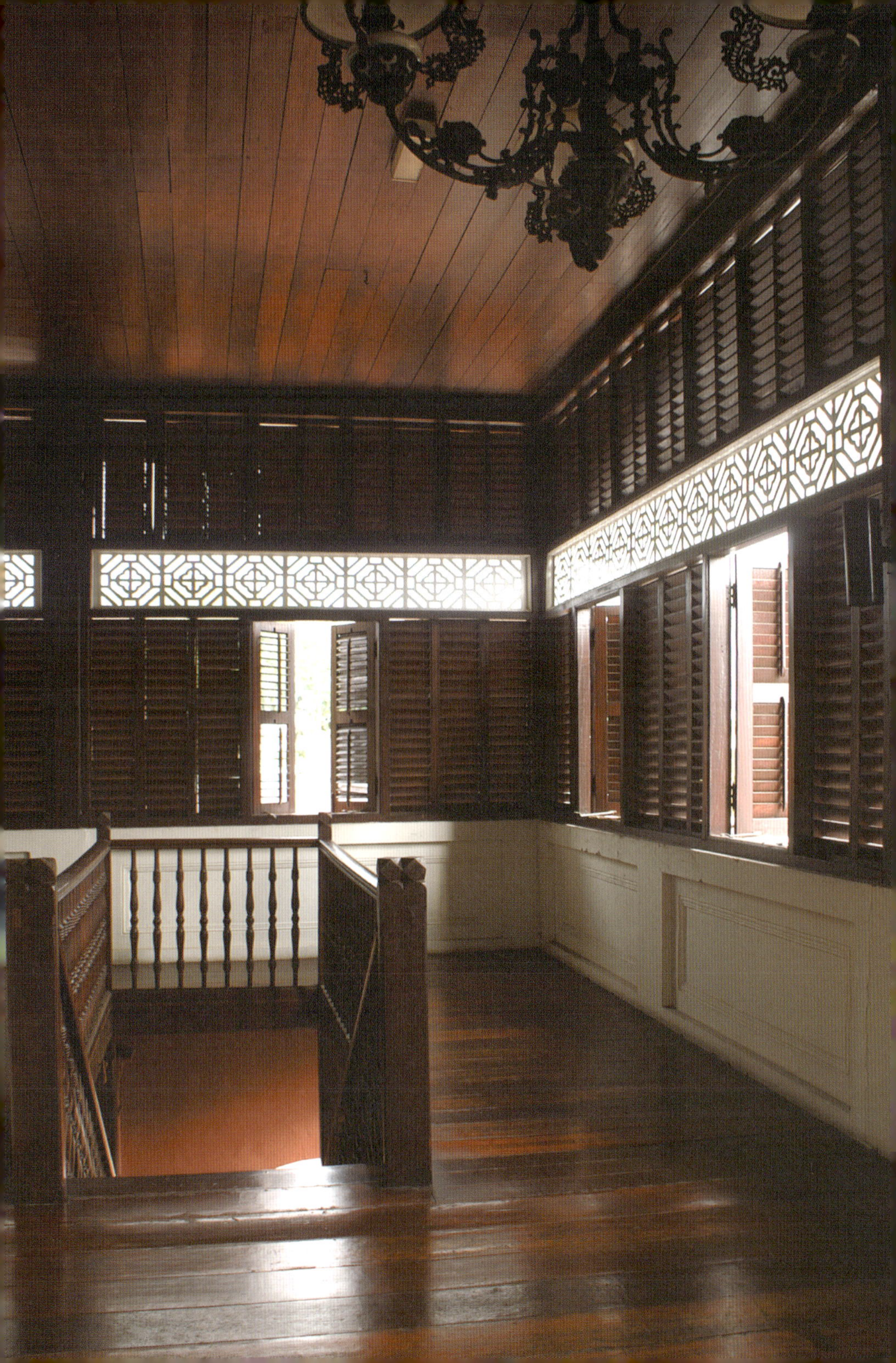

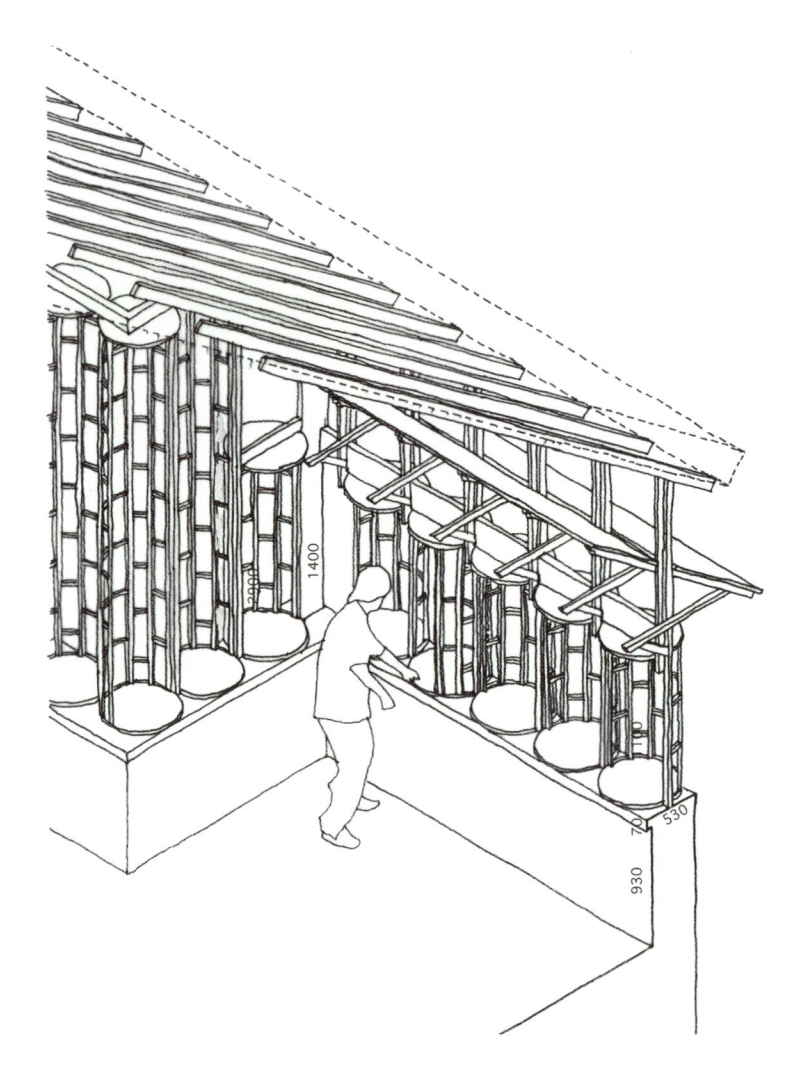

Francis Foo House

House / Kuala Lumpur, Malaysia / Af

クアラルンプール、ジミー・リム設計の住宅。ガラス窓は銀行のカウンターにあるような半円柱の回転式。受け渡されるのは貨幣でなく風である。風は金なりということ？

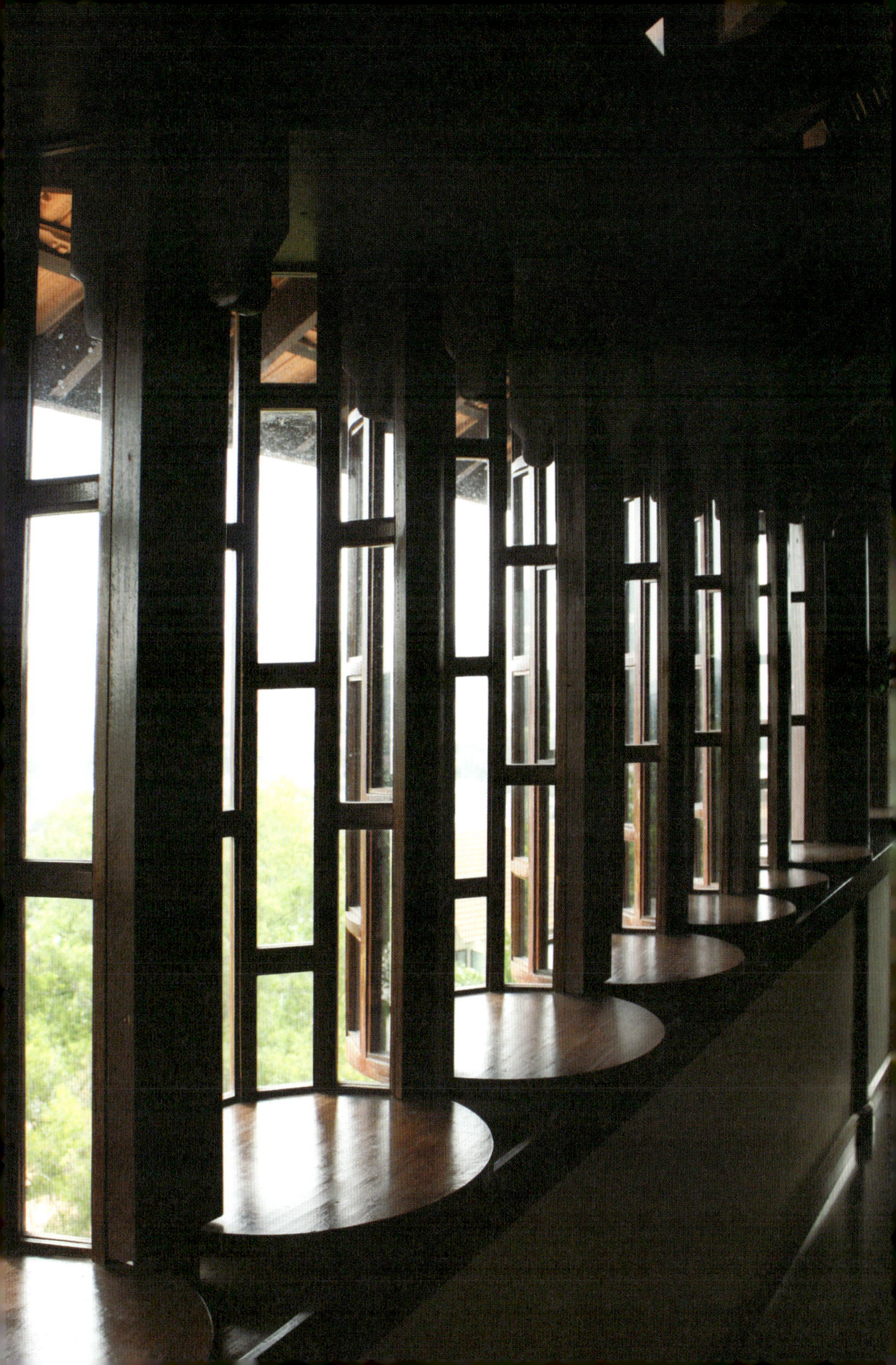

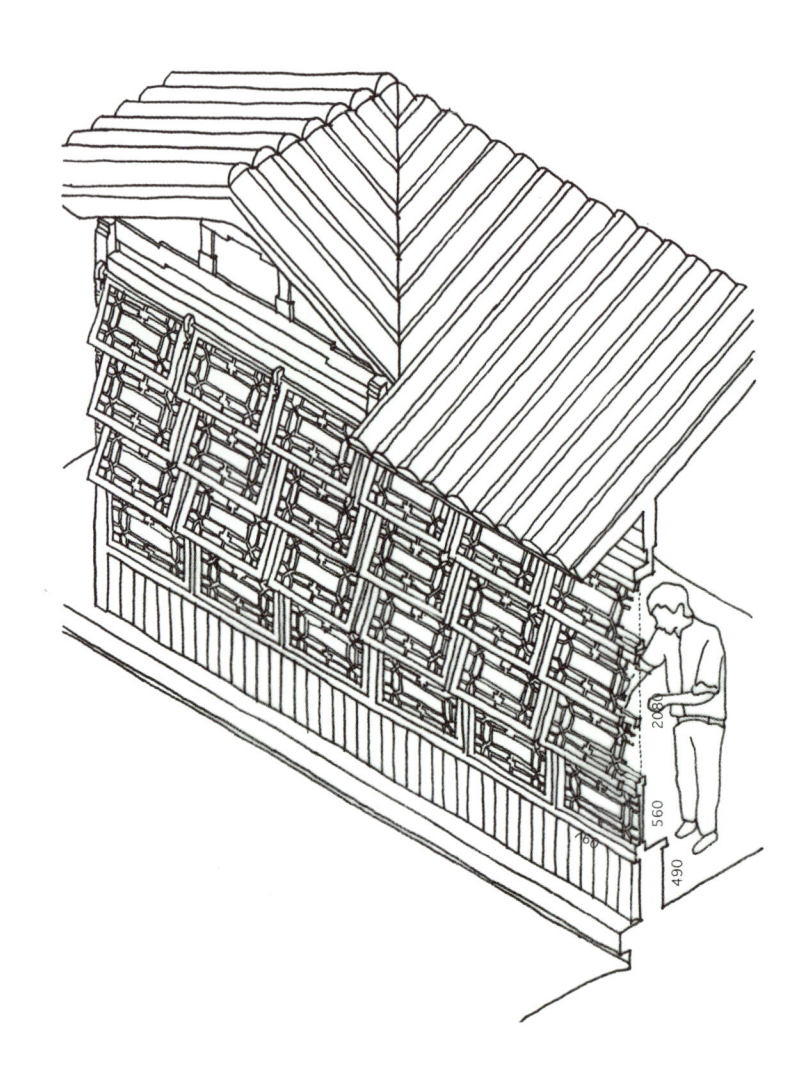

Tuisi Garden
Pavilion / Tongli, China / Cfa

中国、同里にある庭園の池に張り出した四阿。突出しの格子窓が21個連なり、窓辺に腰掛けが設けられている。元々は障子が設けられていたが、現在は素通しなので、通気性は十分なはずだが、それでもわずかに窓が突き上げられている。確かにその方が、水面から昇ってくる涼気や風の動きを「見る」には向いている。

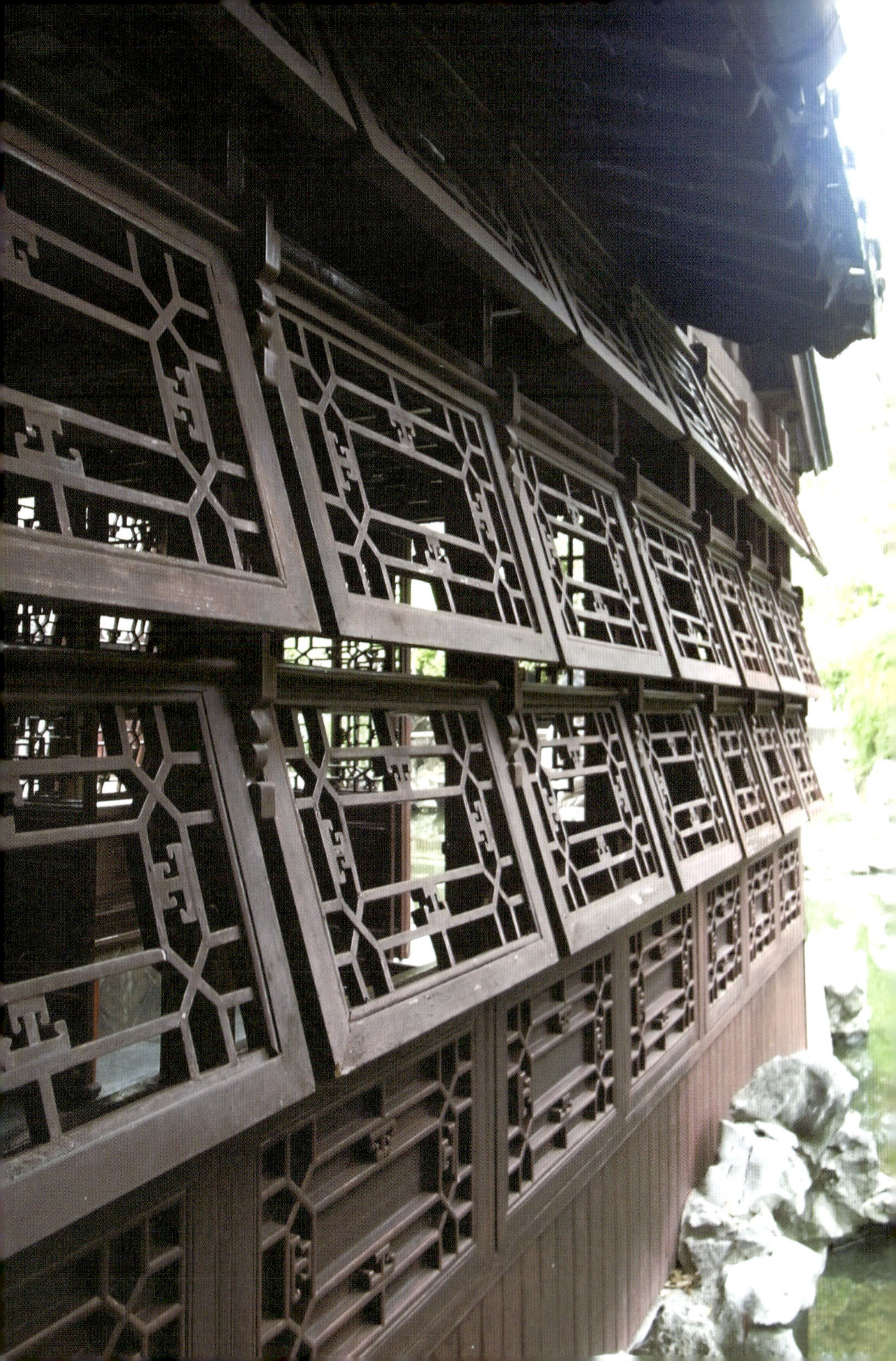

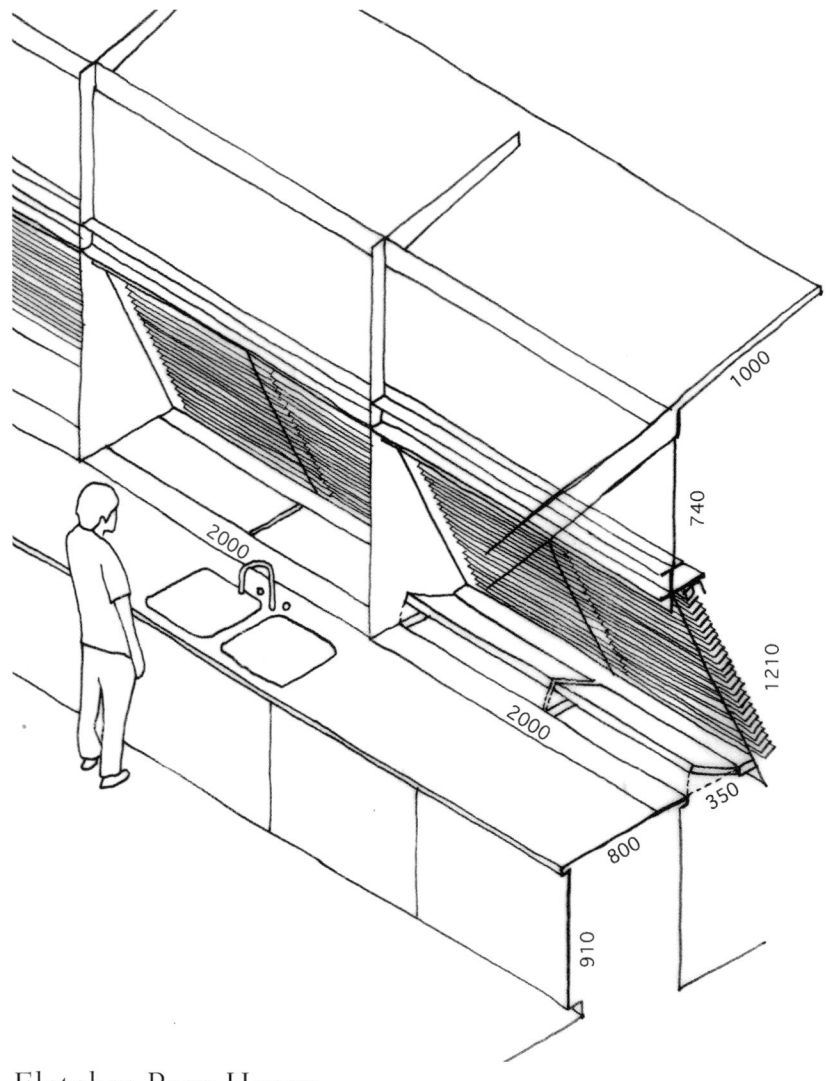

Fletcher-Page House
House / New South Wales, Australia / BS

グレン・マーカット設計のオーストラリアの田園住宅。キッチンカウンター越しに、フィックスガラスが傾斜して取り付けられ、そこに生じた壁との隙間に通気用の木製開き戸が設けられている。雨の日には傾斜したガラスを伝って雨が流れ、切り放しのガラスの先端から水滴が落ちるため、雨水を遮りながら空気の入れ替えができる。日射はガラス外側の水平ブラインドでカット。

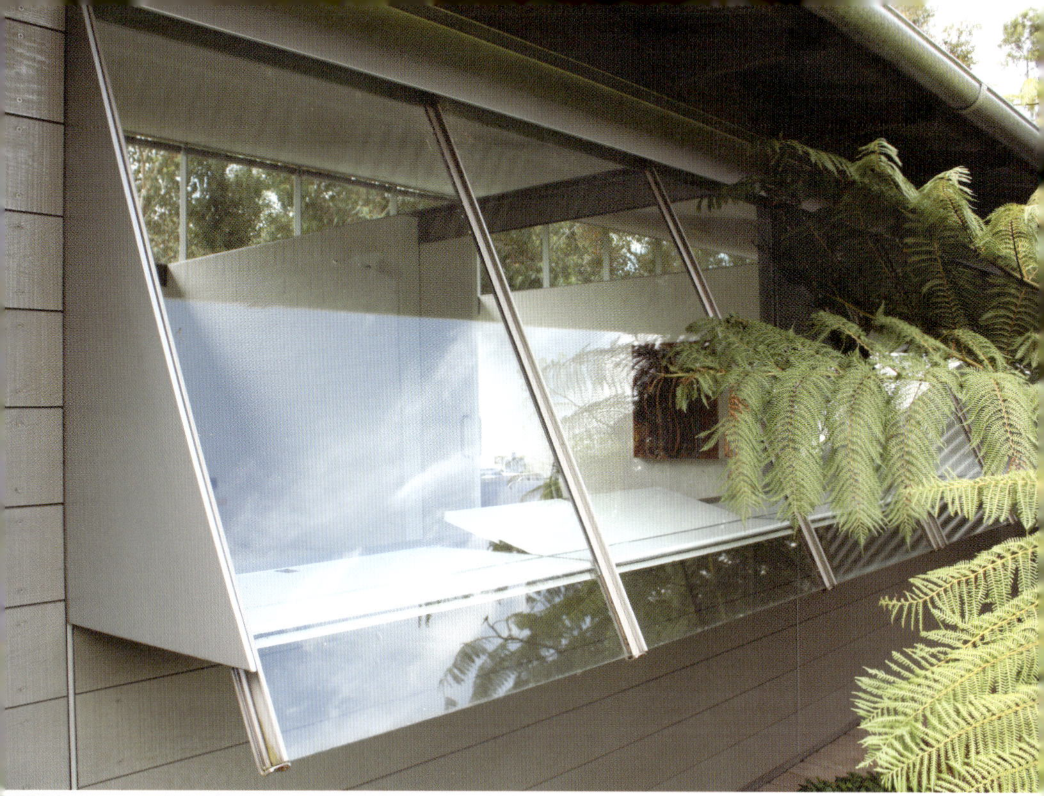

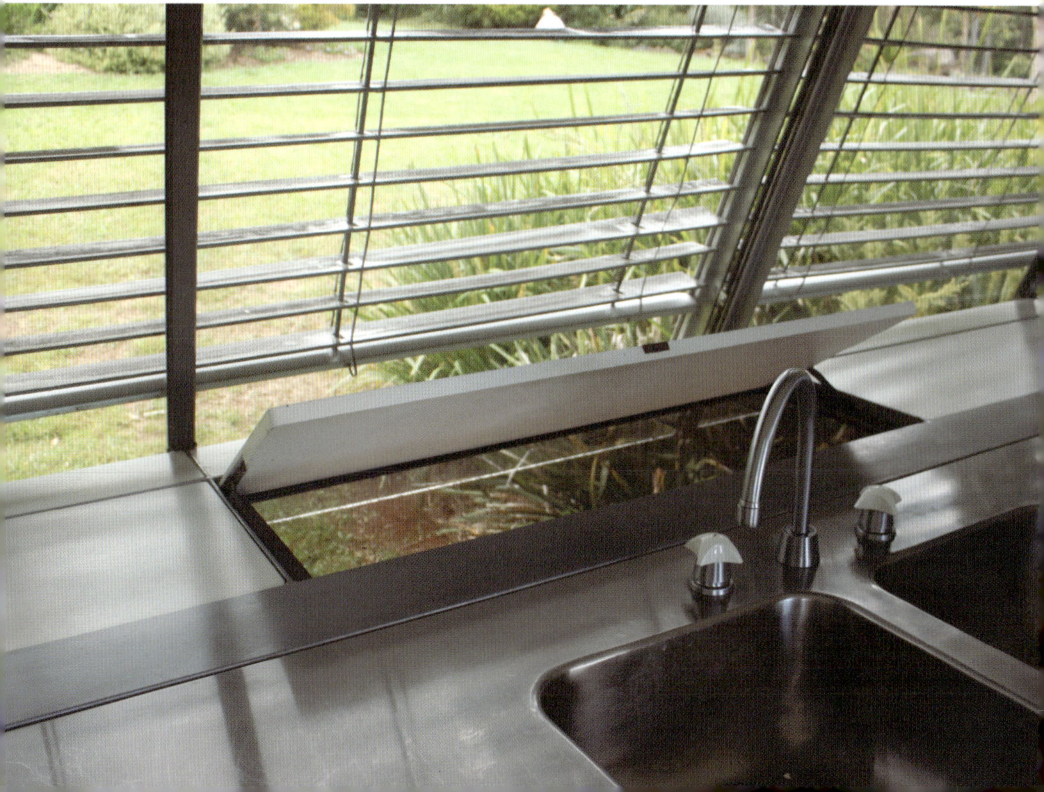

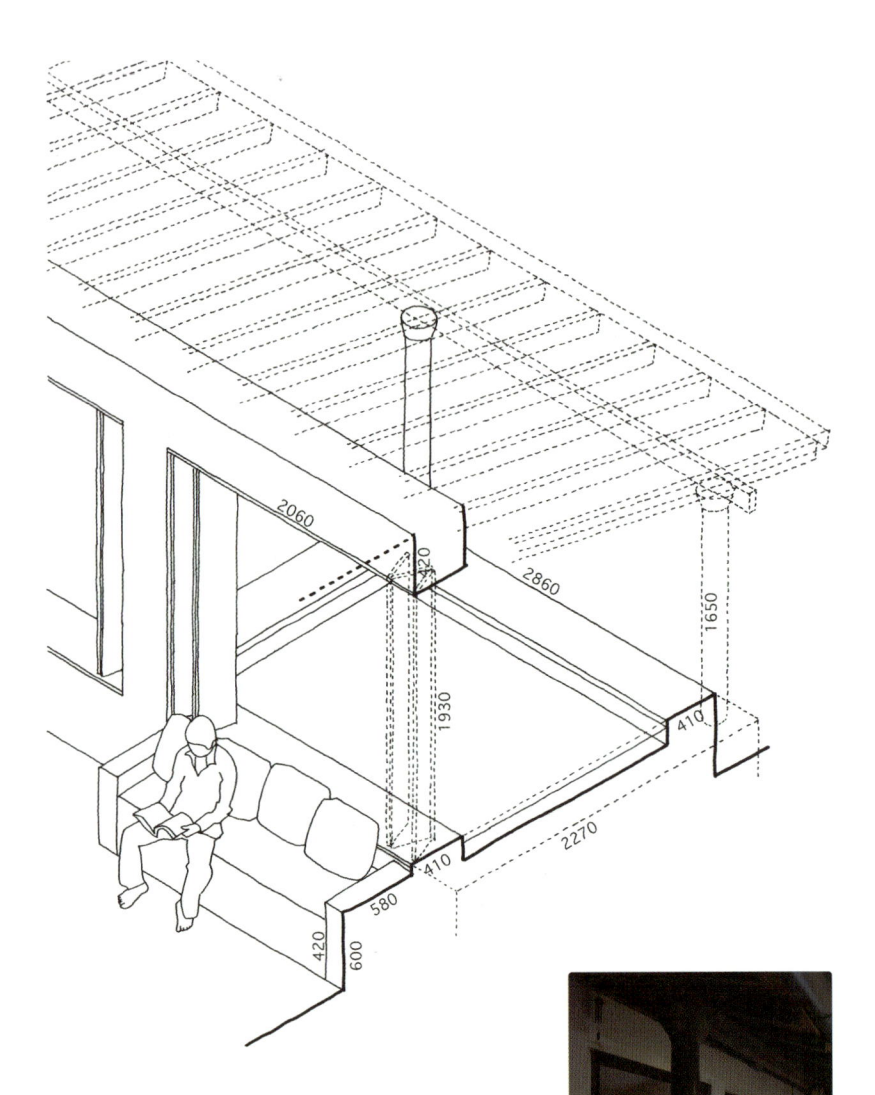

Paradiseroad Gallery Café
Café / Colombo, Sri Lanka / Af

コロンボにあるパラダイスロード・ギャラリー・カフェ。ジェフリー・バワの元事務所である。長い庇の下の空間に水盤が設けられ、外からの風は水面で冷やされてから室内に入るようになっている。窓辺にはソファが置かれている。窓の厚みの中には木製の折れ戸が納められており、ガラスはない。

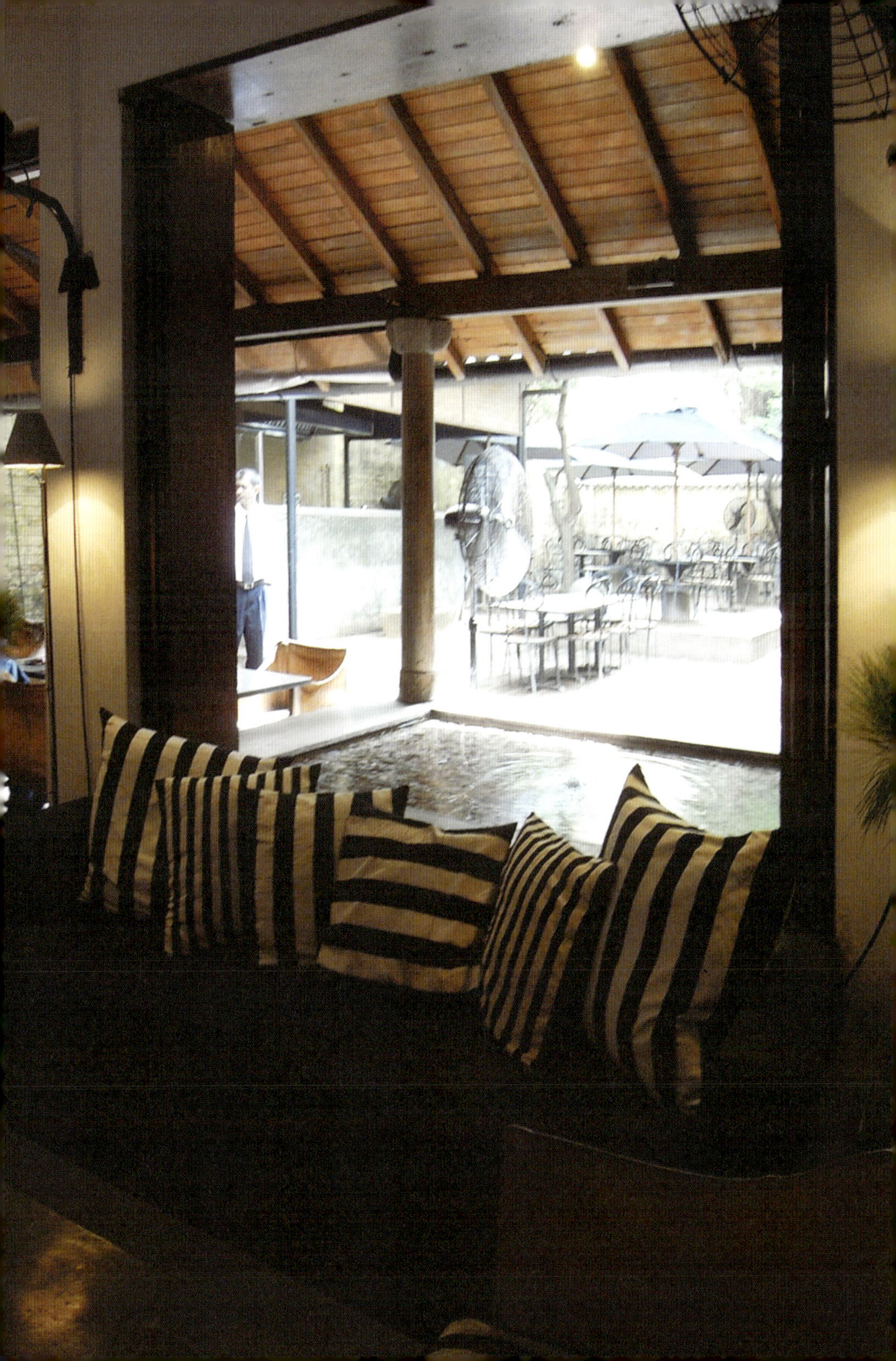

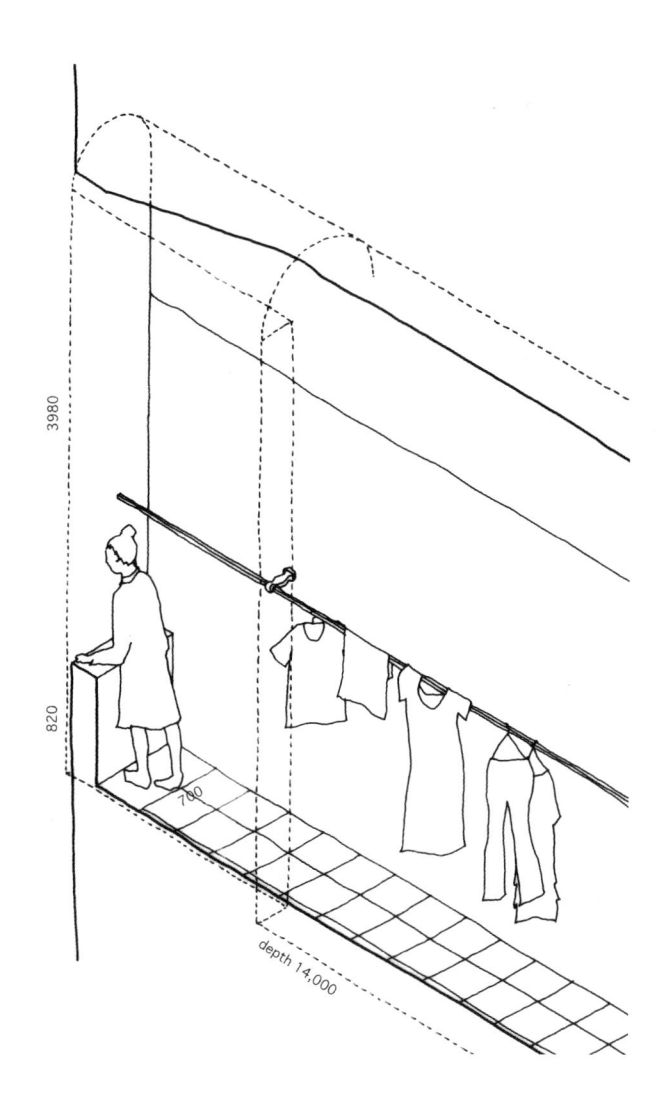

Via Rome
House / Procida, Italy / Cs

プロチダ島のサンチョ・カットーリコの埠頭に並ぶアパート。14 メートルの奥行きの廊下の壁に、縦長のプロポーションのアーチ窓が穿たれている。洗濯物干しに絶好な風を呼び込み、美しい地中海の眺望を切り取る。

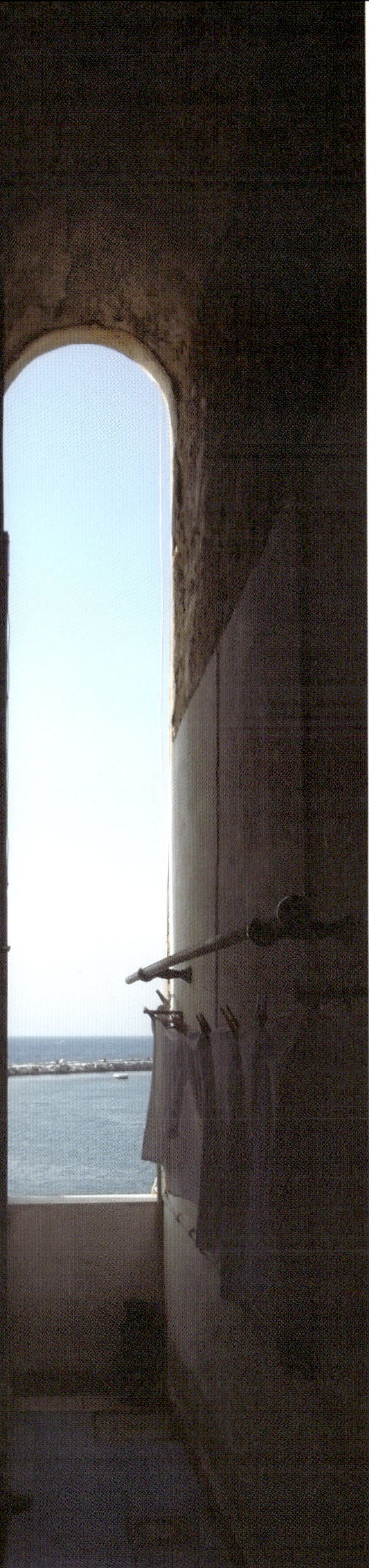
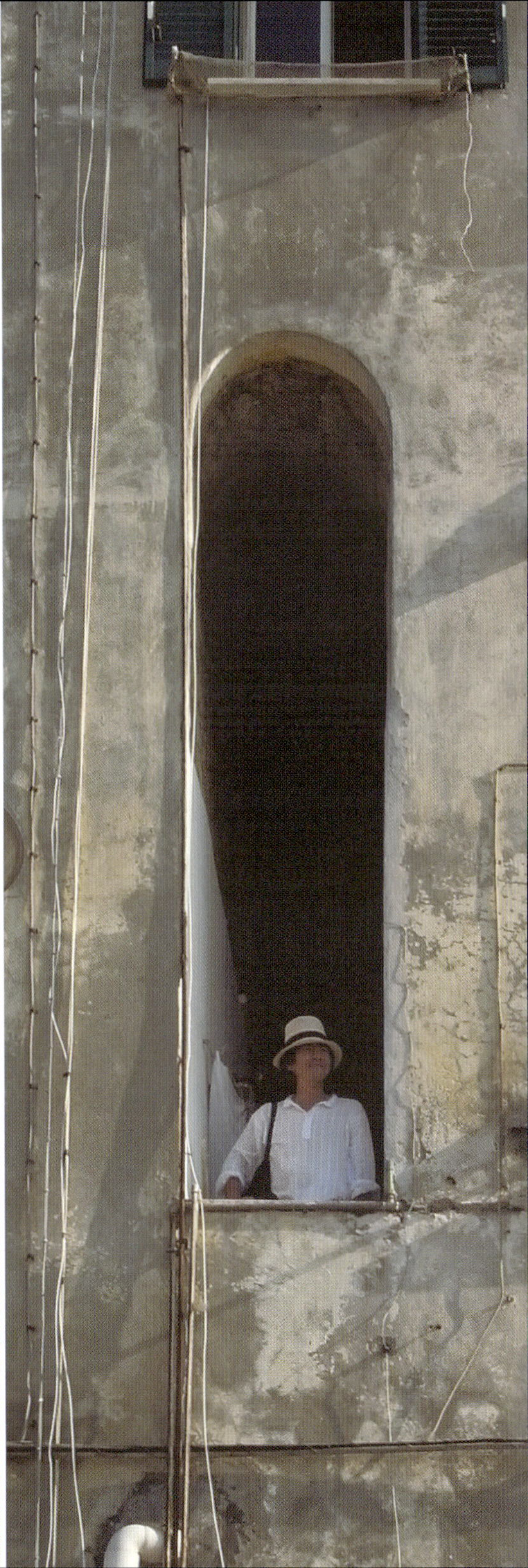

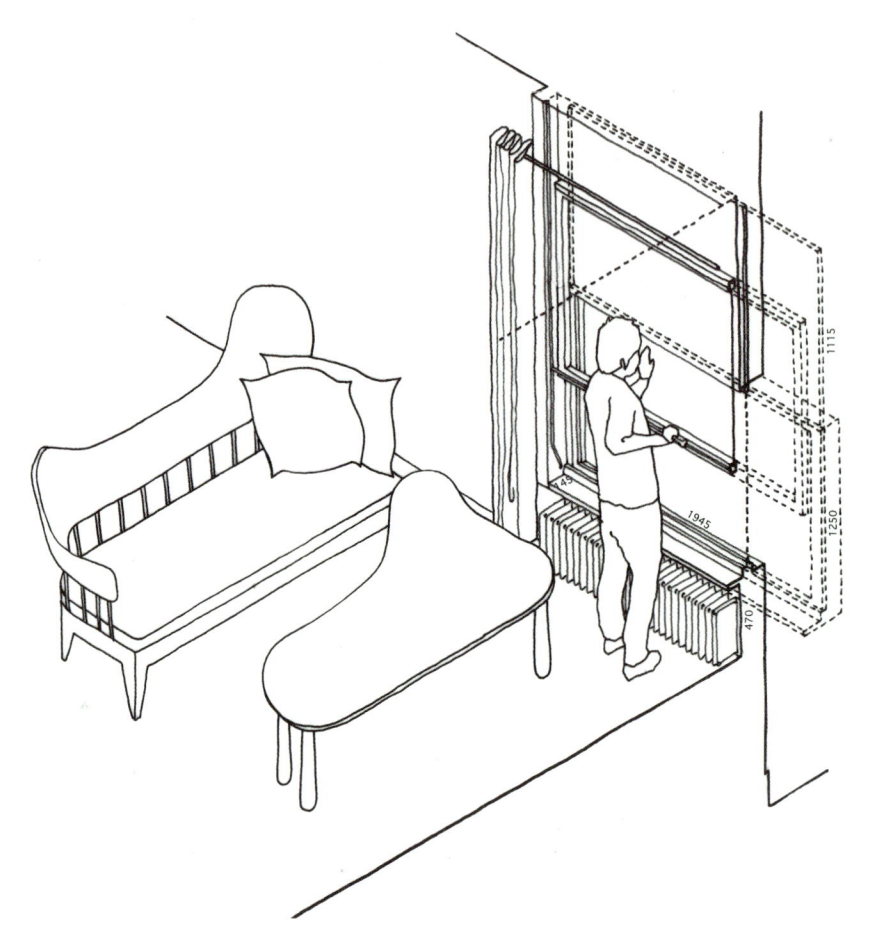

Sommarhuset

House / Stennäs, Sweden / Df

アスプルンドの夏の家の居間。南側の妻面に設けられた窓は、一見フィックスに見えるが、左右の窓枠内に組み込まれた錘とバランスして、軽々と上に滑り上げることができる。エアタイトを実現するために下の端で窓枠に接近するガイドレールは、上に行くと枠から離れ、垂れ壁の室内側にガラス窓を滑り込ませる。上げ切ったガラス窓は上部1／3が天井懐に隠れることになる。垂れ壁の中には網戸が内蔵されていて、これを引き下ろす。水辺からの風が部屋を通り、反対側にあるロッジアや廊下につながる扉から抜ける。湿地で蚊が多いこの地で快適に過ごすための知恵が詰まった窓である。

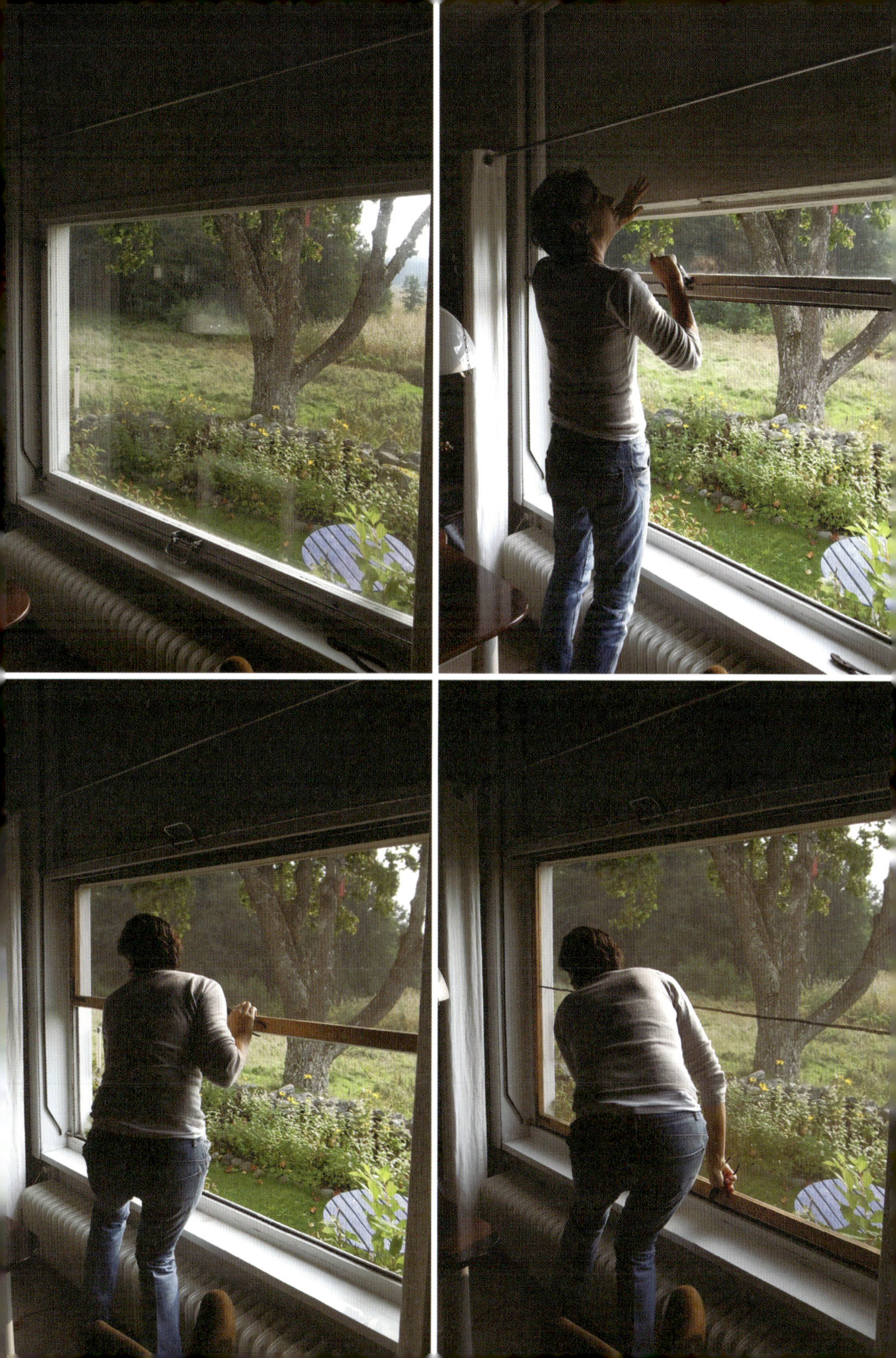

庭の中の窓

Windows in the Garden

窓は、そのつくりによって内側にいる感覚や外側にいる感覚を我々のうちにつくりだす。そうした働きは壁によって囲まれた建築においてだけでなく、庭のような外部空間においても変わらない。庭にある塀などに穿たれた窓は、その意味において外でありながら、内部にいるという親密さと解放が重ね合わされた複雑な空間認識を引き起こす。さらにこうした窓に家具が造り付けられると、身体による場の占有によってまるで室内にいるようなふるまいが庭という外部へ誘い出されることになる。このようなはたらきをもつ窓を「庭の中の窓」と呼ぶことにする。敷地の中で最も眺めのいいところに設定される「庭の中の窓」は、座る、食事をする、読書をするといったふるまいを中心に、木の幹や葉の茂り、石や岩、水といったものを身体まわりの環境のまとまりに組み込む。虫や植物などの人間以外の生命の多様性の中にいるという開かれた感覚へとつながる窓なのである。

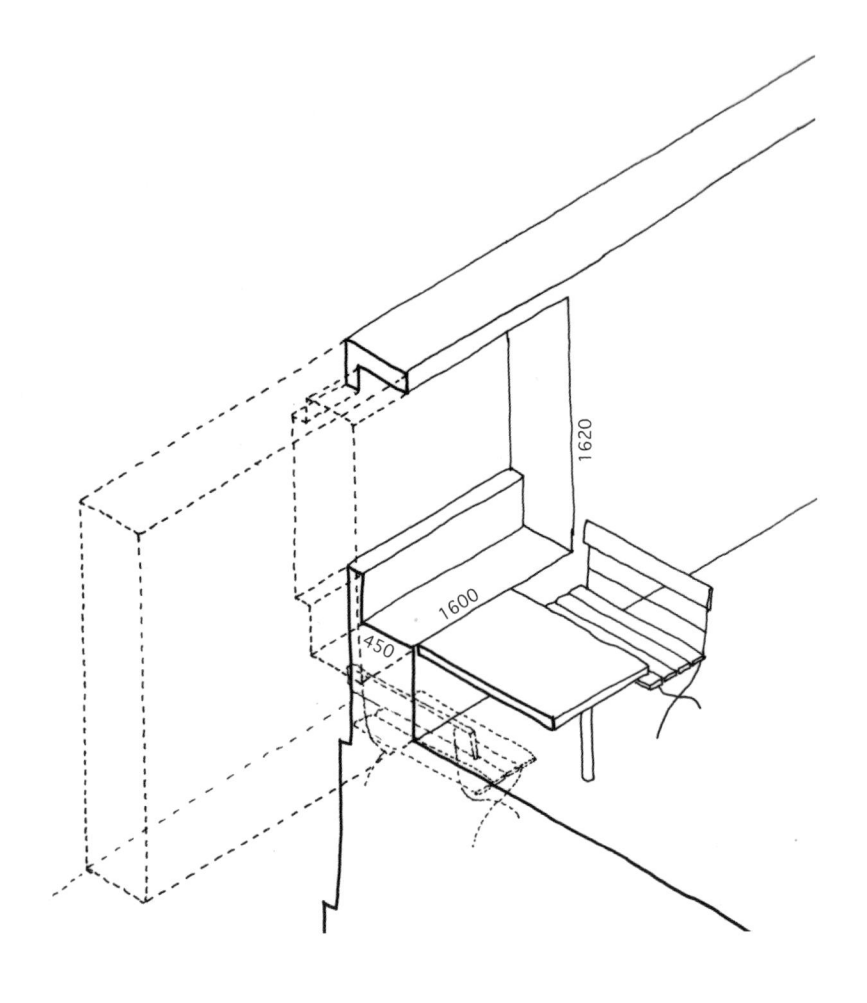

Villa Le Lac Garden

House / Vevey, Switzerland / Cfb

ル・コルビュジェ設計の母の家の庭。湖側のコンクリート塀に窓が穿たれ、テーブルも一体につくられている。大きな桐の木陰で白いベンチに座り、テーブルを囲んでレマン湖を眺めることができる。庭でありながら家の中のような親密さ。

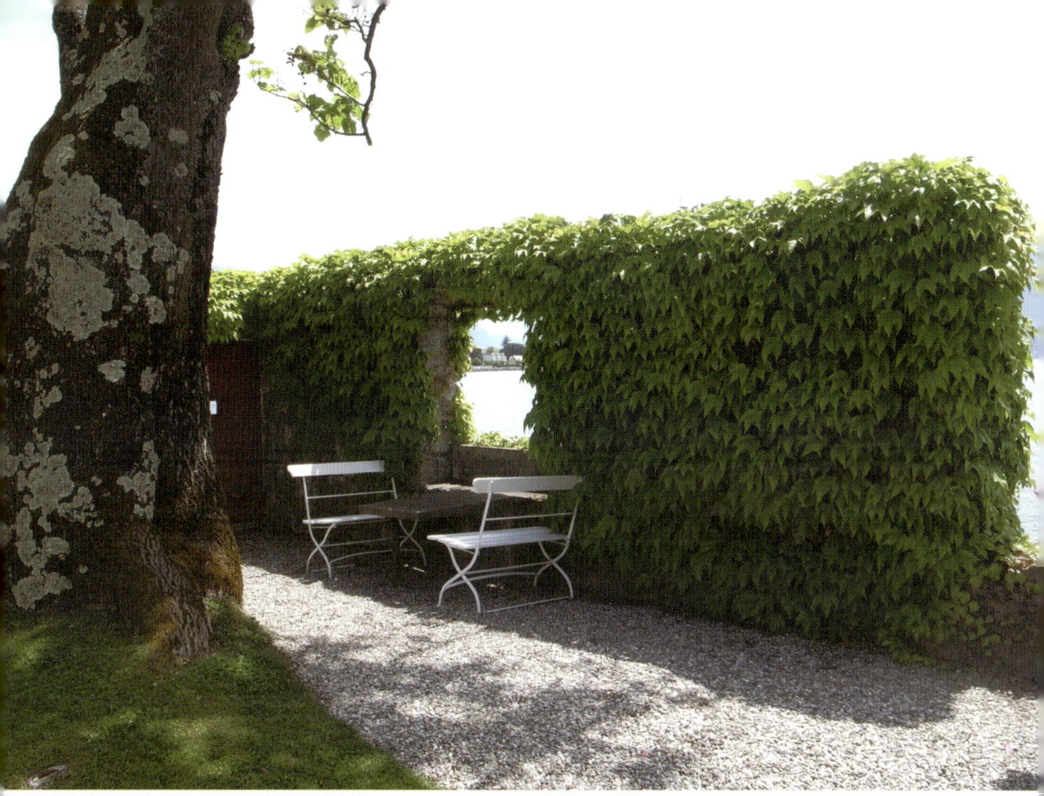

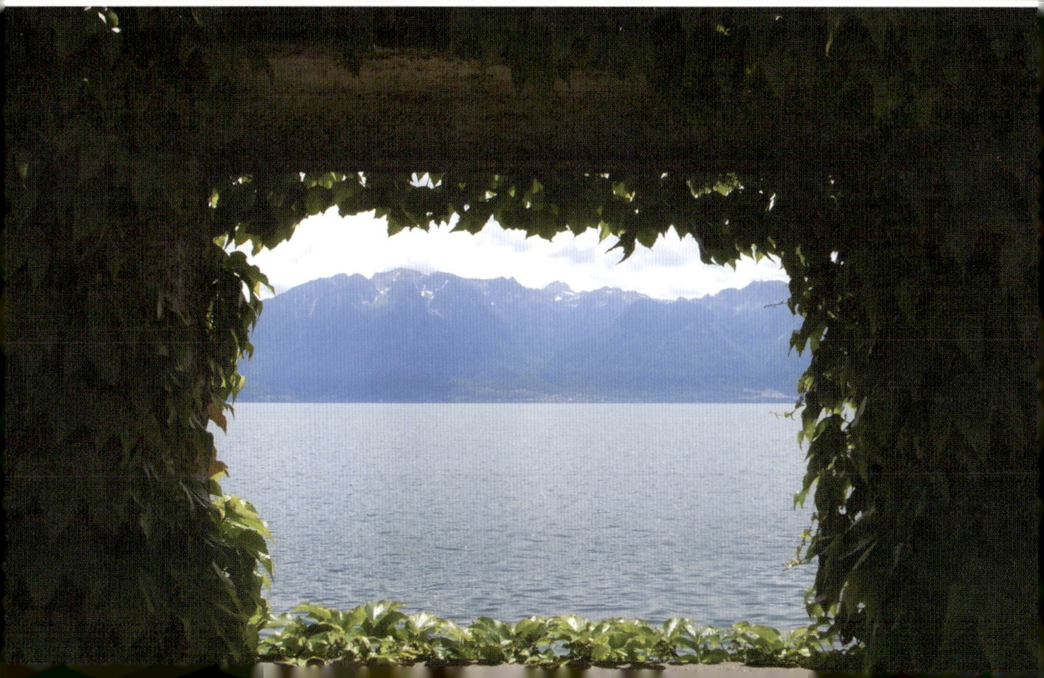

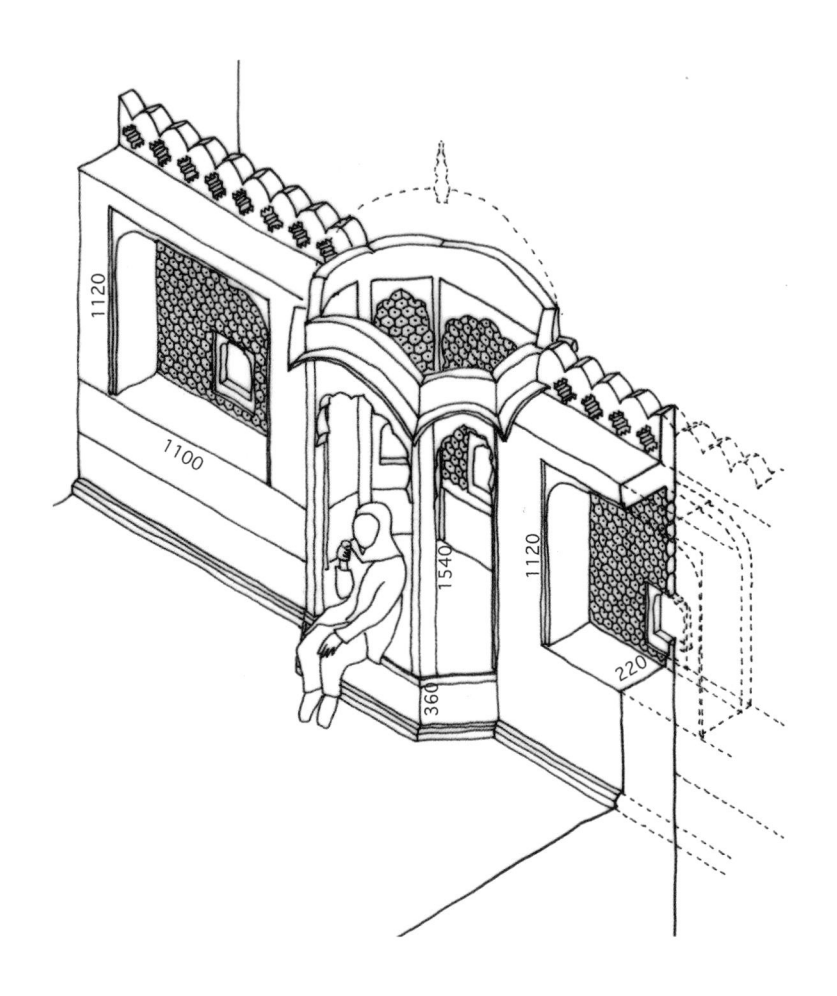

Hawa Mahal Courtyard
Palace / Jaipur, India / BW

ジャイプールの「風の宮殿(ハワ・マハル)」の屋上庭園。中央に見える六角形平面のジャロカーの中は、通気性のあるひんやりとした石の壁で囲まれた灼熱から身をかくすシェルターである。

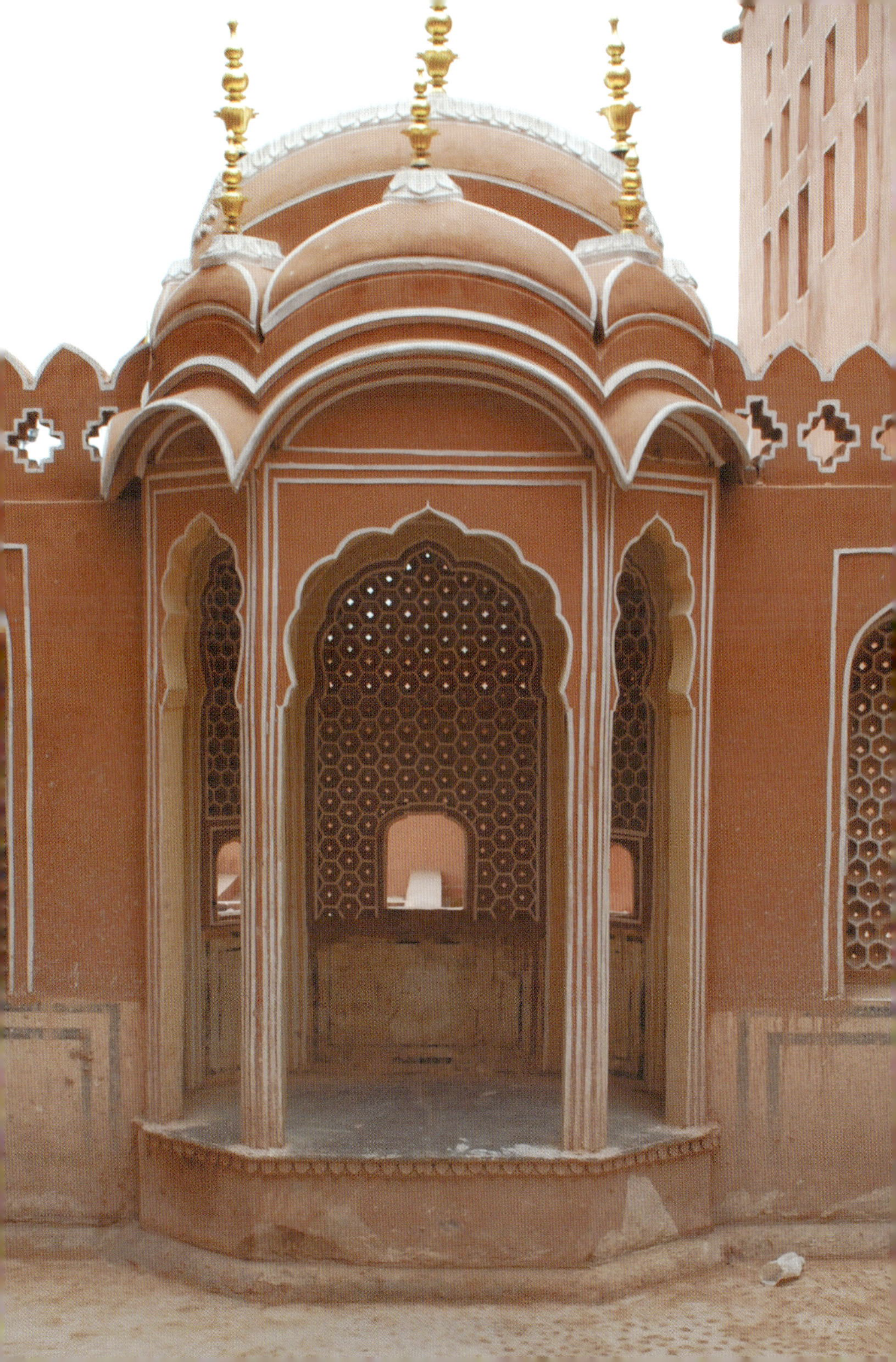

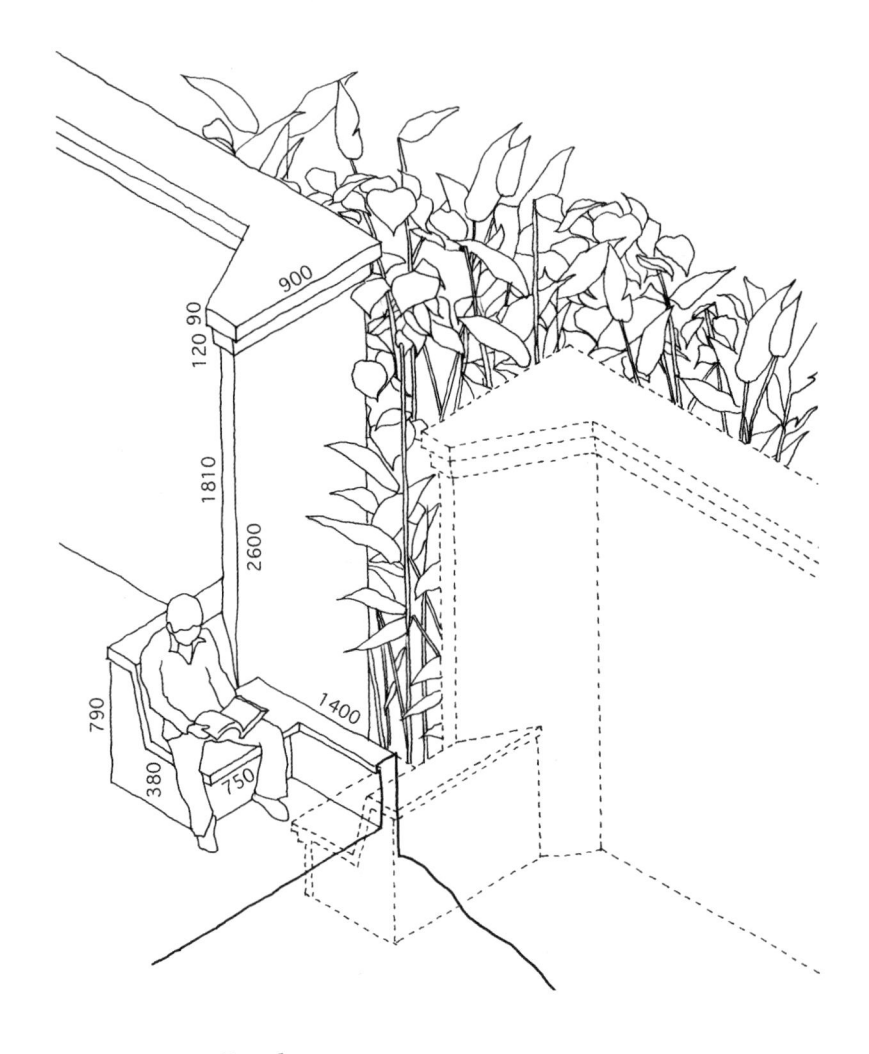

Lunuganga Garden
House / Bentota, Sri Lanka / Af

ジェフリー・バワ設計の別荘ルヌガンガのテラス。周囲の植物を遮蔽していた塀が割れて外のジャングルの木々が目に飛び込んで来るところにベンチが設えられている。庭の静けさとジャングルの植生のエネルギーが窓の位置で対比されている。

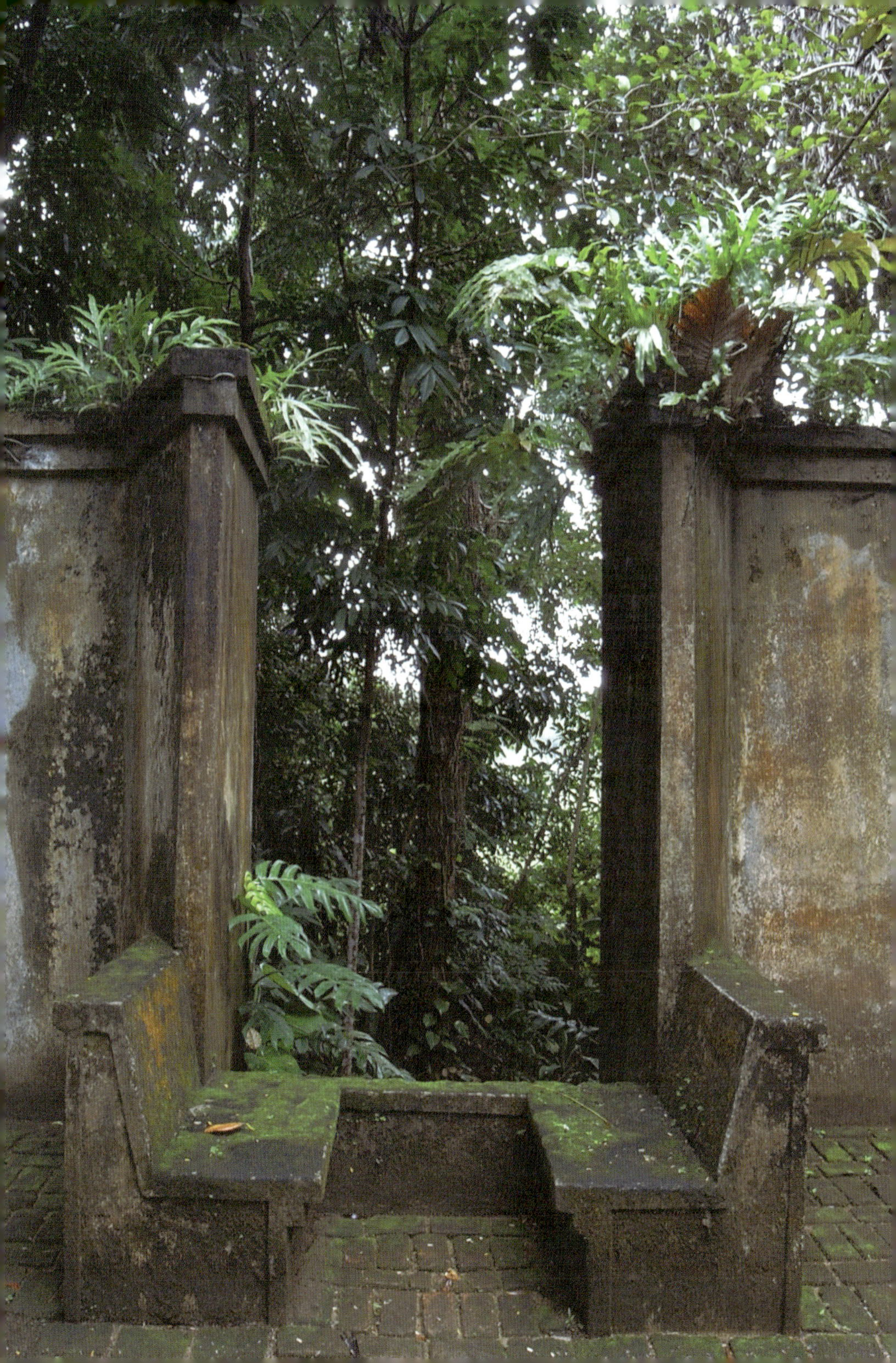

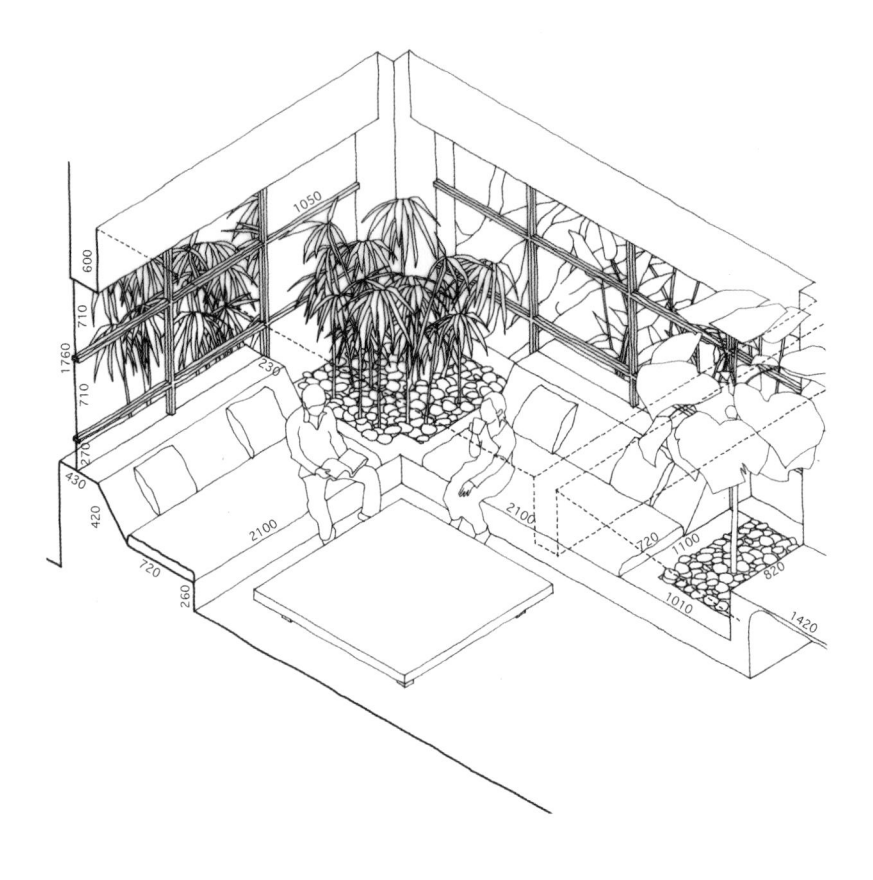

Lunuganga North Terrace

House / Bentota, Sri Lanka / Af

ジェフリー・バワ設計の別荘ルヌガンガ。大きなロッジアでありながら、フィックスのガラス窓が2面L字に配されているのは、防風のためだろうか？ 窓辺に造り付けられたベンチには観葉植物が組み込まれており、外の植え込みと合わさって、庭と住居の境界が視覚的に曖昧になっている。

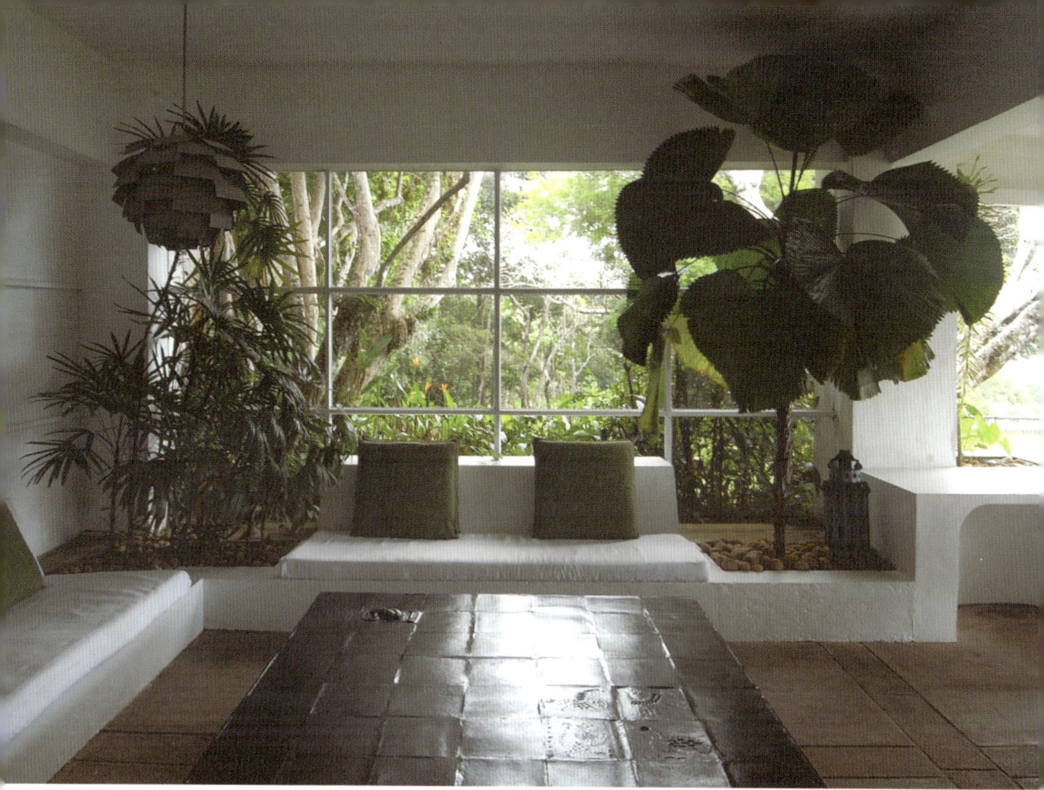
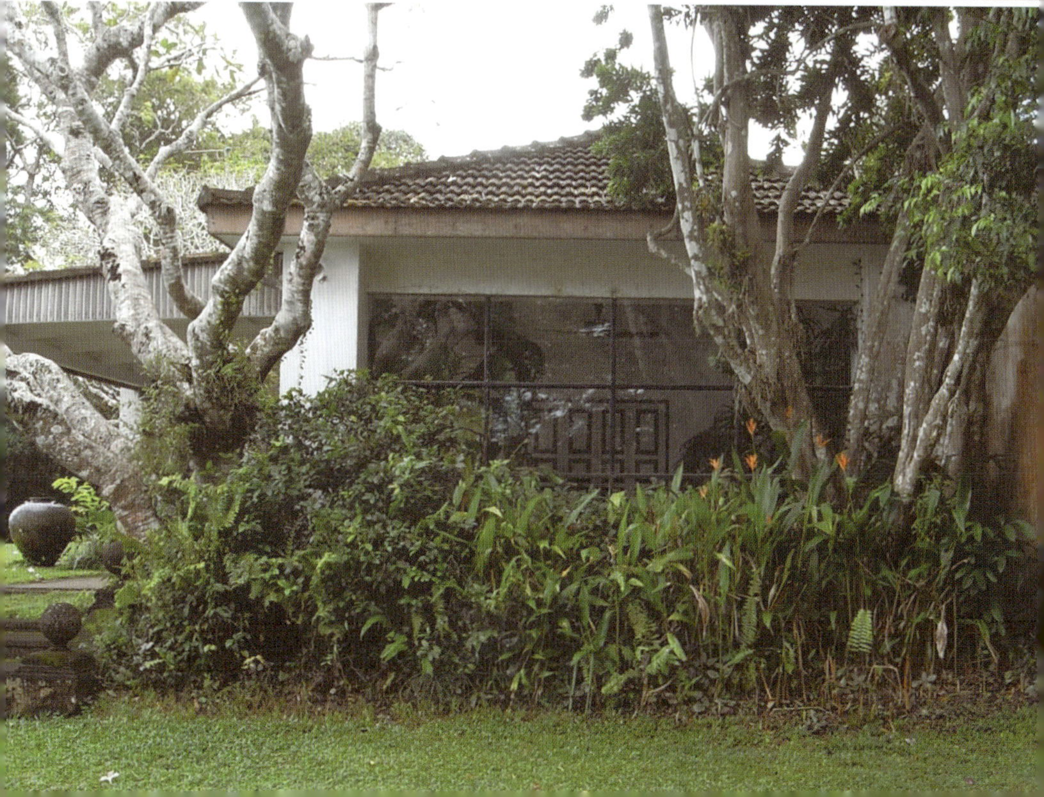

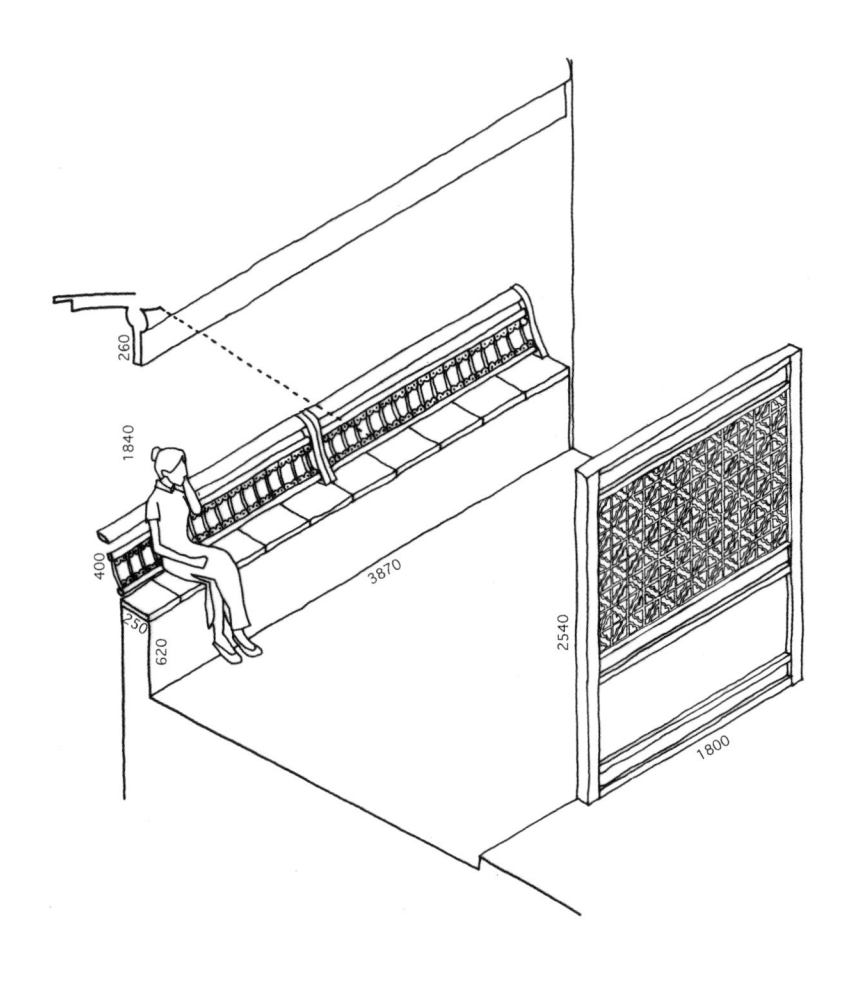

Refreshing Breeze Pavilion
Pavilion / Suzhou, China / Cfa

蘇州、留園の庭園。庭園にある池に面して穿たれた窓に、腰掛けが設けられている。この優美な曲線を描く腰掛けは中国語で「美人の腰掛け」と呼ばれている。頻繁に外出できない高貴な女性が外を眺めて楽しむ場所であったことから名付けられた。

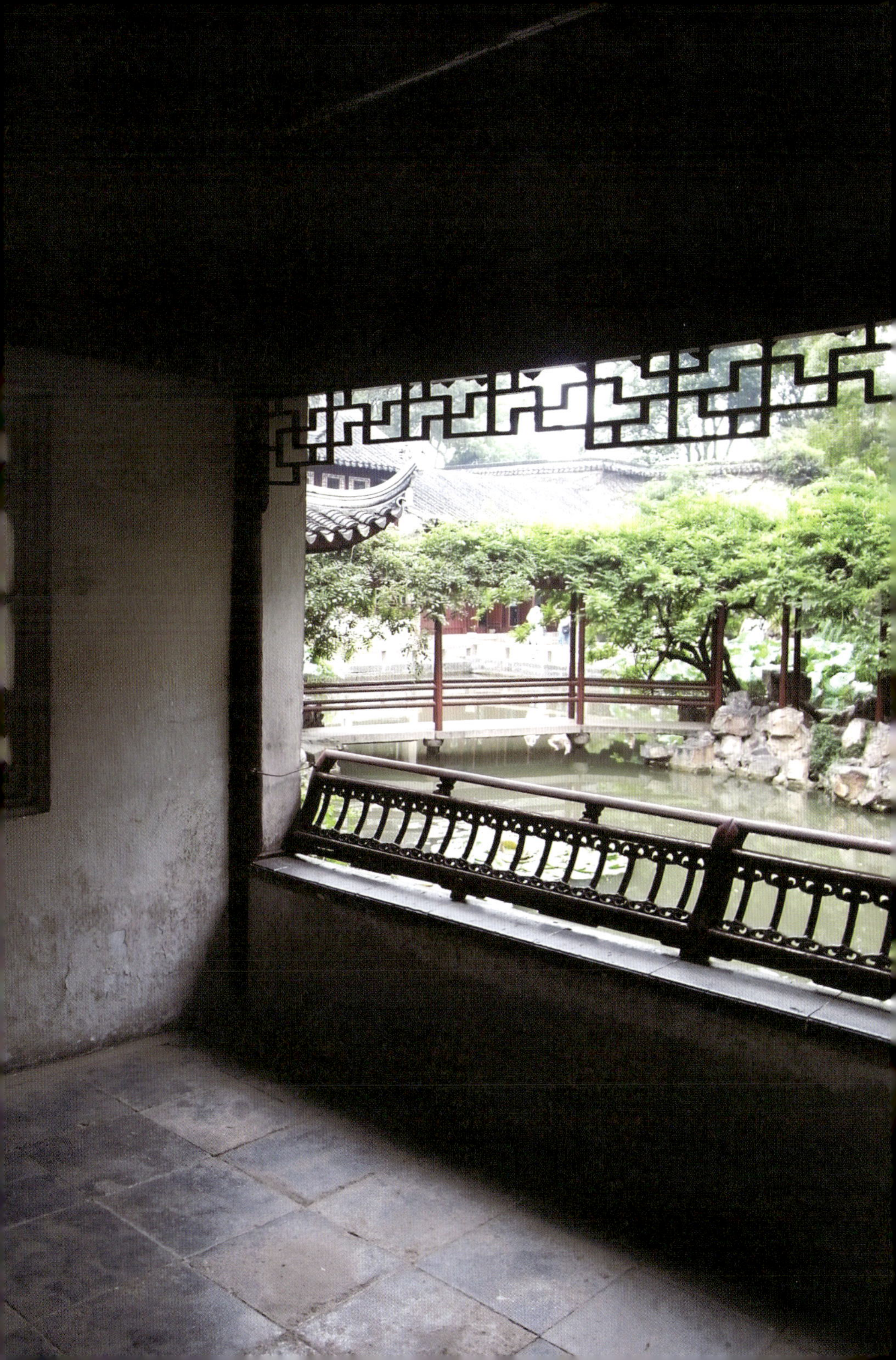

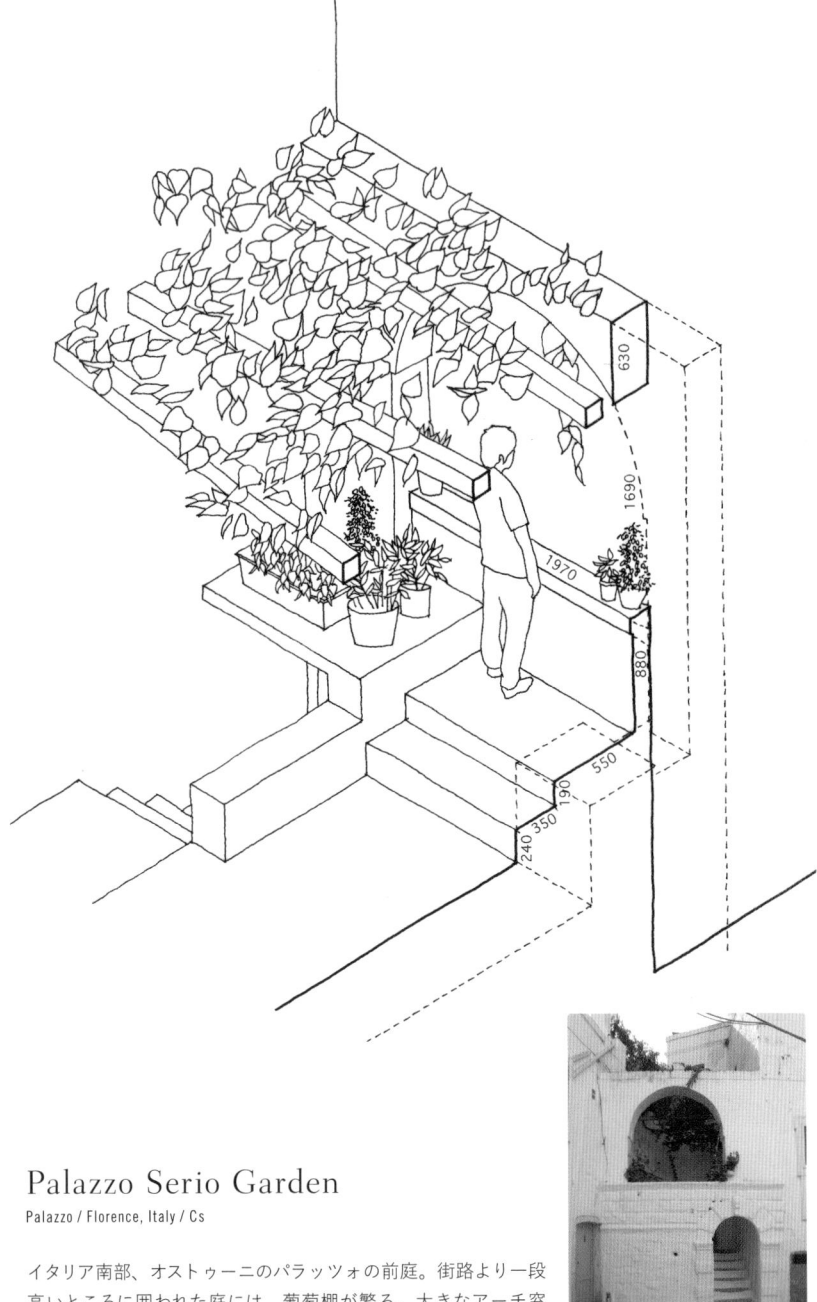

Palazzo Serio Garden

Palazzo / Florence, Italy / Cs

イタリア南部、オストゥーニのパラッツォの前庭。街路より一段高いところに囲われた庭には、葡萄棚が繁る。大きなアーチ窓からは、細い路地の奥行き方向に何重にも重なる家が眺められる。

150　光と風―庭の中の窓

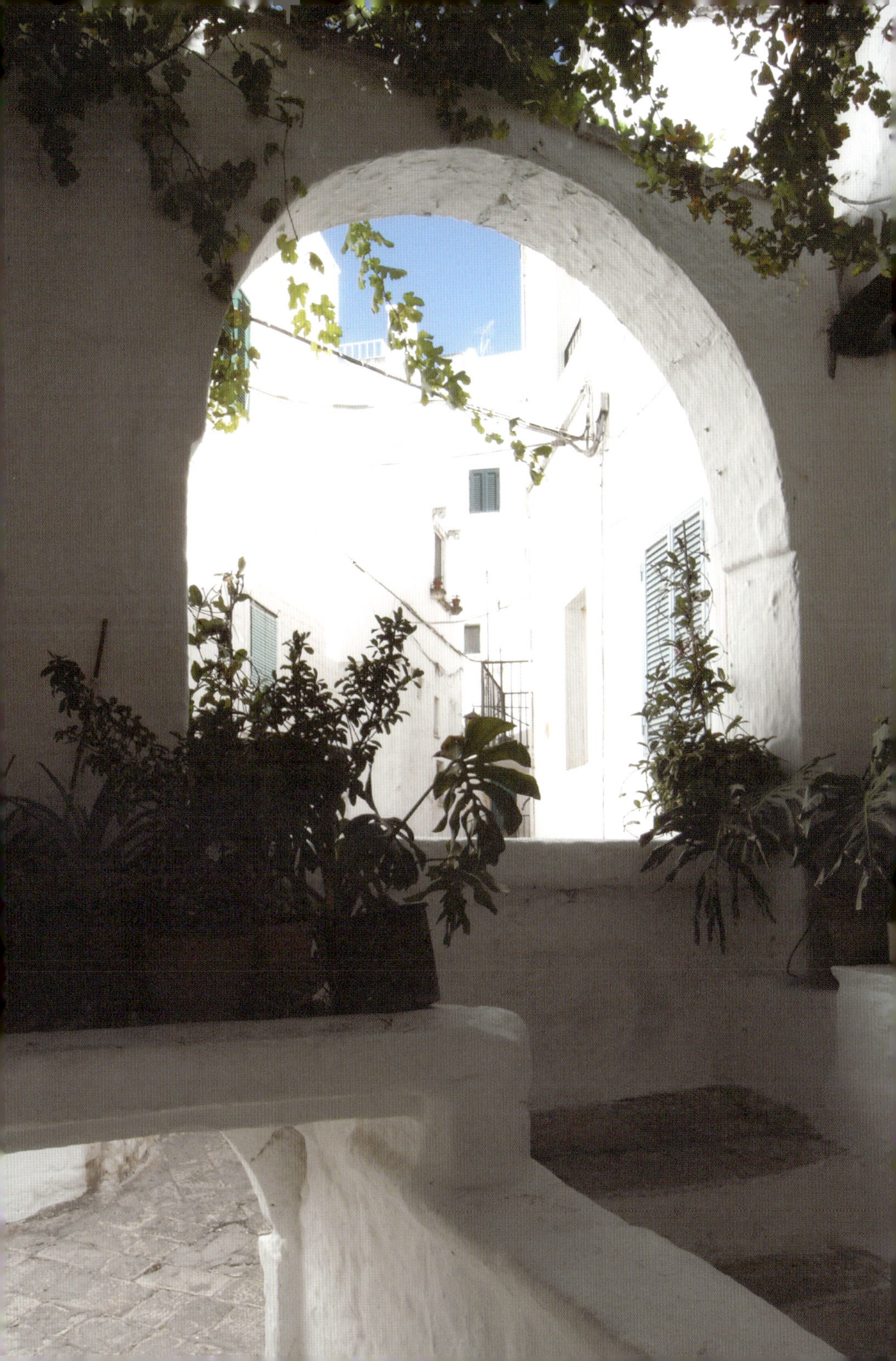

Rudolf Olgiati

アンティークを通して文化の古層と響き合う創作

　スイス、アルプス山脈の谷地に広がる人口2,500人ほどの集落、グラウビュンデン州フリムス。バスでアプローチすると、谷底に広がる建物の集合を一望することができる。ここには、石と木の混じった構造、白漆喰で塗り込められた分厚い壁、地域固有の木彫が施された建具や家具、といった伝統的な構法、素材による建物が散りばめられている。また、垂直でない壁面、形や大きさの異なる窓、微妙な角度で曲がりながら閉じる建物輪郭など、一つとして同じものはないのだけれど、どこか愛嬌のあるこうした言語を共有することによって、この街の建物はほとんど同じようにも見えてくる。

　この集落で、住宅を主とした、増改築を含む約30の建築作品を残した建築家が、ルドルフ・オルジャティである。自らの生まれ育ったグラウビュンデン州の文化を下敷きとした伝統的な建築のあり方に強い関心を抱いていたルドルフは、この地域の建物が取り壊される度に、廃棄されるはずの建具や家具などの品々を引き取り、出来る限り細かく記録してカタログを作成し、自宅の納屋に保管した。そこに集められた品々は、伝統的な木彫の施された分厚く大きなアーチ型の木製扉、人の通り抜ける扉を内包した干し草を入れるための大きな玄関扉、小さく絞られた太い木製窓枠、朴訥な木彫の施された調度品、使い古されたランプや食器などの小物類といったアンティークであり、その数は約3,000にのぼった。その後、それらを出来る限り元の場所へ返し、建築の空間へと甦らせるように、新築物件に取りこんだり、取り壊しの危機にある住宅の積極的な増改築を行っていった。これ

1.——————— 木構造に白漆喰の施された住宅の改築
2.——— オルジャティミュージアムに展示されたアンティーク
3.——————— 壁の厚みを利用して光を取り込む窓

らアンティークの一つ一つには、永く培われてきた農家の暮らしや、そこで育まれた工芸、日々繰り返された生活の行為といった、寒さの厳しいこの地域での文化的営為が色濃く投影されている。また、これらは現代の建築に再配置されることによって、本来の機能的な役割を得て息を吹き返すばかりか、生活の一部に組み込まれることによって、かつての生活の営みに思いを巡らせ、日常的に文化の古層へと降りて行くことを誘う。このことにより、現在の生が歴史的な時間と空間の中に位置づけられ、その関係が新たな建築の空間を生む。つまり、日々更新されていく生命的なものとアンティーク、現代の文化と過去の文化、あるいは建築と大地といった、様々な物事の間に響き合いが生じることになるのである。こうしてアンティークを息づかせた彼の仕事は、やがてこの地域の現代建築のスタイルとして定着し、彼の手によるものでなくても、街のそこかしこに見受けられるようになった。このように、アンティークと向き合い、フリムスの街の一つ一つの建物でそれを活かしながら、バナキュラーな建築言語の絶え間ない再発見を繰り返した建築の創作は、ヒロイックではないけれども、一つの建築では決して成し得ないような偉大なる社会的な構築物となっている。(金野千恵)

2.

/ 人とともに

Besides People

そこから汽車の音が聞こえてきました。その小さな列車の窓は一列小さく赤く見え、その中にはたくさんの旅人が、苹果を剥いたり、わらったり、いろいろな風にしていると考えますと、ジョバンニは、もう何とも云えずかなしくなって、また眼を空に挙げました。宮沢賢治『銀河鉄道の夜』

――――

宮沢賢治の『銀河鉄道の夜』の一節。ここでは、病の母のために朝夕働き、学校の友だちや日常生活から取り残されたような思いを抱いた少年ジョバンニが、汽車の音だけから想像した、人々の自由で賑やかな情景が、一つ一つの窓を通して描かれている。その楽しそうな姿と、ジョバンニの不安定な気持ちには悲しいほど大きな隔たりがあるのだけれど、逆にその隔たりの大きさが銀河へまでその鉄道の旅を導いてしまう。ここでの窓は、人の温かみを感じさせ、あるいは街の灯りを感じさせるような、深い郷愁を与えるものでありながら、はるか彼方へと想像力を飛び立たせる入口にもなっている。

はたらく窓

Workaholic Windows

　朝、窓を開けて店を始め、夜、窓を閉めて店を閉じる。そんな人間の生活リズムと呼応する窓は、つい擬人化したくなる存在である。そんな仕事仲間のようにすら思える窓を、ここでは、「はたらく窓」と呼ぶことにする。物をつくるための作業台や調理台、物を売るためのカウンター、物を見せるための陳列棚が組み込まれた窓は、街路に活気を与えてくれる。ショーウィンドウのガラス越しに、アクセサリーや食器、小さな雑貨が飾られていると誰もが立ち止まってしまう。太陽の光が入ってきて特に美しく見えるのは金や銀、色彩の鮮やかな宝石類だろう。店内の人工照明の下で見るのとは違った輝きを放っている。食材をこねたり、切ったりする姿からは、新鮮で美味なお店の誇りを感じることができる。通常は建物の中や奥にあるような、物をつくる場所が、「はたらく窓」では最も手前の道路側にでてくる。こうした場所の再配置によって空間の階層性が消え、建物の中だけでなく街路も含めた広がりの中に人のふるまいが位置づけられる。だから、「はたらく窓」が並ぶ街路では目的無くぶらぶら散歩するのも楽しい。気候や宗教に関係なくどの地域にもみられる「はたらく窓」は、世界共通言語であるといえるだろう。

Tozzi Ponte Vecchio
Shop / Florence, Italy / Cs

イタリア、フィレンツェのヴェッキオ橋。橋の上に連続する庇の下に店ごとに個性豊かなショーウィンドウが並び、その一部が店内へのエントランスとなっている。閉店時は跳ね上げの木戸が下ろされ、木箱の連続へと変化する。

TOZZI

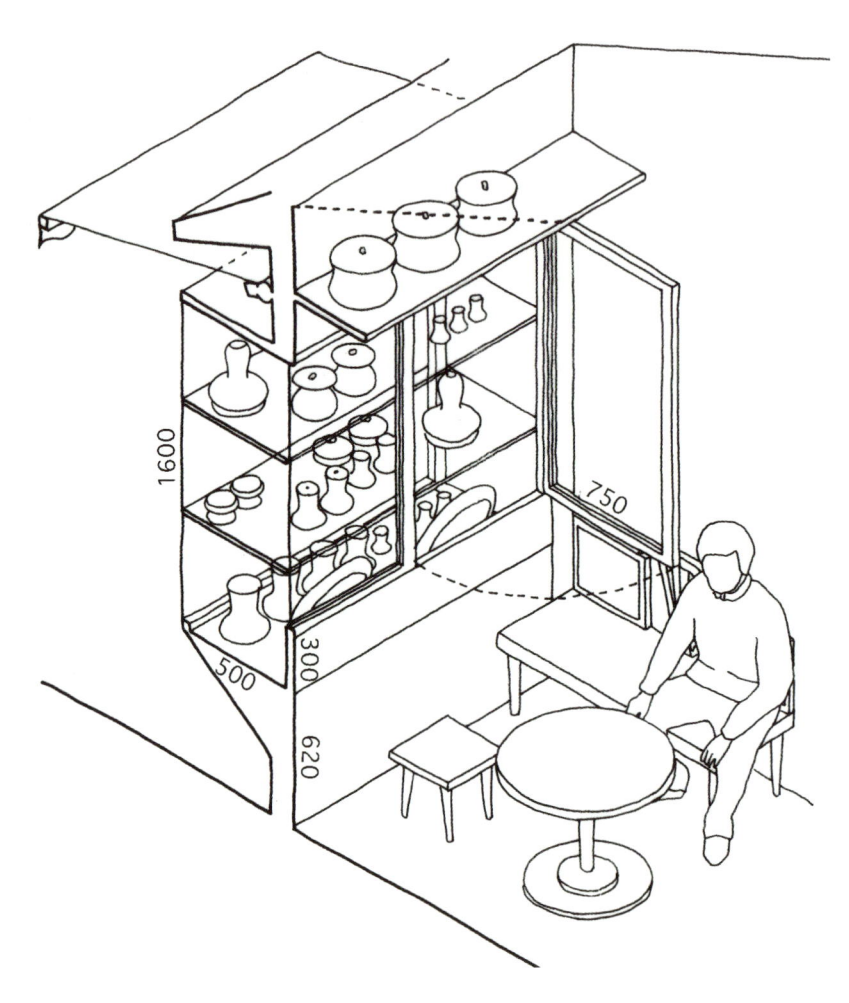

Bascausevic
Shop / Sarajevo, Bosnia and Herzegovina / Df

ボスニア・ヘルツェゴビナ、サラエボの銀細工店。出窓の部分が収納兼ディスプレイ棚になっており、棚の後ろで職人が作業している。店を閉めるときは、窓の下に置いてある板をガラスの枠に外から嵌める。

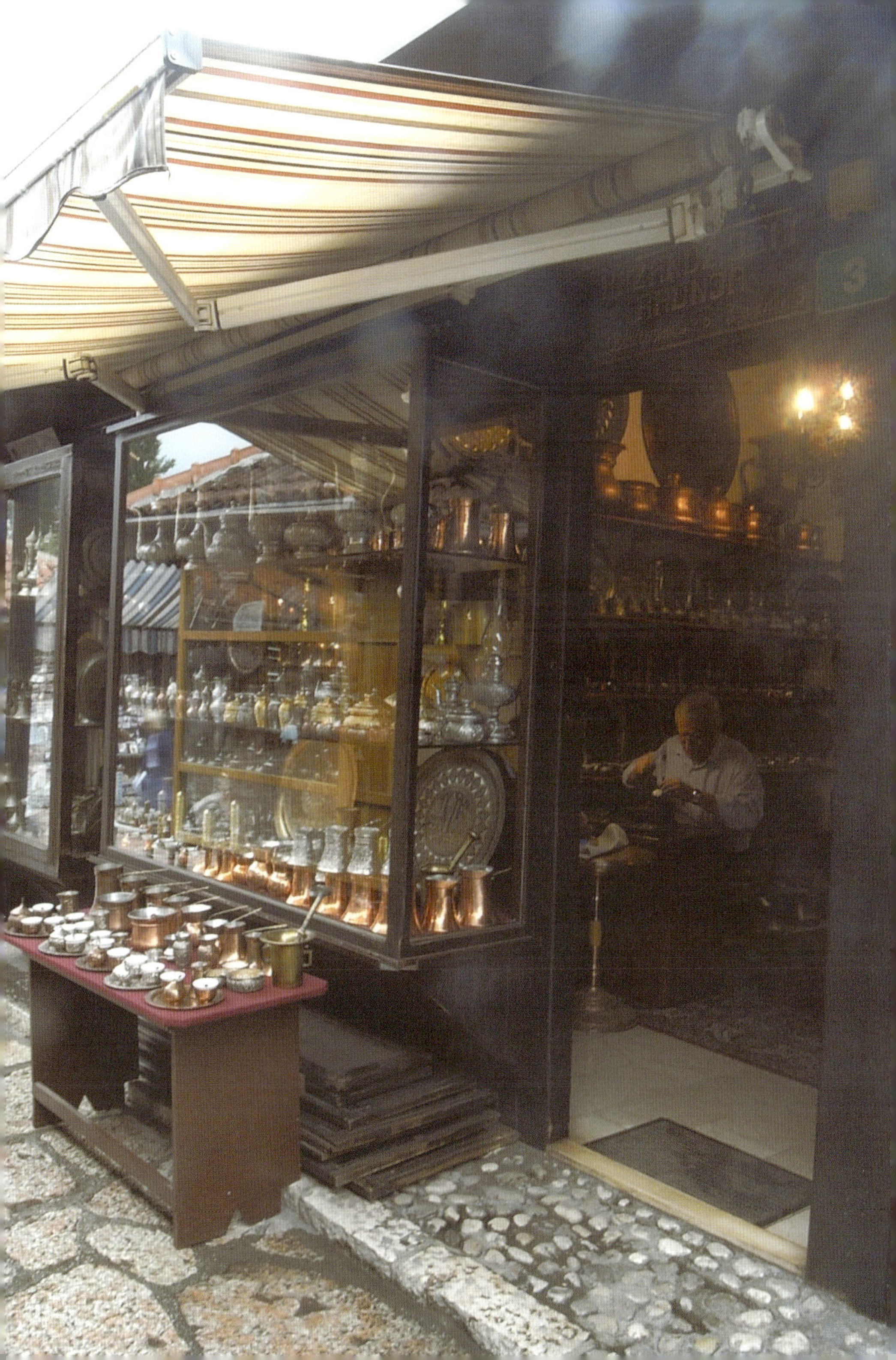

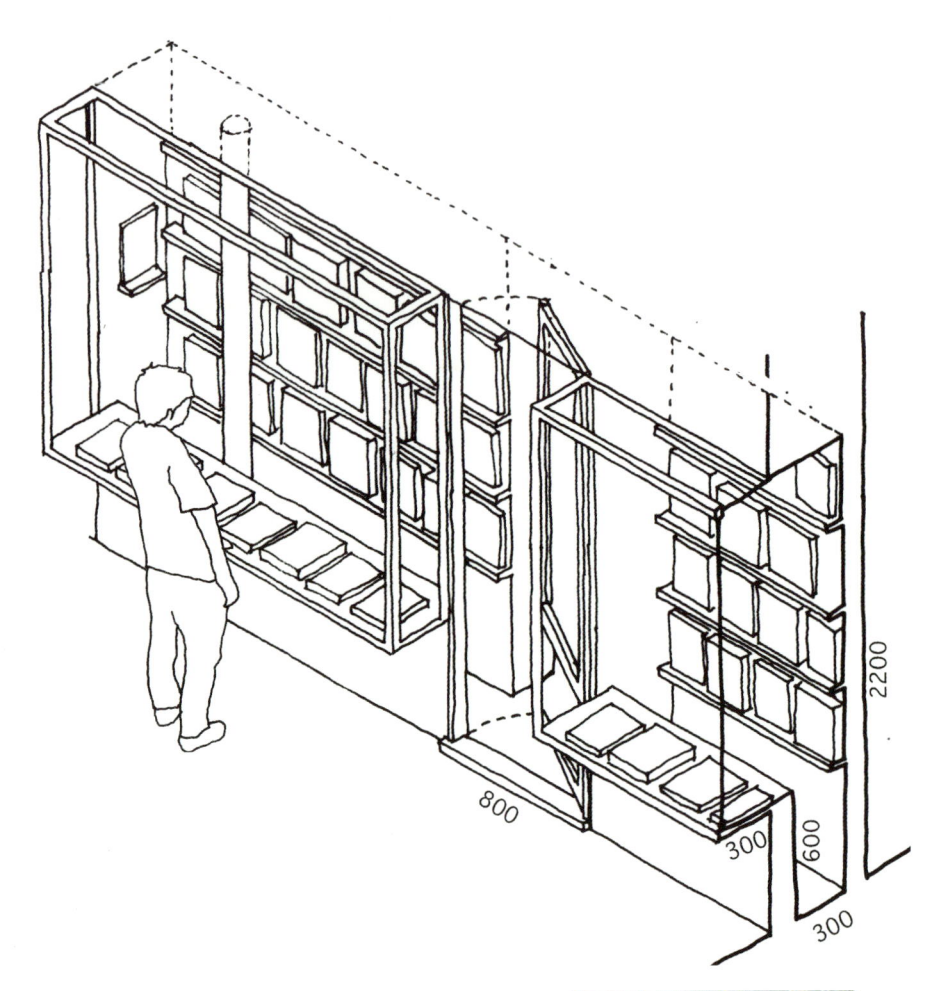

Librairie des Passage
Bookshop / Paris, France / Cfb

パリのパッサージュ内の本屋。スチールの枠でできたショーウィンドウは店内から切り離され、パッサージュの中で自立した状態で置かれている。窓の中は人がちょうど一人入れる寸法になっており、ディスプレイの入れ替えを容易にしている。ショーウィンドウの上部にはガラスの欄間があり、パッサージュの天窓から入る光を店の奥まで届けている。

CAMOUFLAGE
RARE BIRD OF FASHION
ZILVER
MAUBOUSSIN
BOUCHERON
Marchak
ROLEX

Pudi Padi

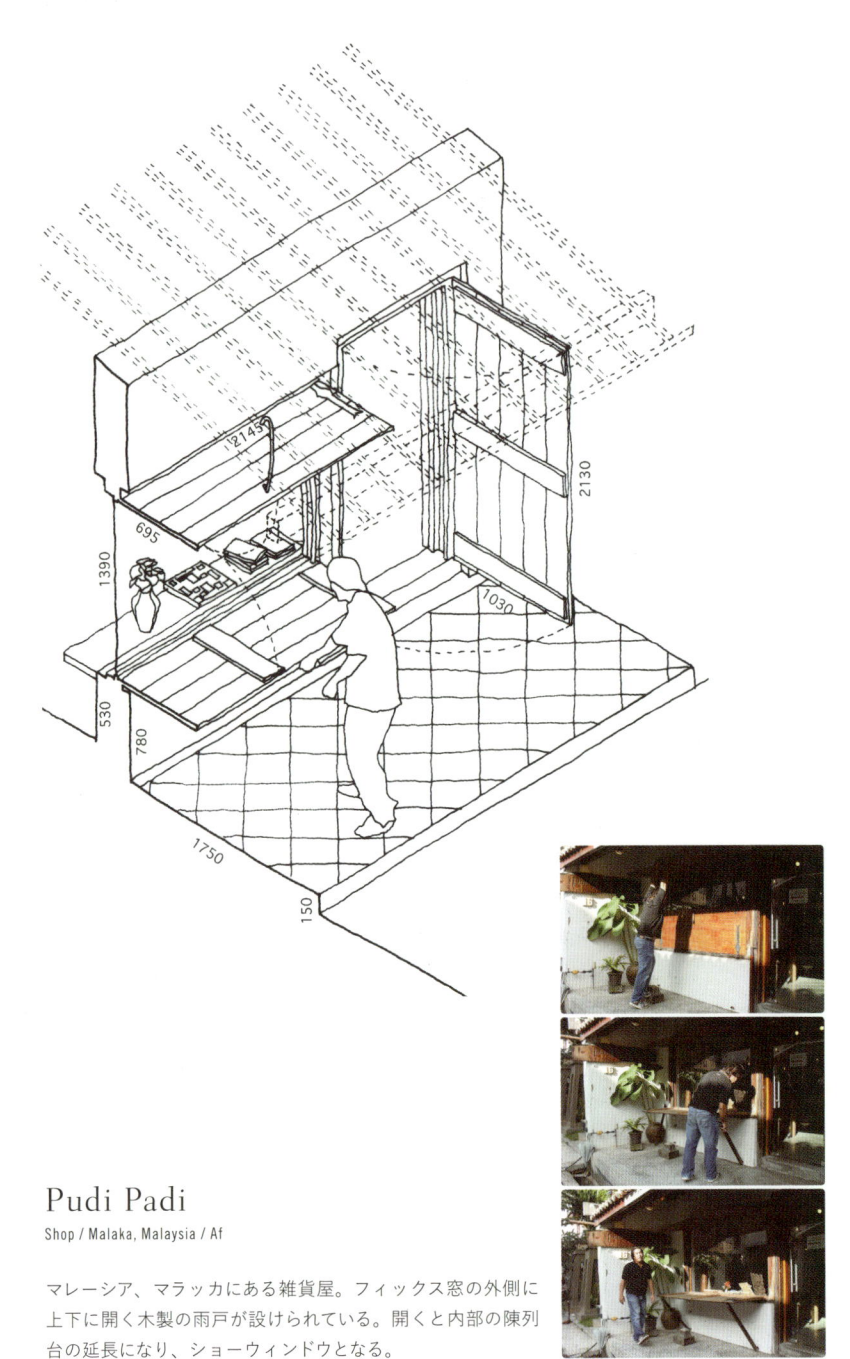

Shop / Malaka, Malaysia / Af

マレーシア、マラッカにある雑貨屋。フィックス窓の外側に上下に開く木製の雨戸が設けられている。開くと内部の陳列台の延長になり、ショーウィンドウとなる。

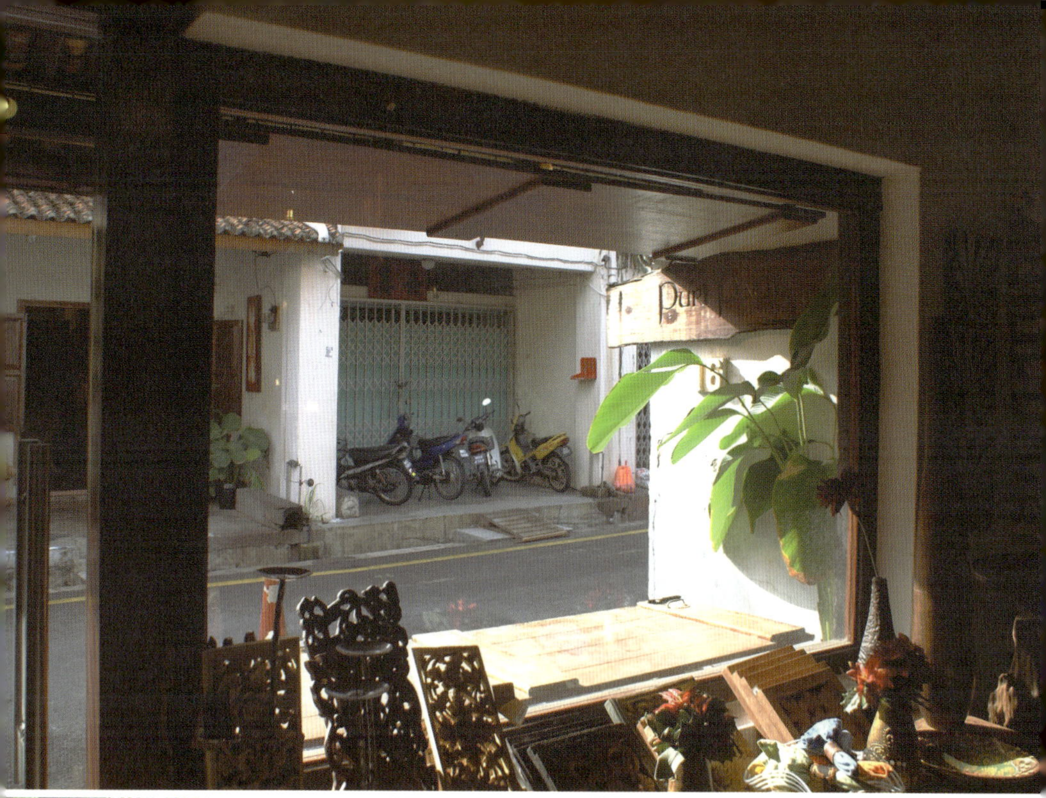
Puri

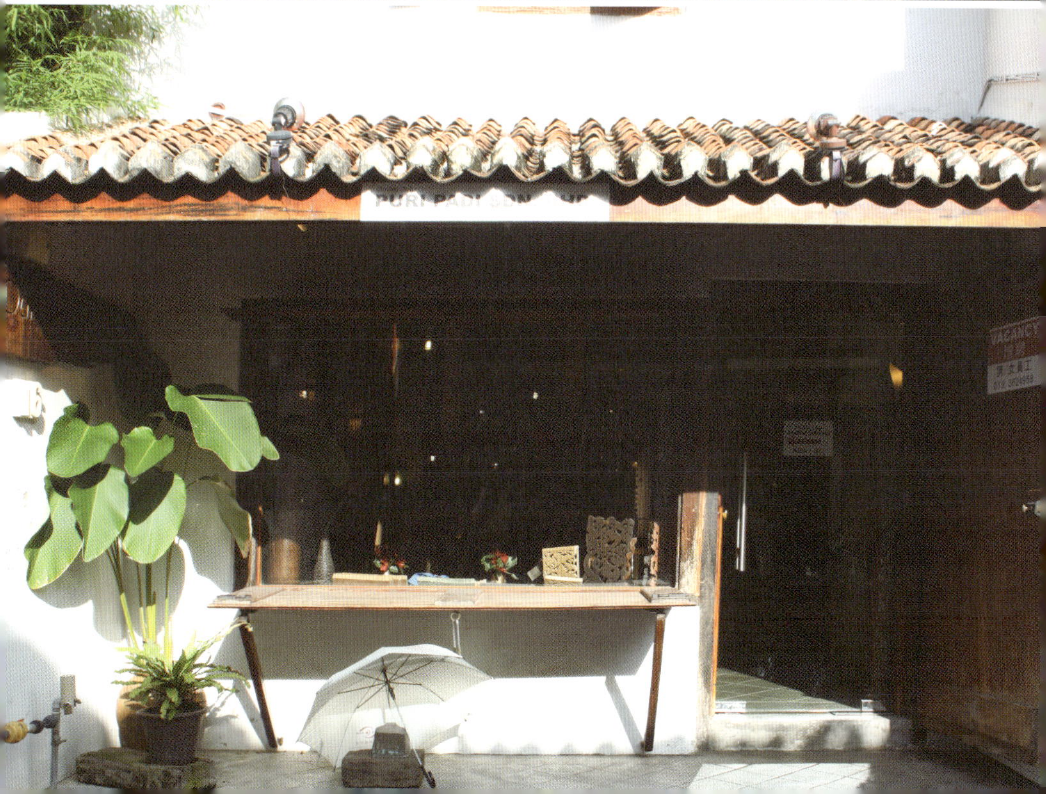
VACANCY

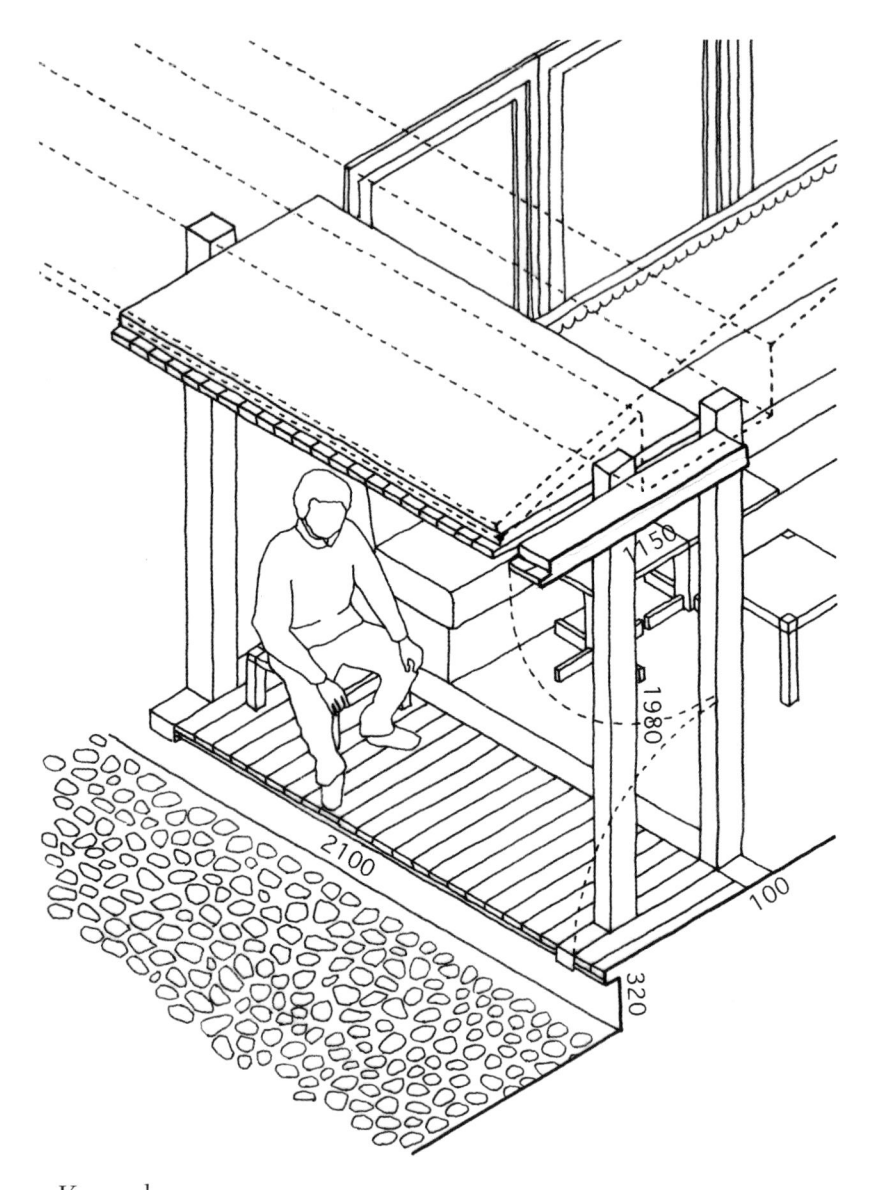

Koscela
Cafe / Mostar, Bosnia and Herzegovina / Cfb

ボスニア・ヘルツェゴビナ、モスタルのカフェ。低い庇下の雨戸は上半分が跳ね上げ式、下半分が外に倒れて床と連続した縁台となる。まぶたを開くようにカフェは開店する。

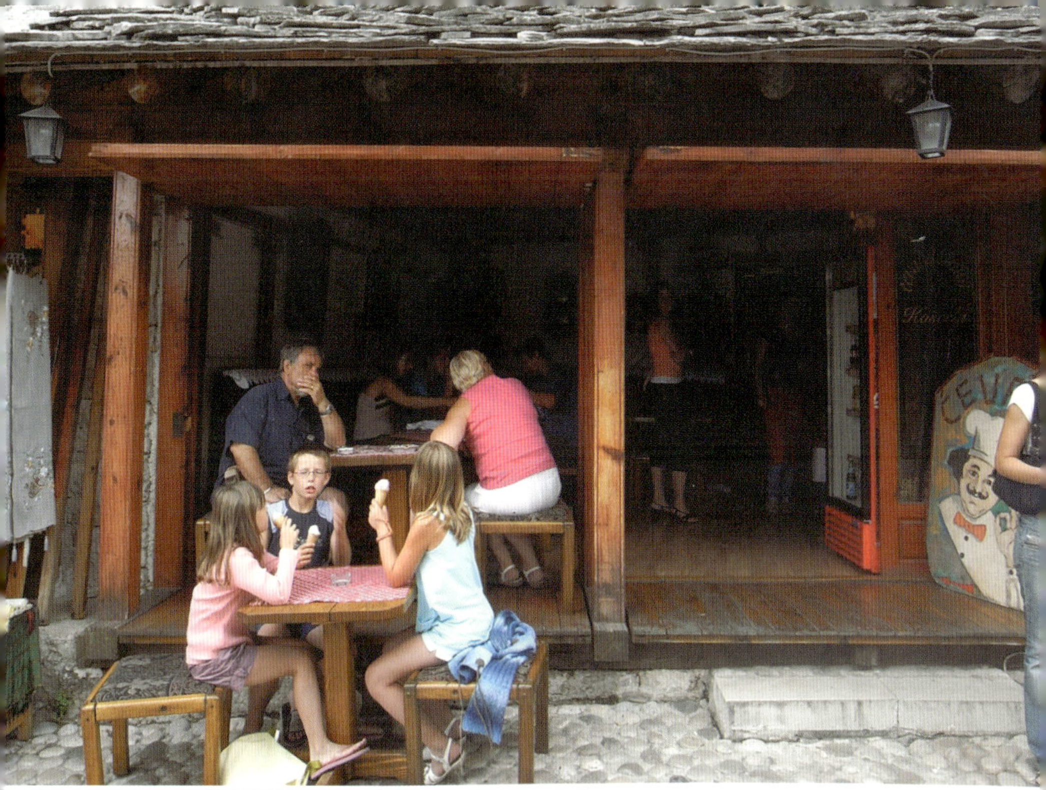

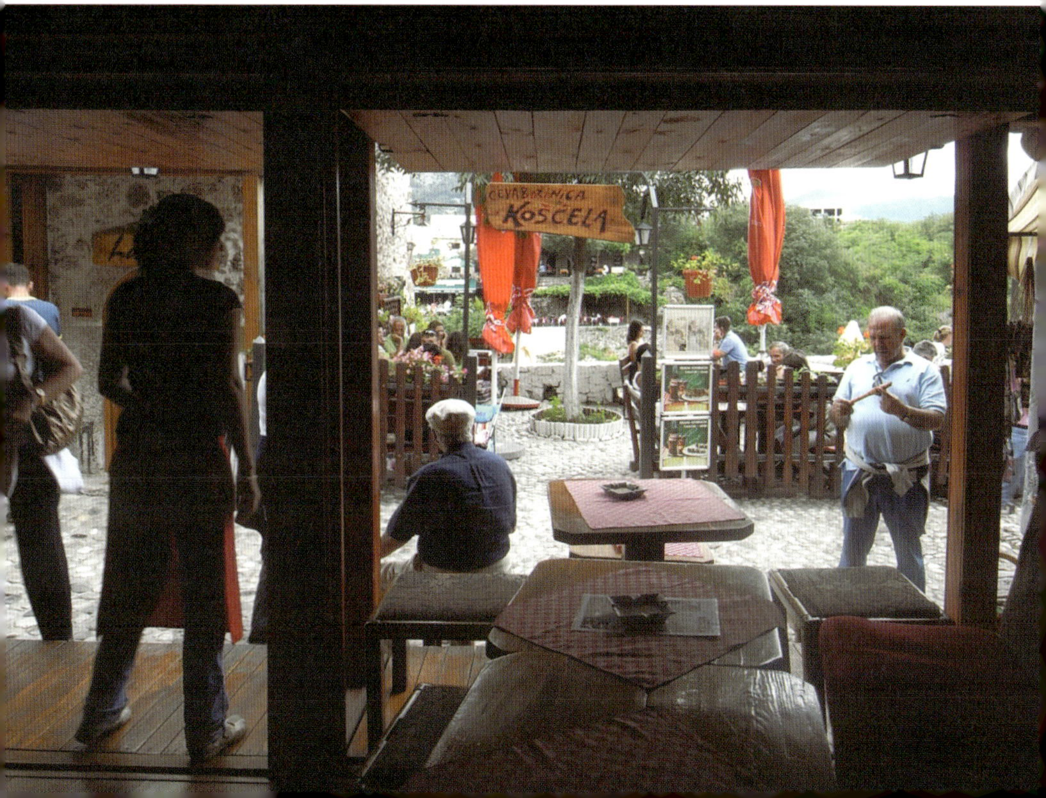
KOŠĆELA

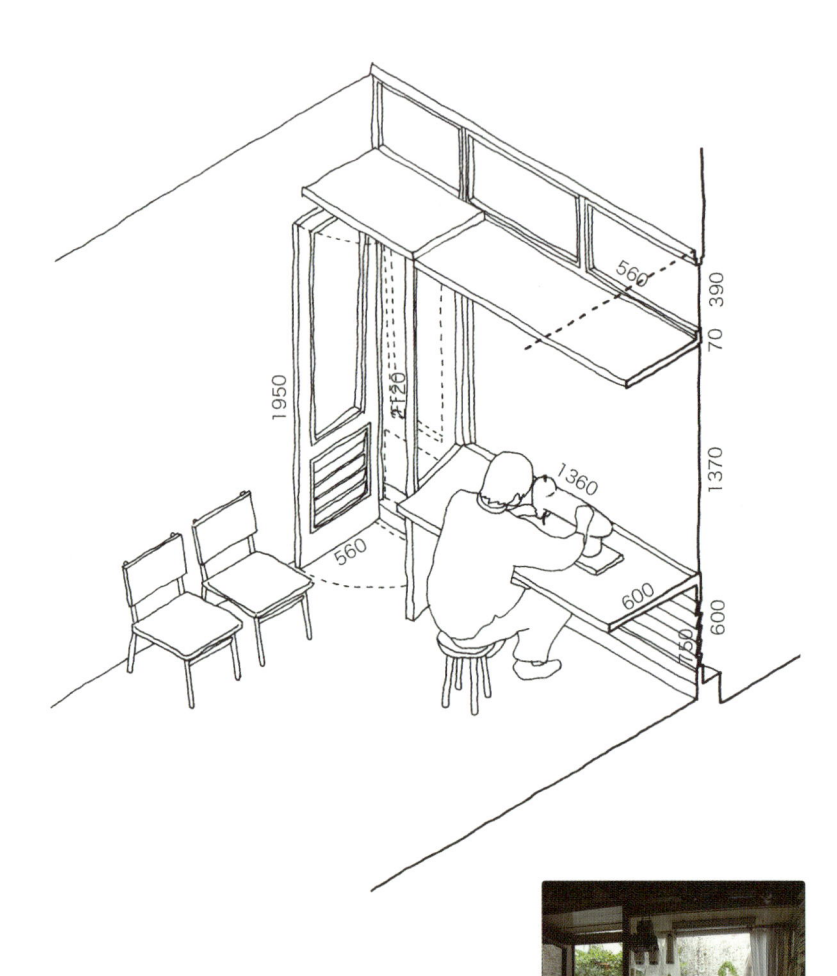

Sewing Shop
Workshop / Safranbolu, Turkey / Cfa

トルコ、サフランボルの仕立屋。フィックス窓に一人用のミシン机、布でふさがれた欄間窓には棚が造り付けられ、街路から一人、ミシンに向かって作業している姿が見える。

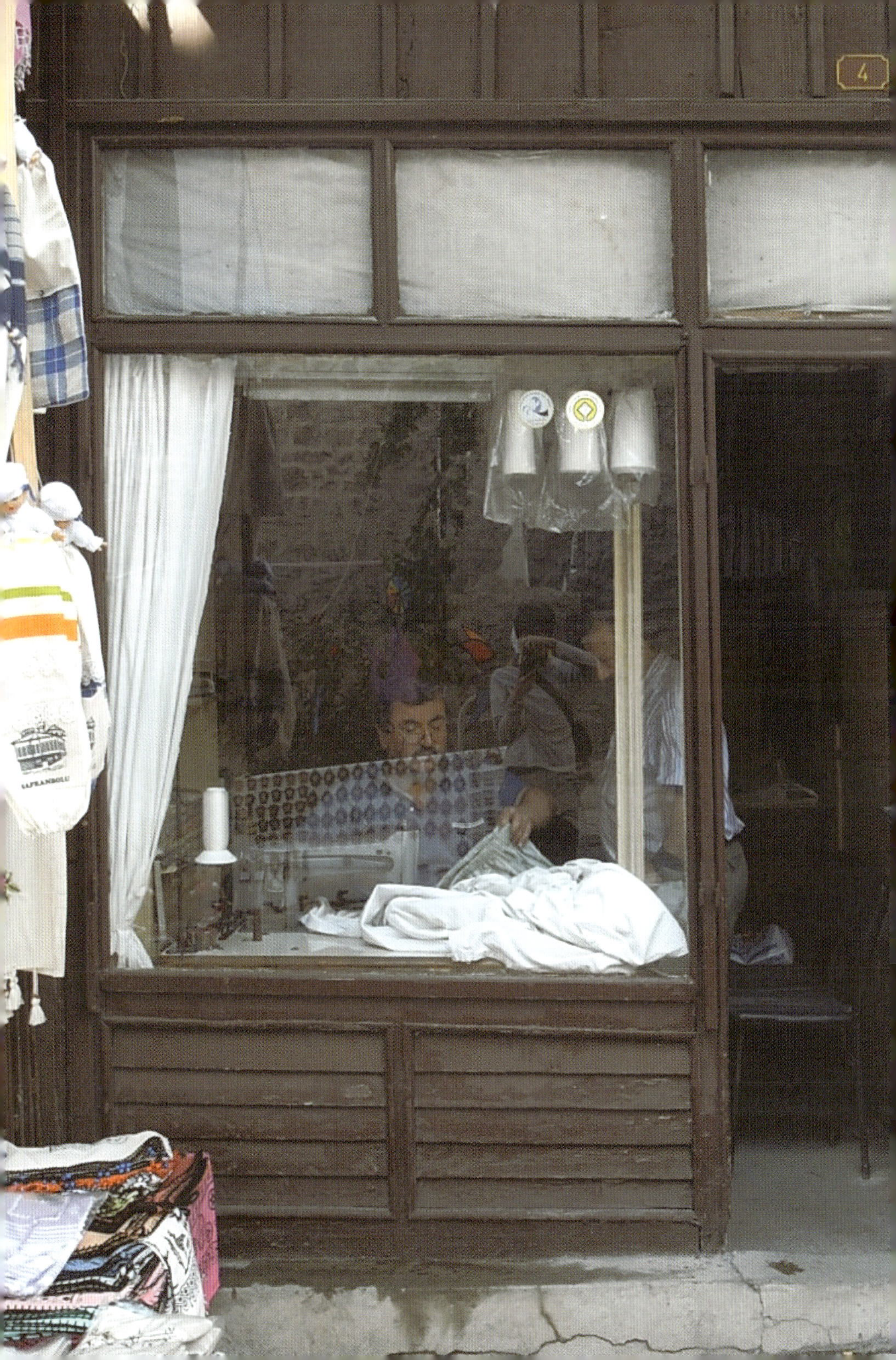
4

Kuru Kahvecisi
Shop / Safranbolu, Turkey / Cfa

トルコ、サフランボルの商店。角に対する隅切り部分が上げ下げ窓になっており、商品を包んで受け渡すカウンターが造り付けられている。その両脇のフィックスガラスには商品を陳列するガラス製の棚。

Özer

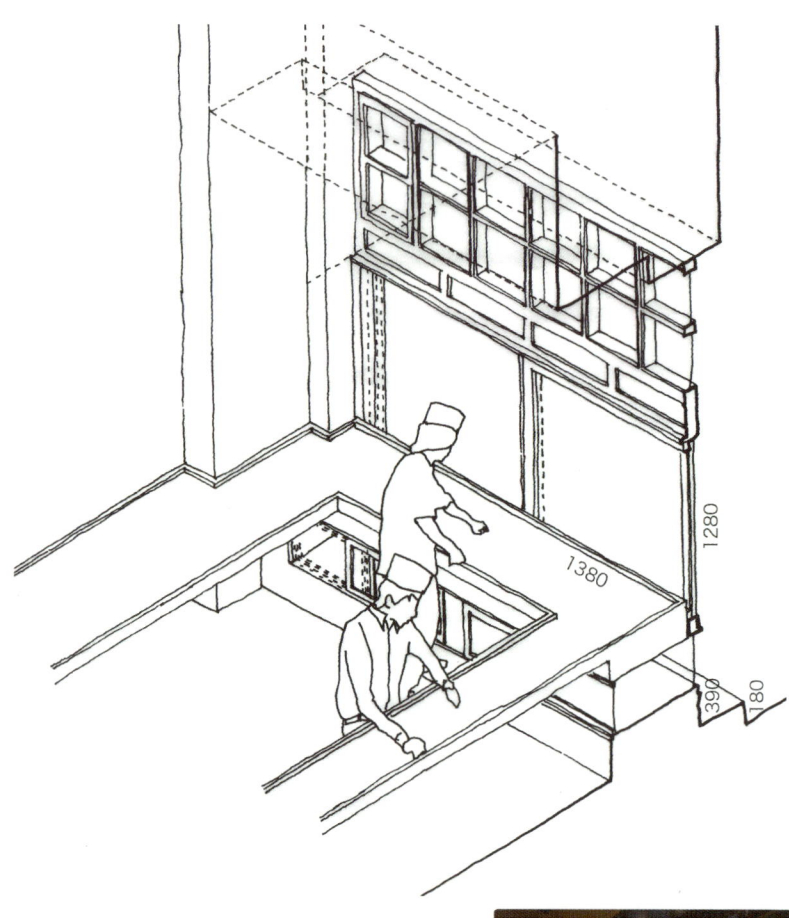

Konak Kebap Salonu
Restaurant / Istanbul, Turkey / Cs

イスタンブール、イスティクラール通りに面するレストラン。上部は小割りのフィックス窓、中央は作業台が造り付けられた引き違いの窓で、下部はショーケースとなっている。「作る」と「見せる」と「売る」が一つの窓に統合されている。

NEFIS
YAĞLI İSKENDER
TMAKLI SICAK
KÜNEFE

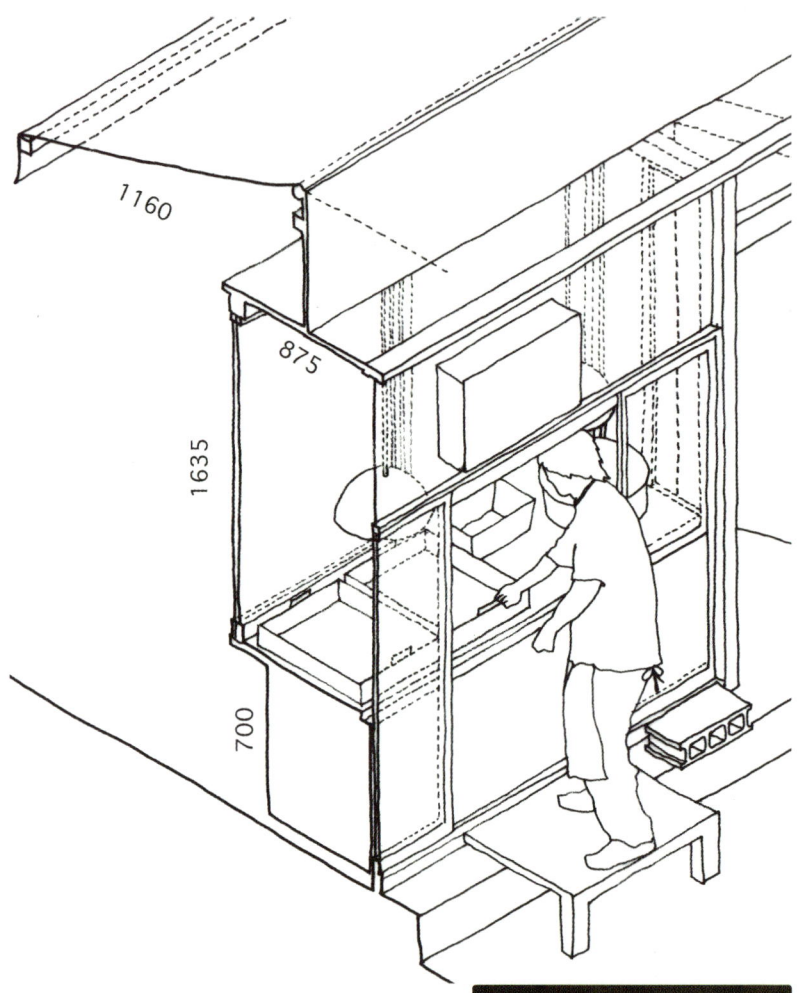

Ddeokbokki Dining
Restaurant / Seoul, Korea / Dw

ソウル、ミョンドンのトッポギ食堂。路上でよく見かける屋台が店先に組み込まれて出窓となったもの。三面をアルミサッシの引き違い窓で囲まれた部分は、鉄板や鍋が埋め込まれた小さな厨房でもある。伸縮可能なオーニング庇によって日射を調整する。

순두부백반
오징어덮밥
제육볶음밥

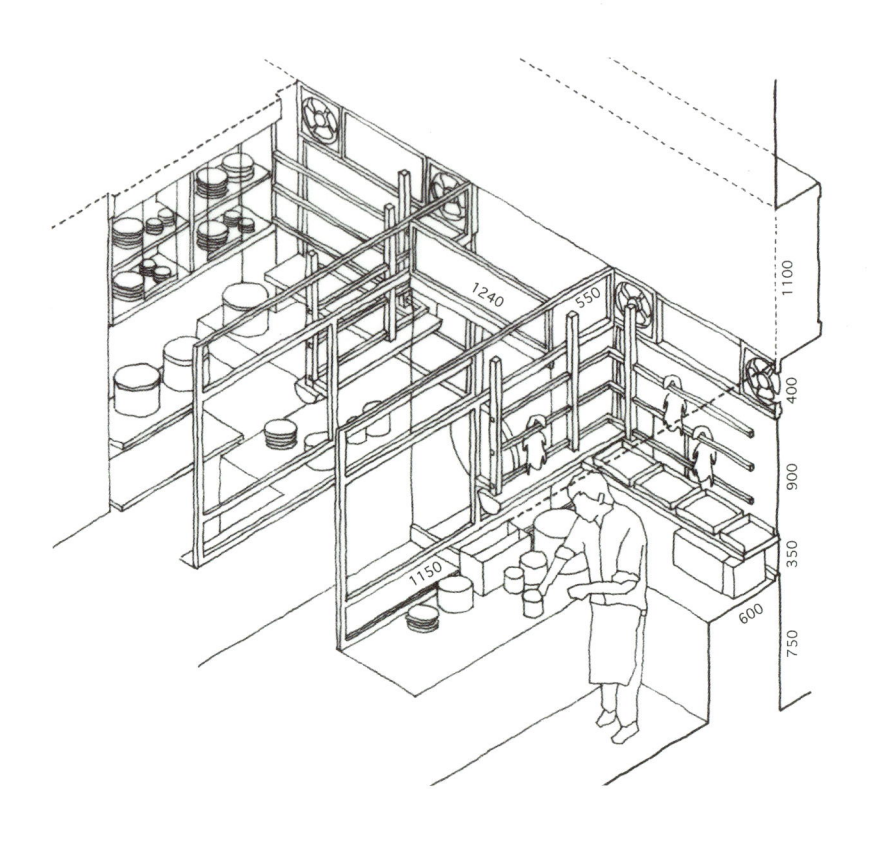

Ser Wong Fun Restaurant
Restaurant /Hong Kong, China / Cw

香港のレストラン。中央に出入り口、その両脇にフィックス窓と調理台が組み合わさっている。通りからでも見えるように、調理されたダックが吊り下げられている。客席より厨房の方がパブリックスペースに近いのが香港式。

唐 飯 芳

明爐燒臘
小菜燉湯
歡迎外賣

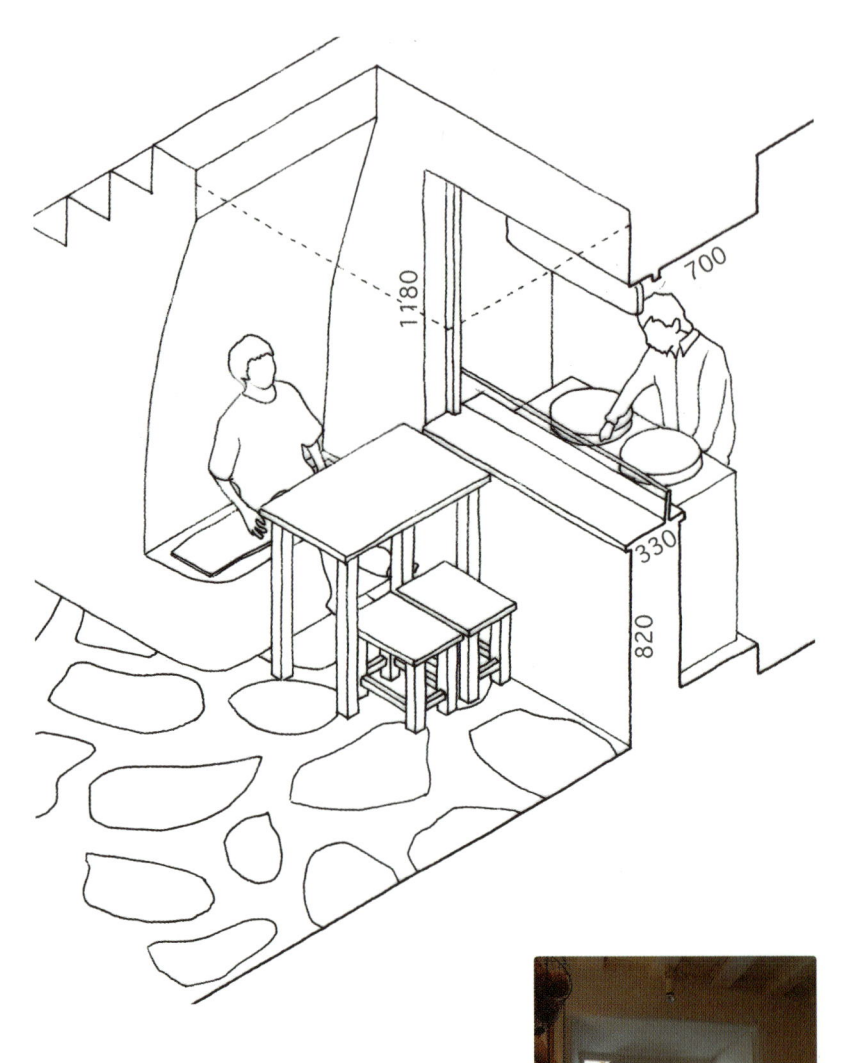

Verde

Shop / Mykonos, Greece / Cs

ギリシャのミコノス島にあるクレープ屋。上の階のベランダと階段が組み合わさって、窓の外にアルコーブ状の空間をつくる。その足元のちょっとしたふくらみがベンチとなり、テーブルが置かれる。窓に建具は見当たらず、クレープを焼く丸い鉄板が据え付けられる。

Verde

illy

Verde
CREPES
SWEET AND SAVOURY
FRESH SALADS

illy
CAPPUCCINO
ESPRESSO
FRESH JUICES
MILK SHAKES
YOGURT DRINKS
YOGURT WITH FRUITS
FRUITSALAD
ICECREAM
COCKTAILS

CREPES

FRESH JUICES
YOGURT DRINKS

FRESH MADE
SMOOTHIES

FRESH JUICE'S
CARROT
APPLE
ORANGE
PEAR
TOMATO
MIXED

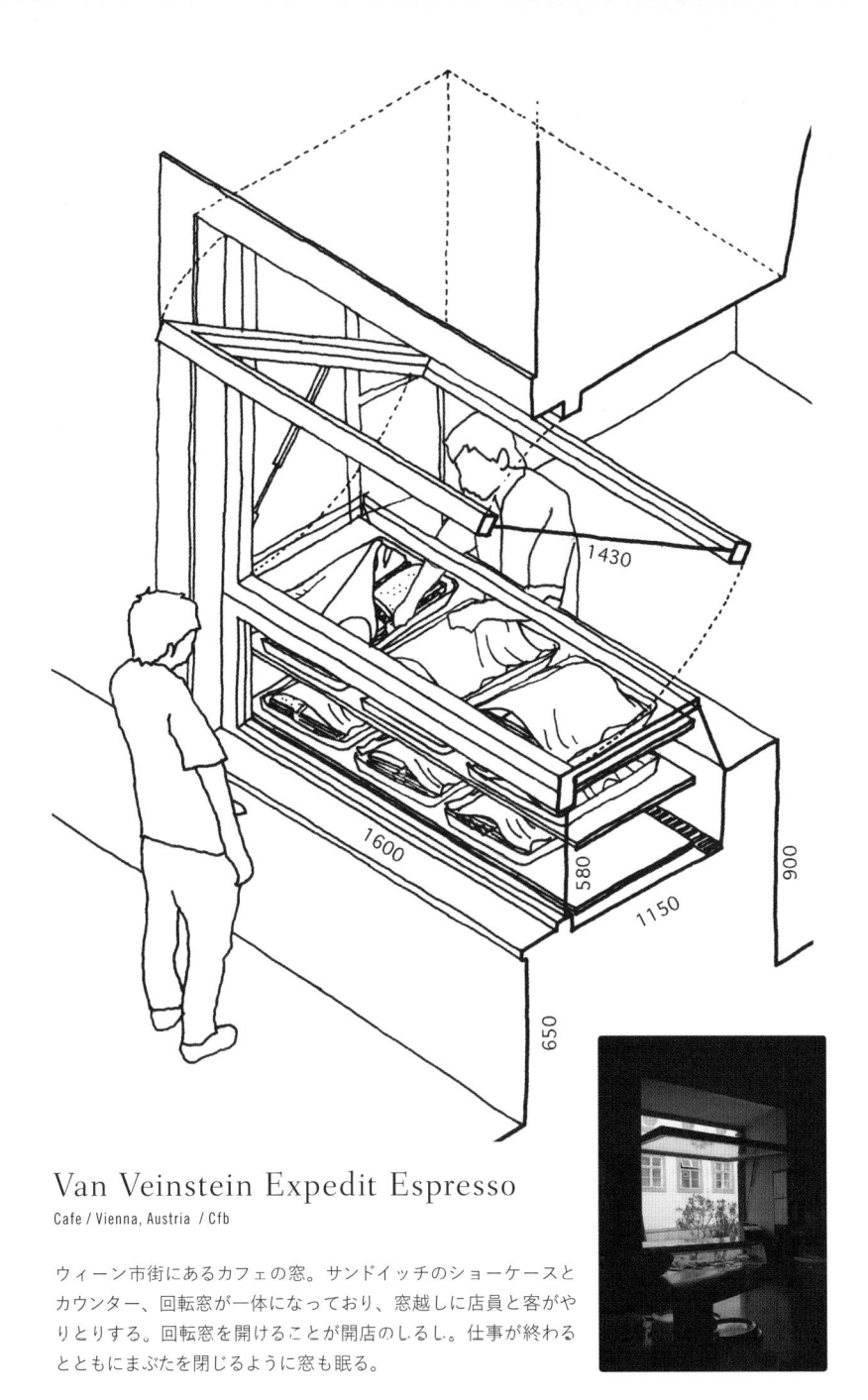

Van Veinstein Expedit Espresso
Cafe / Vienna, Austria / Cfb

ウィーン市街にあるカフェの窓。サンドイッチのショーケースとカウンター、回転窓が一体になっており、窓越しに店員と客がやりとりする。回転窓を開けることが開店のしるし。仕事が終わるとともにまぶたを閉じるように窓も眠る。

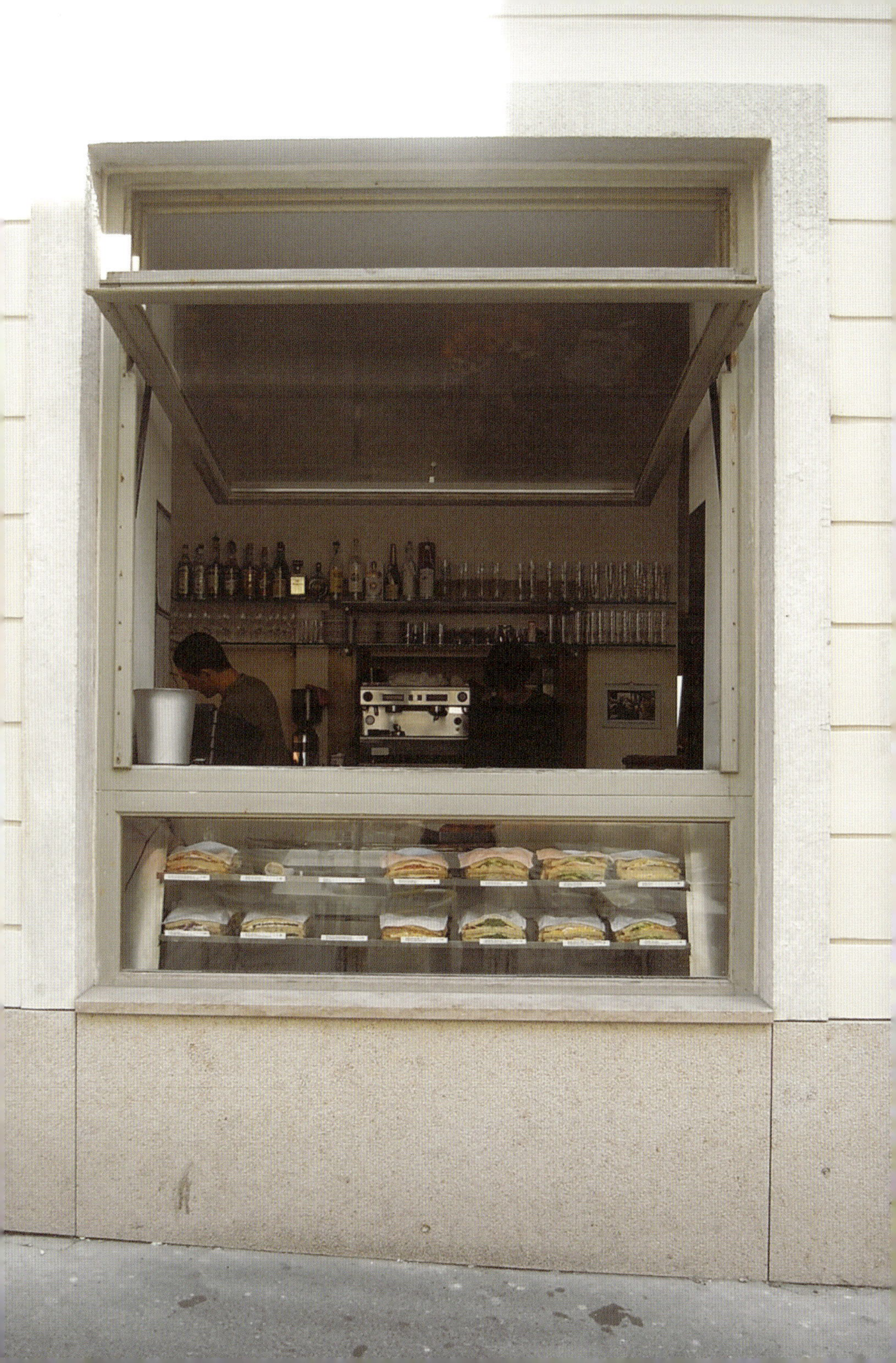

通り抜けの窓

Threshold Windows

　レイ＆チャールズ・イームズの製作した映像作品『追いかけっこ』では、姉の日記を取り上げて逃げる弟が軽快に窓から外へ飛び出すシーンがある。また、映画『ピーターパン』におけるネバーランドへの旅立ちでは、ピーターパンとウェンディらが、窓から夜空へと飛び立つシーンがあまりにも有名である。このように、人間が窓を介して建物の内部と外部を行き来するシーンは、ファンタジーを搔立てるものとして、物語の情景描写などに多く用いられてきた。そうしたシーンからは、機能の違いとして制度化された窓とドアの区別を乗り越えて行く、生きる力を感じ取ることができる。つまり忘れがちな事だが、我々が壁を通過することは、潜在的なエネルギーを秘めているのである。ドアと窓を組み合わせた「通り抜けの窓」とここで呼ばれるものは、窓の一部が、通過のエネルギーによって接地するまで変形されたものと考えることができる。つまり、その姿は、生きる力に敬意を表して人を招き入れる、窓のジェスチャーなのである。

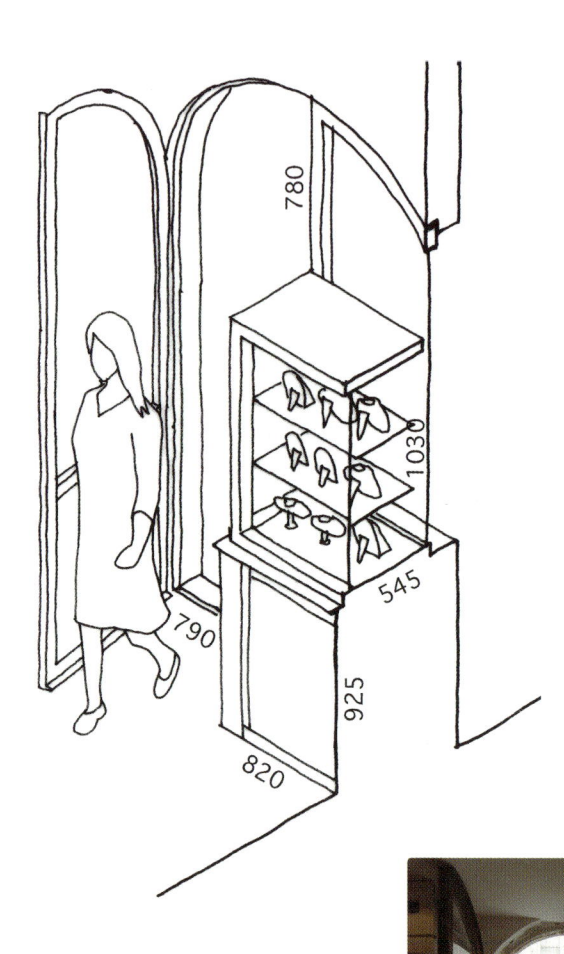

Valen
Shop / Dubrovnik, Croatia / Cs

クロアチア、ドブロブニクのアクセサリーショップ。商店が並ぶ目抜き通りが一本しかないため、建物の間口は非常に限られている。そうした条件への対応から、出入口とショーウィンドウが組み合わさった形式が生まれ、ニーサイドウィンドウと呼ばれている。

184 人とともに―通り抜けの窓

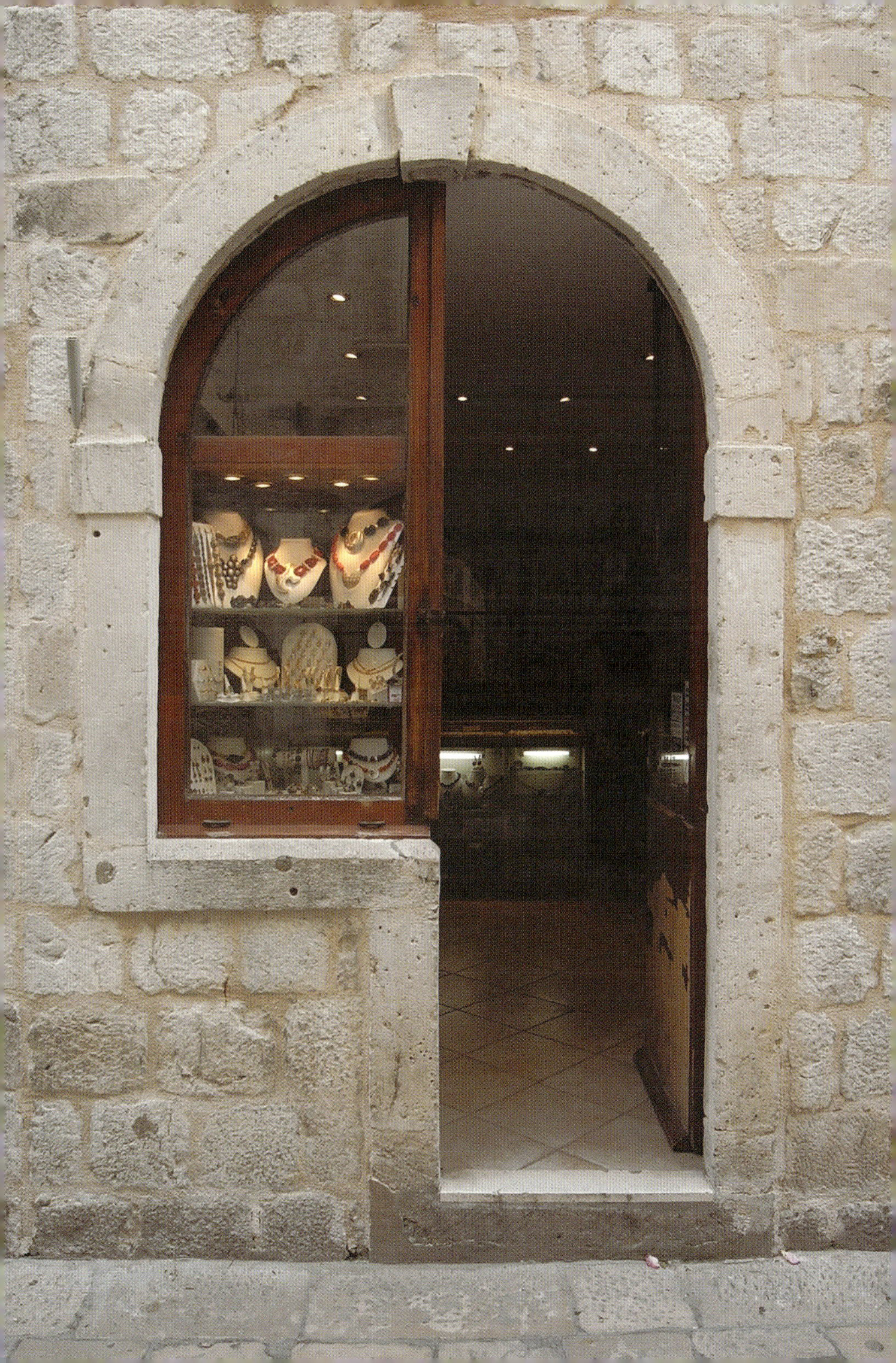

Trznice

Cafe / Ljubljana, Slovenia / Cfb

スロベニア、リュブリアナのヨーゼフ・プレチニク設計の市場。一つの店舗が占有する一つのアーチは大きなまぐさで上下に分割され、さらに上部は左右2分割、下部は3分割される。下部は中央部分だけが出入口のドアになり、二　サイドウィンドウが鏡像反復されたシンメトリーを構成している。

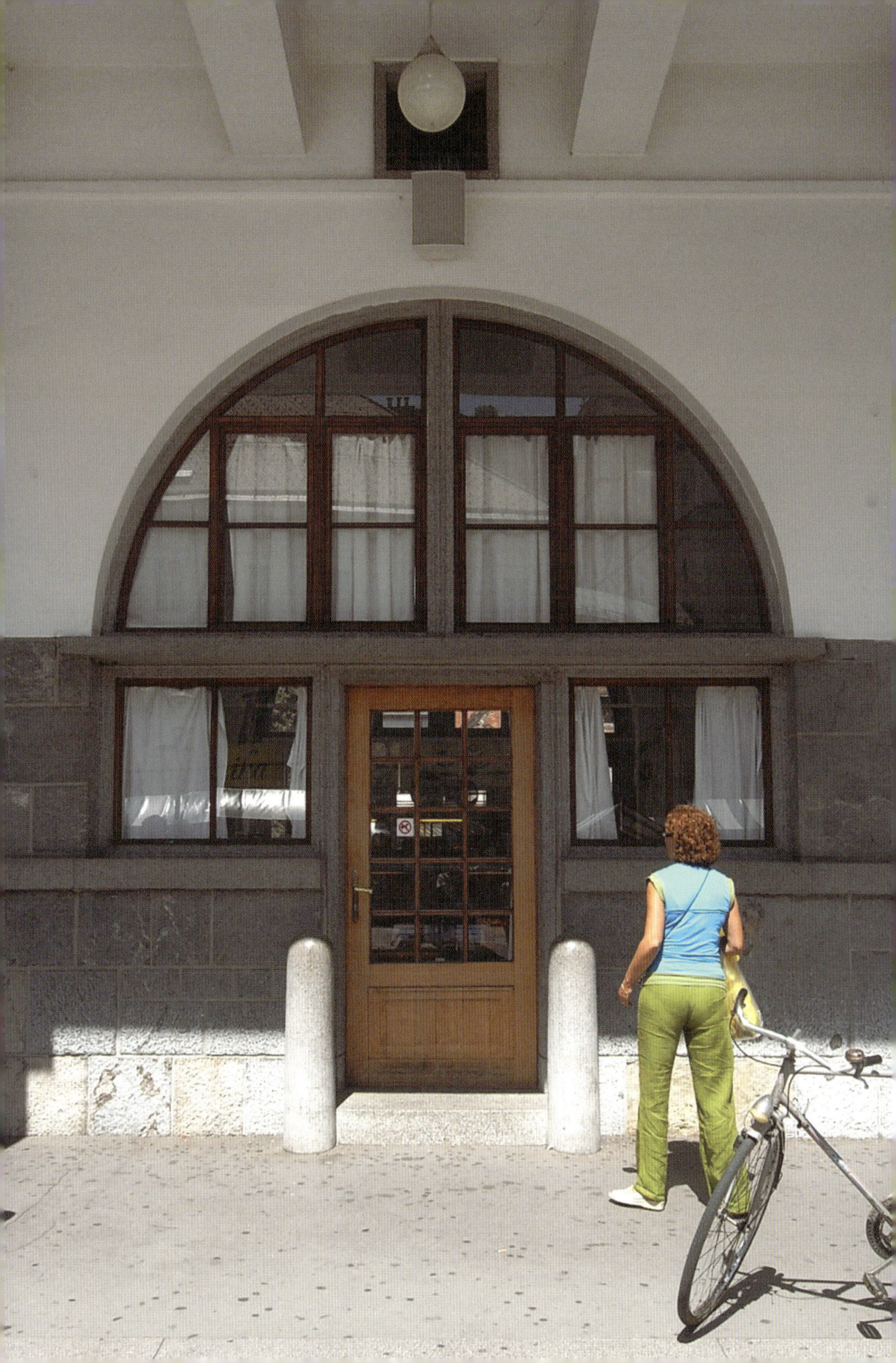

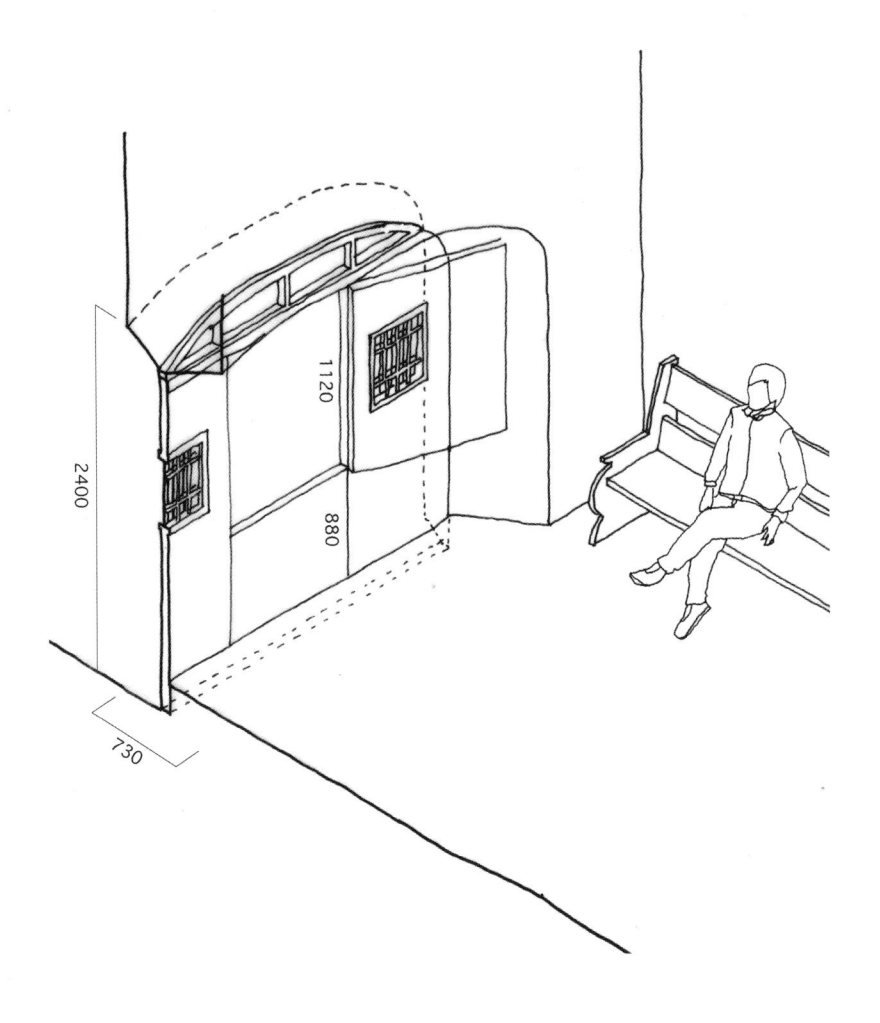

House in Guarda Entrance

House / Guarda, Switzerland / Df

スイス、グアルダの民家の玄関。勾配の浅いアーチが、まず人の背の高さで上下に分割され、フィックスの欄間と木戸になる。木戸は左右に3分割され、その中央部の扉がさらに上下に分割され別々に開閉できるようになっている。内外ともにベンチあり。

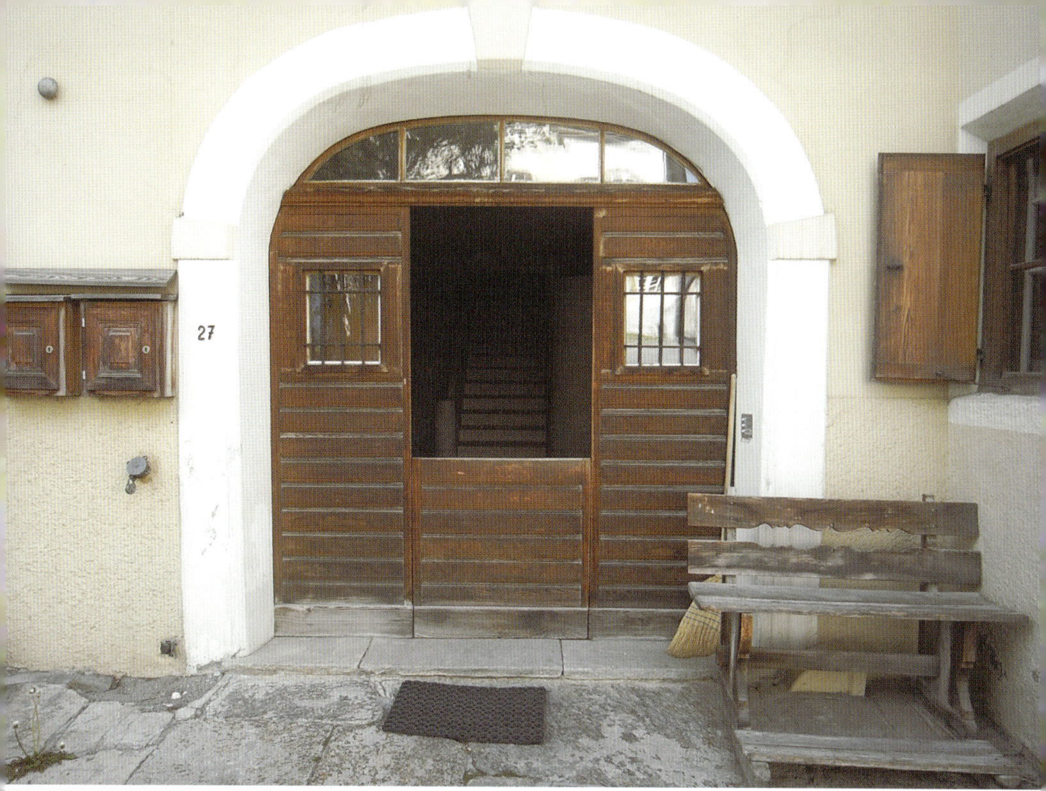
27

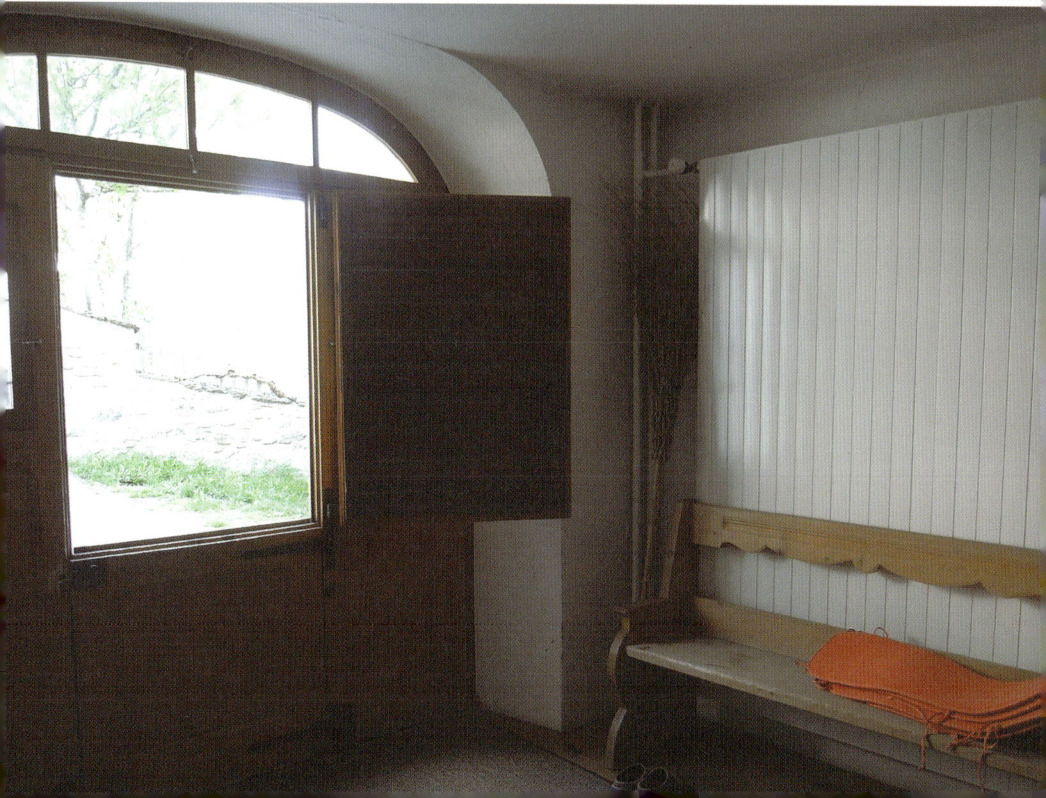

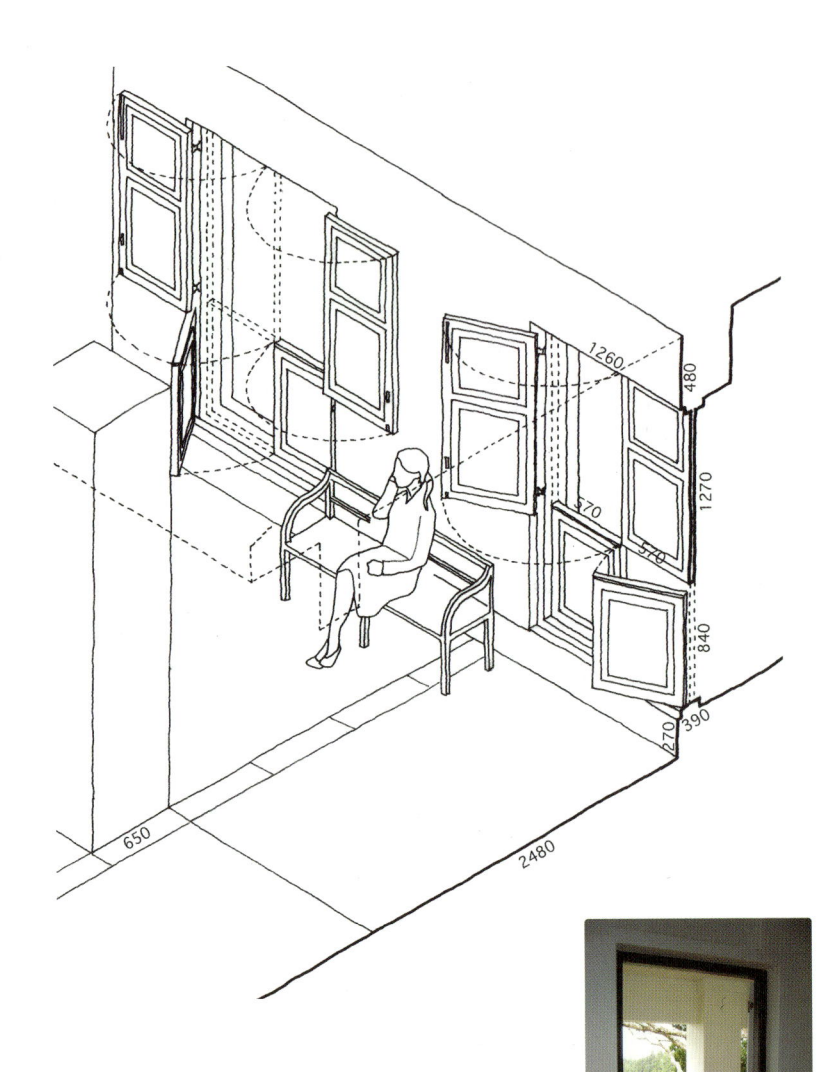

Lunuganga Dining
House / Bentota, Sri Lanka / Af

スリランカ、ジェフリー・バワのルヌガンガの別荘。ロッジアに並ぶ扉は上下に分割され個別に開閉することができる。閉じていても、開いていても成立する黒枠のグラフィカルなデザインが秀逸。

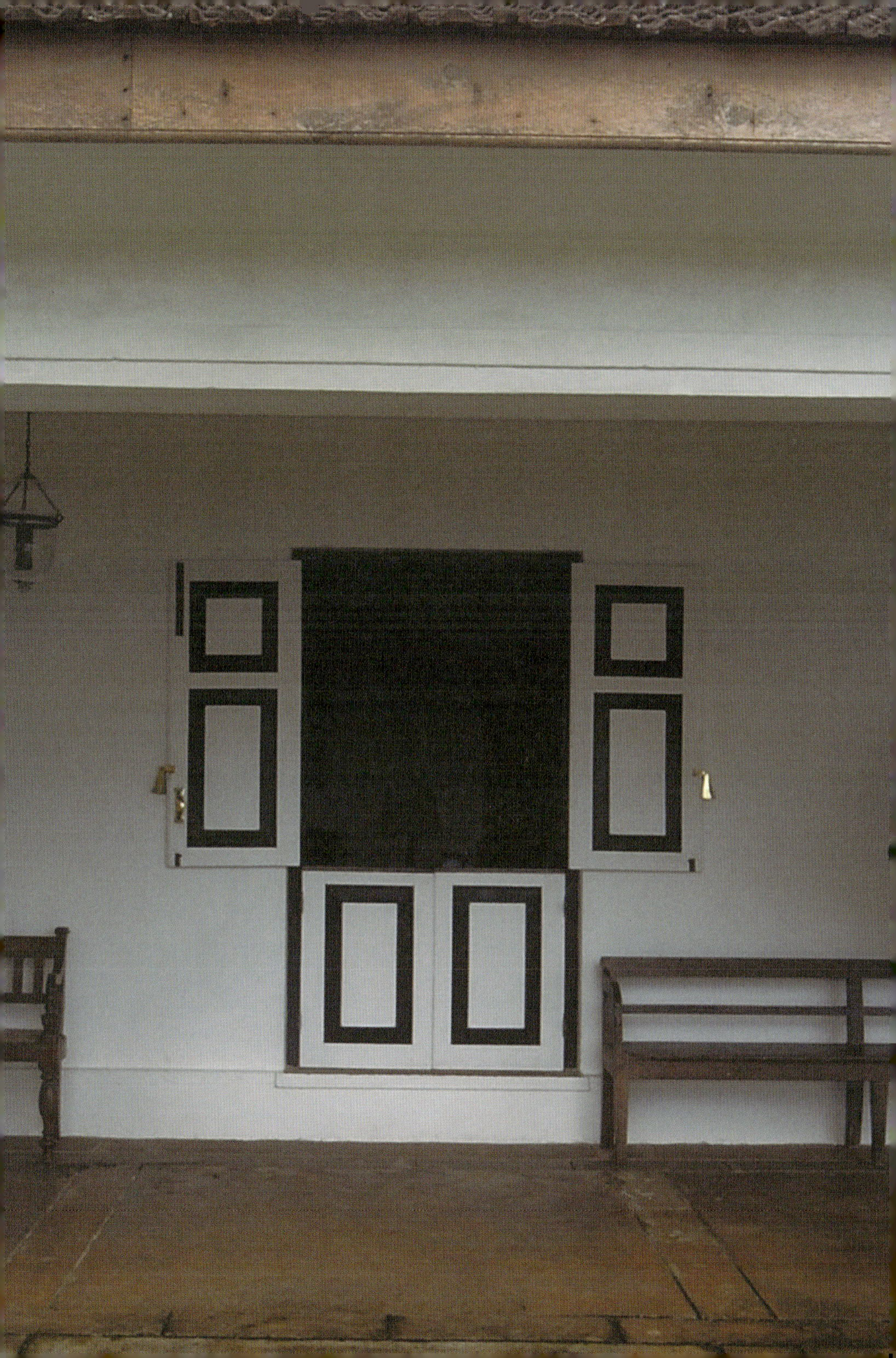

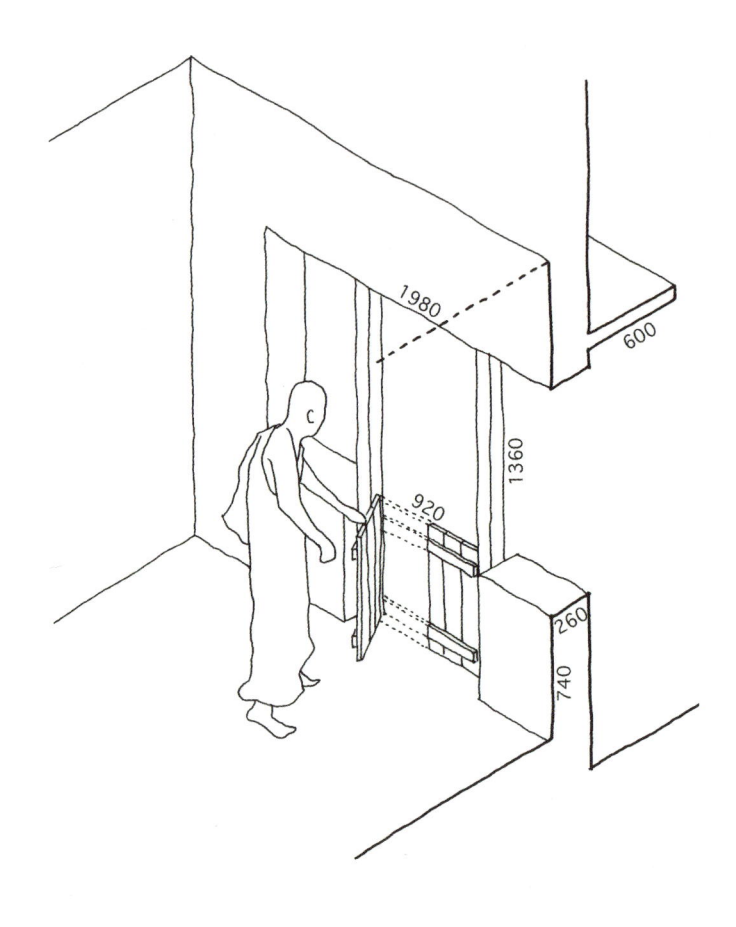

Buddhist Temple in Pinnawala
Temple / Pinnawala, Sri Lanka / Af

スリランカ、ピンナワラの仏教寺院の宿舎。亜熱帯気候のこの街では、ほとんどの窓にガラスがない。窓の上部に庇を回して、雨を凌いで風を呼び込む。腰壁にあわせた高さの扉あり。

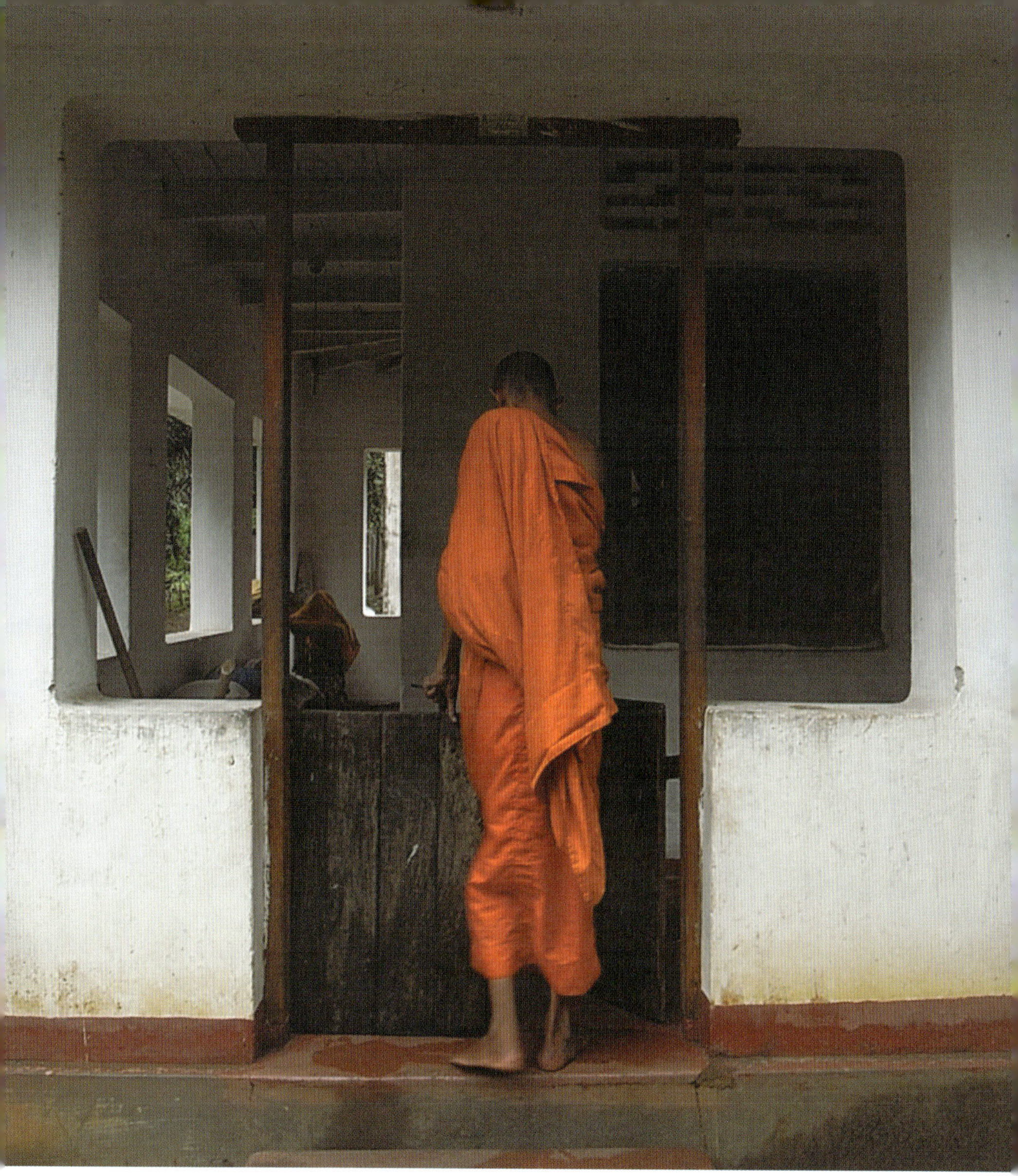

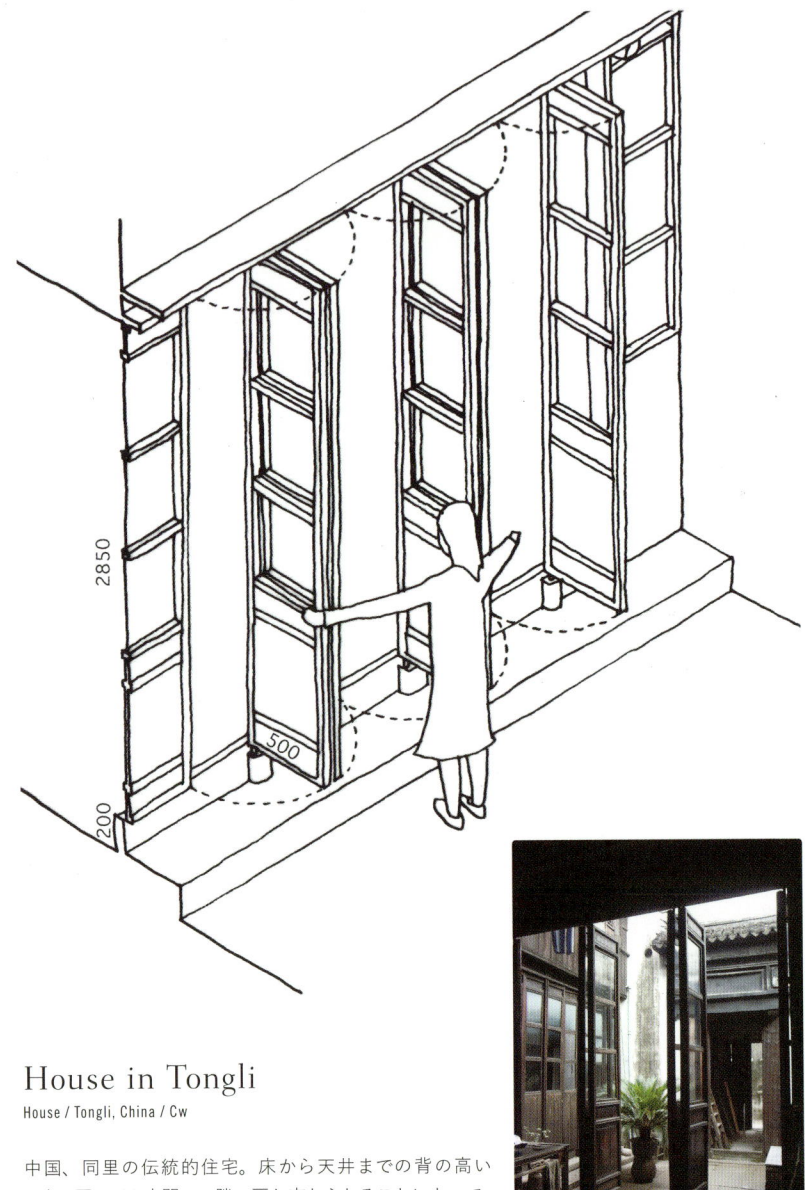

House in Tongli

House / Tongli, China / Cw

中国、同里の伝統的住宅。床から天井までの背の高い3連の扉は、90度開いて隣の扉と束ねられることによって、開口の見付面積を最大化する。20cmの高さに設定された敷居が束ねられた扉を明るい中庭の中で宙に浮かせる。

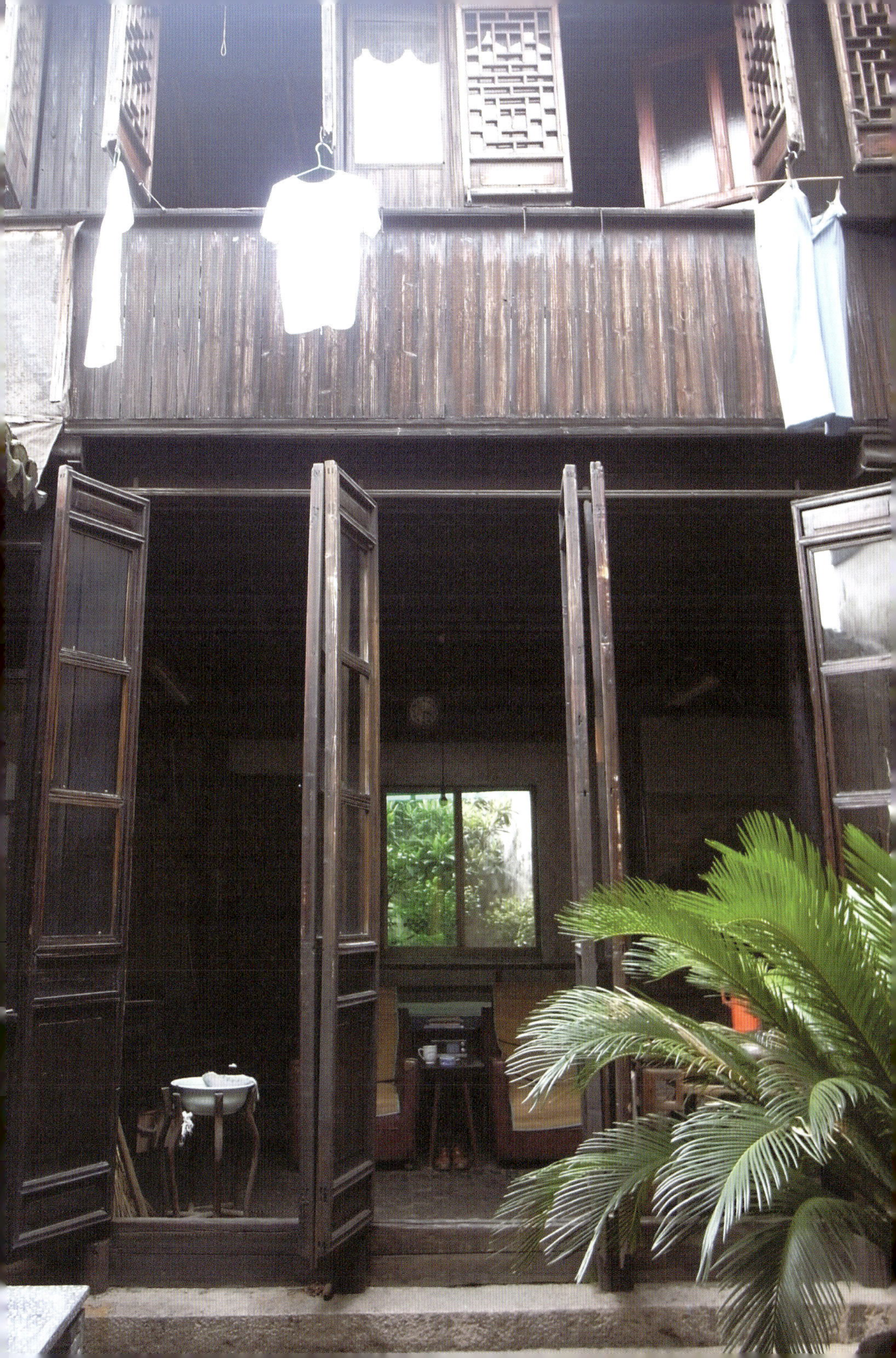

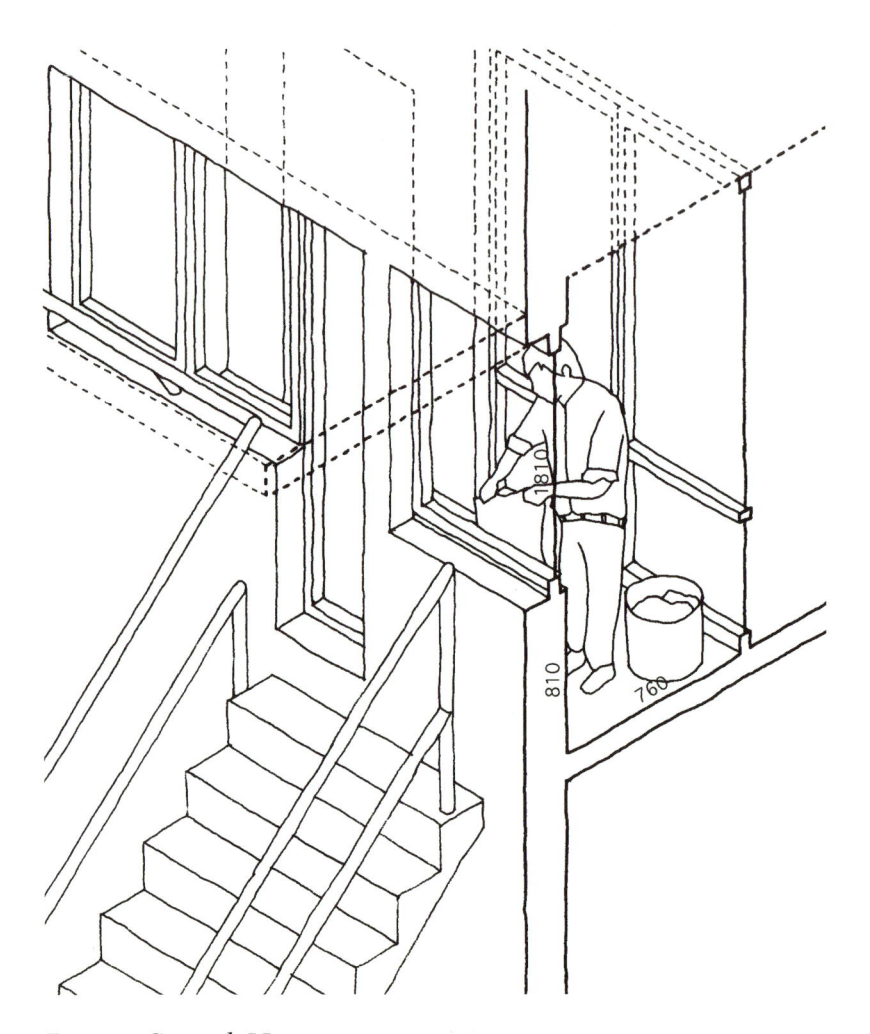

Bouca Social Housing
Apartment /Porto, Portugal / Cs

ポルトガル、ボウサにある、アルヴァロ・シザ設計の集合住宅。外階段が差しかけられた部分だけ水平連窓がガラスの框戸になり、長い立面でリズミカルに反復される。踊り場を省いた階段と框戸の接合や、斜めに登ってきた手すりから窓の前の水平な物干竿への連続など、ありきたりな要素の見慣れない関係性が緊張感を生んでいる。

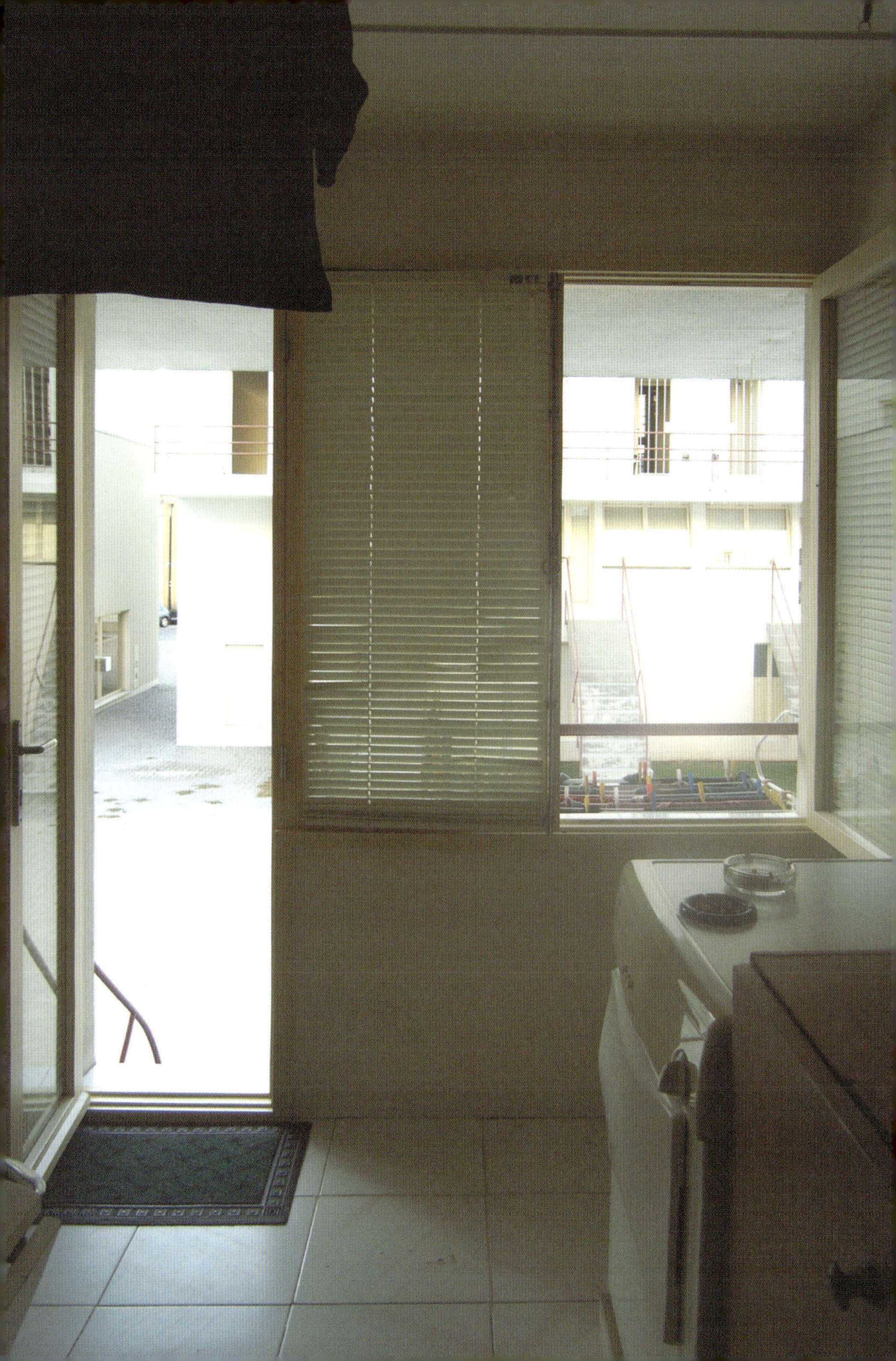

Christpher Alexander
経験の単位に内在する時間の蓄積

　海に面した小さな部屋に、窓があって、その傍らに椅子がある。たとえばこのような並びがあれば、そこに人が腰掛けてくつろぎながら海を眺めるだろうと容易に想像できる。窓のすぐ側が壁だったら外を眺めないし、椅子がなければ長時間居られずに立ち去ってしまうだろう。海 - 窓 - 椅子といった連帯が、そこでの経験の質を決める。窓という要素だけ取り出しても、海を眺めてくつろぎ、波の音を聞きながらうたた寝するという経験はできない。この海 - 窓 - 椅子の連帯は、切り離すことのできないひとまとまりの経験の単位である。クリストファー・アレグザンダーは自身の著書『パタン・ランゲージ』の中で、このような経験に即したひとまとまりの単位をパタンと呼んでいる。たとえば「街路に向かう窓」では、屋内の人、窓、街路が、どのような隣接関係であれば、住人のプライバシーを保ちつつ、街路を眺めることができ、歩いている人に手を振ったり、話しかけたりできるかが、詳細に記述されている。また個々のパタンというのは独立して存在しているわけではなく、他のパタンの支えがなければ、うまく機能しなかったり、生き生きとしなかったりする。それはパタン相互に有機的な連関があるからで、個々のパタンをその連関に沿って繋げていくことで町から建物、身の回りの家具を含めた全体を生命感溢れるものとしてつくることができるというのがパタン・ランゲージの理論である。

　1985年、日本にこのパタン・ランゲージの理論を用いて盈進学園東野高等学校（東野高校）が建設された。アレグザンダーの設計チームは、まずユーザー参加によるパタン抽出を行い、そのパタンを整理し、慎重に繋ぎ合わせ、時には現場で変更を加えた。その結果あらわれた東野高校のキャンパスは、いわゆる近代的な学校施設とは異なる小さな集落か街のようなものだった。このキャンパスに組み込まれたパタンを「」づけにして、その空間

1.──「街路にむかう窓」が並ぶ教室棟
2.────────柱の並ぶ「アーケード」
3.──────────窓辺の「アルコーブ」

の質に迫ってみよう。第一の門をくぐり、参道のような長い小道を通って、第二の門に至り、中央広場に出るという一連のシークエンスに「入り口での転換」が図られている。黒い瓦屋根が連なる教室群が並び、木造大架構の大講堂が広場に祝祭性を与えている。大きな「池」には黒漆喰で仕上げられた体育館の切妻のシルエットが映っている。教室群の建物に付属しているギャラリーと呼ばれる奥行1.8m、間口いっぱいの「小割りの窓ガラス」が設けられた小さな部屋は、休憩時間や放課後に集まっておしゃべりしたり、外にいる学生に声をかけたりできる、まさに「街路にむかう窓」である。その外には大谷石で仕上げられた「庭の腰掛け」があり、反対側には白い漆喰で仕上げられた列柱の「アーケード」が分棟形式の教室を繋いでいる。食堂には窓辺に沿って親密な「アルコーブ」が連続している。竣工した当時は、日本まがいの様式が混在したキッチュなポストモダンの建築で、外国人が江戸浮世絵の風景を実現したものだと表面的に批評されていたが、竣工から25年以上経た今みてみると、瓦はグレーに色あせ、外壁は日に焼けて黒ずんでいて、もっと昔からここにあったような懐かしく独特な存在感がある。キャンパスのいたるところに身体が自然と誘われるような親和性があり、初めて訪れたにもかかわらずなじみのある光景に感じた。これはパタンの中に人類の経験の束が内在していて、間接的にではあるが、その時間の蓄積を感じとることができたからではないだろうか。本来、何世紀という時間をかけて培われた集落や街の質を、人類の歴史からしてみたら圧倒的な短期間で創出する実践の論理たろうとしたところに、パタン・ランゲージの野望があった。ポストモダニズムの不思議な熱狂から醒めた今こそ、その価値をもう一度冷静に見つめなおすべきなのではないだろうか。（能作文徳）

座りの窓

Seating Windows

窓辺にベンチやソファを造り付けることは、人が安定した姿勢のまま長い時間、窓辺に留まることを可能にする。それは光の集まるところを人の居場所にする最も直接的かつ原初的な建築の方法である。光のある場所に近づくことを好むという人の性向に素直に従ったこの方法では、座る位置によって、窓に背を向けて背後からの光に包まれることもあれば、景色を望むように窓に向かうこともできるし、人が向かい合いながら座ることもできる。このような「座りの窓」は、窓から見える美しい景色や、手を伸ばすと触れられそうな木の枝、通りを歩く人々や、その他様々な現象と出会い、それらと時間を共有することを助けてくれる。こうした体験は空間的には事物の隣接性の再発見であり、空間認識上極めて重要な問いを発している。なぜなら通常の建物の中での空間認識では、窓の外にある近くの木よりも家の中にある遠くのキッチンや本棚をひとつのまとまりとして感じられることになっており、建物がつくりだす囲いの方が、事物の隣接性よりも空間認識上は強く作用するということになっている。この前提にたてば、距離的には近い事物であっても空間的なまとまりとしては、外に置かれてしまう。これに対して窓辺のような囲いの際に座ることには、建物の囲いがもつ空間認識に揺さぶりをかけ、建物の囲繞性がつくりだす空間の全体性を相対化する力がある。そして内外の分節を越えた環境の隣接性へと空間の認識をシフトさせるきっかけとなる。

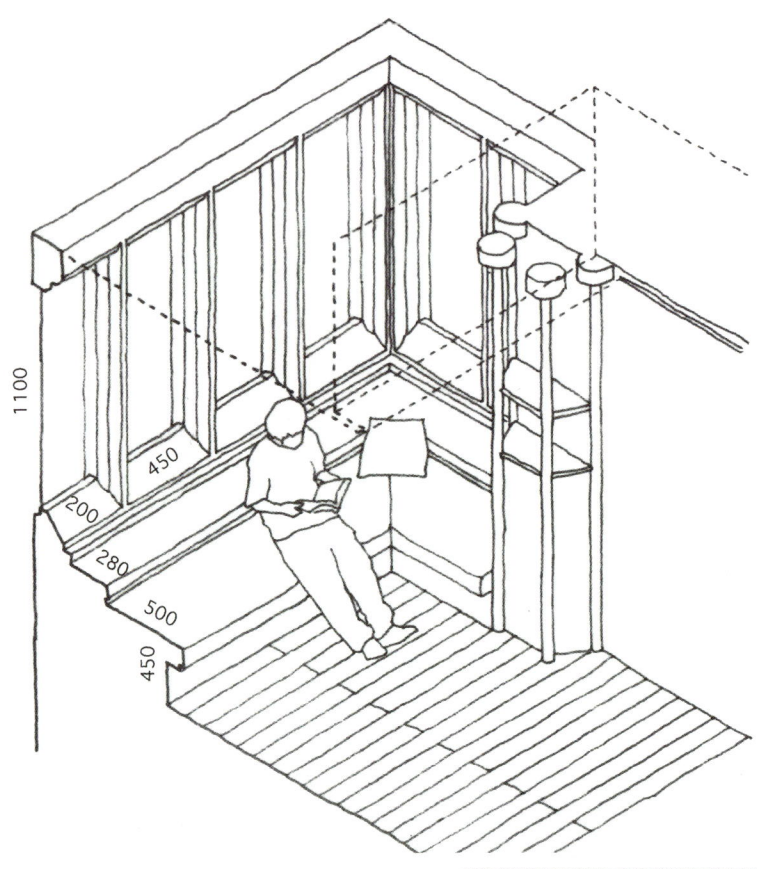

Blackwell White Room
House / Bowness on Windermere, England, UK / Cfb

イギリス、ボウネス・オン・ウィンダミアにあるベイリー・スコット設計の住宅。矩形平面のベイウィンドウに造り付けられたベンチの上でソファが輝くばかりに光を受け、高台から見下ろす田園風景を背景に宙に浮いているような印象。フィックスガラスの窓枠が、実はロマネスクを想起させる石製という鮮やかな裏切りが粋。

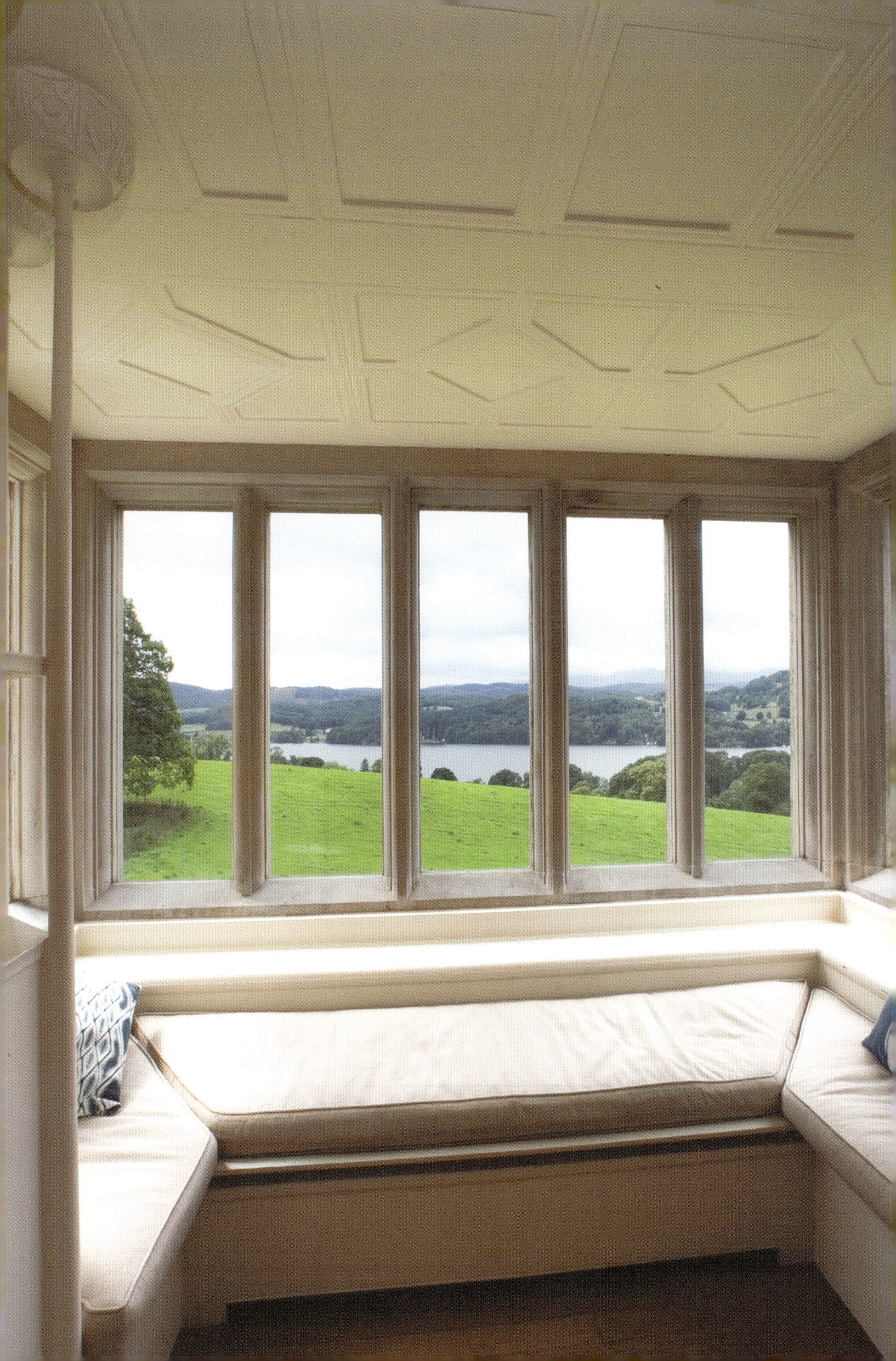

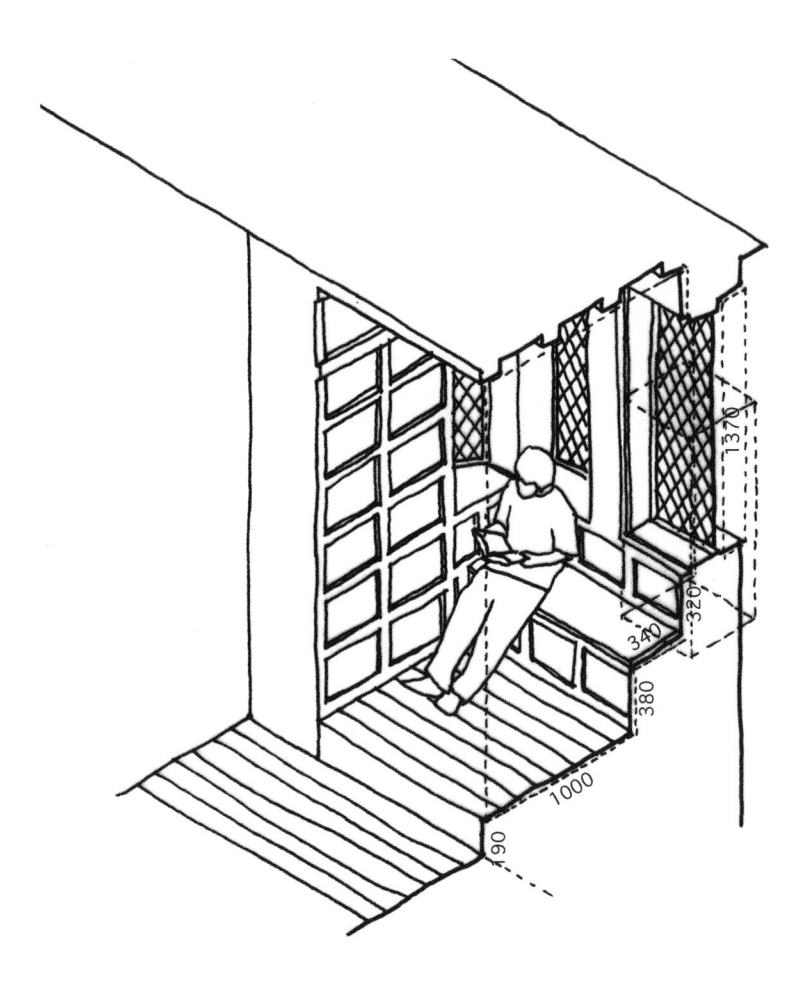

Red House
House / Bexleyhadth, England, UK / Cfb

ロンドン郊外、ボクスレーヒースにあるフィリップ・ウェッブ設計のウィリアム・モリス邸（Red House）。2階部分で外に張り出したニッチが下がすぼまって地面に達していることや、2つの窓の上部にはまぶたのように膨らんだ霧よけがついていること、上部にスレートの小屋根がのせられていることなどにより、人の顔を連想させる。内側は穏やかな光に包まれた座る場所となっている。

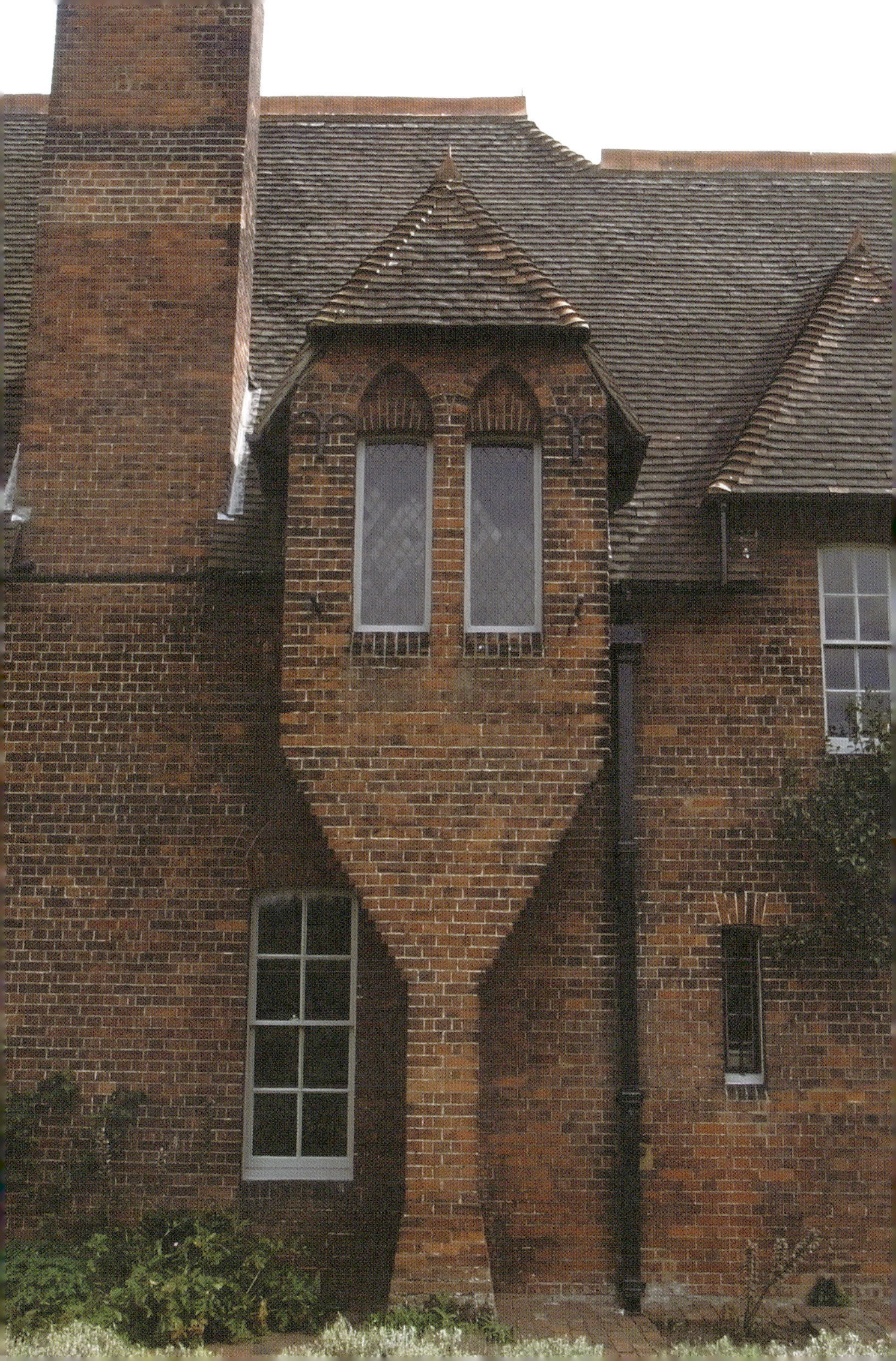

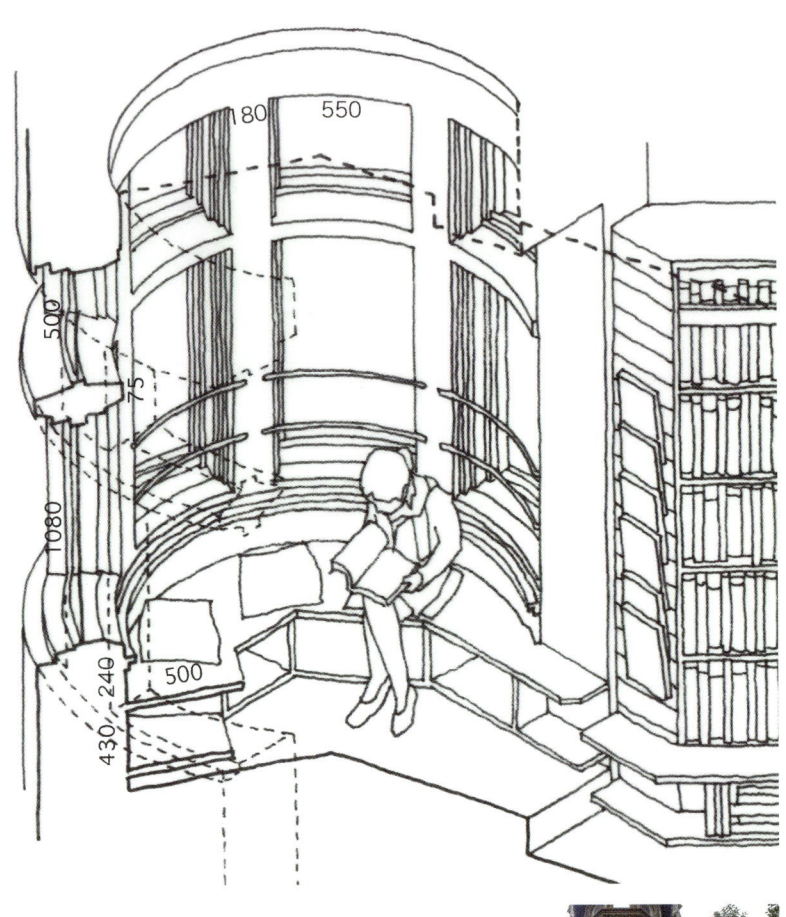

Waterstones Booksellers Ltd
Shop / London, England, UK / Cfb

ロンドンにある本屋。オリエル窓とよばれる二層目からの張り出し窓にベンチが造り付けられ、閲覧スペースとなっている。二層目は円形、三、四層目は角形平面となっており、街の角をにぎやかに演出している。

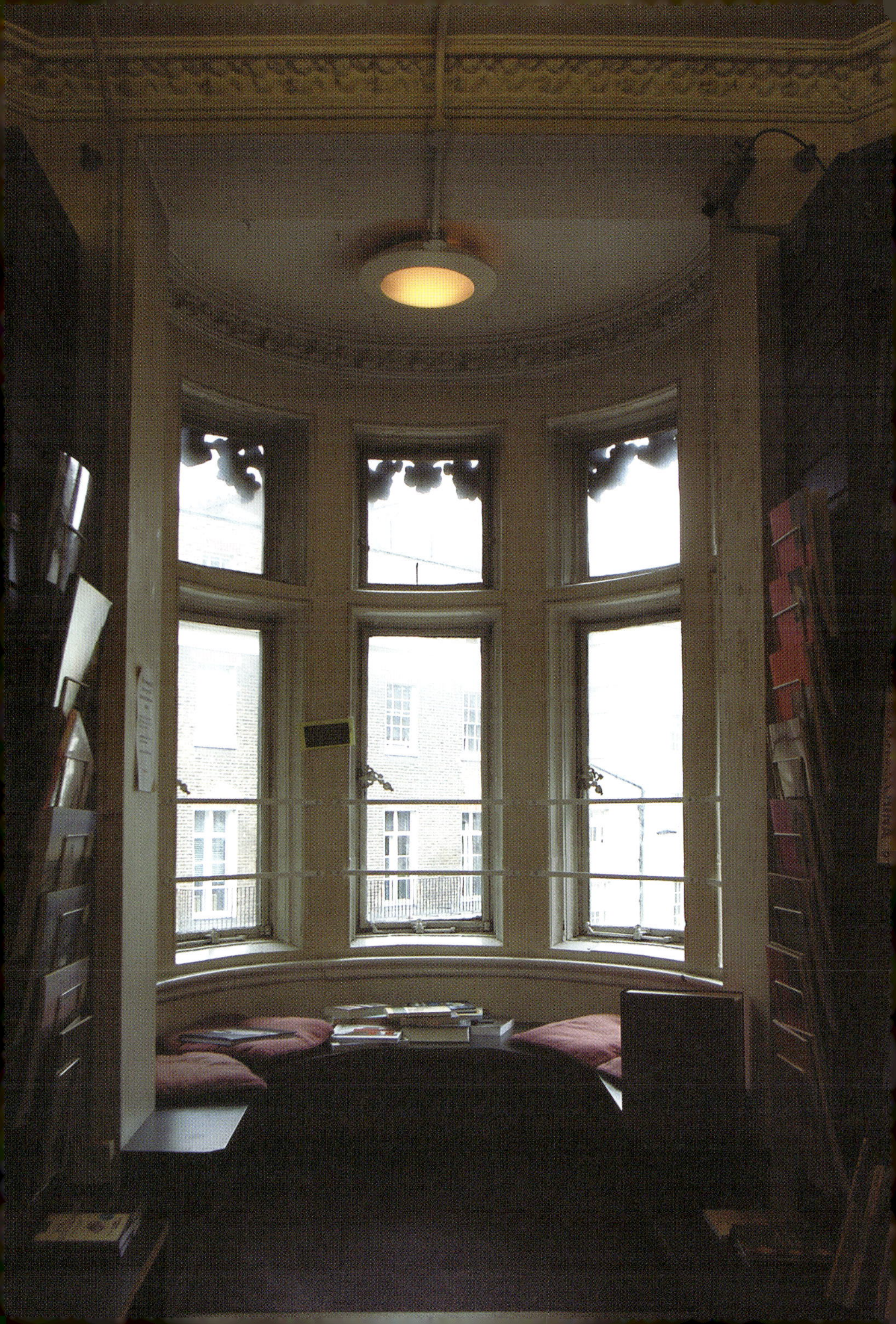

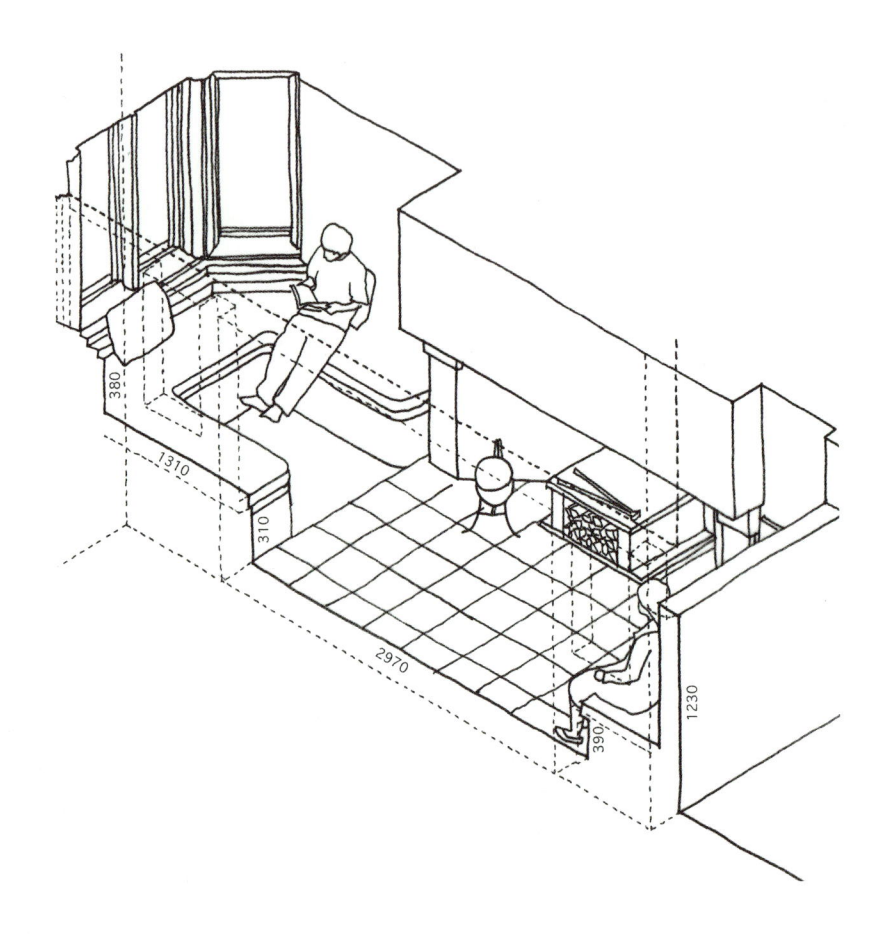

Blackwell Main Hall

House / Bowness on Windermere, England, UK / Cfb

イギリス、ボウネス・オン・ウィンダミアにあるベイリー・スコット設計による住宅。大広間の一部が暖炉を中心にベンチ、窓へと連なるニッチとして分節されている。窓からの日差しと暖炉からの炎に挟まれたベンチに腰を下ろせば、至福の時が訪れるだろう。石の窓枠の重さとの対比でガラスは存在感を失っている。

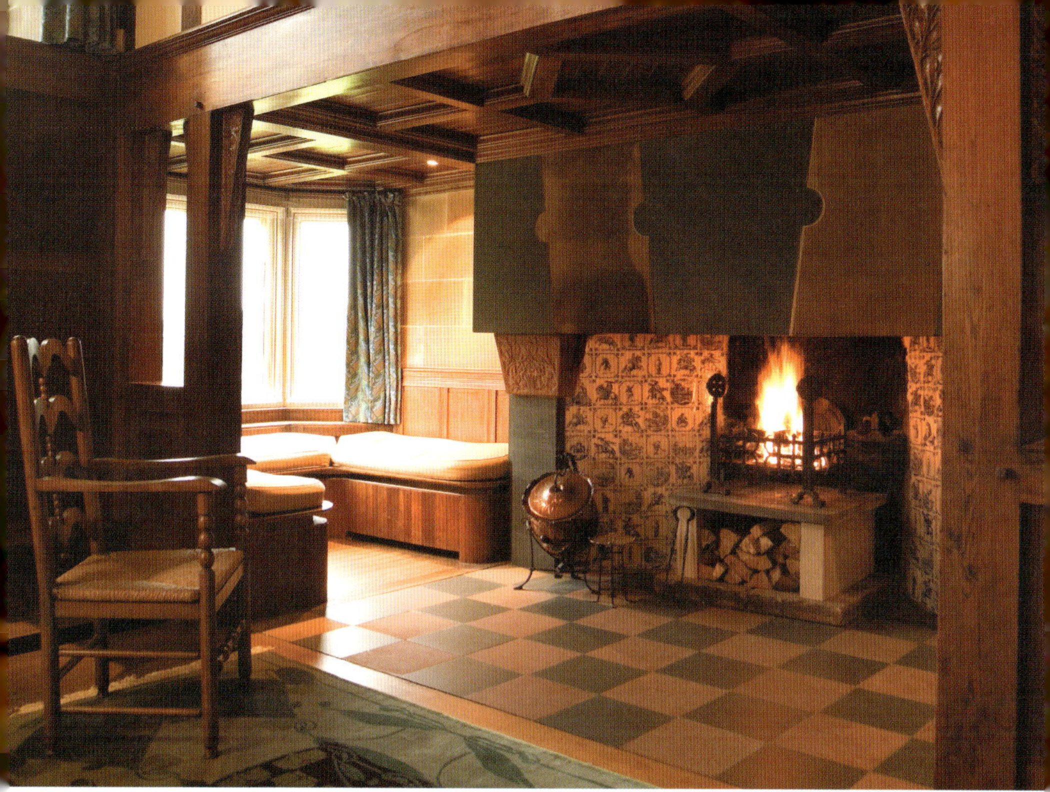

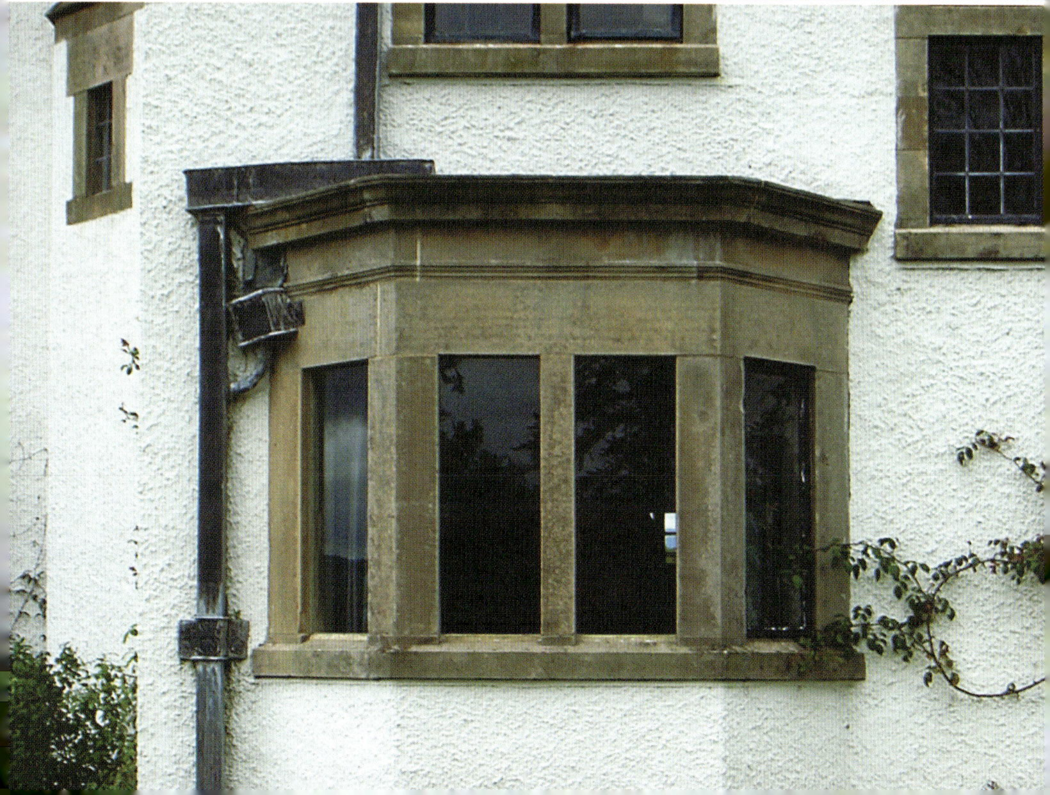

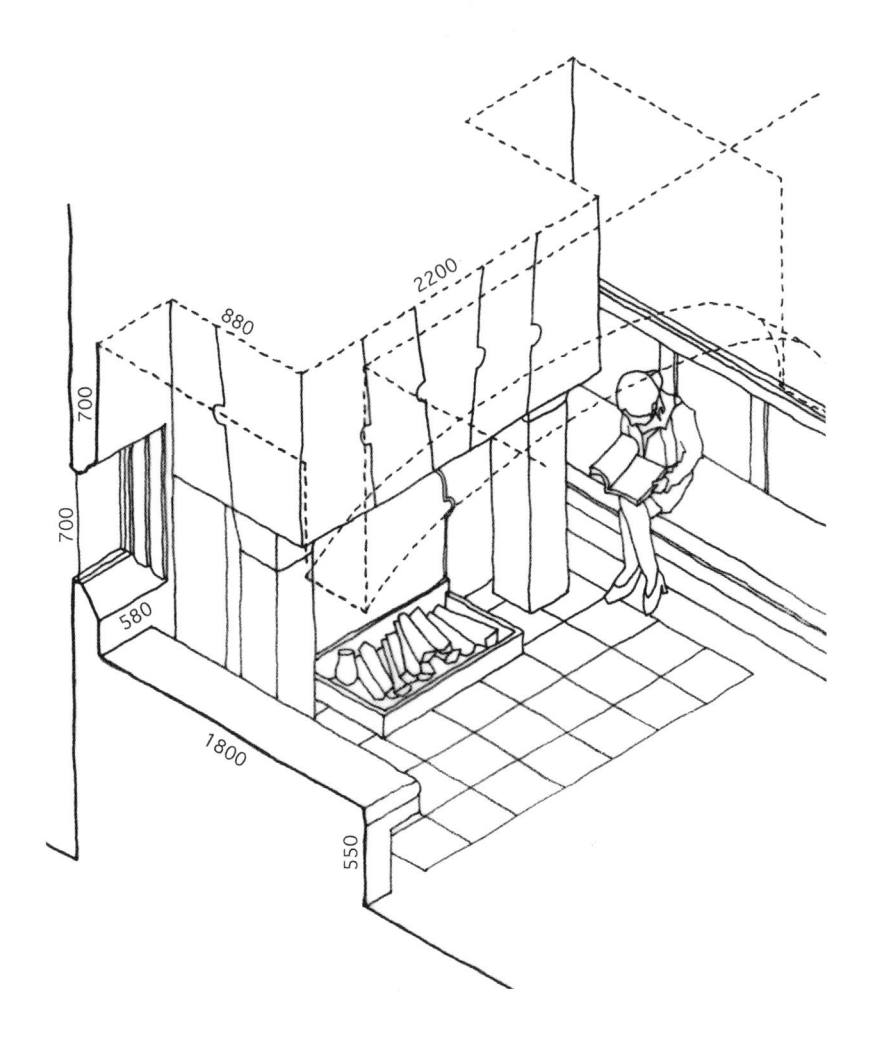

Blackwell Dining Room
House / Bowness on Windermere, England, UK / Cfb

ボウネス・オン・ウィンダミアにあるベイリー・スコット設計による住宅。食堂のイングルヌック（暖炉がおさめられたアルコーブ）にはベンチ、ステンドグラスが火の両脇にシンメトリーをなすように設けられている。石やタイルで仕上げられたイングルヌックの中は、暖炉の熱を貯め、冬の窓辺につきものの寒さを克服している。

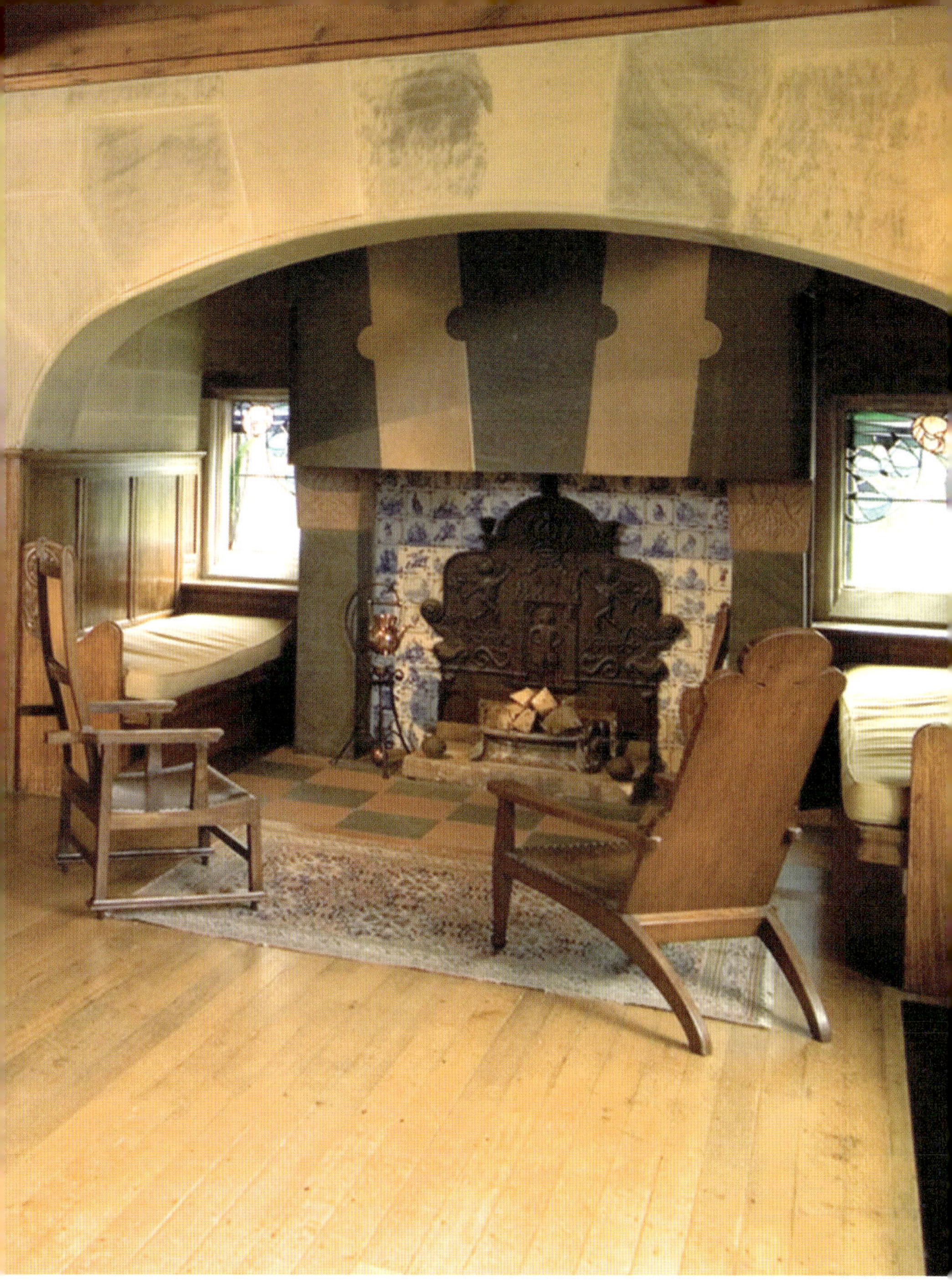

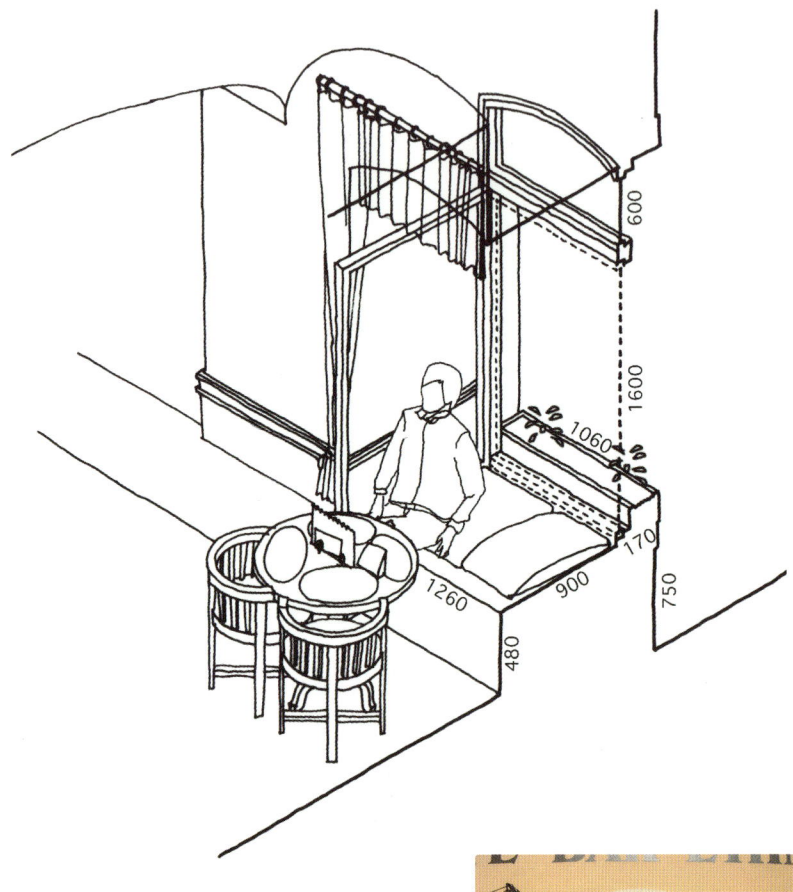

Ethno
Cafe / Prague, Czech Republic / Cfb

チェコ、プラハのカフェ。ボールト天井と柱によって形作られた窓とドアが通りに対して反復されている。壁の厚みでできたアルコーブ状の窓辺には光が溜まり、クッションを置いて2人掛けの客席がつくられている。片開きの窓は、内開きで窓のだきにちょうど納まるようになっており、開け放って内部と街路がつながりやすいようにしている。窓上部にエアコンあり。

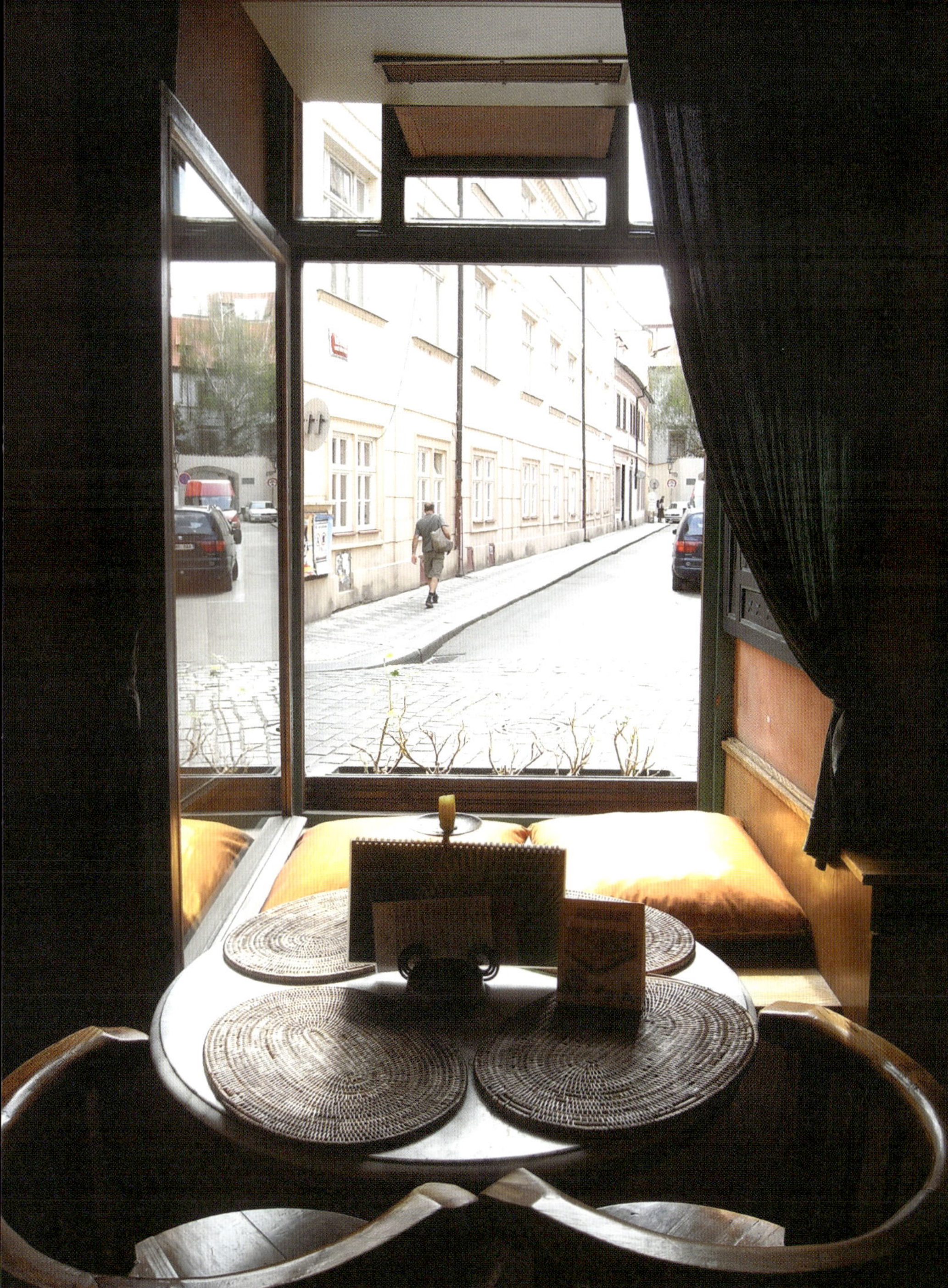

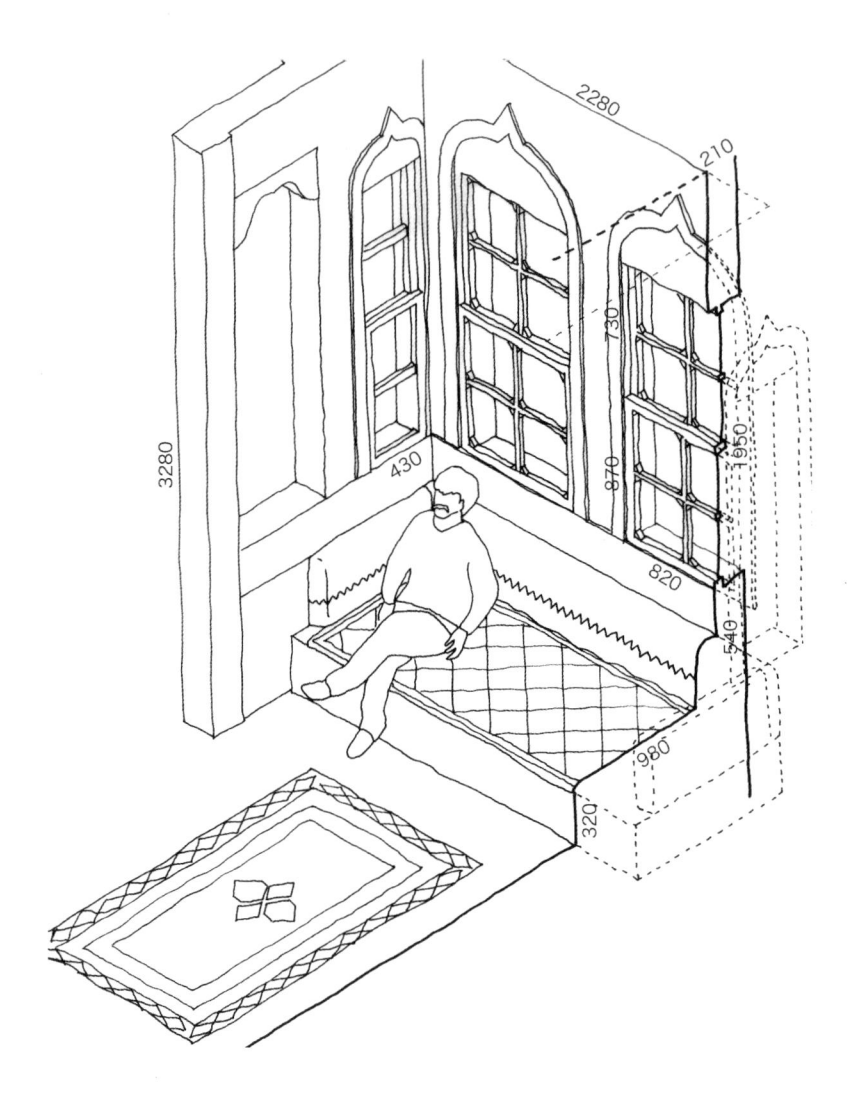

Mumtazia Preserved House
House / Safranbolu, Turkey / Cfa

トルコ、サフランボルの典型的な住宅。出窓にソファが造り付けられ、光や暖気を背で集めるように座ることができる。ここに座るということは室内を見ることだから「眺め」の優先順位は比較的低い。4枚とも上げ込みの建具で開閉できる。

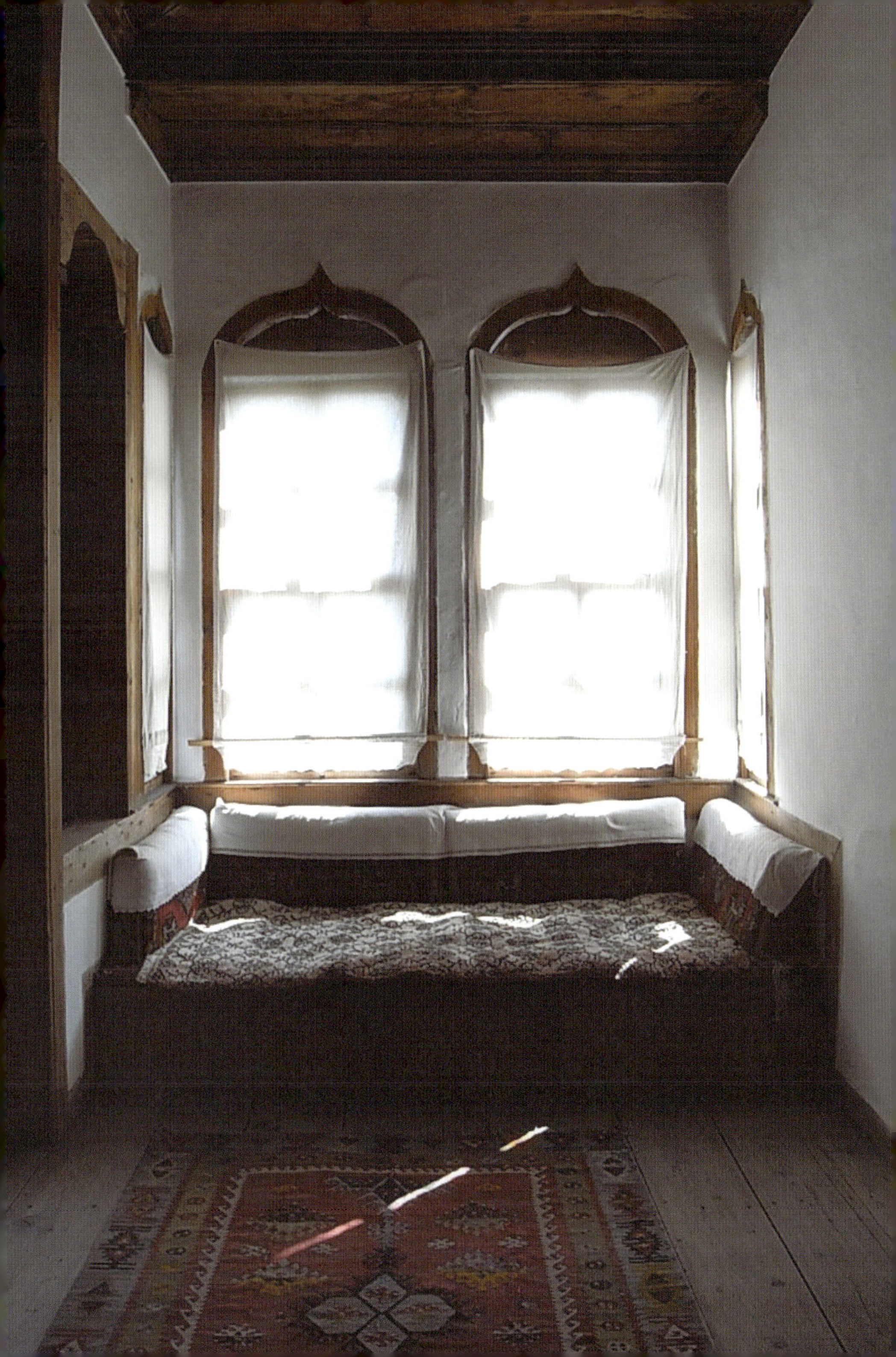

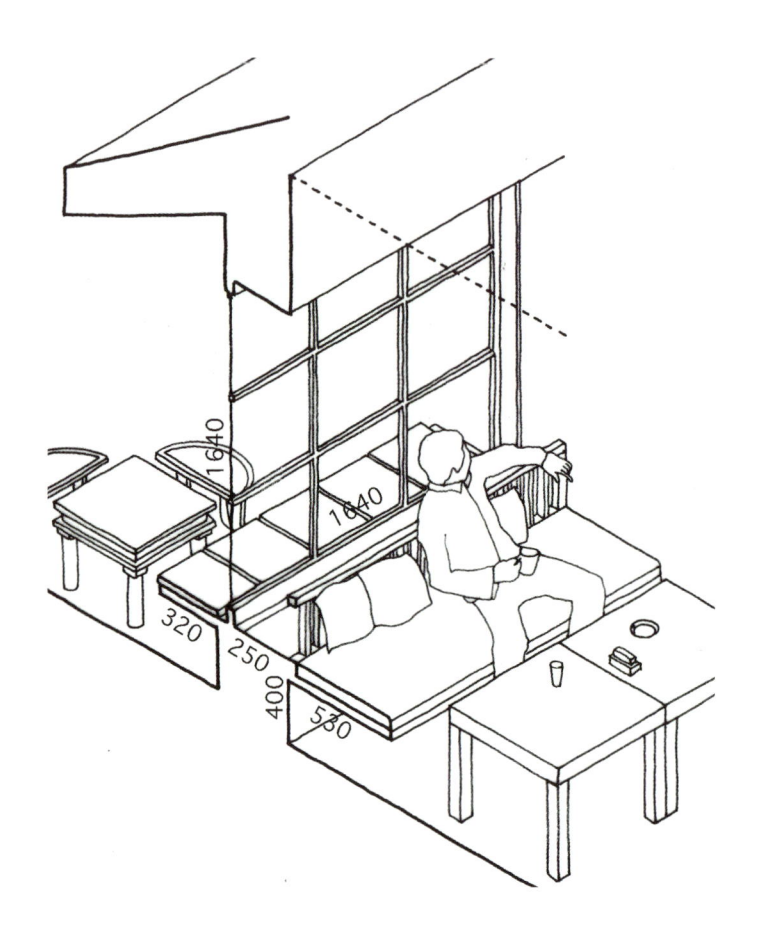

Enoteka

Cafe / Sarajevo, Bosnia and Herzegovina / Df

ボスニア・ヘルツェゴビナ、サラエボのカフェ。道に面して低い庇とオーニングが設けられた窓は、人が座る高さに窓台が設定されており、内側も外側もベンチが造り付けられている。外側のベンチは折りたたみ式。

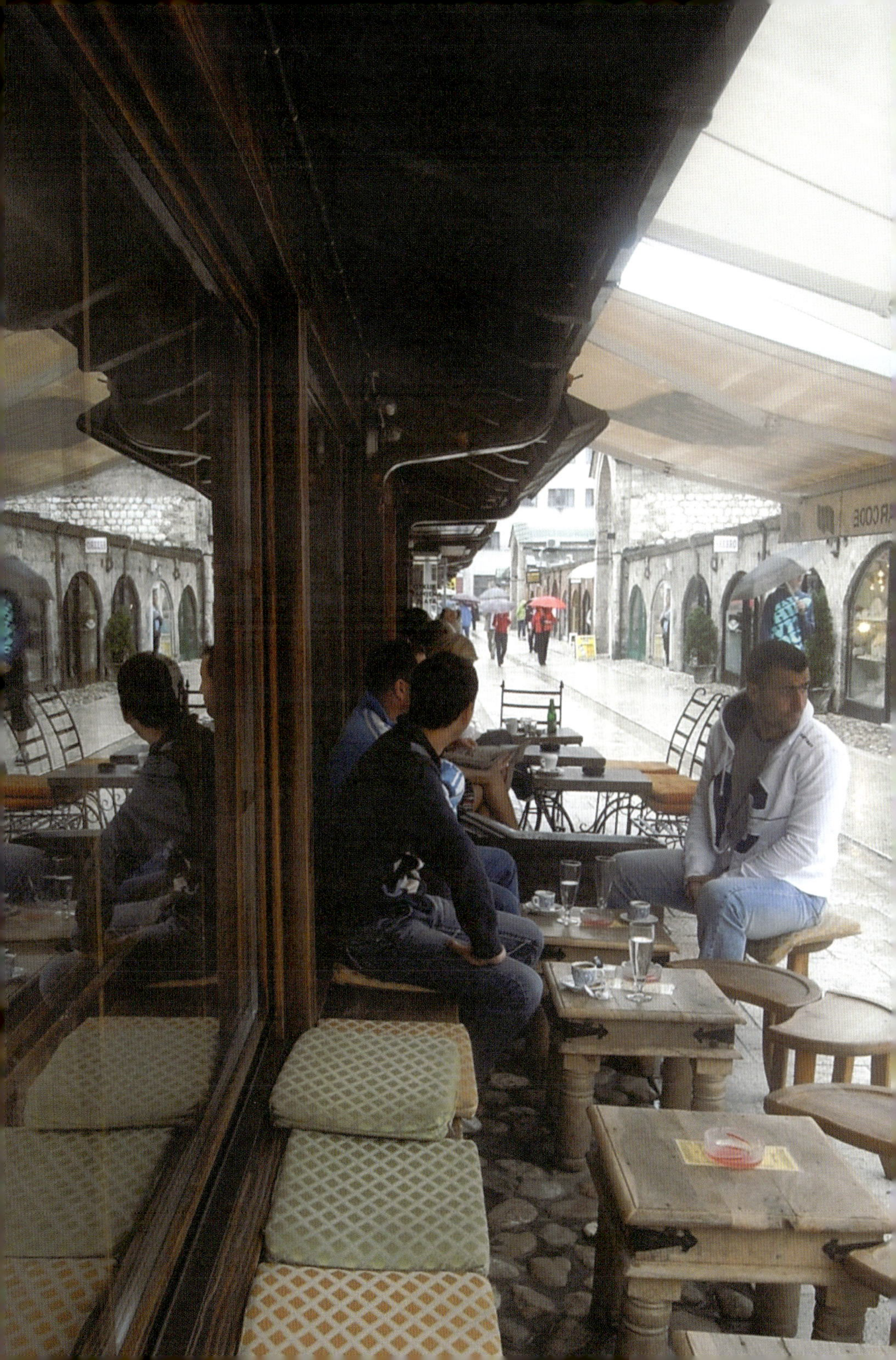

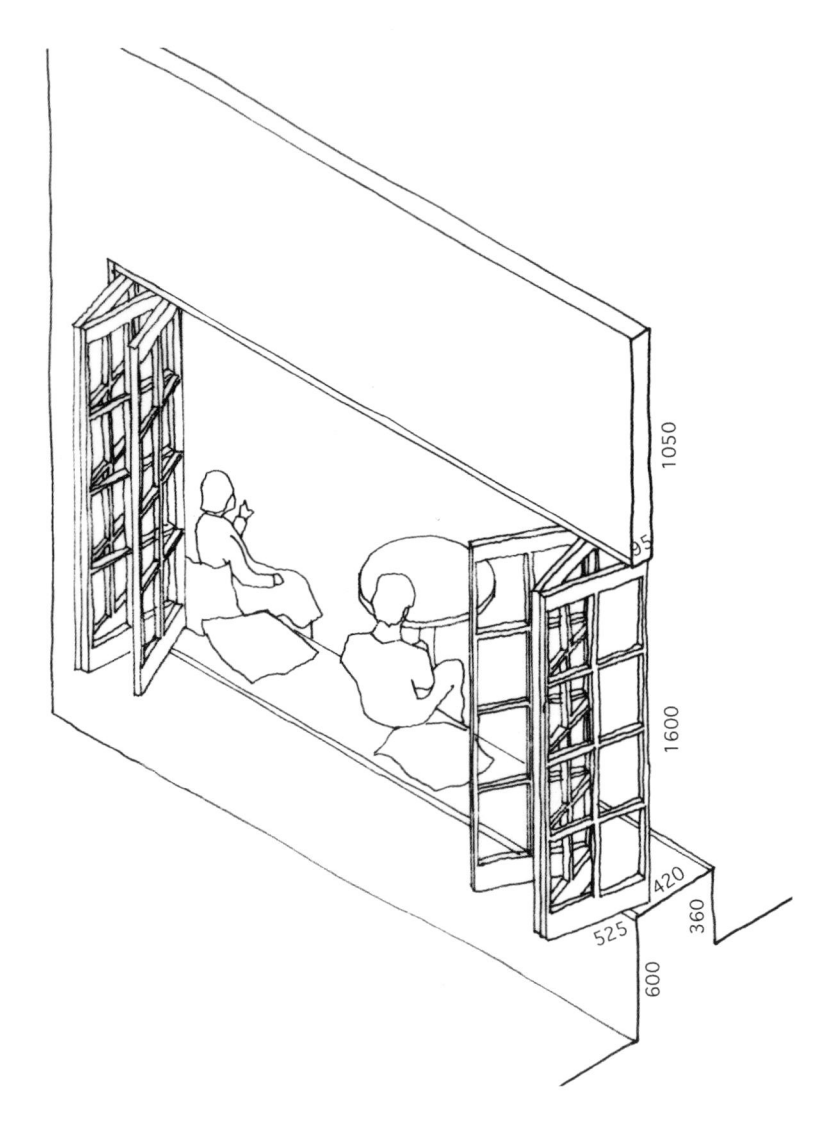

Peripheral

Cafe / Brisbane, Australia / Cfa

オーストラリア、ブリスベンのカフェ。木製の4枚の折戸が両袖に納まり、全開放できる。窓台はベンチとなり、通りに腰掛けているかのよう。カウンター化するパブの窓がサーファー文化との融合で、より開放的になったという解釈が可能。

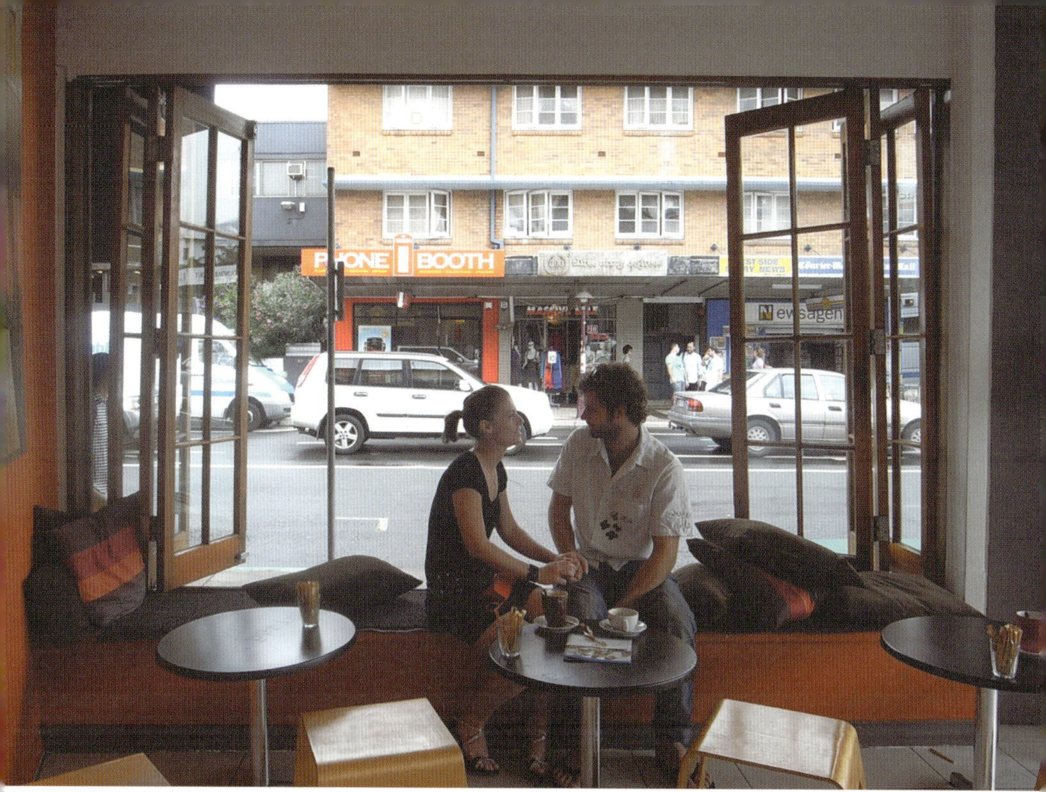
PHONE BOOTH

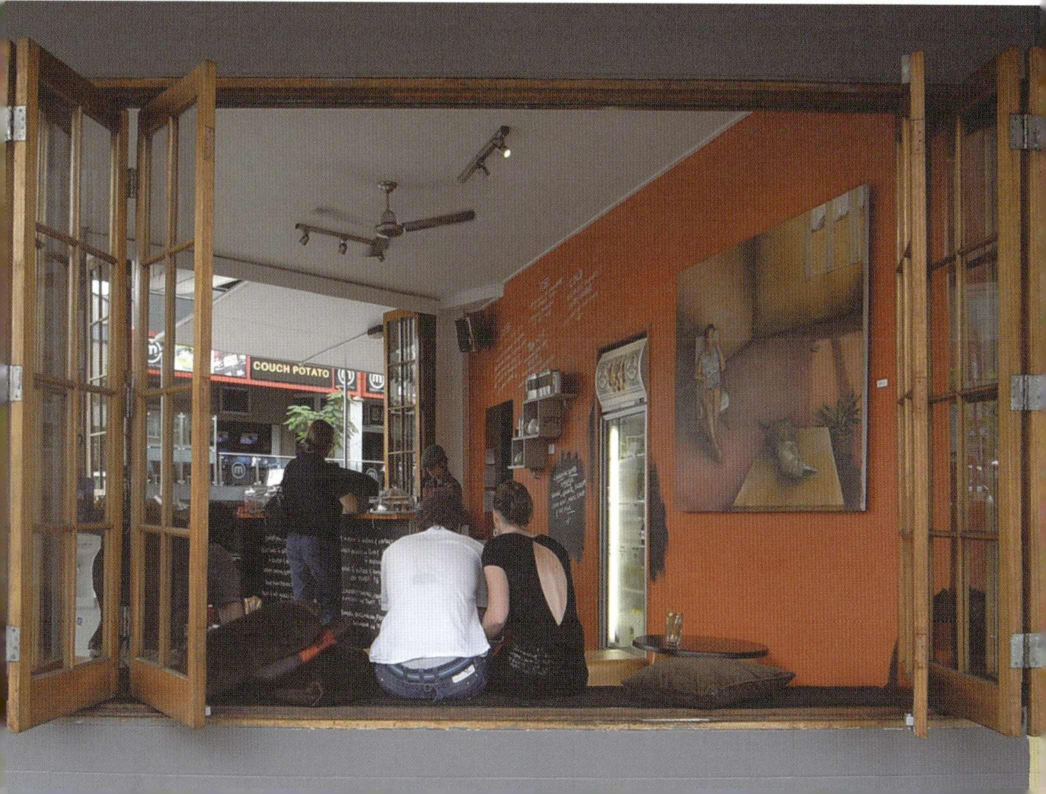
COUCH POTATO

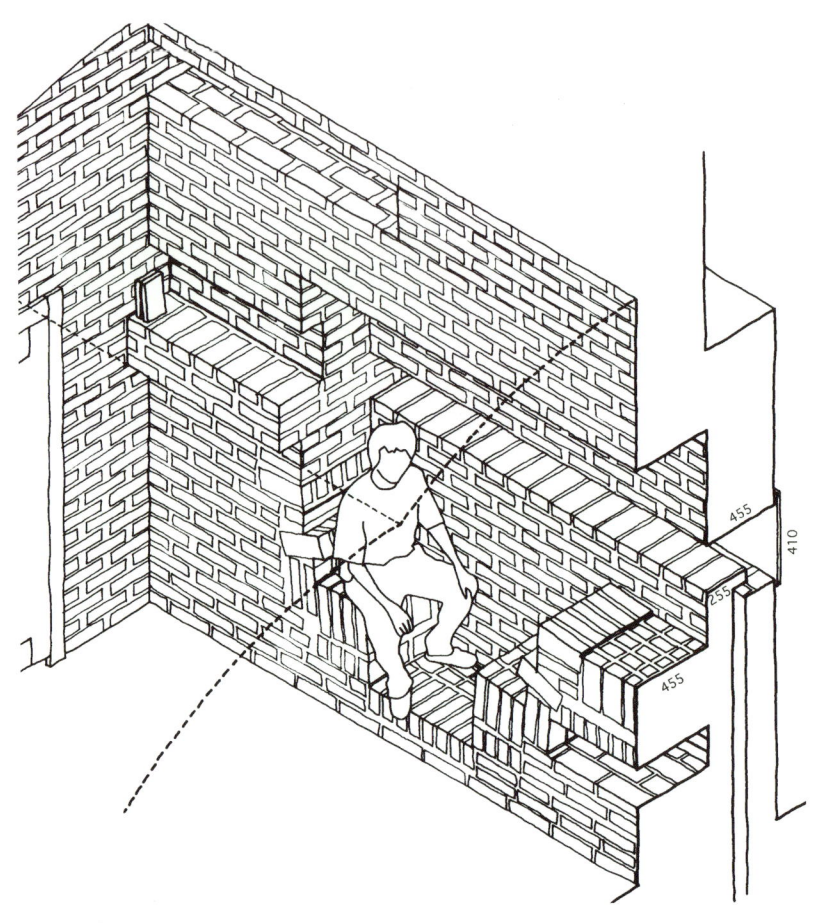

St. Petri Church

Church / Klippan, Sweden / Cfb

スウェーデン、クリッパンにある建築家シーグルド・レベレンツ設計の教会。レンガの壁は二重になっており、その隙間は暖房用の通気層となっている。窓辺には、レンガによるベンチが据え付けられており、公園の景色を眺めることができる。4箇所の金物で最小限に支持された枠のないガラスに緊張感がみなぎる。

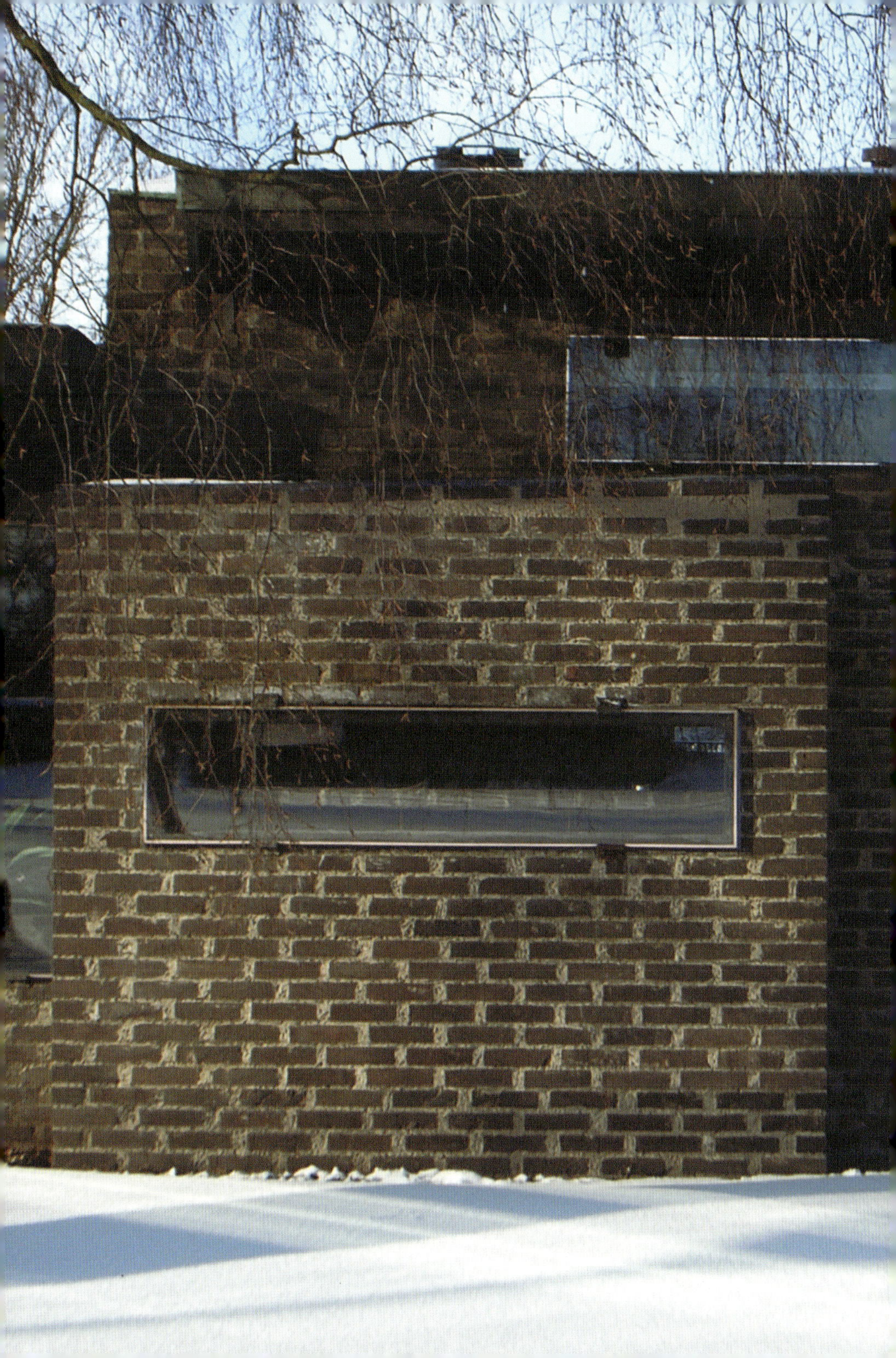

Alhambra Sala del Mexuar

Palace / Granada, Spain / Cs

スペイン、グラナダのアルハンブラ宮殿・メスアール宮。左右に分割された木製建具はさらに上部の両開き木戸とフィックスガラスの框に分割されている。窓の両脇には壁厚を利用して、向き合う形にベンチが設えられており、その背もたれを境に下の部分がタイル、上が鍾乳石飾りで装飾されている。

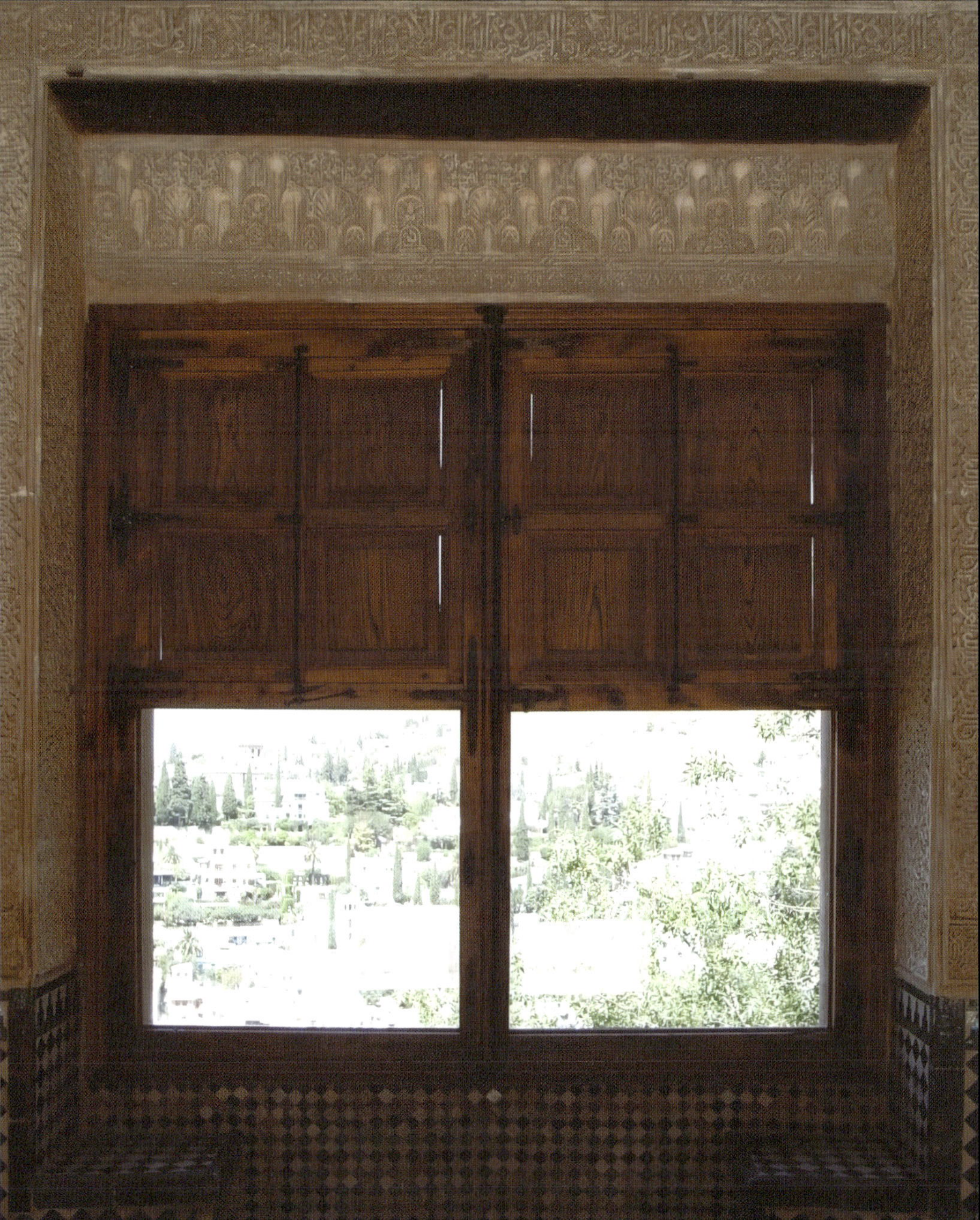

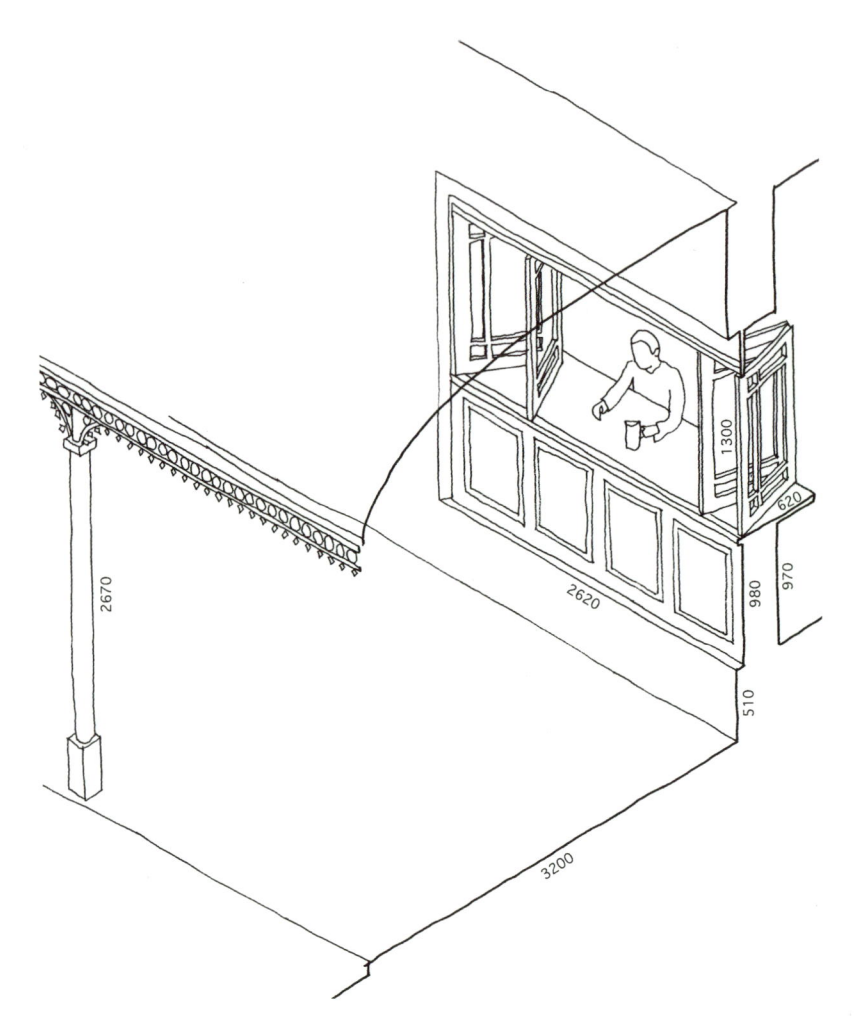

Irish Murphy's Counter
Cafe, Bar / Brisbane, Australia / Cfa

オーストラリア、ブリスベンのパブ。壁の中に、家具調度のような精度で仕上げられたカウンターと窓が嵌め込まれている。木製の折れ戸を全開すれば、バーカウンターが内外の境界になり、店の中と外のアーケードの両側から集まってビールを飲むことができる。

IRISH

Irish Murphy's Table Set
Cafe, Bar / Brisbane, Australia / Cfa

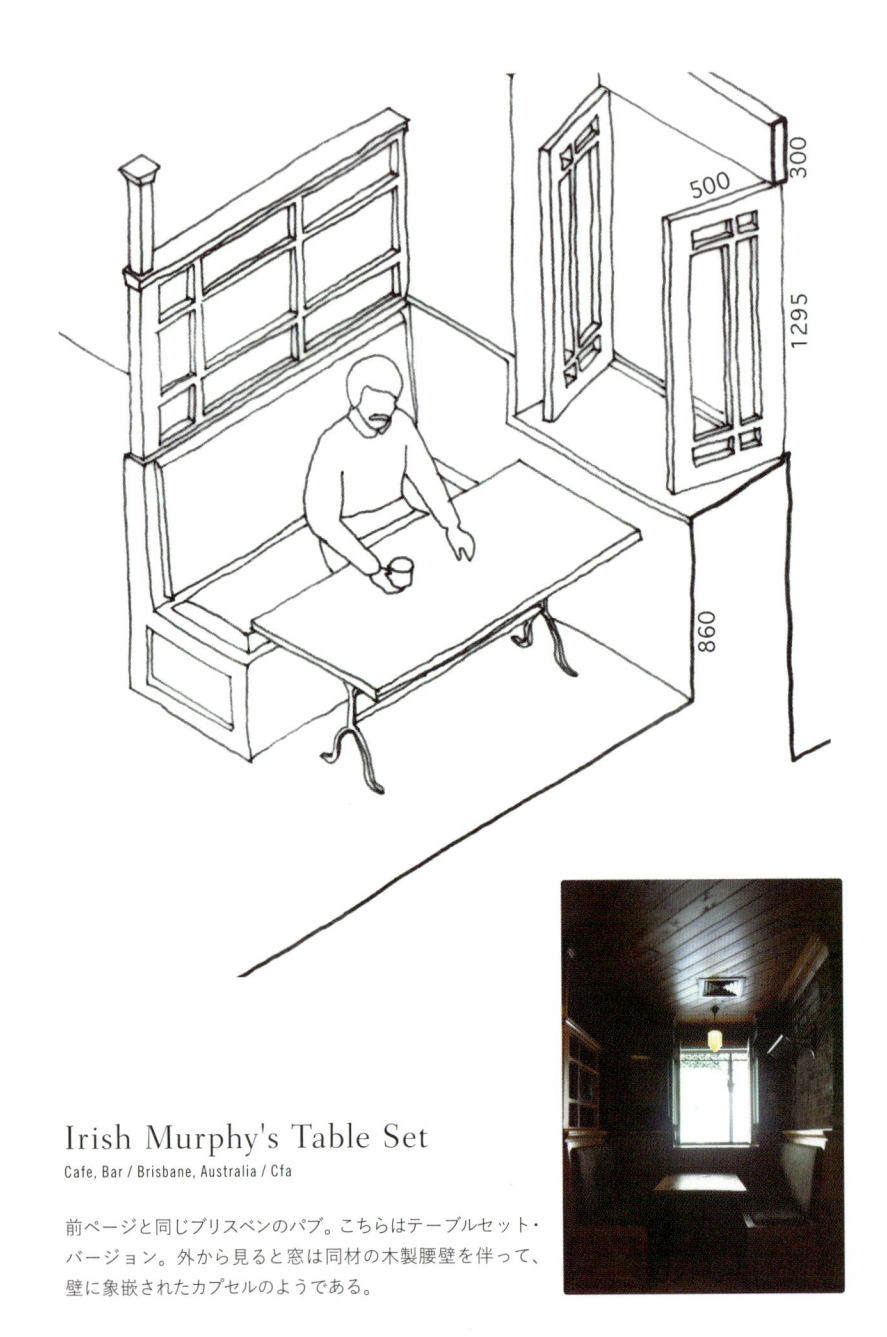

前ページと同じブリスベンのパブ。こちらはテーブルセット・バージョン。外から見ると窓は同材の木製腰壁を伴って、壁に象嵌されたカプセルのようである。

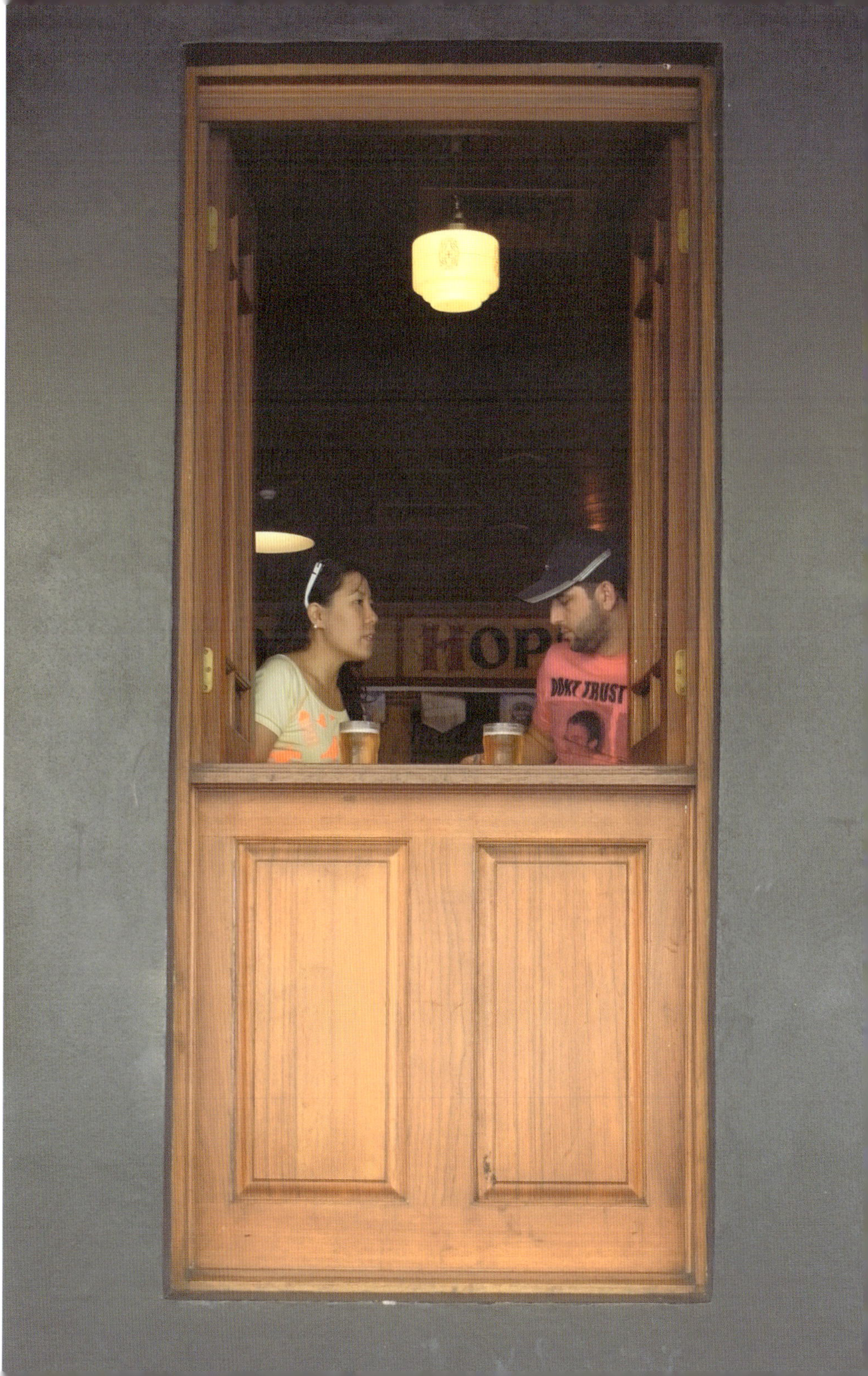
HOP
DON'T TRUST

Di Lorenzo

Cafe / Sydney, Australia / Cfa

シドニー、パディントンのカフェ。木製の上げ下げ窓が連続する窓辺には、内側にカウンター、外側に小さな棚板が設けられ、ケチャップ、マスタード、胡椒などの調味料が所狭しと置かれている。大きく張り出したオーニングが、内側のカウンターと外のテーブル席に一体感を与え、近所の人の共有のダイニングルームのような屈託のなさに溢れている。

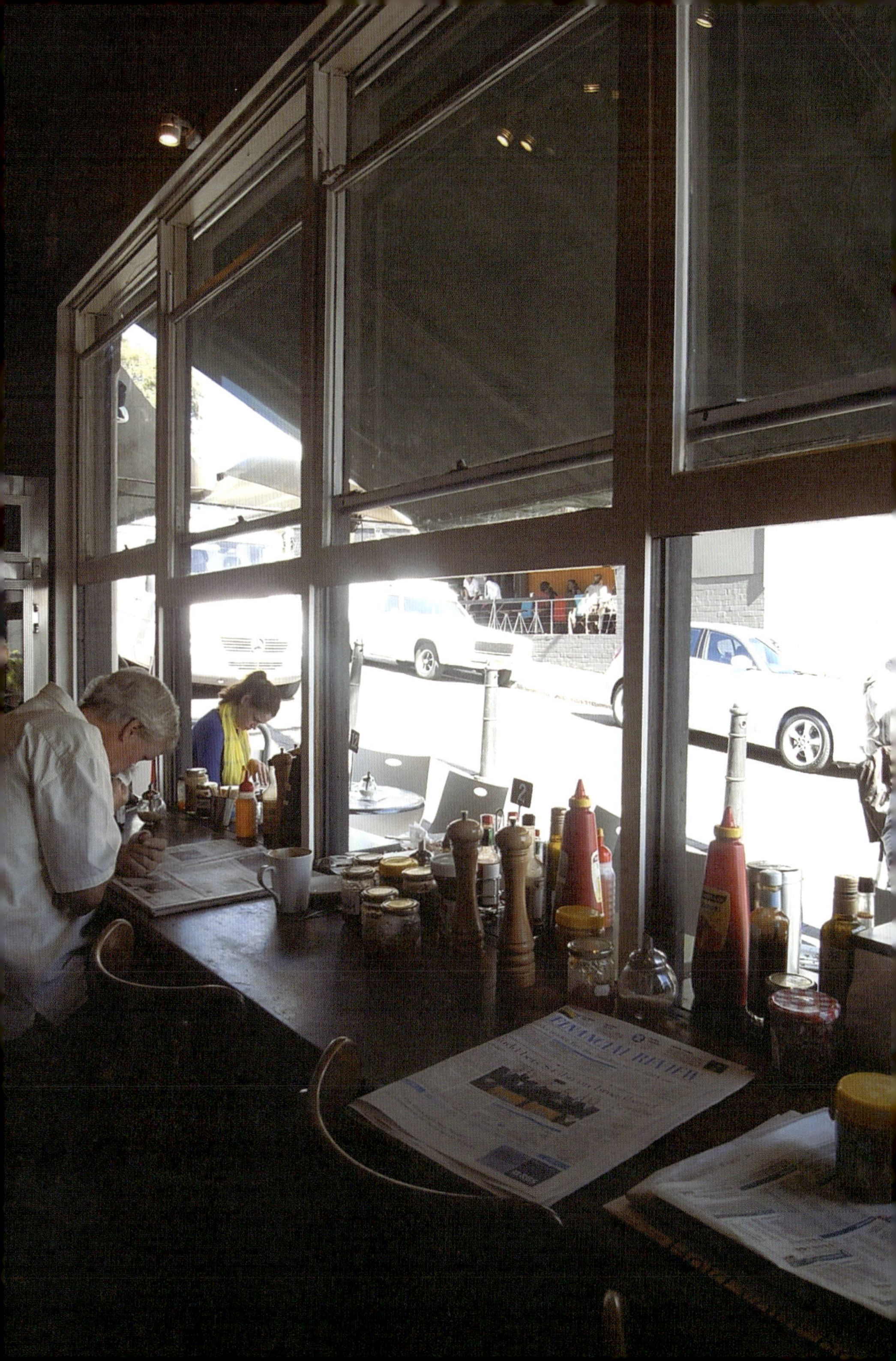

Vgees Espresso
Cafe / Brisbane, Australia / Cfa

オーストラリア、ブリスベンのカフェ。アーケードに面した店の間口はガラス框戸と、腰から上の4枚の折れ戸の組合せ。全開放して窓台を内からも外からもカウンターとして使えるようにしている。欄間の住所番号、垂れ壁の看板も含めてどこにも無駄がないのが小気味よい。

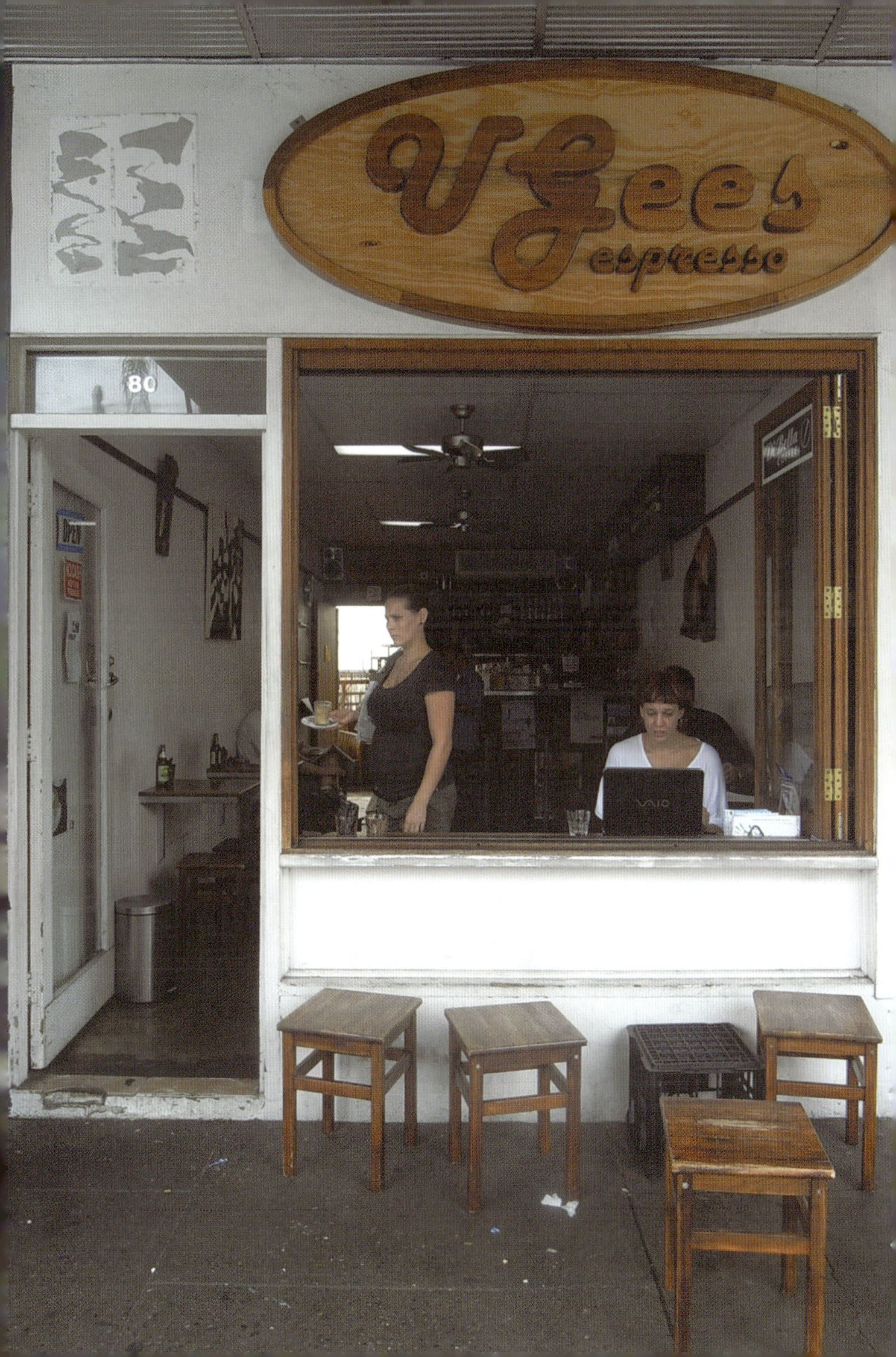
VGee's
espresso
80
OPEN
VAIO

眠りの窓

Sleeping Windows

人間にとって眠る場所は親密な囲われた場所となることが一般的だが、人がすっぽり入るだけの十分な奥行きと間口のある窓にクッションなどの柔らかさが加えられ、人が横たわることを誘うならば、それを「眠りの窓」と呼ぶことができるだろう。窓を介して身体が外部空間と隣接するのはもちろんのこと、窓の張出し具合によっては身体の半分が建物をはみ出すこともあり、眠りに不思議な高揚感や興奮をもたらす。夜、そこへ身体を横たえれば、隣り合う星空は、世界最大のドーム天井となるだろう。昼寝をすれば、太陽は自然の毛布となり、そよ風は自然のブランケットになるだろう。

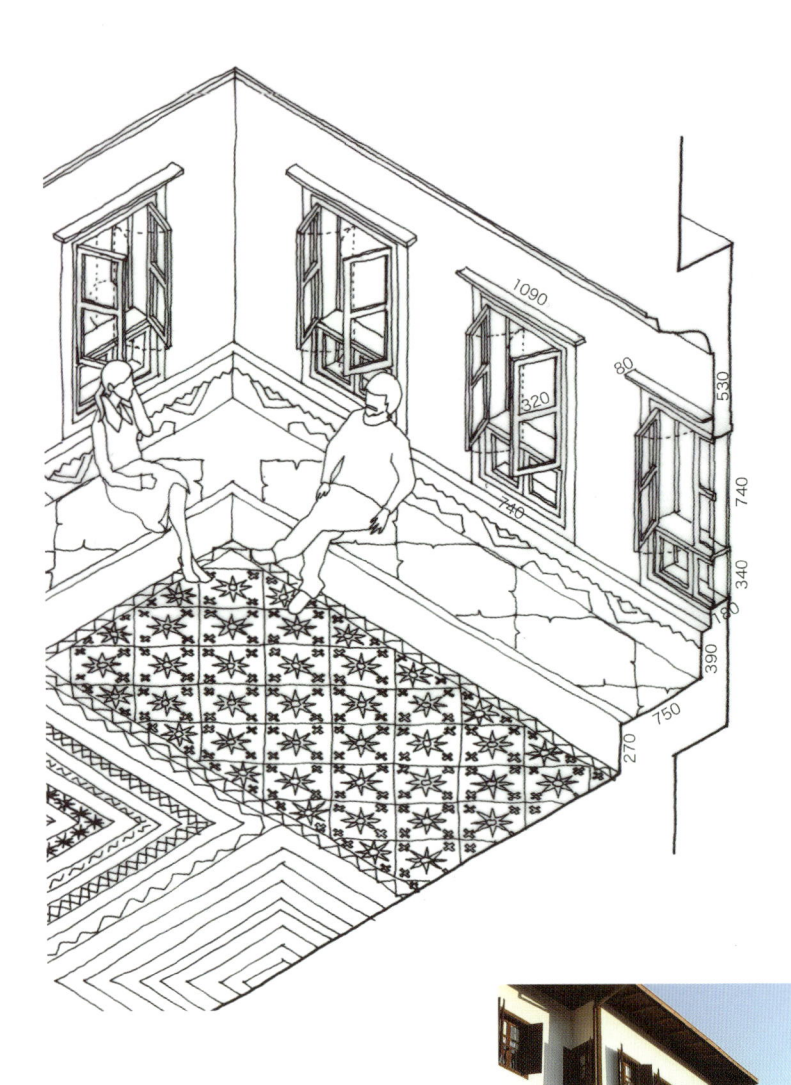

Kaymakamlar Preserved House Living Room

House / Safranbolu, Turkey / Cfa

トルコ、サフランボルの伝統的。2段両開き(内開き)の窓が並んだ部屋にL字型のソファが造り付けられ、親戚たちが集まる時を待っている。

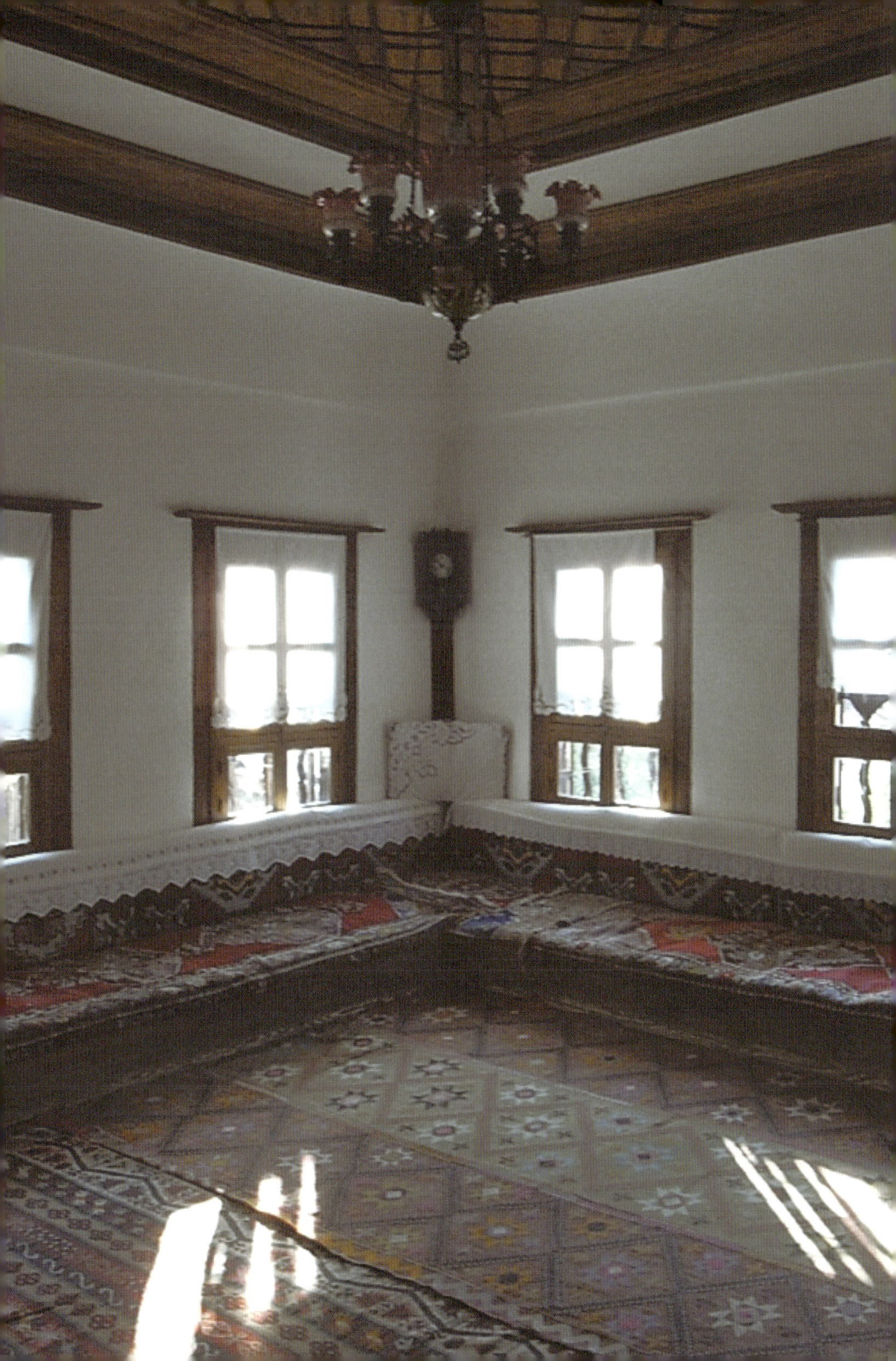

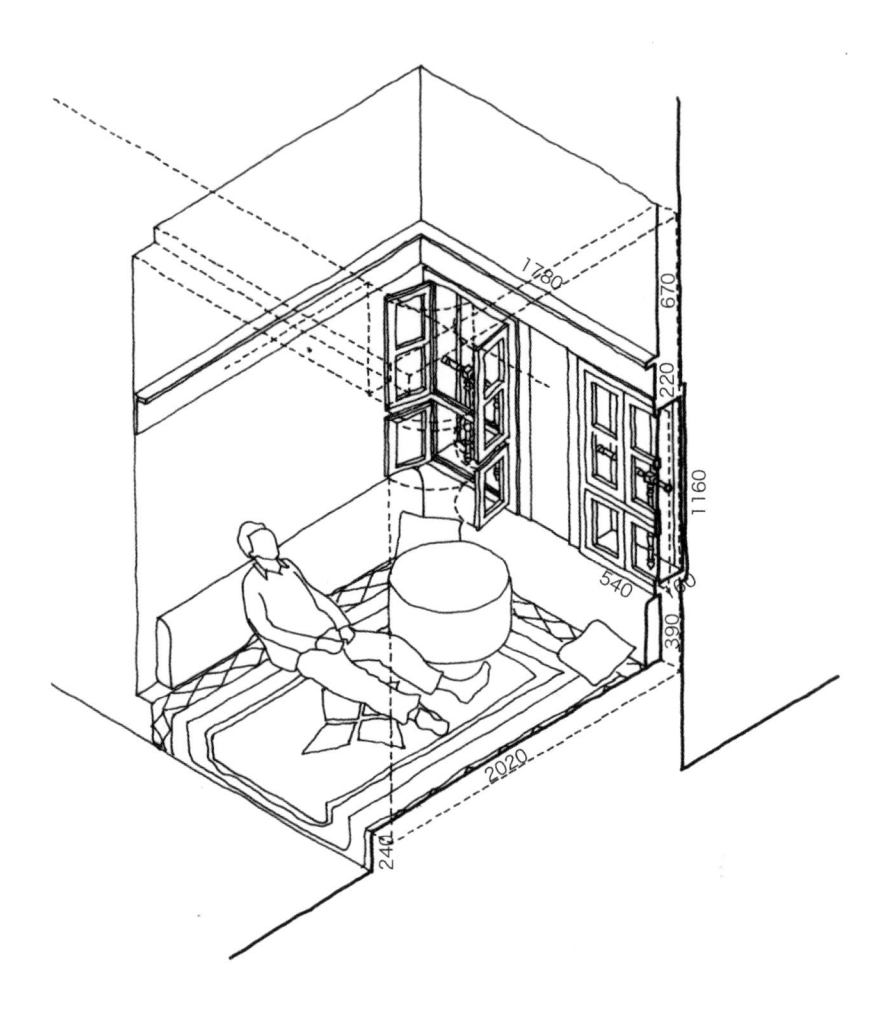

Bastoncu Pension

Hotel / Safranbolu, Turkey / Cfa

トルコ、サフランボルのホステル。2段の両開き（内開き）の建具が2枚設けられたアルコーブ状のスペースは絨毯が敷きつめられ、背もたれで囲まれ、全体が大きなソファとして扱われており、ローテーブルも含み込んでいる。

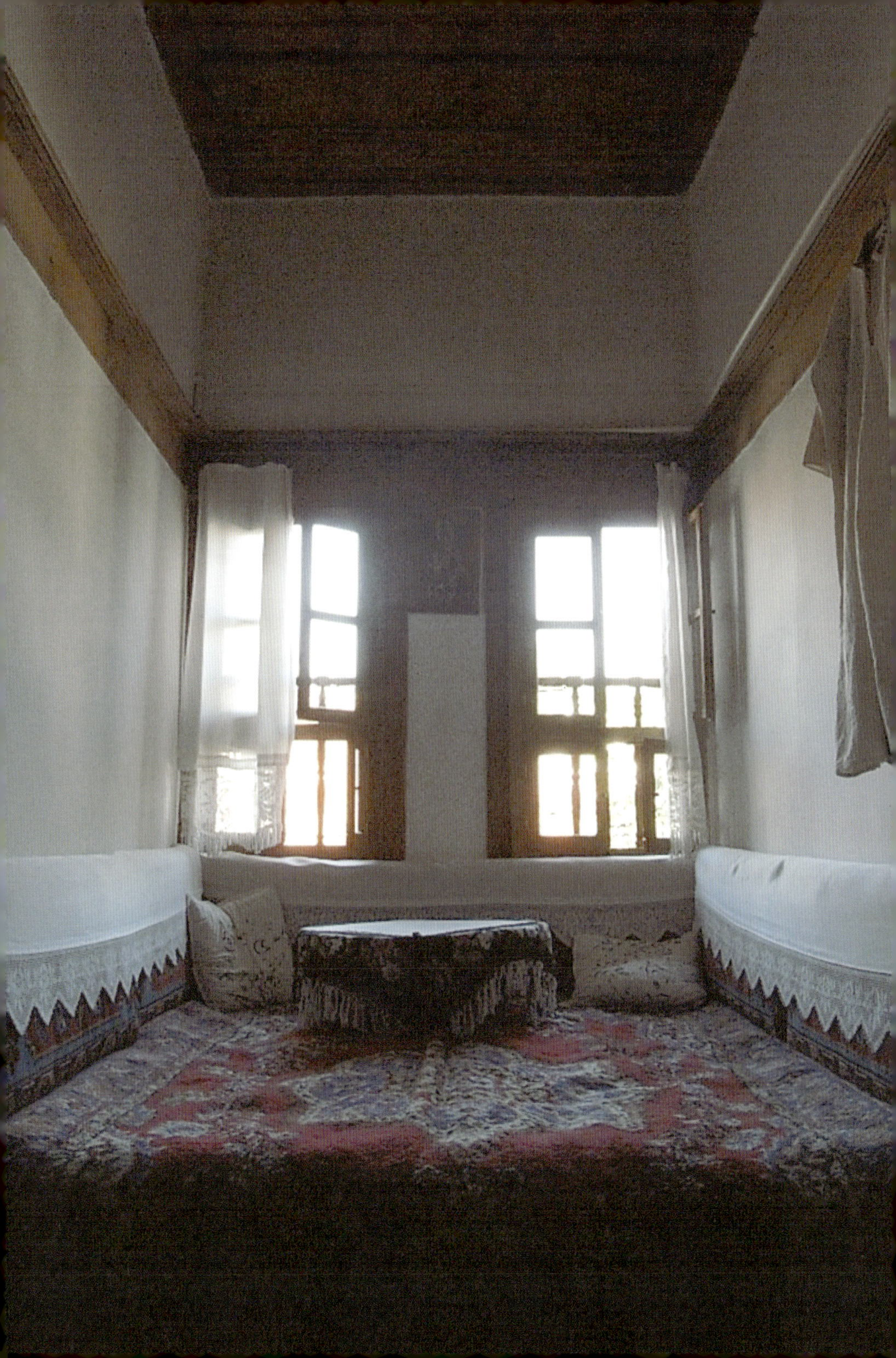

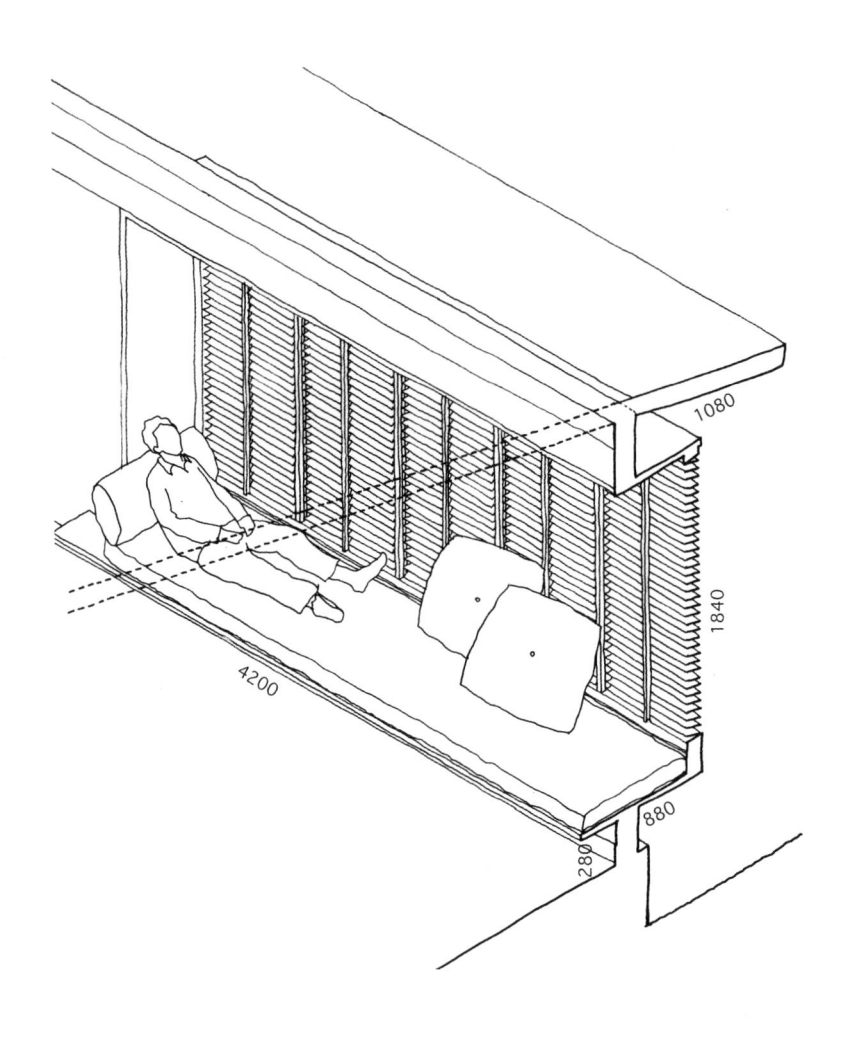

Tara House

House / Mumbai, India / Aw

インド、ムンバイ近郊、スタジオムンバイ設計のターラ・ハウス。角度の調整可能な木製ルーバーが設けられた出窓にはガラスがなく、十分な奥行きと長さを持ったデイベッドが造り付けられている。潮風から守られた中庭の緑の中で、身を横たえることができる治具といえる。

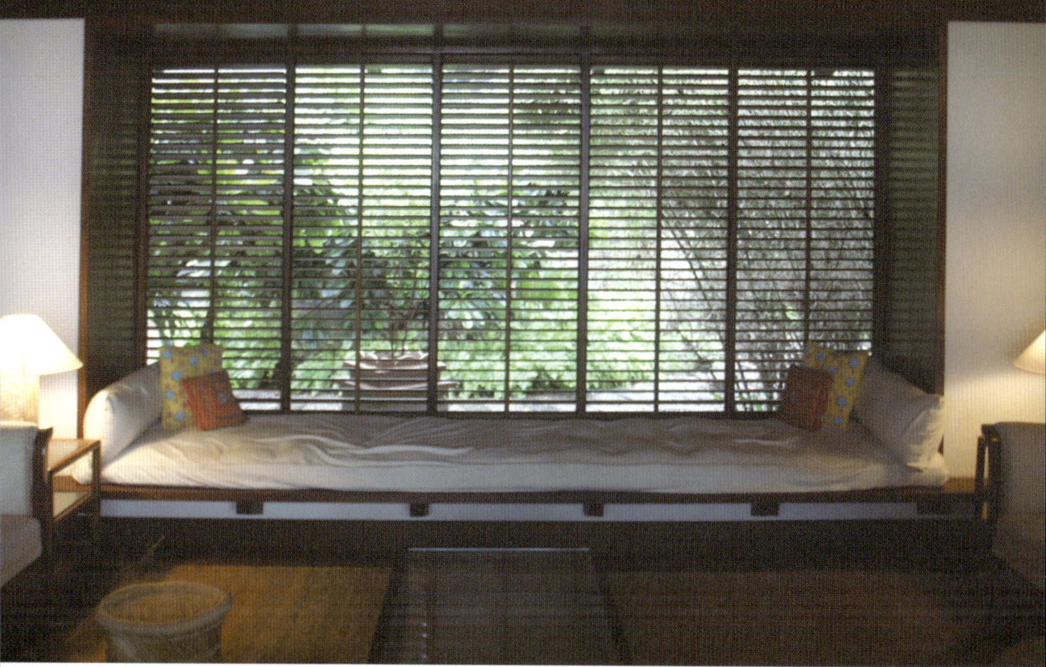
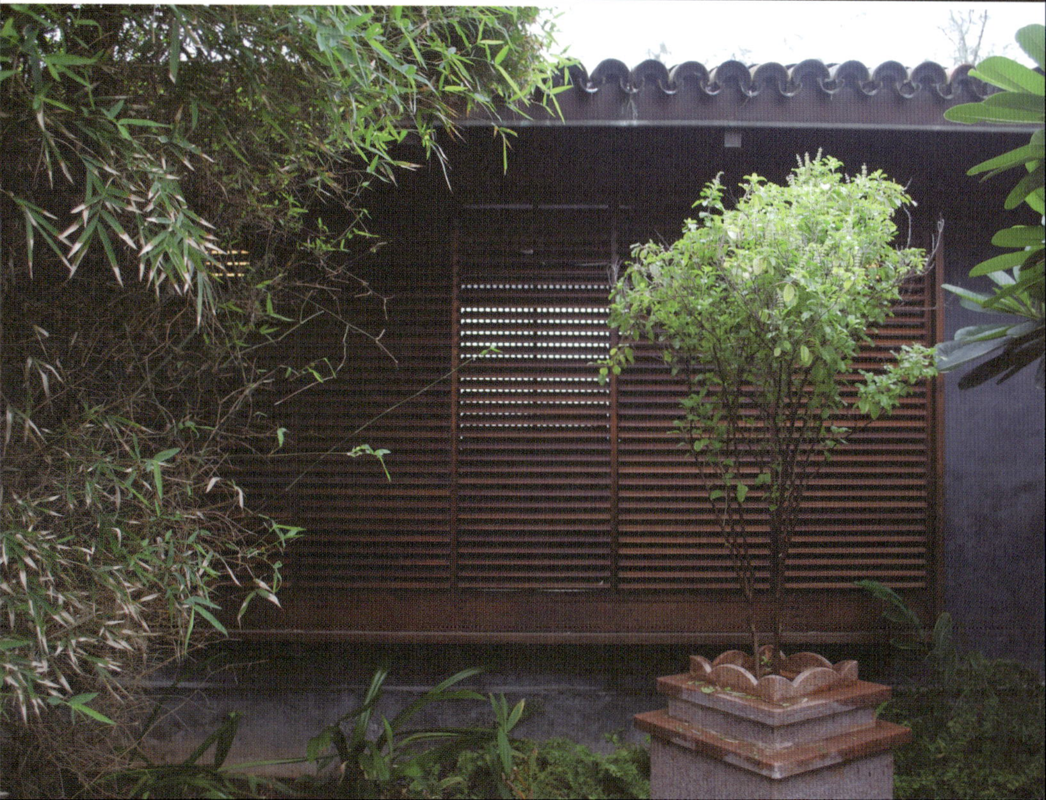

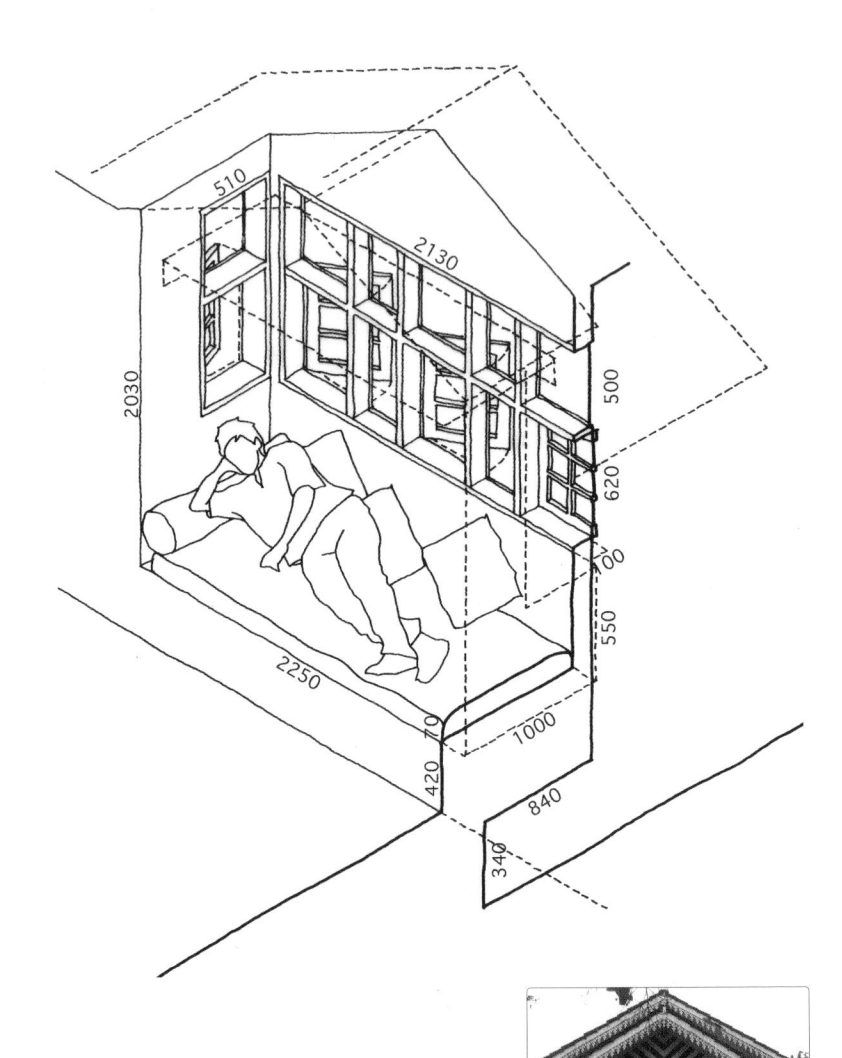

Sri Budhasa

Hotel / Bentota, Sri Lanka / Af

スリランカ、ベントタにある元々は邸宅として設計されたコロニアルスタイルのホテル。切妻の出窓の部分は十分な奥行きをもっており、庭に伸びる軒先の影を通り抜ける風の中に身を横たえることができる。

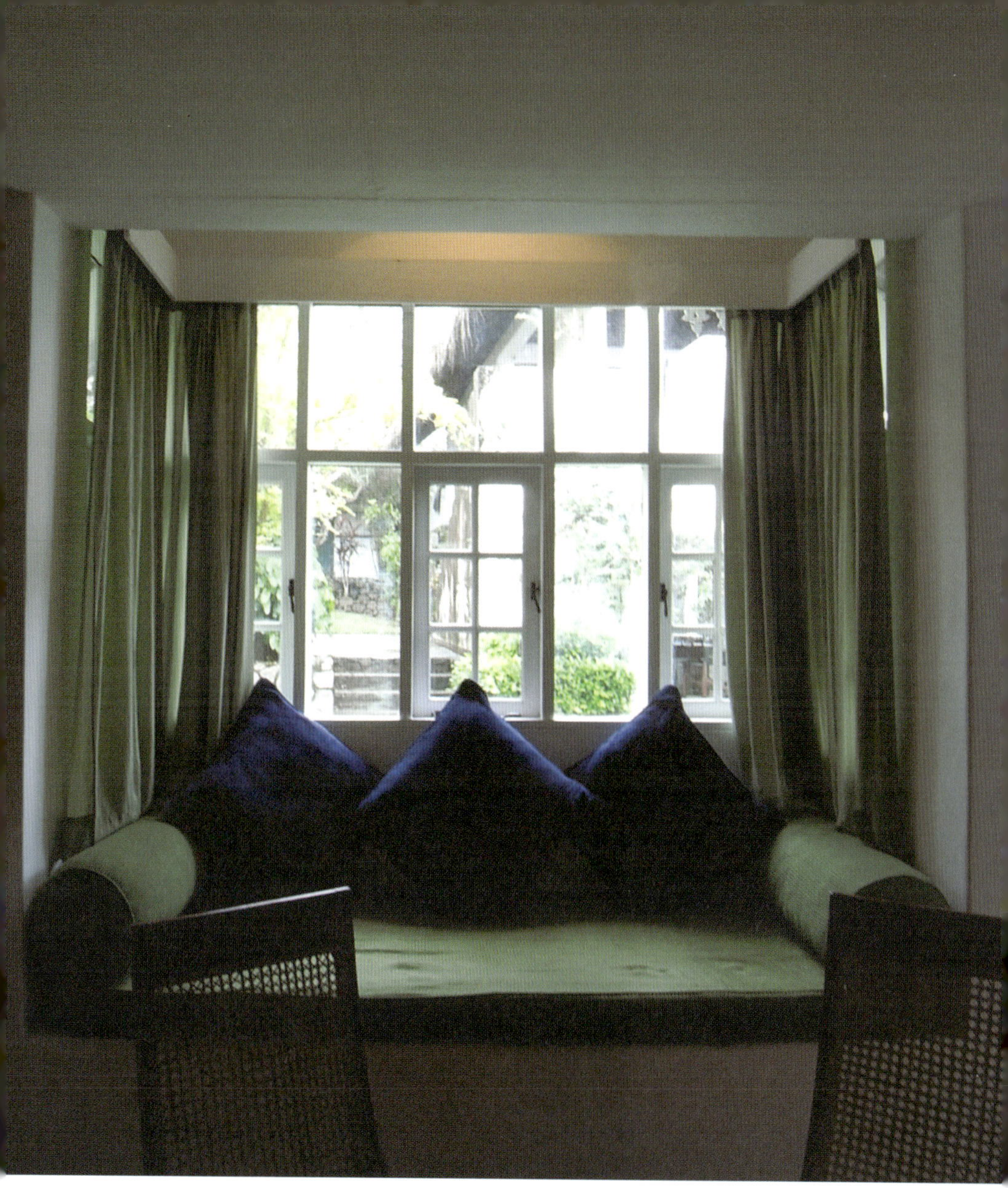

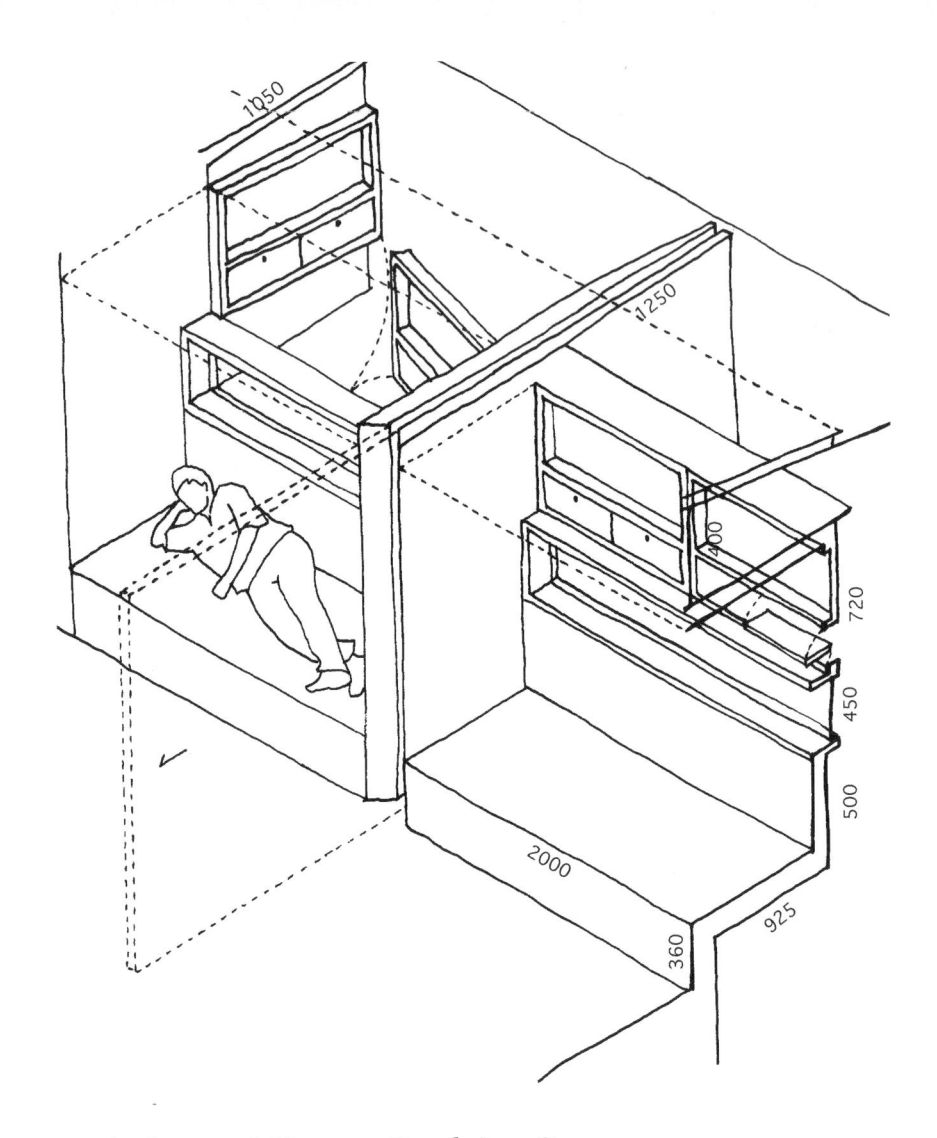

Arthur and Yvonne Boyd Art Center
Art Center / New South Wales, Australia / Cfa

オーストラリア、シドニー近郊にある、グレン・マーカット設計のアートセンターの宿泊施設。出窓にベッドが組み込まれている。上部は両開き木製戸、さらにその中に小さな引倒しの木製戸、下部は横長のフィックスガラス。外側には横なぐりの光を遮る日除けが設けられ、中央の大きな日除けは内部から外へと出ていく間仕切の戸袋も兼ねている。この間仕切を引き出せば1人用の寝室ができる。

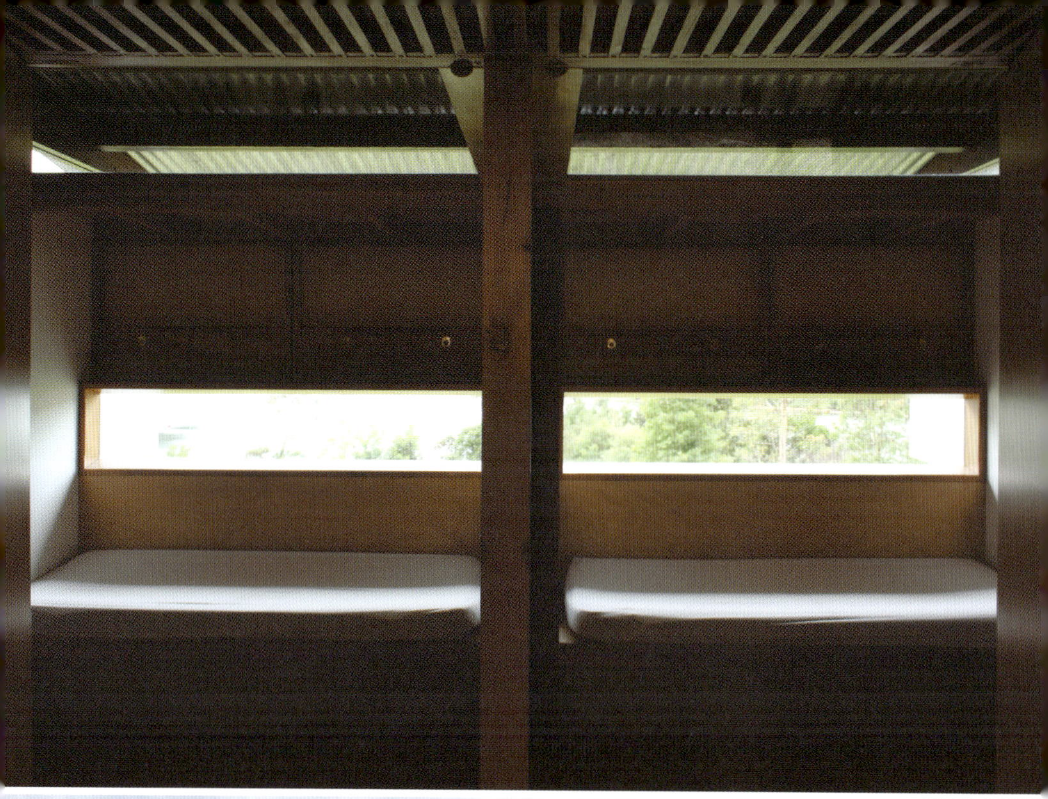
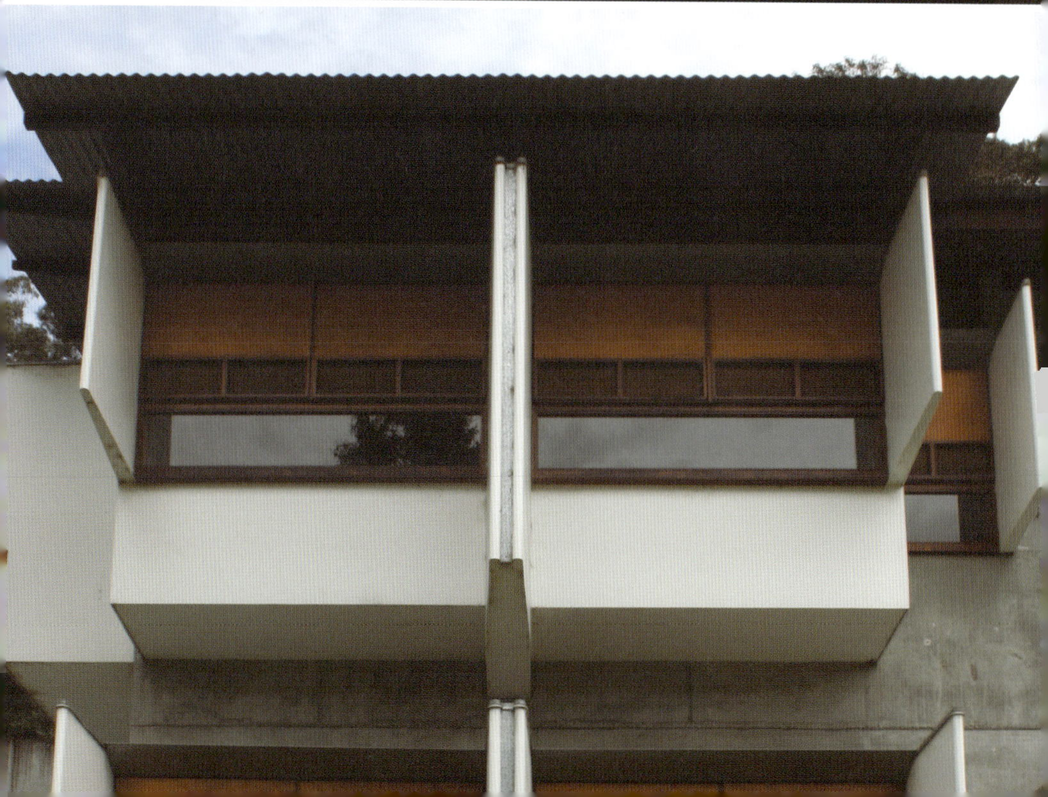

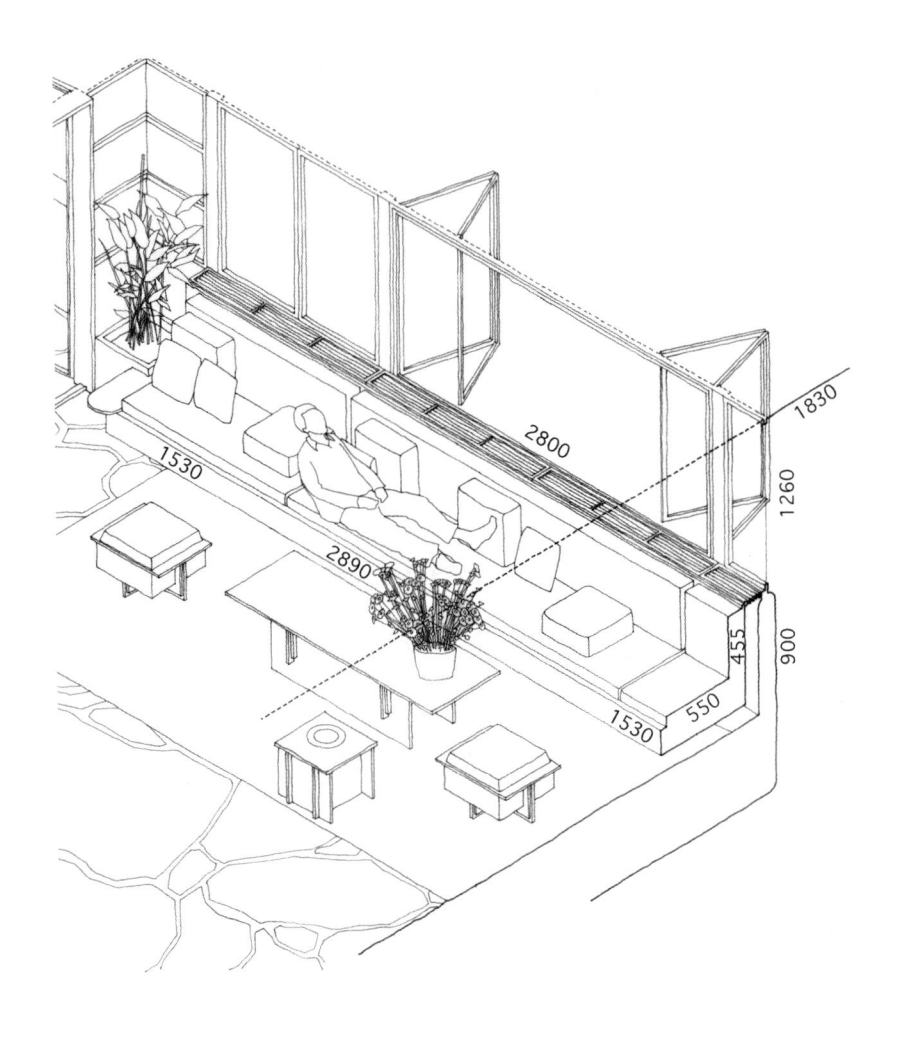

Falling Water

House / Mill Run, PA, USA / Cfa

建築家フランク・ロイド・ライト設計の落水荘。小川に張り出して設けられた住宅の中心的な広間の、最も川に近い横長の窓には、間口いっぱいに長いベンチが造り付けられている。天井面は外部へ大きく伸び、内部と外部の境界を打ち消す。内外の空間の連続の只中に身を横たえる快楽。

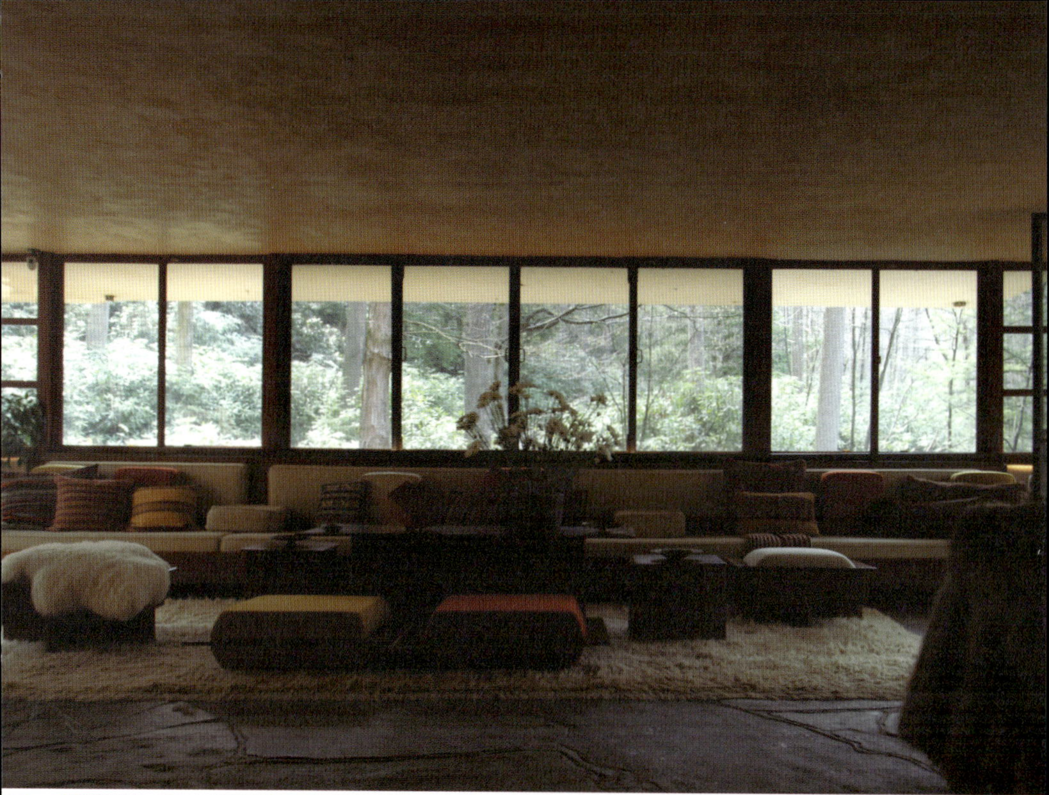

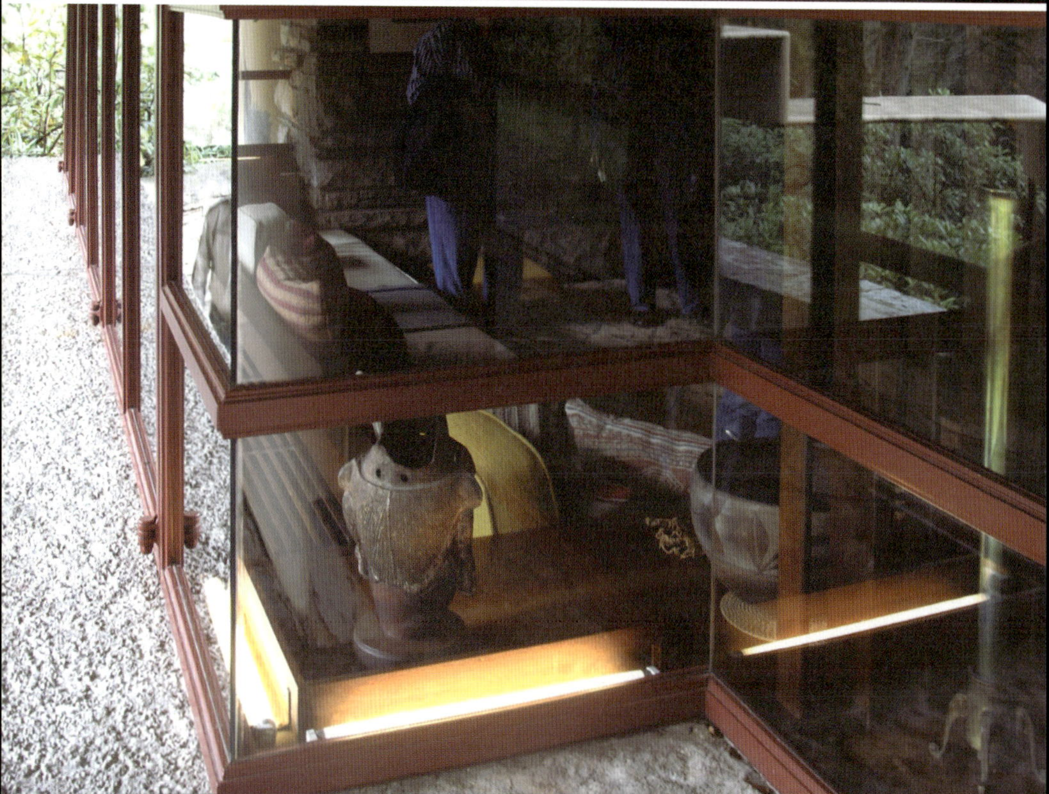

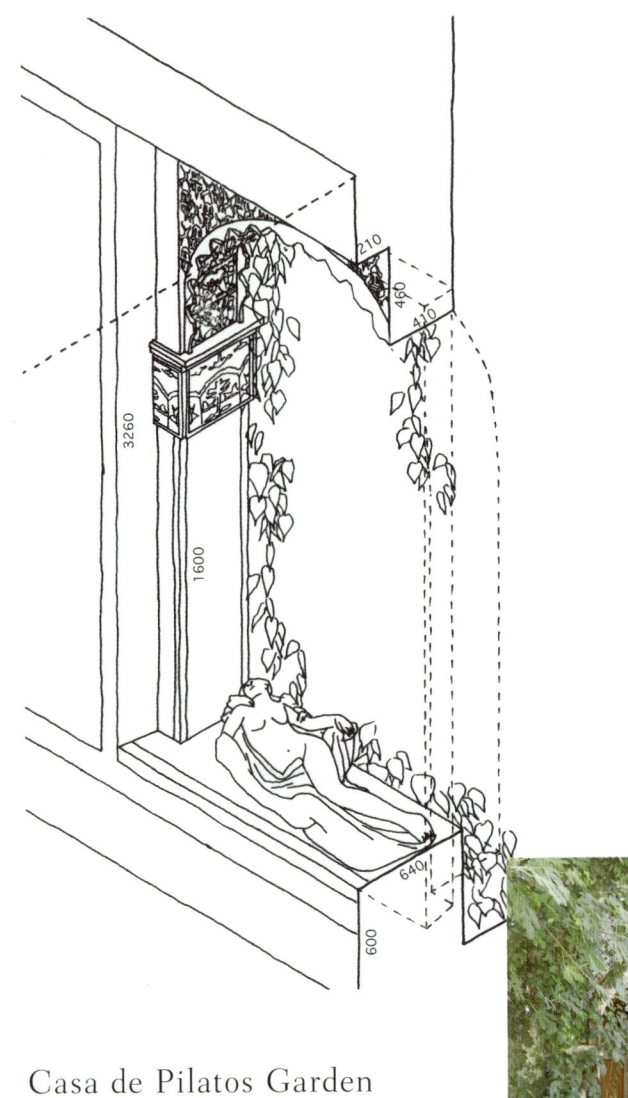

Casa de Pilatos Garden

Palazzo / Sevilla, Spain / Cs

スペイン、セビーリャの15世紀に建てられたピラトの家と呼ばれる豪邸の庭。石細工で飾られたムデハル様式のアーチと光を透かしたツタの葉で縁取られた窓台には、大理石の裸体の彫刻が恍惚としたポーズで横たわる。

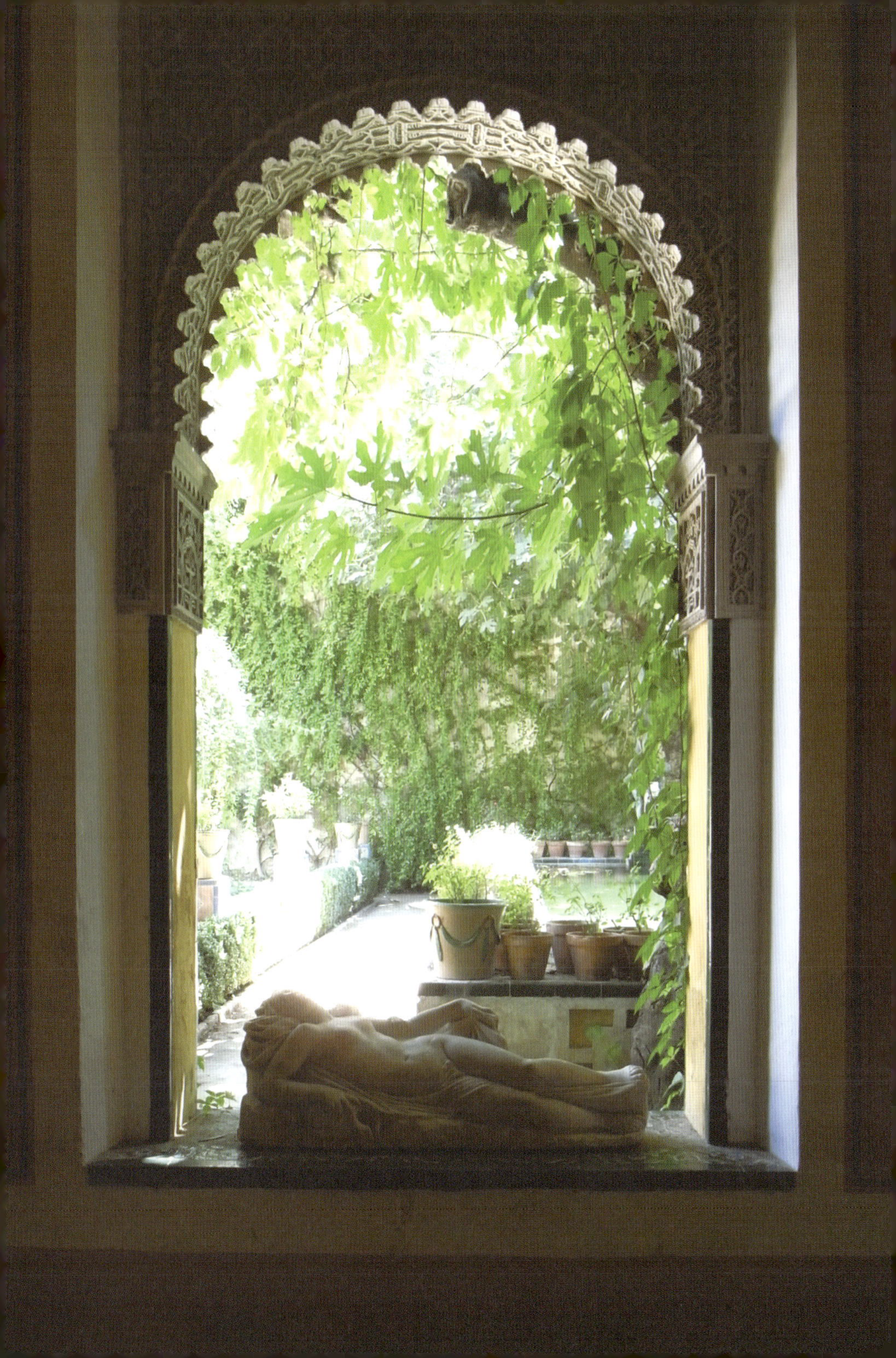

物見の窓

Observing Windows

建物の上方にあって、遠くの街路や風景を見渡すことができる窓を、ここでは「物見の窓」と呼ぶことにする。遠くを眺めることが真に機能だった戦の時代は過ぎ去り、今では街路を行く人や車や動物を眺めるためのものとなっているが、それでも屋内に居ながら、街路空間の広がりに参加している感覚を得られることは大きな意味をもつ。さらに出窓のように壁面から街の方にはみ出したところに身を置くことは、内部空間に対するニッチにいると同時に、街や街路空間の大きな広がりに対するニッチにいるという二重の定義を受けることでもある。あるいは、室内側から街を見る場所であると同時に、街の人から見られている場所、と言い換えても良い。「物見の窓」はその多くがファサードの高い所にあることから、目に喩えられ、建物の擬人化を促す。このため、実際に人がいなくても、街を見る主体の代理として、パブリックスペースに参加しているのである。

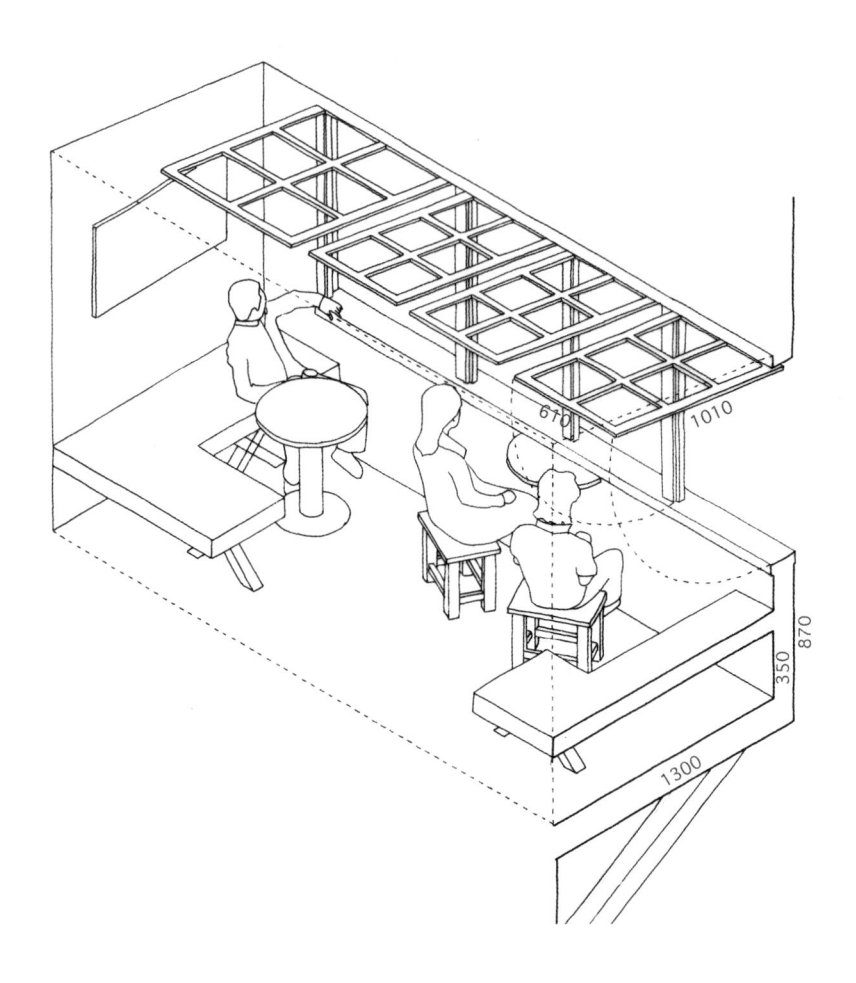

Rapshodia

Bar / Mykonos, Greece / Cs

ギリシャ、ミコノス島のバー。エーゲ海に面して出窓が設けられている。突き上げの窓、ベンチ、グラスや灰皿を置くための最小限のテーブル。眺めに集中するのに、これ以外の余計な設えはいらない。

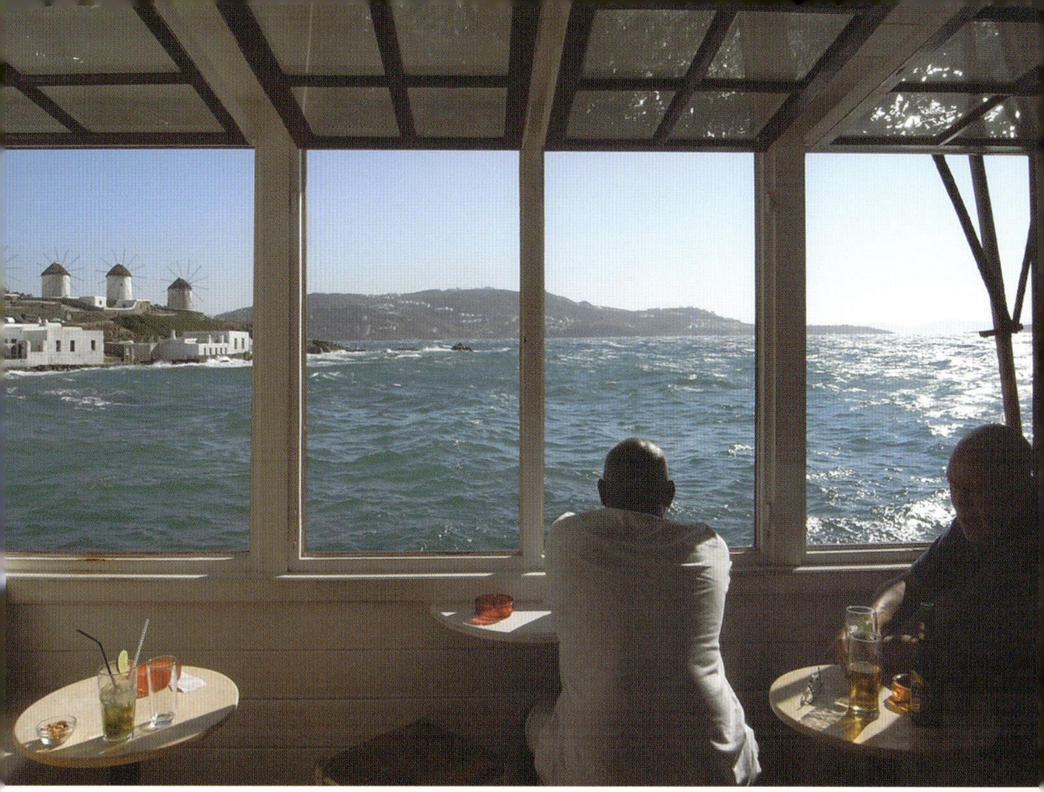

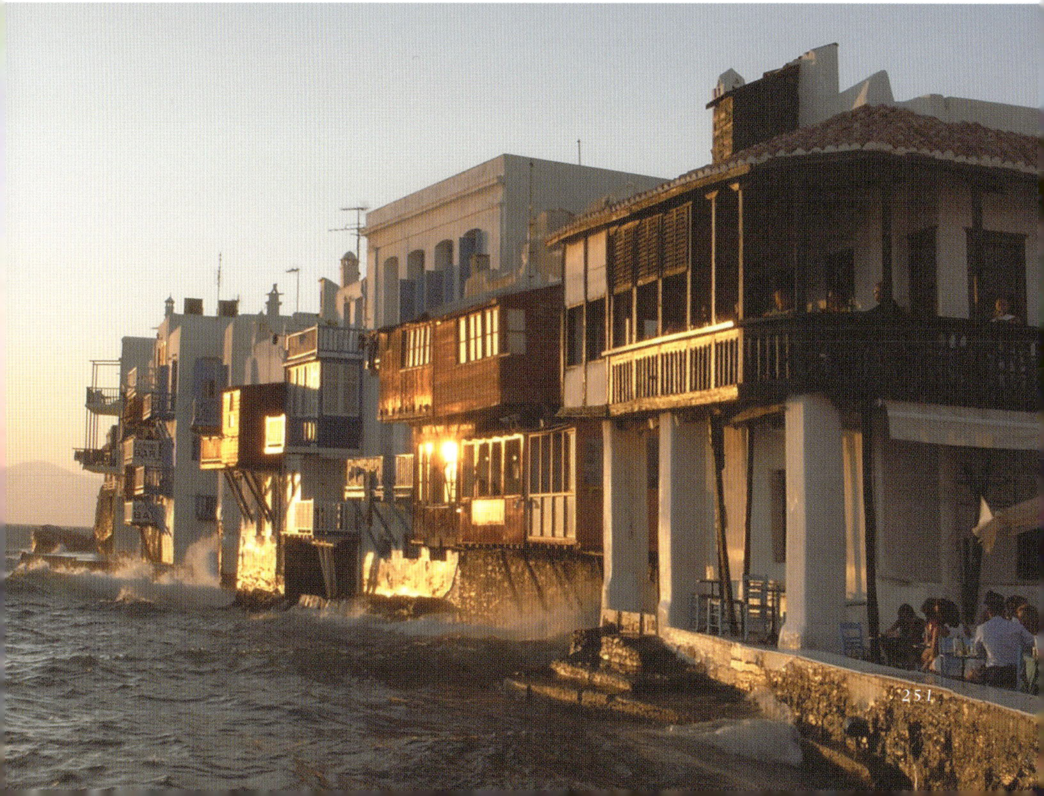

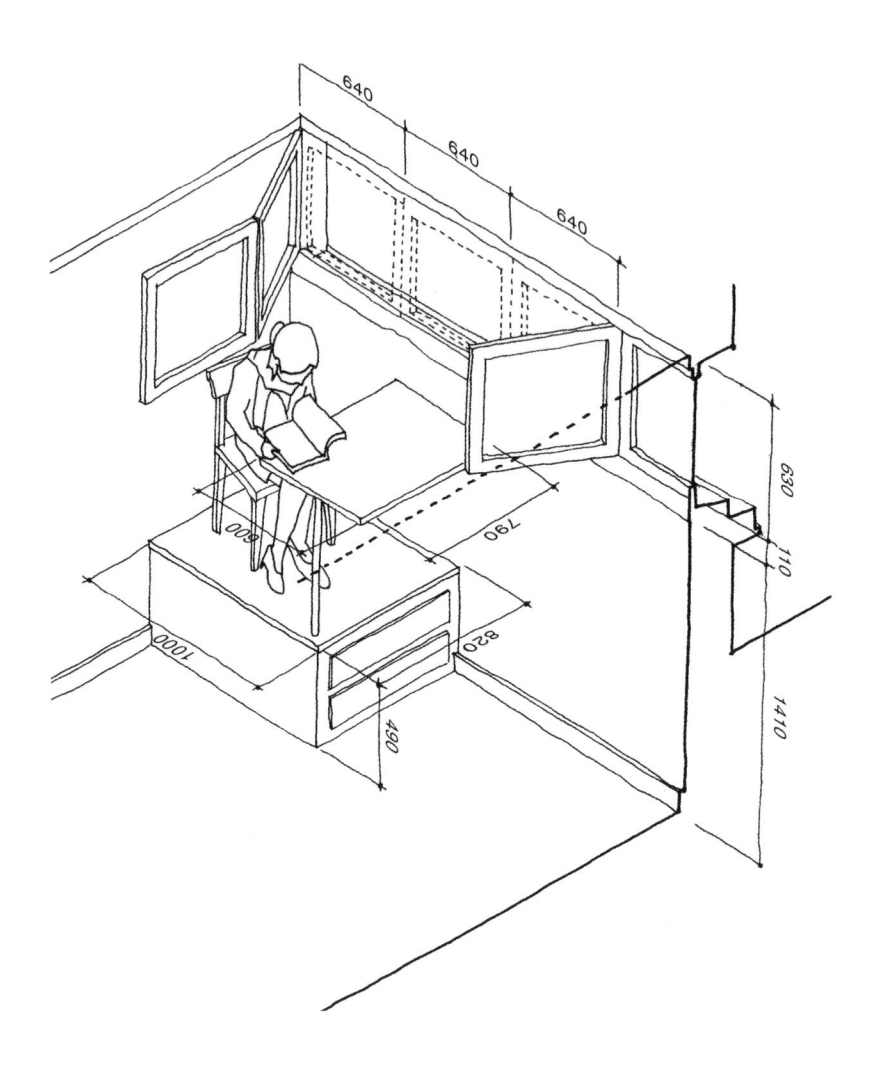

Villa Le Lac Bedroom

House / Vevey, Switzerland / Cfb

ル・コルビュジェ設計の母の家、増築部分の寝室。窓辺に置かれた台の500mm上に、文机とイスが固定されており、そこに座るとちょうどレマン湖を眺めることができる。天井付きの水平連窓からの光は天井を這うように部屋の奥まで達する。

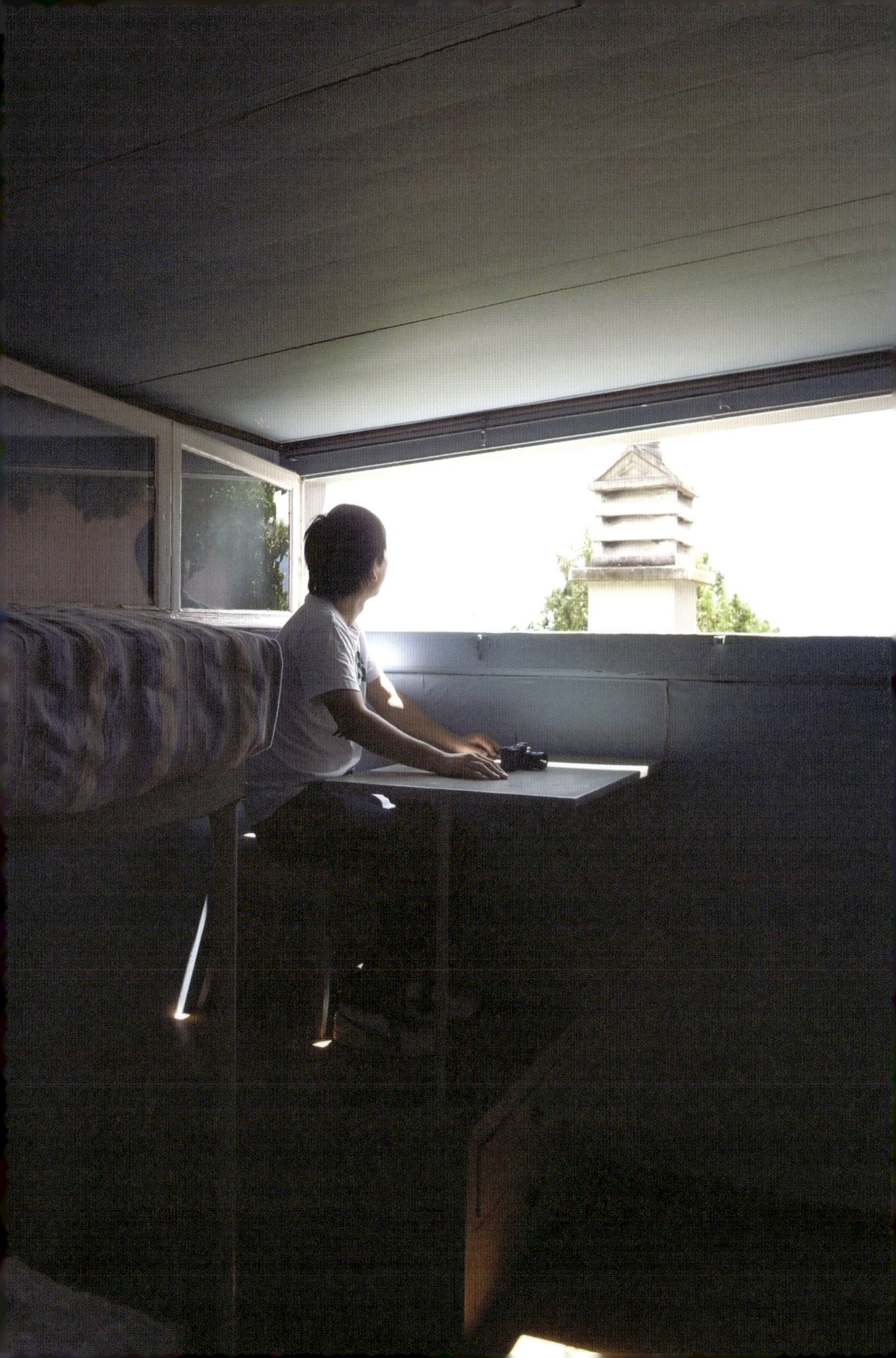

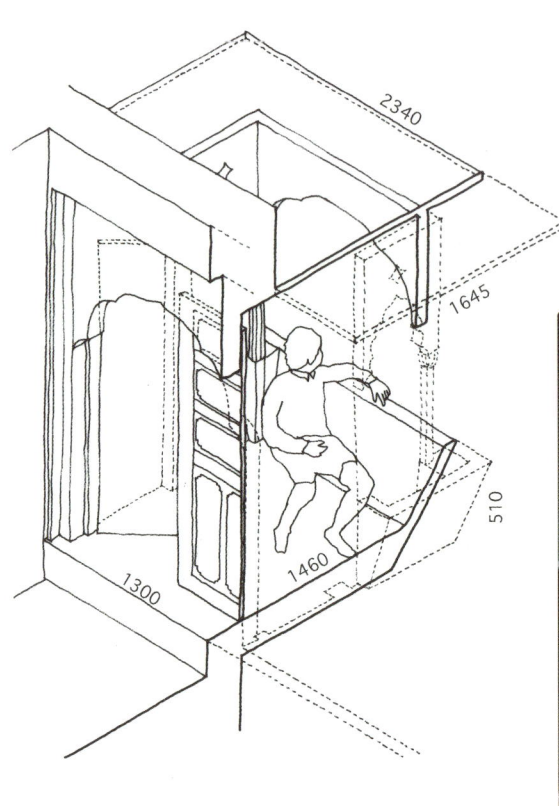

House in Dhibbapara

House / Jaisalmer, India / BW

インド、ジャイサルメール城塞内の住宅。細い道に張り出したゴクラと呼ばれるバルコニー上の空間は、アーチ型開口を室内から外へ向けて反復し、窓辺に奥行きをつくり出す。室内側のアーチには木製の両開き戸が設けられ、道路側のアーチには日射や風を調整する布を垂らすロープが結わえられている。

254 人とともに―物見の窓

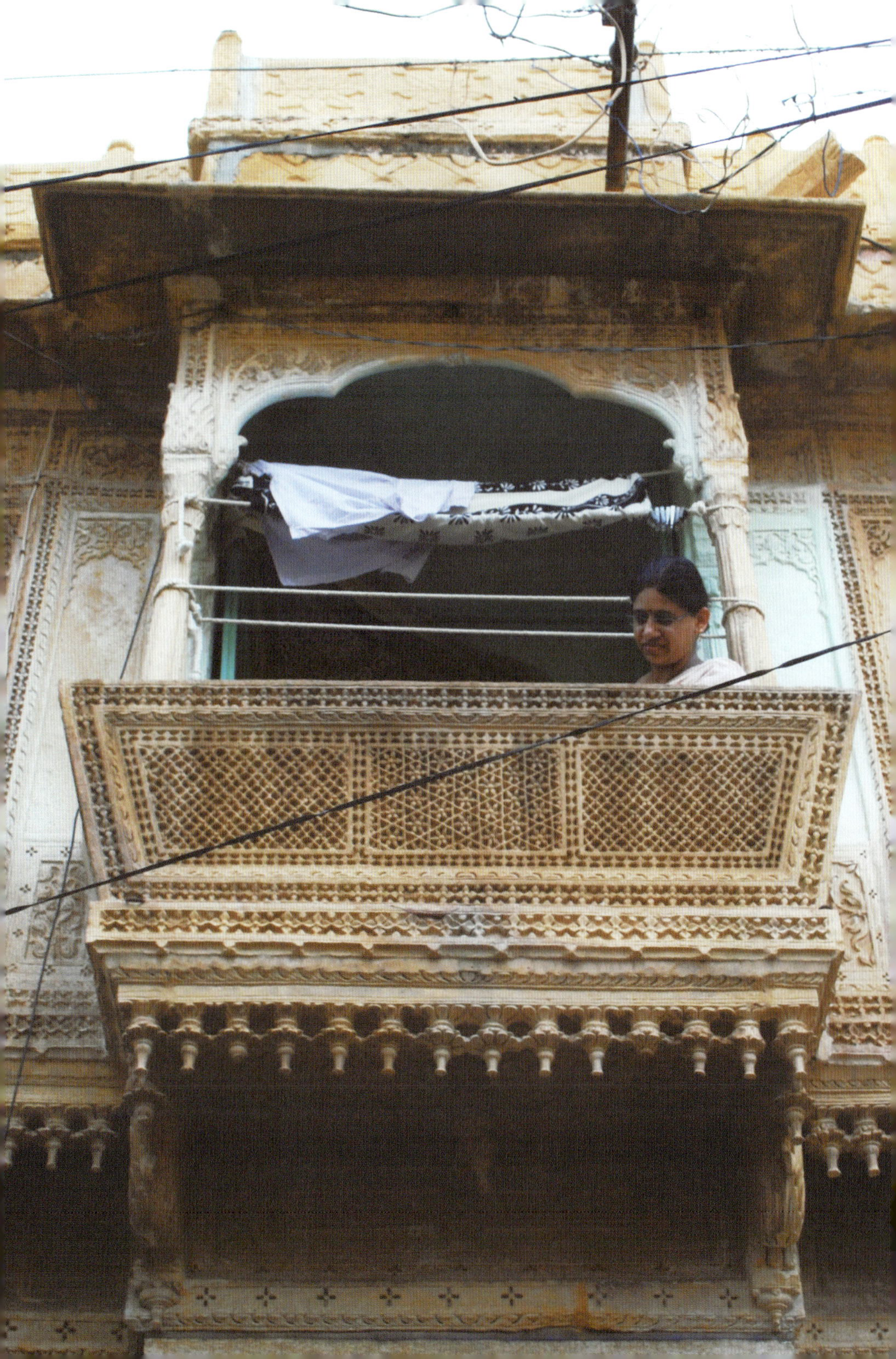

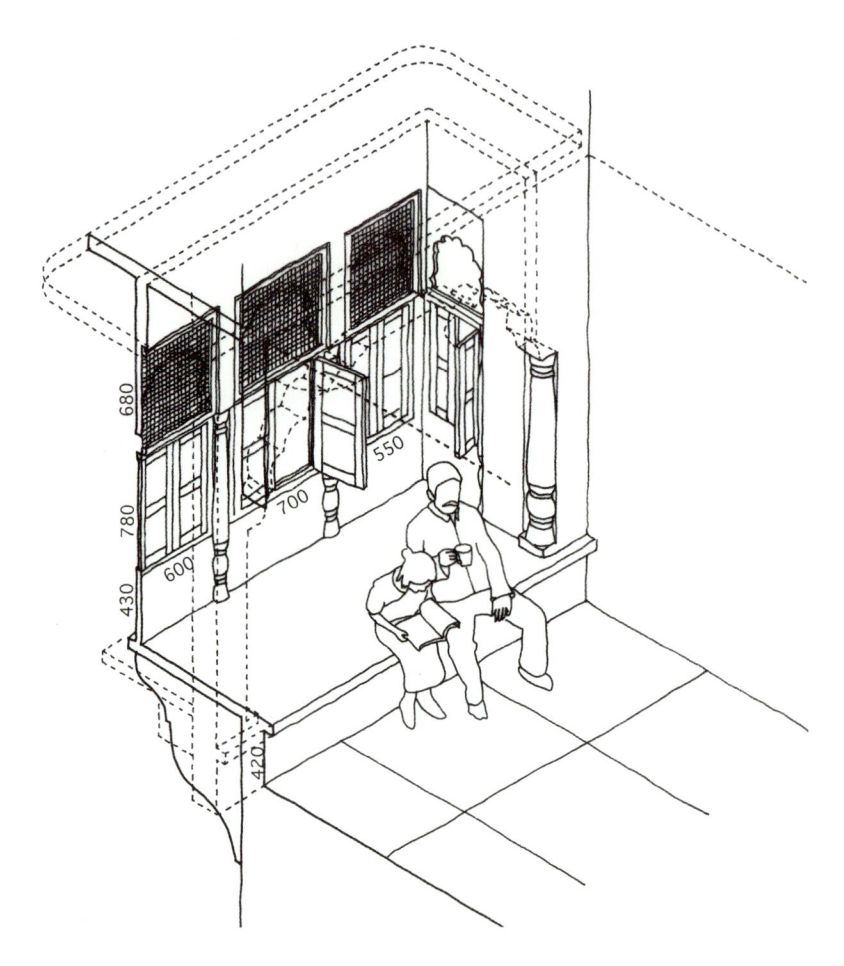

House in Blue City
House / Jodhpur, India / BW

ジョードプルの超高密度住居地域（ブルーシティ）。住居は暑さ軽減と防虫のため内外とも青く塗装されている。「ディワンカナ」と呼ばれる、内側の大きなアーチと、外側の3つの小さなアーチが重層し、さらに道の上に張り出して出窓状のスペースとなる。外側のアーチに設けられた木製の両開き（内開き）建具で光と風を調整する。

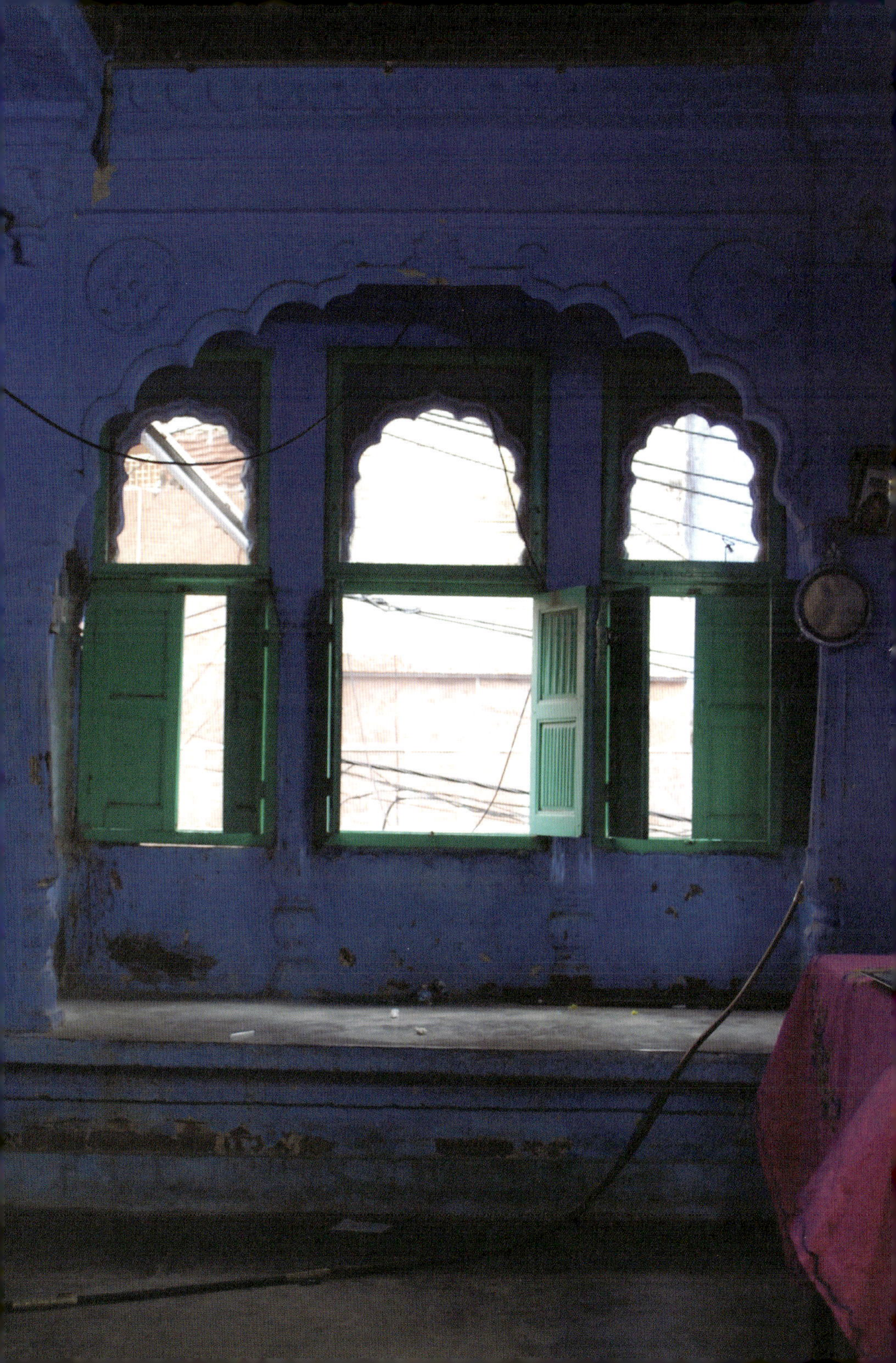

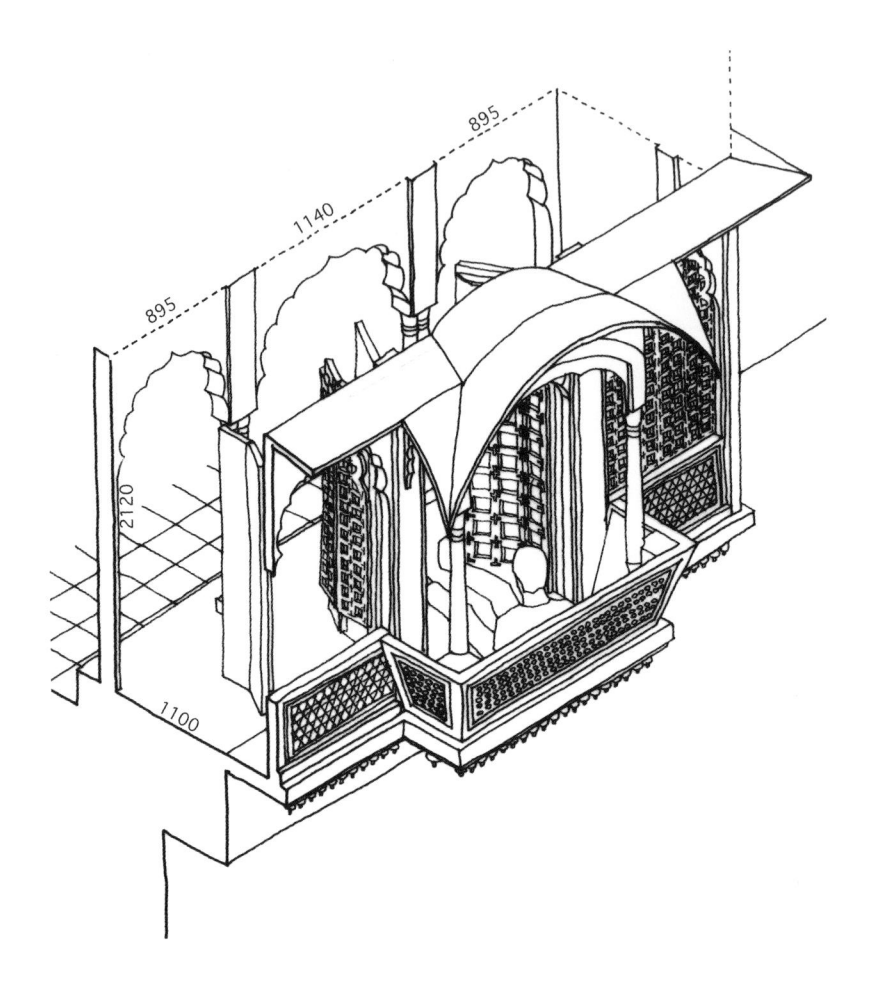

Patwon-ki-Haveli

Merchant House / Jaisalmer, India / BW

ジャイサルメール、19世紀にジャイナ教の商人によって建てられた華麗な住宅ハヴェリの道を跨いでつくられた部屋。ディワンカナと呼ばれる三連のアーチ型の掃き出し窓は重さを失ったような透かし彫りの石の板で装飾されている。中央部はさらに外部へ張り出し、空中へと重力から開放されていこうとしている。

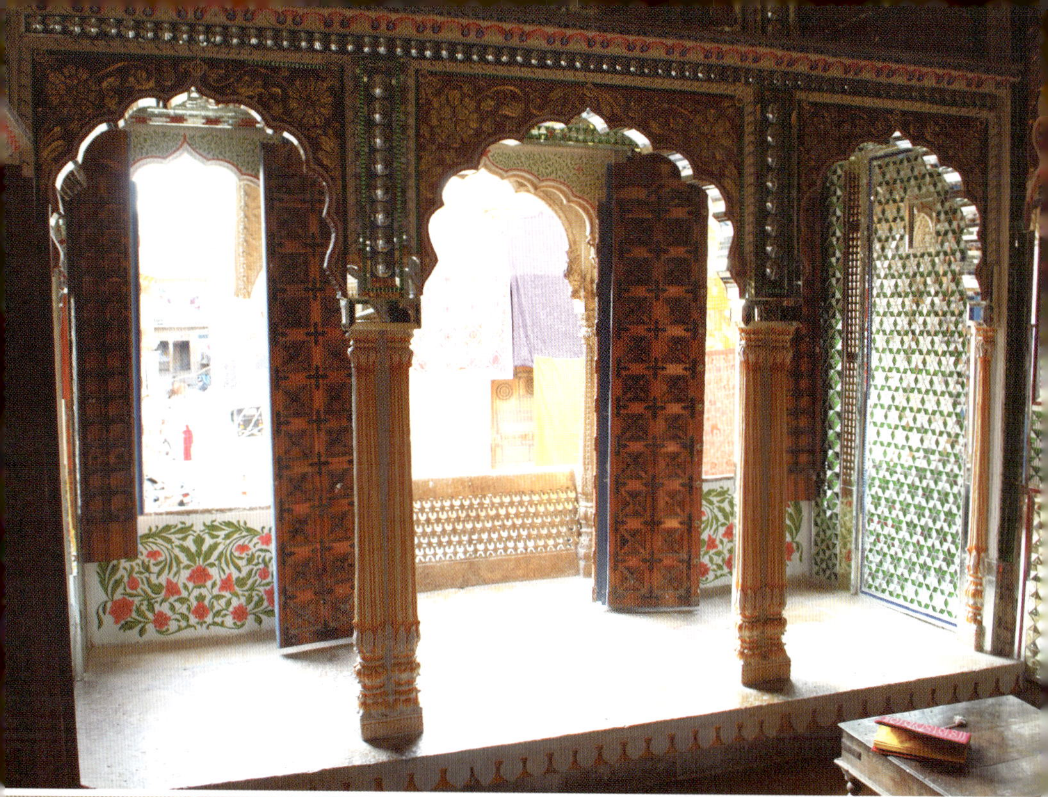

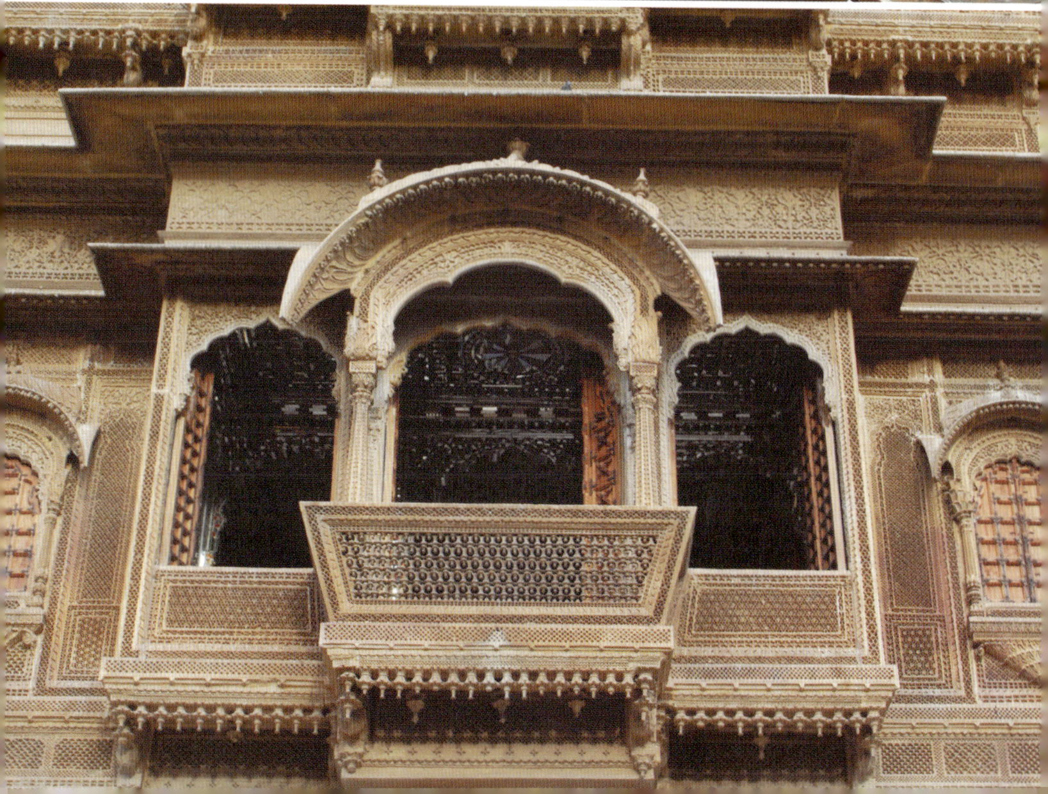

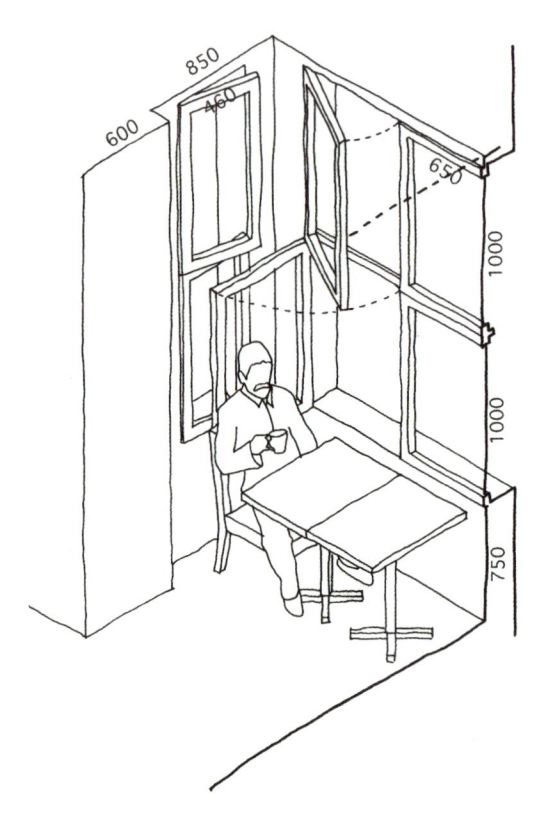

Simit Sarayi
Cafe / Istanbul, Turkey / Cs

イスタンブールのイスティクラール通りに面する2階のカフェ。出窓の中に置かれたテーブルセットで、女性たちが街路を眺めながらお茶を飲んでいる。伝統的なチュンバ（出窓）の使用法と像が重なる。正面の窓は2段の両開き（内開き）、側面の窓は2段の片開き（内開き）になっている。

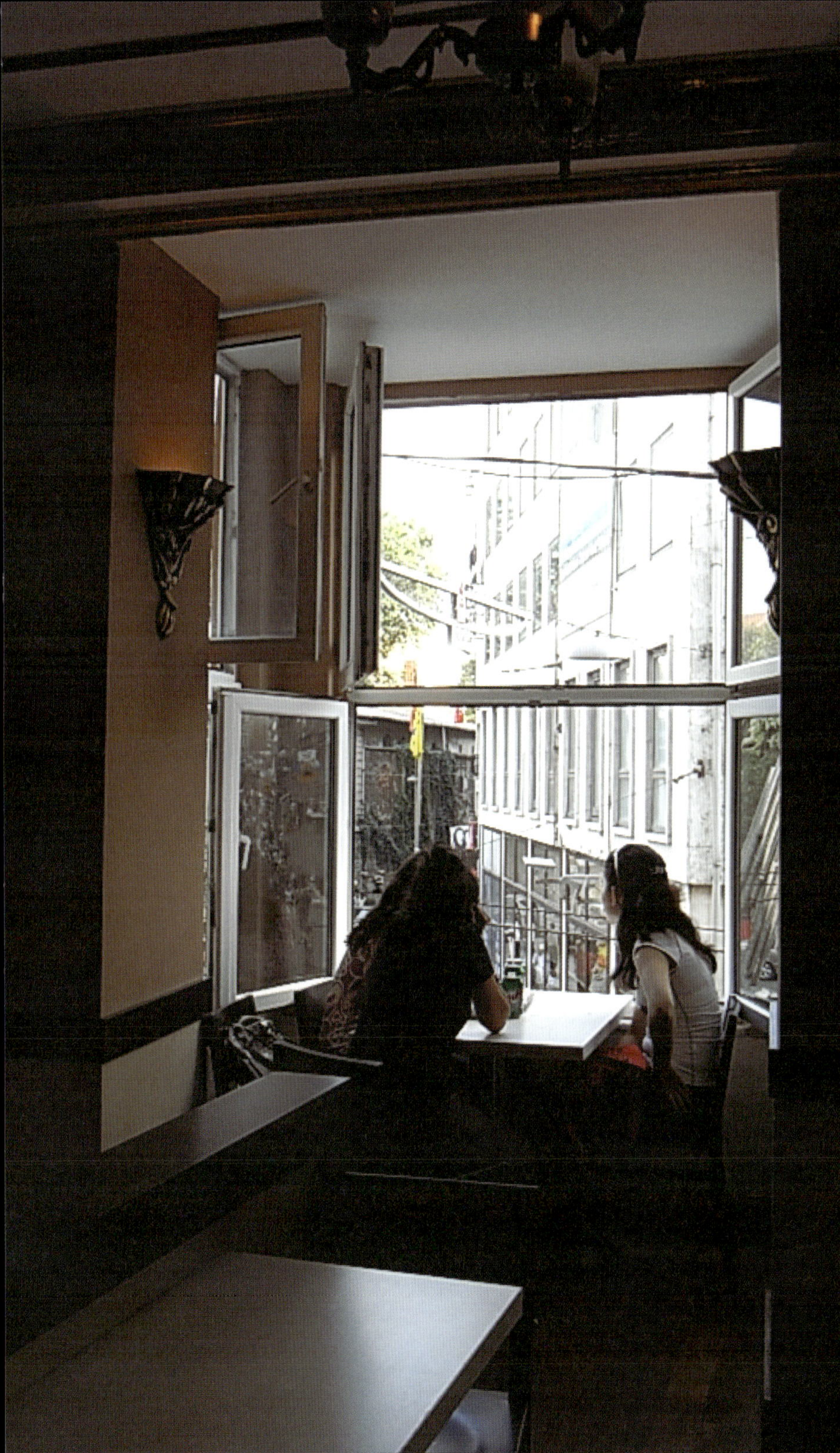

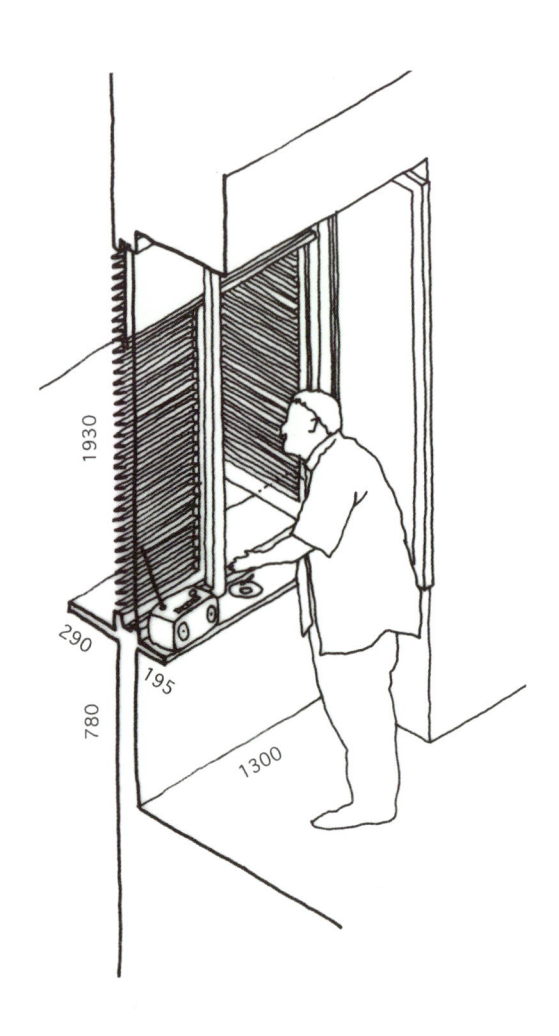

Piazza dello Spirito Santo
House / Amalfi, Italy / Cs

イタリア、アマルフィの目抜き通りに面した建物の2階の住宅。内側にガラスの両開き戸、外側にベネシアン（ガラリ付き雨戸）。内外にまたいだ大理石製の窓台には、この老人の身の回りのもの（たばこ、灰皿、眼鏡、ラジオなど）が集められ、街をいつまでも見下ろせるようになっている。

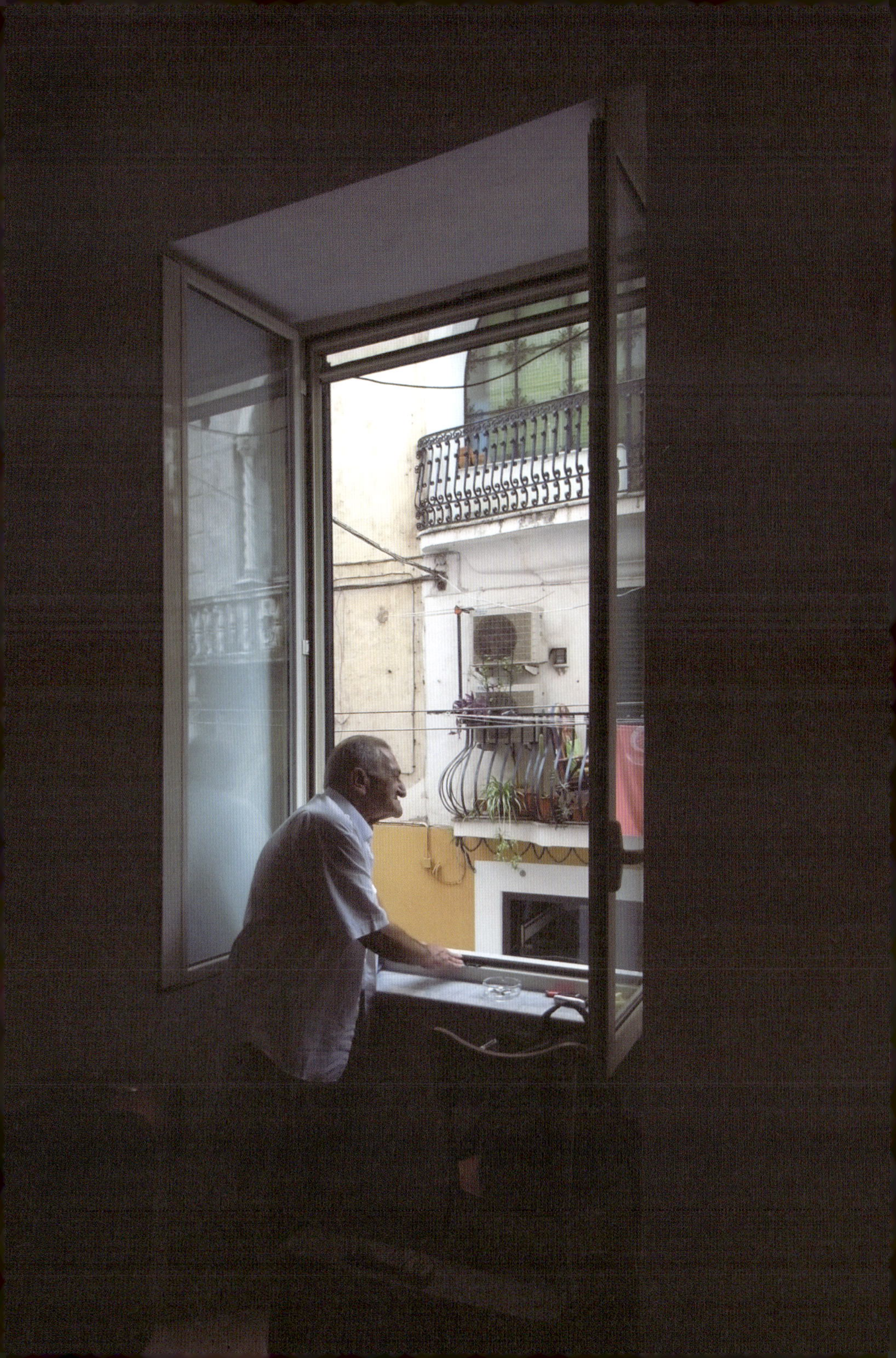

Largo Soccorso 8
House / Locorotondo, Italy / Cs

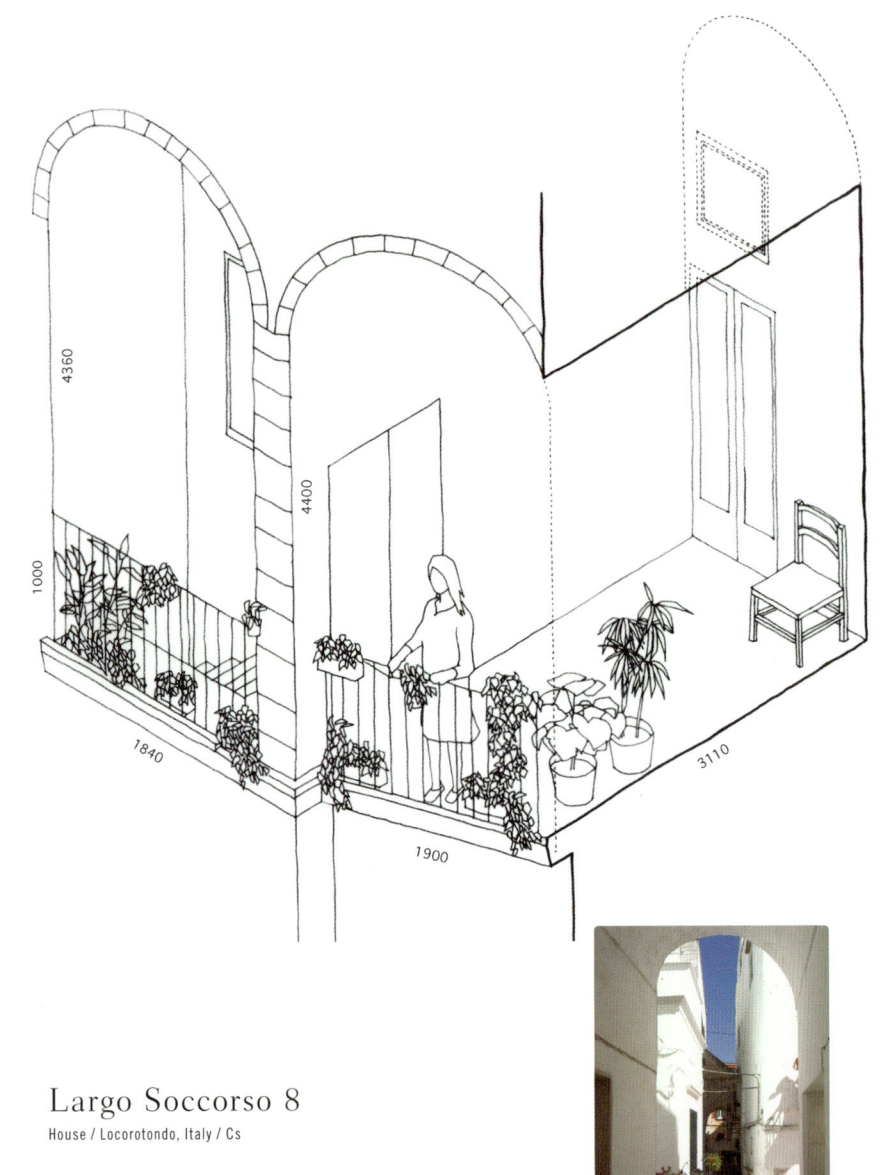

イタリア南部、ロコロトンドの住宅。白い壁面に石に縁取られた双子のアーチが並び、狭い街路の中にニッチ状の空間を作り出している。そこは、光と影の2色に塗り分けられたこの街のパブリックスペースに対し、植物や仲間が集うより親密な場所となる。

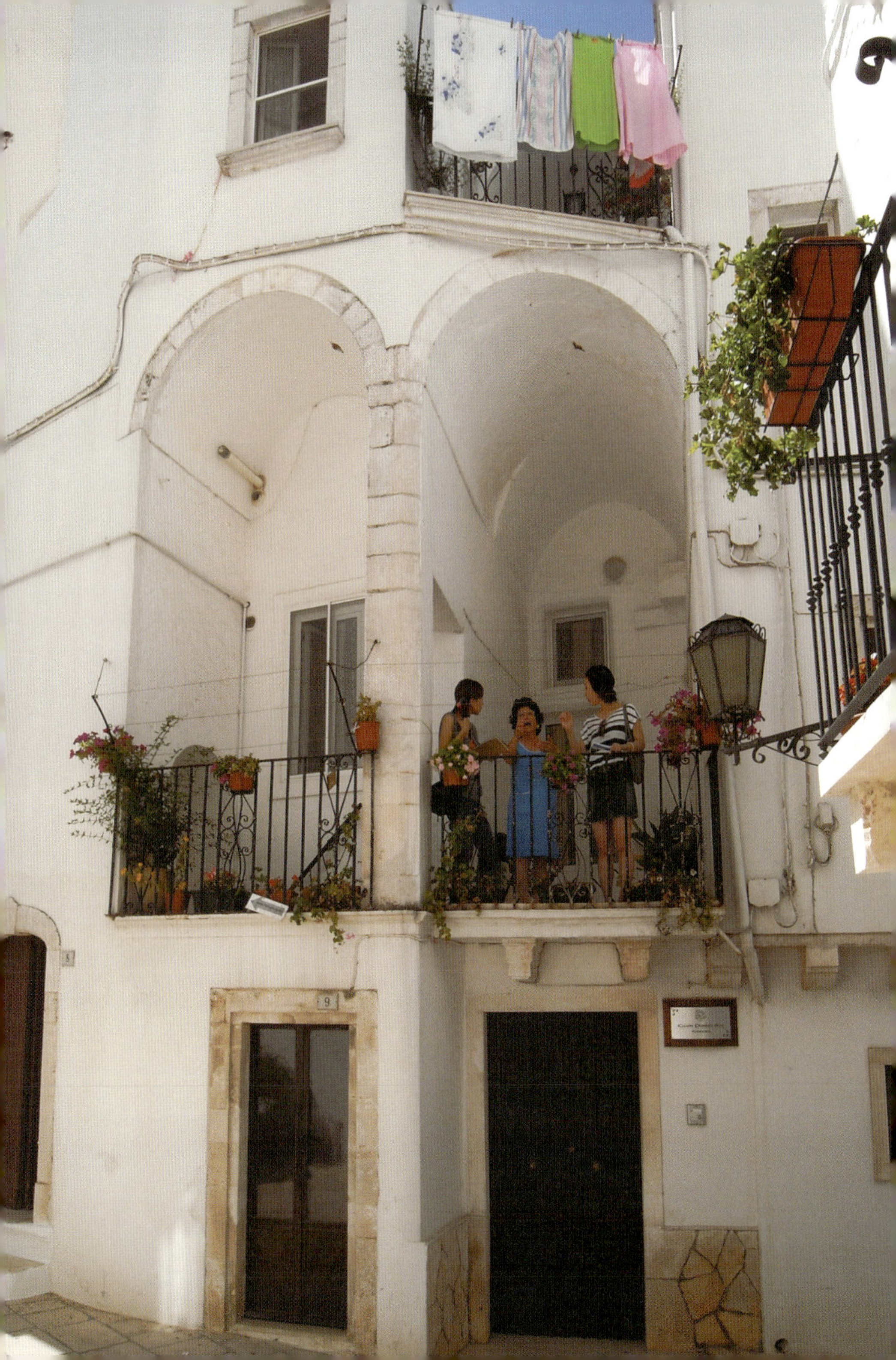
8
9

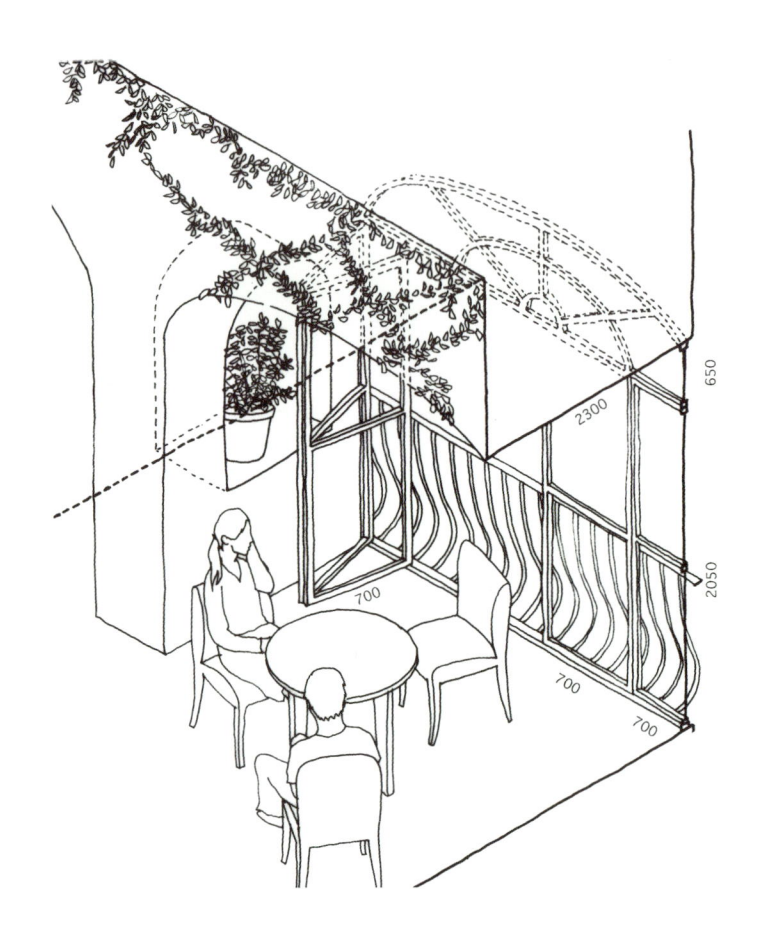

Hotel Le Sirenuse

Hotel / Positano, Italy / Cs

イタリア、ポジターノの斜面中腹に位置するホテル。奥行きのあるアーチ窓は、上部にフィックス窓、下部には左右2枚ずつに分かれる4枚のガラス折れ戸が設けられている。室内であるにも関わらず、天井面にはブーゲンビリアが茂り、地中海の水平性と、教会のキューポラの垂直性、さらに丘を雪崩落ちるかのような街の斜行性の全てを一つのフレームに納めている。夢のようなダイニングルーム。

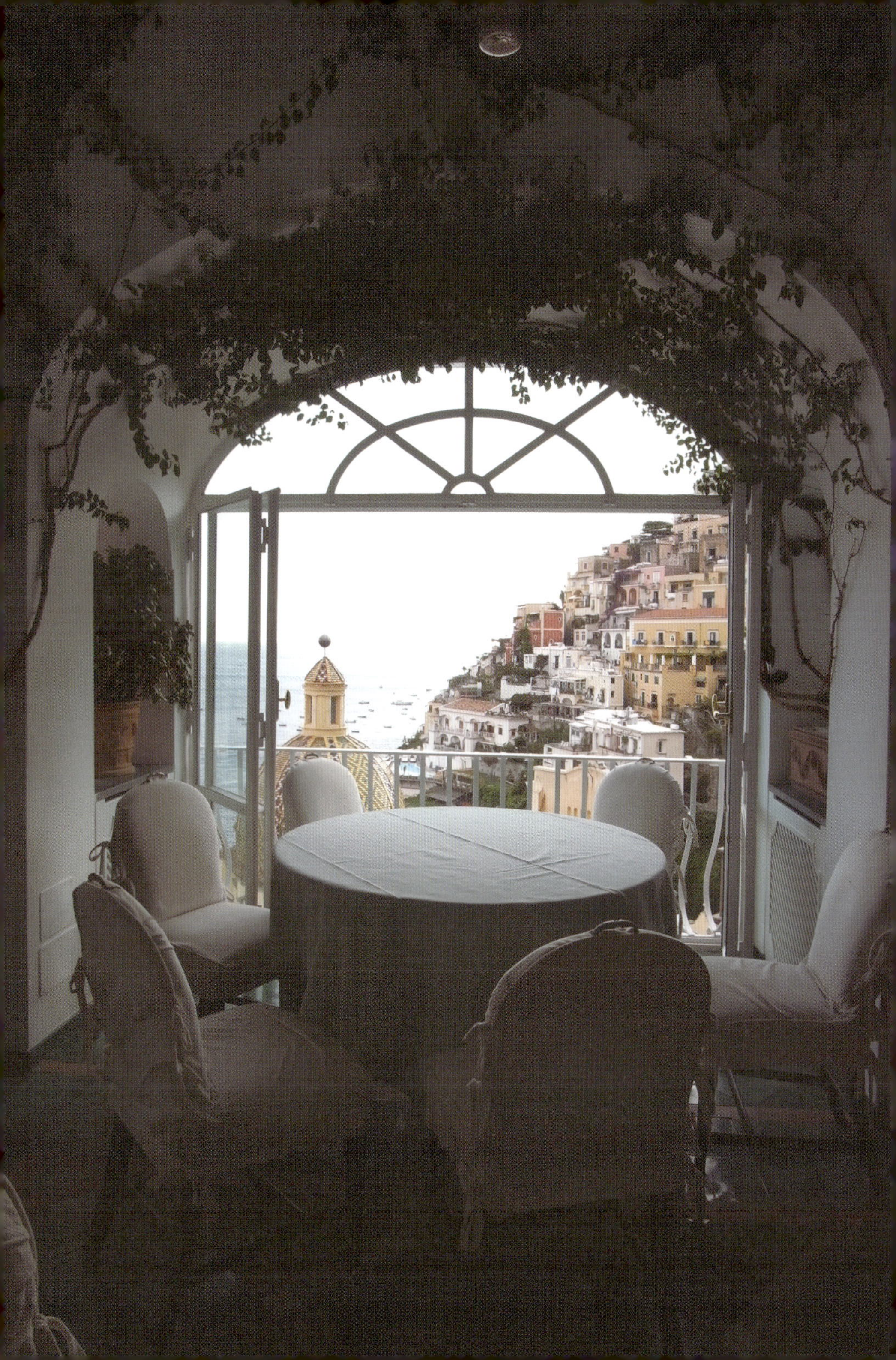

Bernard Rudofsky

プロチダにみる総体性と建築的パラダイス

　イタリア、ナポリからフェリーで1時間ほどの位置にあるプロチダ島は、中世の要塞都市を経て、漁村へと転じた人口約1万人の島である。港へ着くとその眼前には、黄色やサーモンピンクなど、色鮮やかなスタッコで塗り分けられた住宅が、隣と壁を共有して長い都市壁のように建ち並ぶ。そこでひときわ目を引くのが大胆なアーチの反復である。アーチには、1/4円、縦に二つに分割された半アーチ、切り欠かれた斧形などがあり、自由に変形されている。アーチの中は、開閉機構やサイズもまちまちな窓、部分的な白い壁、層を分ける床スラブ、奥行きのあるバルコニーなどが混ざっている。さらに、濃紺の地中海を眺める人、椅子に座って話に耽る人、編み物をする人、カーテン越しに読書する人など、窓やバルコニーに寄り添う人があちこちに見受けられる。この島の住人は自分たちが作り上げたお気に入りの窓辺を日々の居場所とし、窓を介して周りの人や街路などの社会的な広がりと、さらにその先の地中海や太陽といった自然の大きな広がりと、結びついているのである。

　このプロチダの虜となったバーナード・ルドフスキーは、この島の人や建物、街、食、自然の総体に魅せられ、この地に架空のプロジェクトを構想している。彼は著書『建築家なしの建築』において世界各地の伝統的な都市や集落を通して、地域固有の風土や文化と強く結びついた建築の普遍的な価値を提示したことで良く知られ、他の著作においてもつねに文化人類学的なアプローチによる建築理論を展開した。そんな彼がこれらの著作に先駆けて制作し、1938

1. ───── 海に面して高密に並ぶ建物
2. ───── 多様なアーチ窓で覆われる建物壁面
3. ───── テラスからアーチ窓越しにみた港

年にdomus誌で発表したのが『プロチダ島の住宅』である。
「私たちに必要なのは、新しいテクノロジーではなく、新しい生活の術である」というフレーズで始まるこのプロジェクトは、実現こそしなかったが、彼のコンセプトが純粋に表現された作品といえる。色とりどりの樹木や草木の茂る敷地には、生活機能を備えたコートハウスと、脇にタイル貼りの床の導く小さなパーゴラが配され、それぞれ設えや生活のシーンが細かに描写されている。朝陽の差し込む浴室で、入浴する男女。ダイニングルームのテーブルを囲ったトリクリニウム（寝椅子）で、横になり食事をする人々、駆け回る犬、馬。寝室を満たすマットレスの上で、蚊帳に被われる女と子鹿。悪天候に主室となる音楽室には奥行きのある3つの窓が設けられ、この窓の光溜まりを通して切り取られた青い地中海を眺めながら、女はハープを奏で、男はペガサスと戯れる。

この家のリビングルームである中庭は、床がデイジーやクワガタソウの混じる芝生で埋めつくされ、絶え間なく変化する空が天井となり、周囲の部屋がカラフルなカーテンの掛かる窓を伴って一同に会する。夏の暑い陽射しはキャンバスで遮られ、春や秋の夕暮れの涼は暖炉が人をそこに留める。このプロジェクトに関わるドローイングは数多く、古代ローマの群像によって領有されたその情景は、建築的なパラダイスとも呼べる。

　彼はこのプロジェクトを通して、20世紀の人間がいかに料理し、飲食し、睡眠し、入浴し、座り、音楽を聴き、自然と接するか、つまりどのように人間が生きるべきかを論じている。近代主義における大量生産の理論や、機械化によって忘れ去られた人間の豊かな経験とはどのようなものか、そうした経験を持続させる建築空間とはいかなるものか。ルドフスキーはこうした問いを繰り返し、人間の豊かな経験と建築空間や都市空間の呼応し合うような、あるいはそうした運動がある種の総体を築き上げるような創作の枠組みを、生涯にわたり提示しつづけたのだ。（金野千恵）

3.

Symphonic Poem

交響詩

ツォーラの特徴は通りや、またその通りにそって並ぶ家や、その家の戸口や窓が、たとえそれ自体格別の美しさとか珍奇さとかを示すものではなくとも、その並び続く順序そのままに、一つ一つ記憶に留まっているということなのでございます。その秘密は、ちょうどどんな音符も一つとしてとり変えたり移し変えたりすることができない楽譜のように、つぎつぎとあらわれる物の姿の上を視線が走るというところにあるのです。 *イタロ・カルヴィーノ『見えない都市』(米川良夫訳)*

―――

イタロ・カルヴィーノの『見えない都市』は、マルコ・ポーロが旅の途中で立ち寄った様々な都市を紹介している。そのなかでも戸口や窓といった開口部の反復によって特徴づけられている街が、ツォーラである。ここで述べられる窓や戸口の特徴は、一つ一つの特徴よりも、その配列の秀逸さに特徴があると語られているが、具体的にどのような配列なのかは語られていない。ただ各々の窓の決まった順列が、完璧な交響曲の中の、動かし難い音符であるかのように喩えられているだけである。そこに、個だけでは成し得ない、集団の営為としての都市の偉大さが投影されている。

連なりの窓

Aligning Windows

　壁に対する窓の比率は、想像上は限りなく大きくする事もできる。しかし窓の大きさというのは、つねに製作（施工のしやすさ）と使用（建具の開閉のしやすさ）の都合によって、身体との紐帯の確保を余儀なくされ、それによって開閉機構などが一定の形式に収斂されることになる。こうした技術的な制約が人間のスケールを原単位とするからこそ、それらを集合させた大きな窓は、共同体のスケールに対応することができる。これを、「連なりの窓」と呼ぶことにする。これらの窓の開閉はそれを利用する人々に委ねられているので、全開だったり、半開きだったり、まちまちの方向に開いたりすることで、そこに集められた人々の多様性を映しとる。現代の技術をもってすれば、小さく部品化されることなく巨大な窓をつくることもできるかもしれないが、それらはときには危険で威圧的な印象をもたらす。それに対して小さな単位が反復する場合はひとつのガラスは華奢で、かわいらしく、これが全面的に展開され、ファサードを覆いつくすまでになると、その建物は光、風、人のふるまいが組み上がったようなたいへん生き生きした表情をもつことになる。

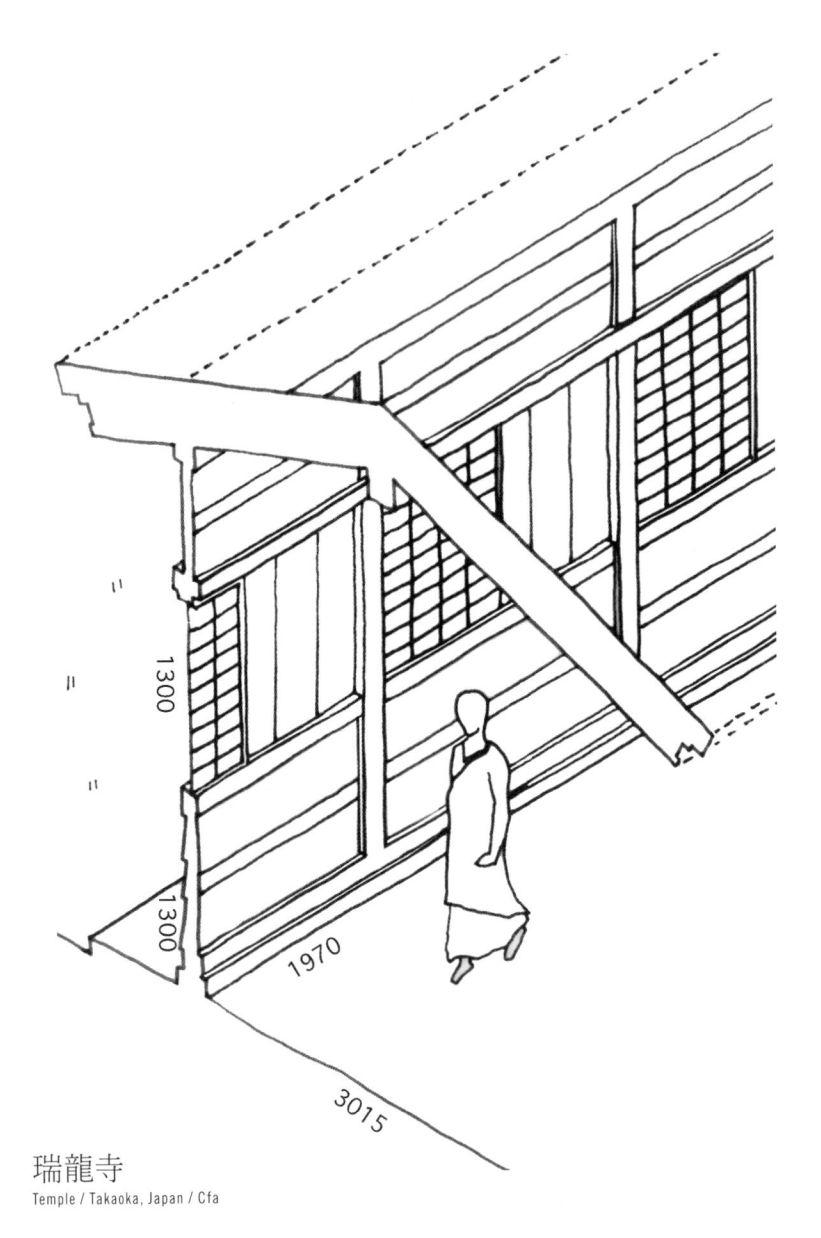

瑞龍寺
Temple / Takaoka, Japan / Cfa

富山県、高岡にある、15世紀に建設された禅宗寺院の回廊。外に板戸、内に障子が重ねられた窓が、総長約300メートルに及ぶ回廊に連続する。廊の長手一辺で900 × 1300mmの窓が1970mm間隔で45回も反復されると、それは空間的な秩序であるとともに数学的な秩序でもあるように感知され、そこに境内空間にふさわしい規律が物質化されている。

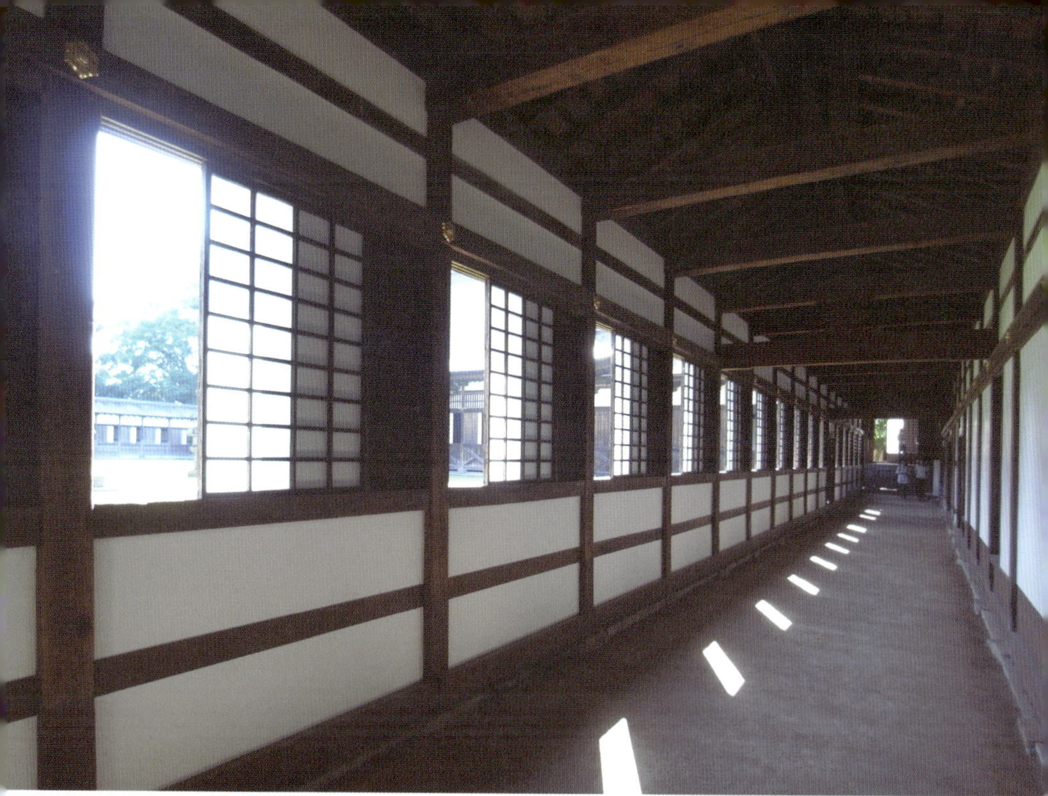

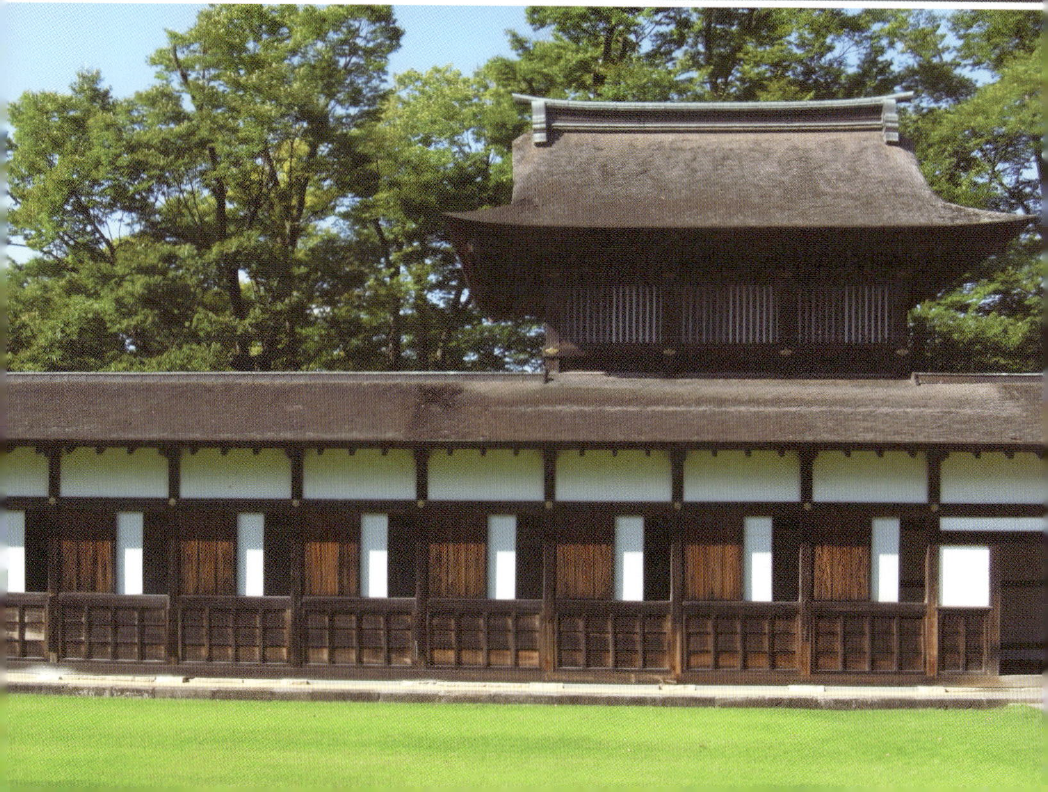

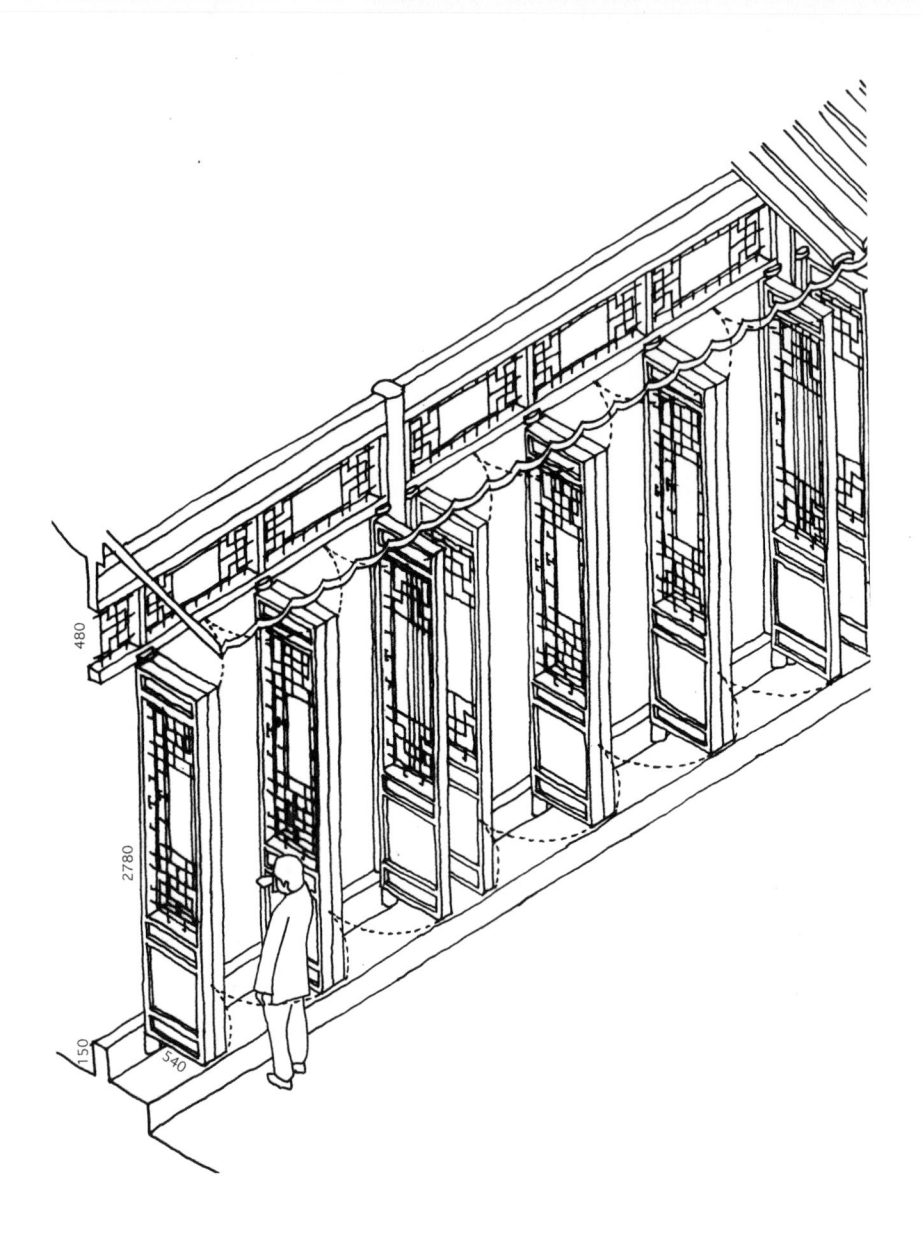

Awaiting Cloud Temple

Pavilion / Suzhou, China / Cfa

中国四大庭園のひとつ、蘇州の留園。中庭に面して両開きの格子窓が 9 つ連続している。中庭を区切る壁の白色と建具の朱色のコントラストが鮮やか。

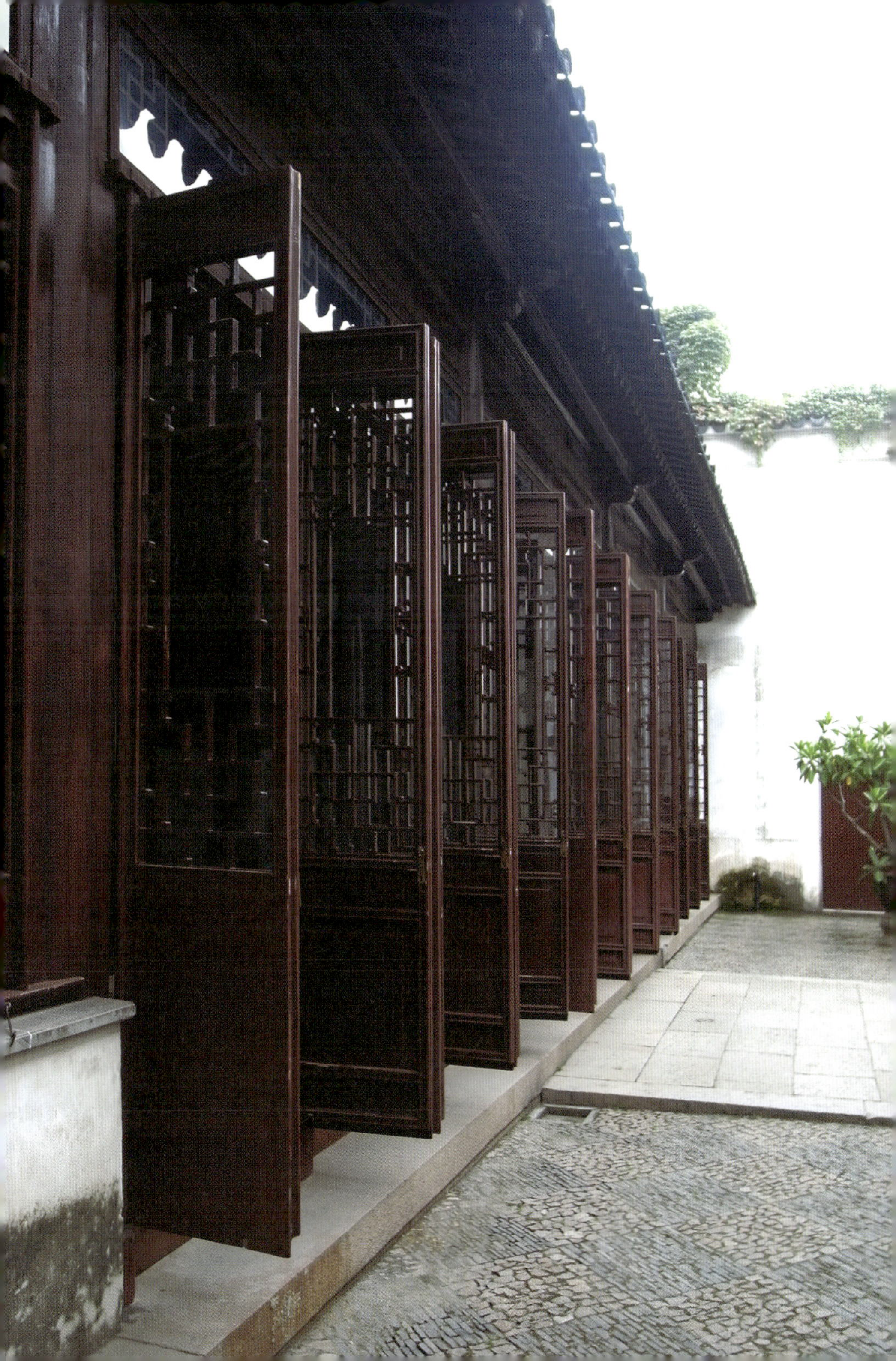

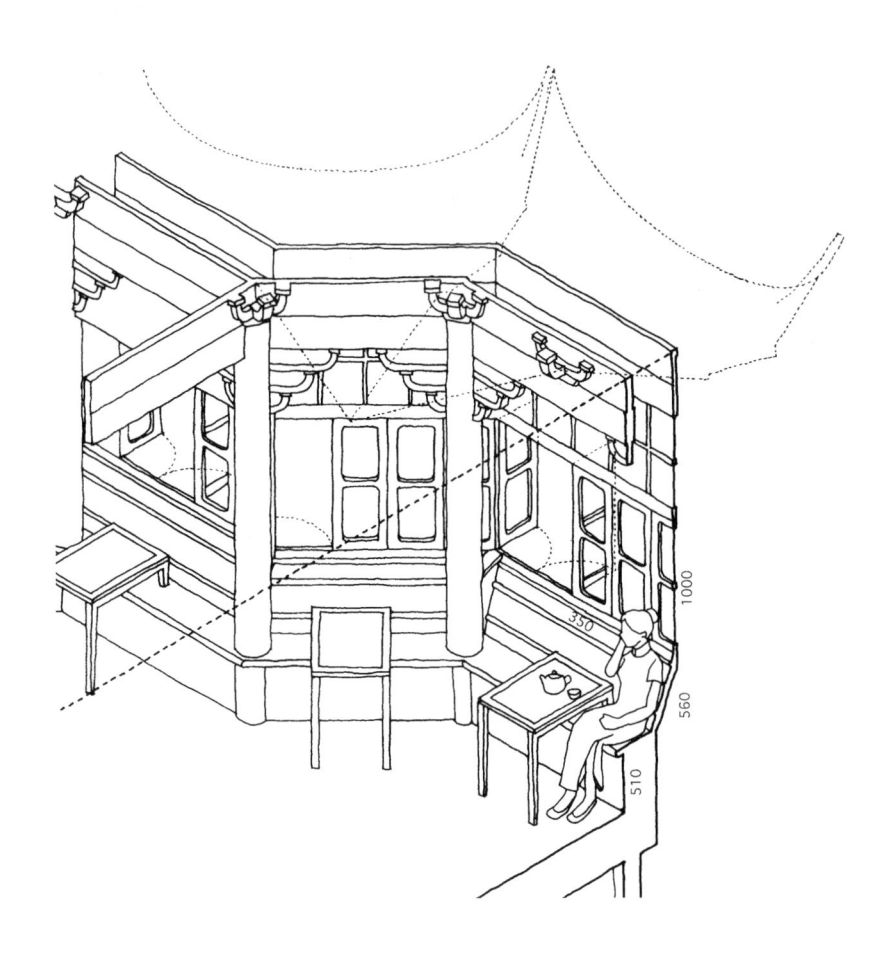

The Mid-lake Pavilion Tea House
Pavilion / Shanghai, China / Cw

上海、豫園の茶屋。蛇行した外壁に沿って外開きの連窓、ベンチ、テーブルが設えられてある。テーブルの足4本のうち2本がベンチに乗るため、短くなっている。

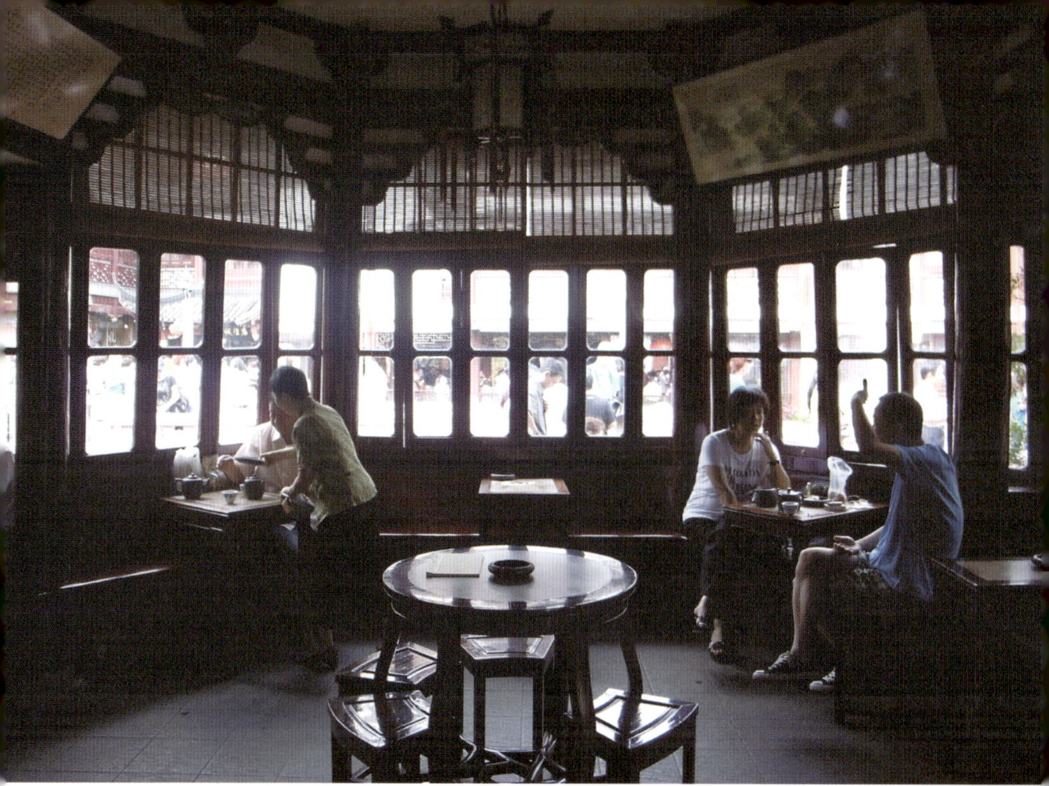

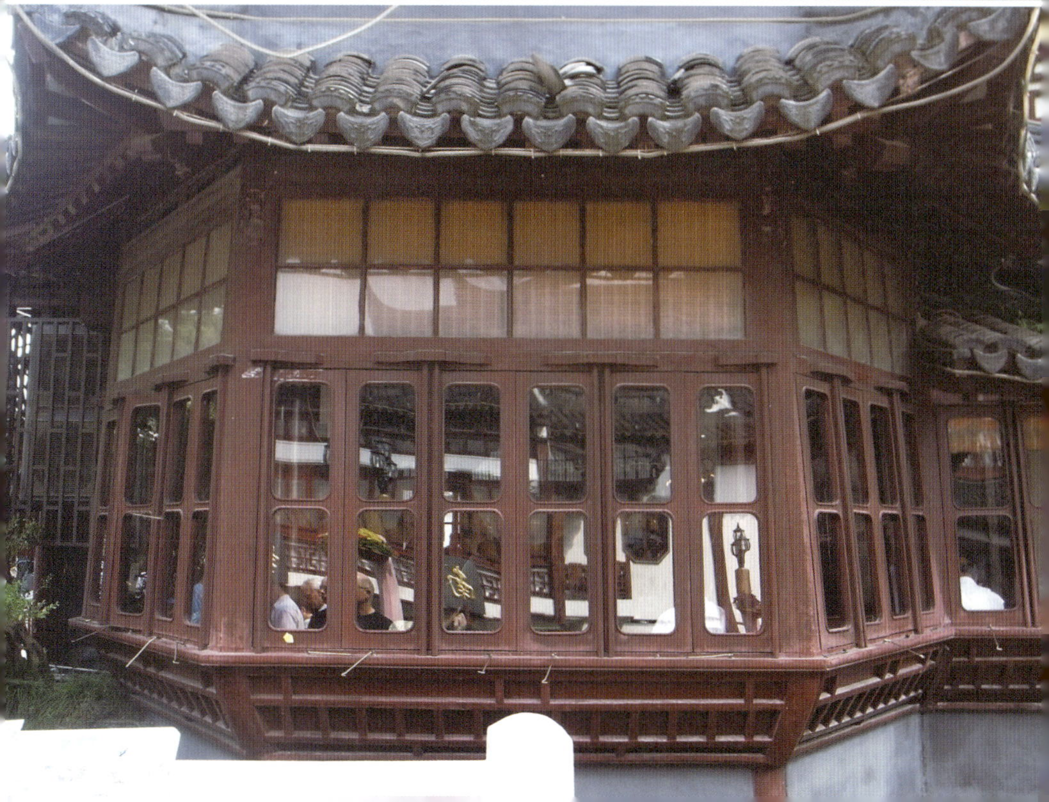

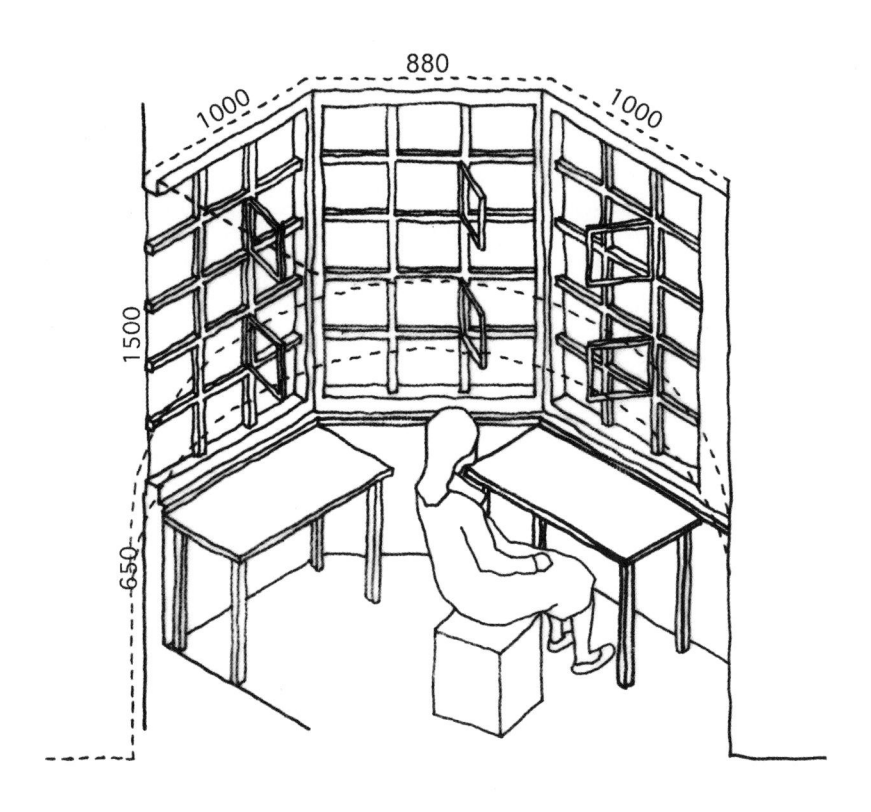

The Glasgow School of Art
School / Glasgow, Scotland, UK / Cfb

チャールズ・レニー・マッキントッシュ設計によるグラスゴー美術学校の廊下。構造体であるアーチの外に、台形平面のベイ・ウィンドウが設けられ、外から見ると屏風状の水平連窓になっている。スチールサッシによって小割りにされたガラス面の一部が開閉可能。

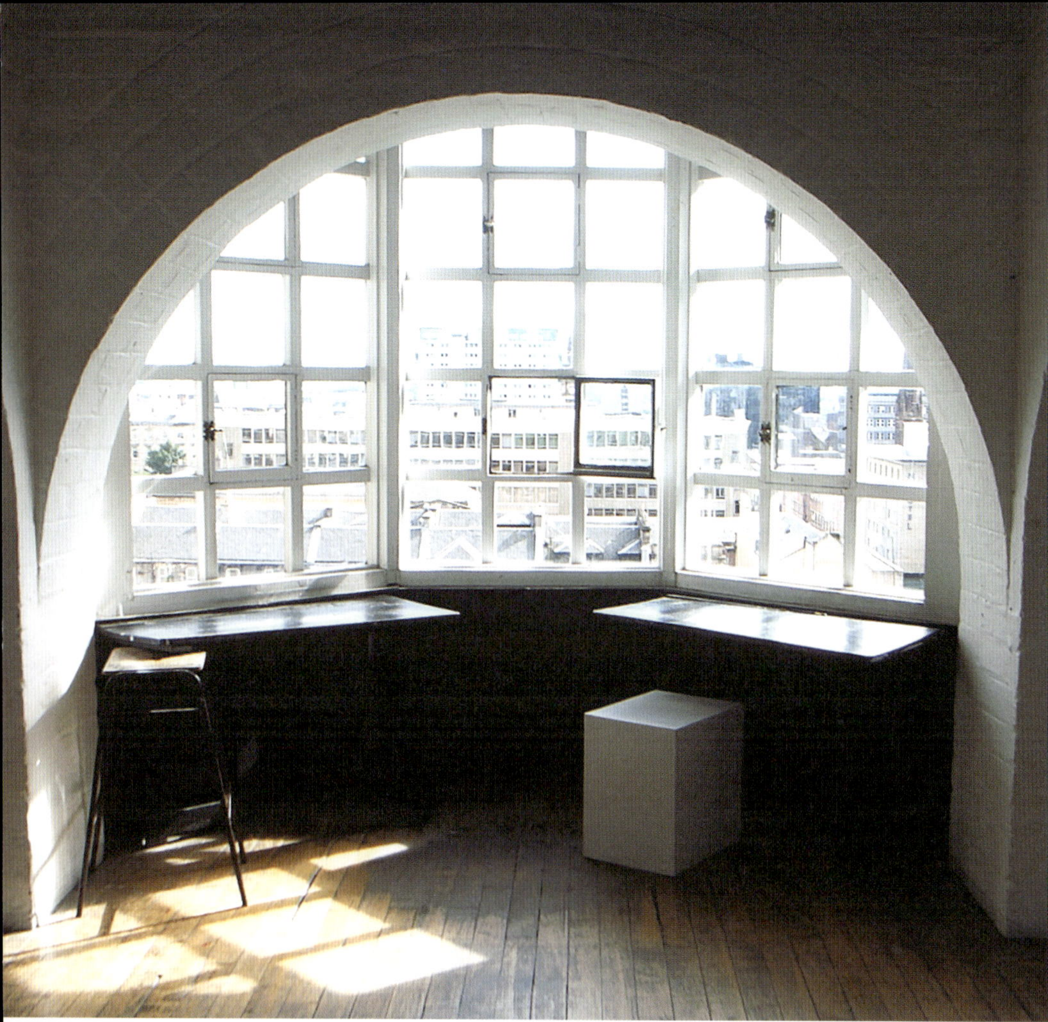
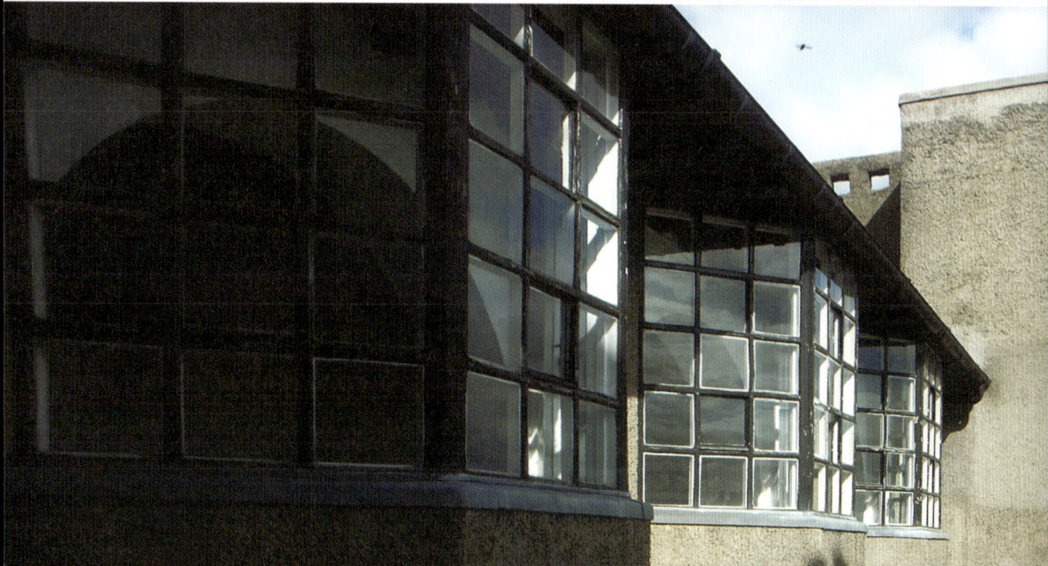

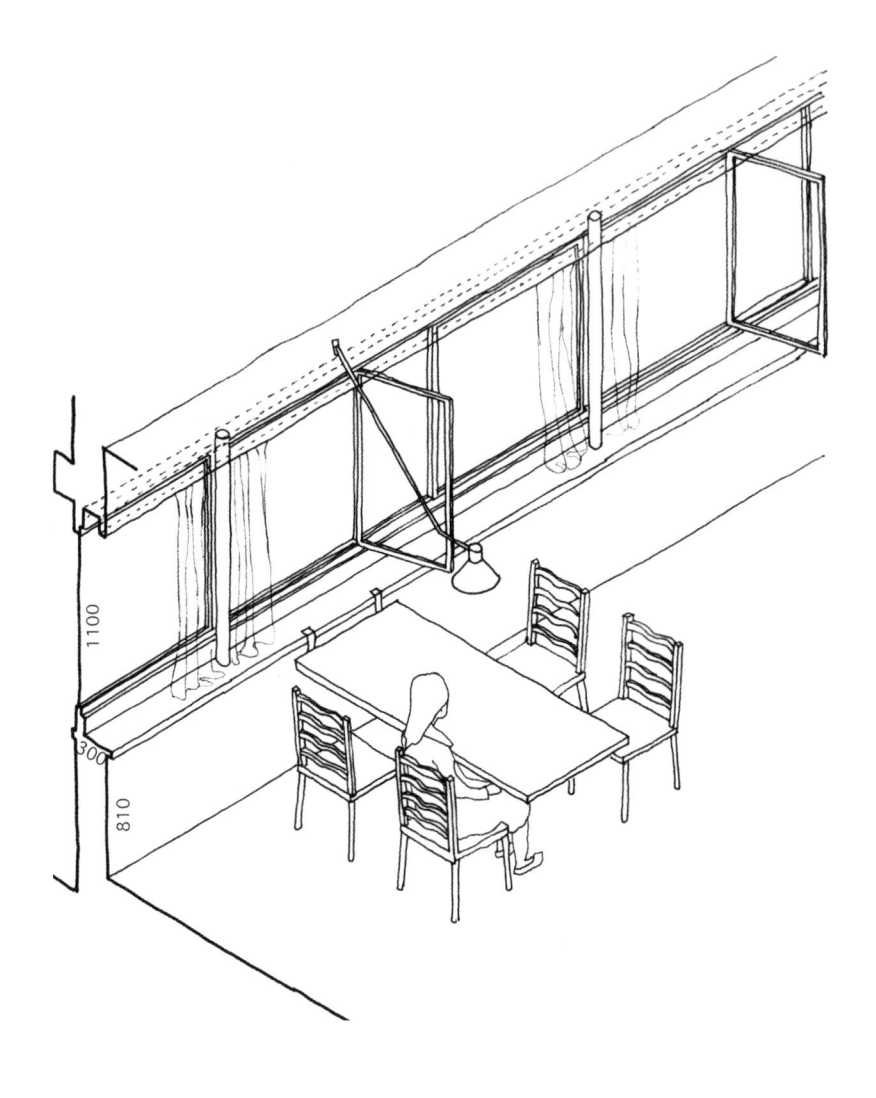

Villa Le Lac Living Room
House / Vevey, Switzerland / Cfb

ル・コルビュジェ設計の母の家。水平連窓の窓台はカウンターとなり、レマン湖に対して身体を位置づけるためのジグとなっている。居間から寝室を通り過ぎ浴室まで達する11mの長さは、内部の室に対応するというより、この小さな住宅をとびこえて湖の水平線に身体のスケールを対峙させている。

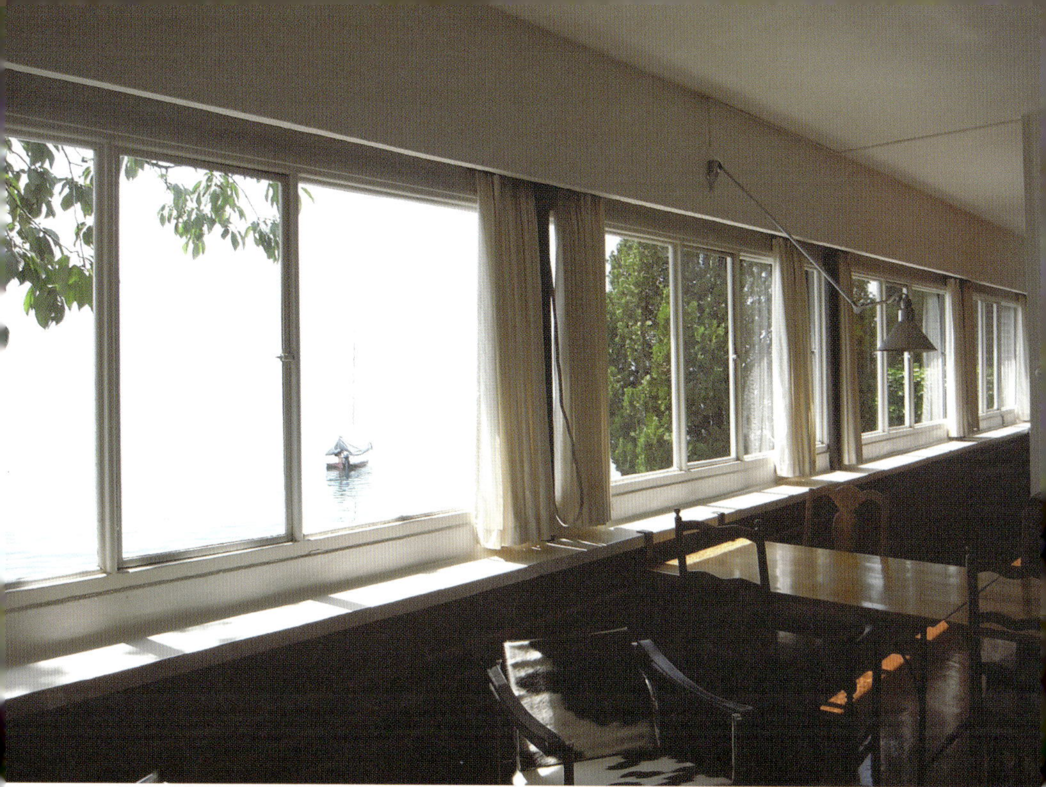

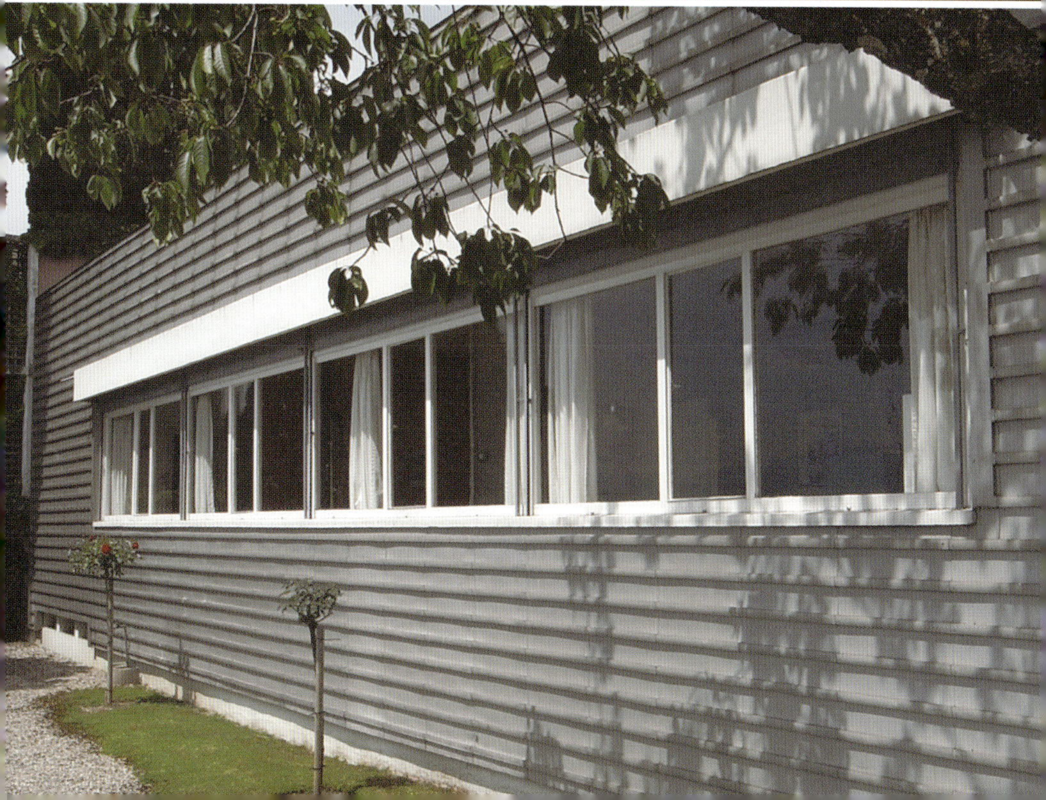

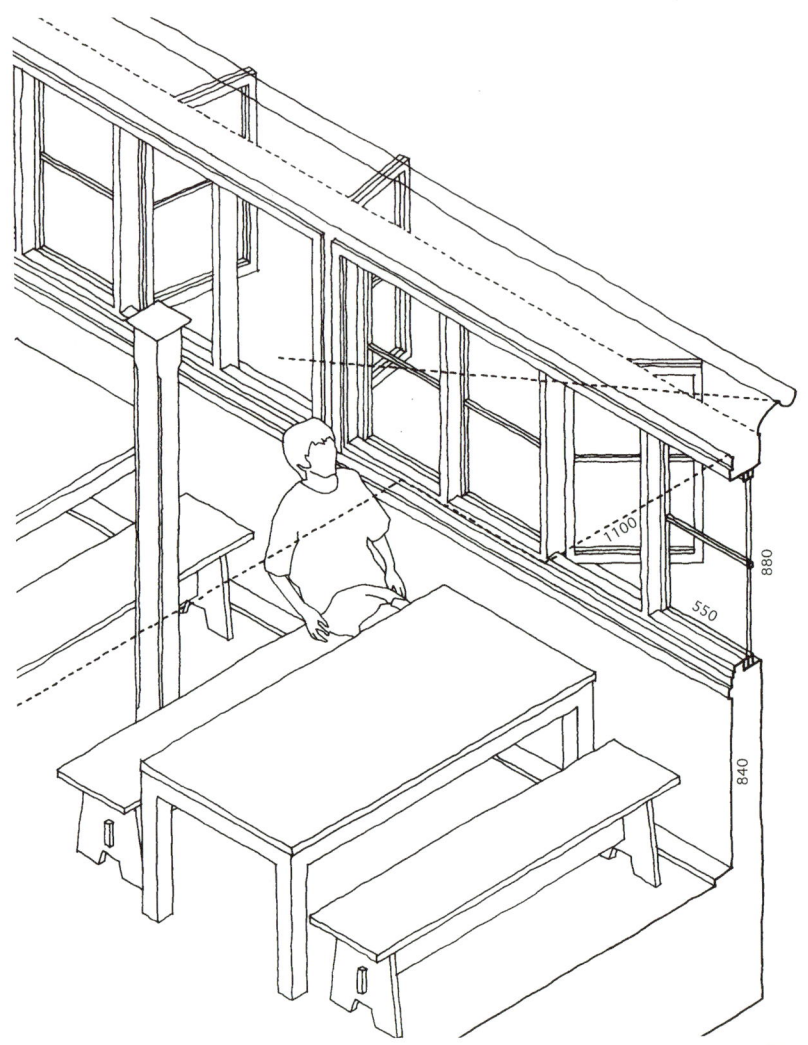

Rowing Club
Boathouse / Stockholm, Sweden / Cfc

ストックホルム郊外、運河沿いの休憩所。耐寒性を確保するために二重になった木製の両開き窓が水平に連続し、運河を往来するボートやカヌーを眺めることができる。天井は低く押さえられており、水面に反射した光に照らされきらめいている。

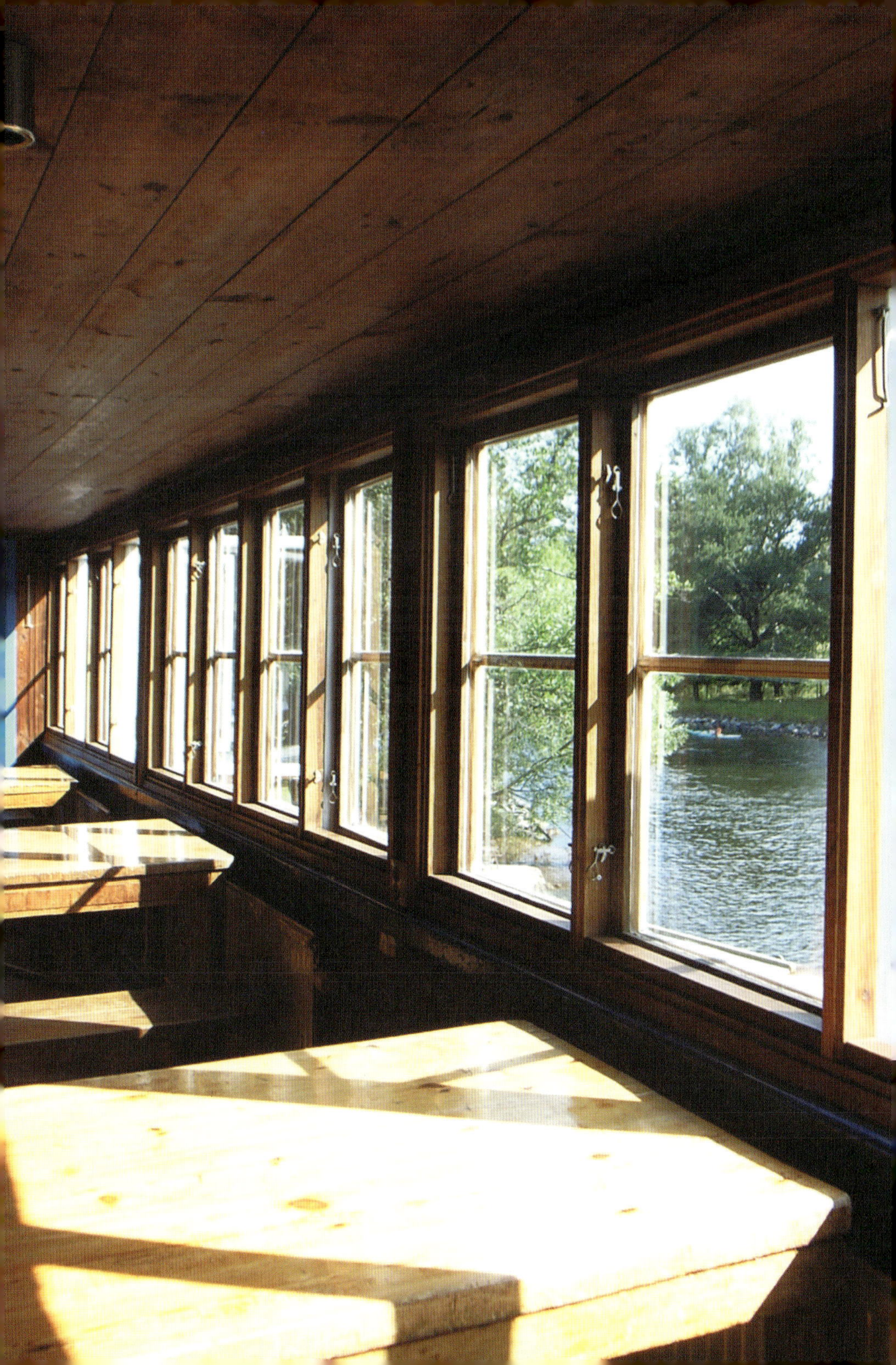

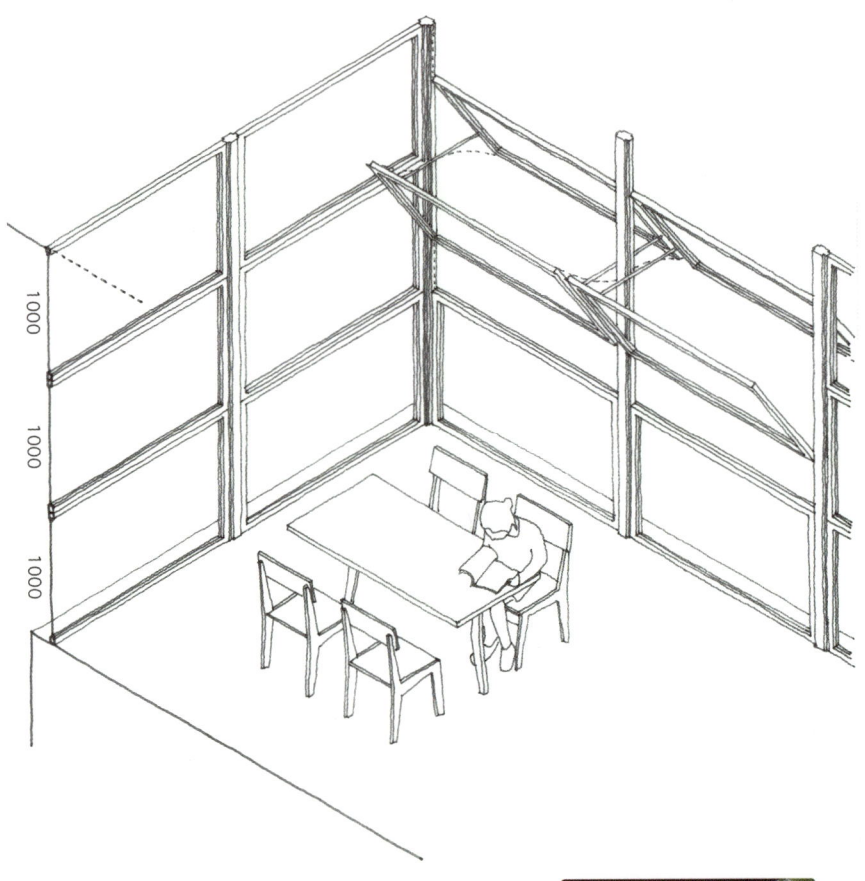

University of Sao Paulo
University / Sao Paulo, Brasil / Aw

ブラジル、ホアオ・アルティガス設計のサンパウロ建築大学。コンクリートスラブの間に設けられた窓は上下3段に分かれており、下はフィックス、上2つは無目(横枠)がなく連動して開閉できる回転式。

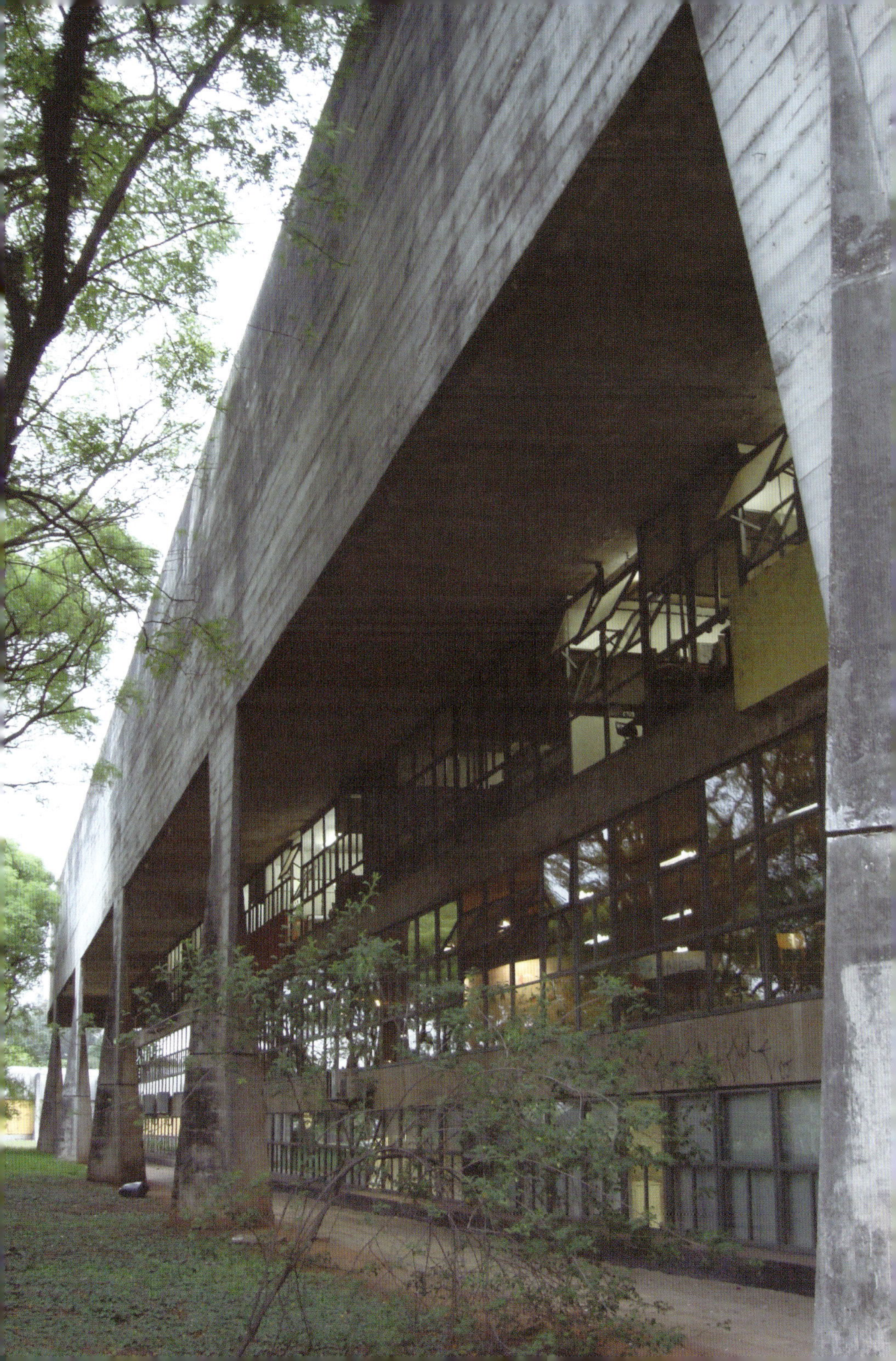

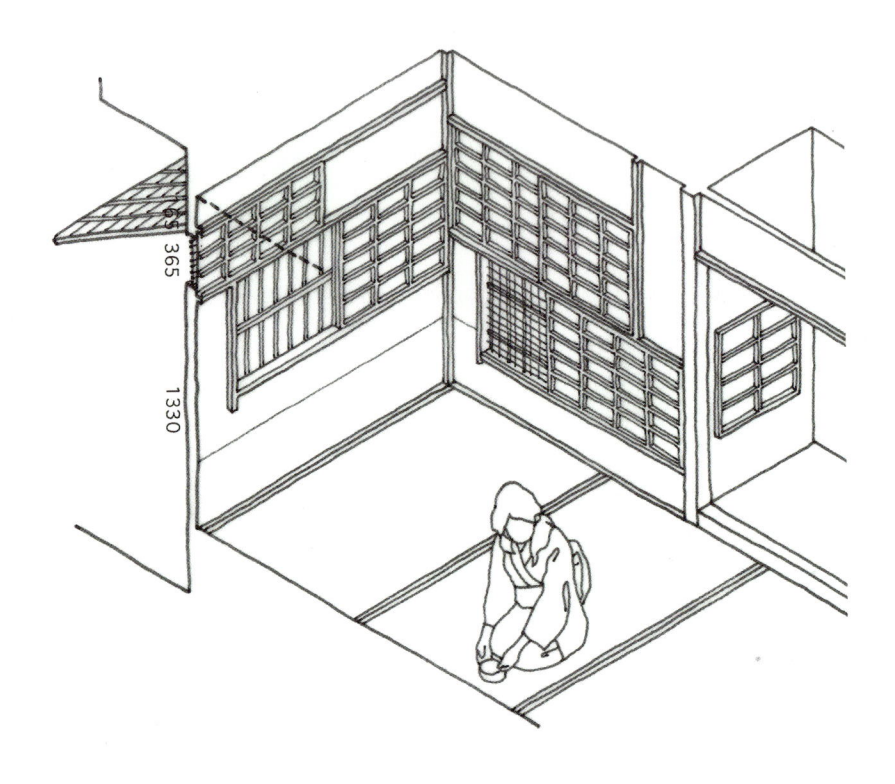

春草廬

Tea Pavilion / Yokohama, Japan / Cfa

横浜、三溪園内の茶室。茶室内に9つの窓があることから、かつて九窓亭と呼ばれていた。下地窓(土壁を塗らずに壁下地を残した窓)や連子窓(格子が取り付けられた窓)が不規則に連なって穿たれている。その内側の障子を移動させることで、小さく静寂な茶室の中に、軽快で動きのある印象が与えられている。

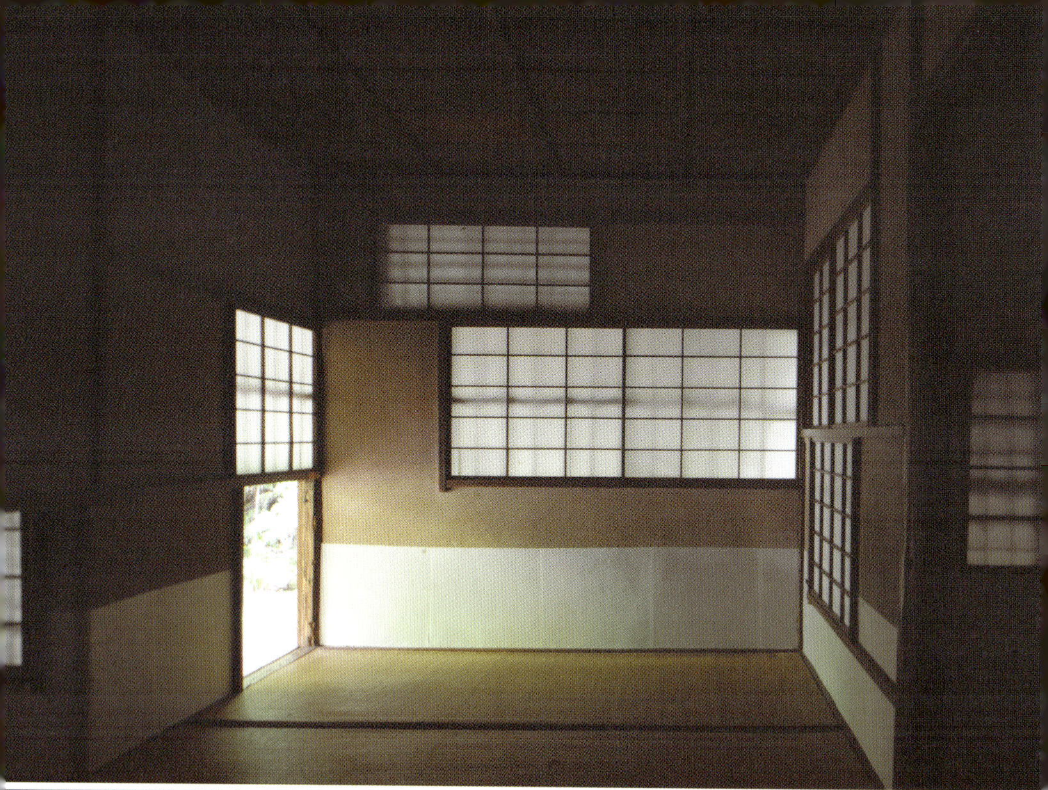

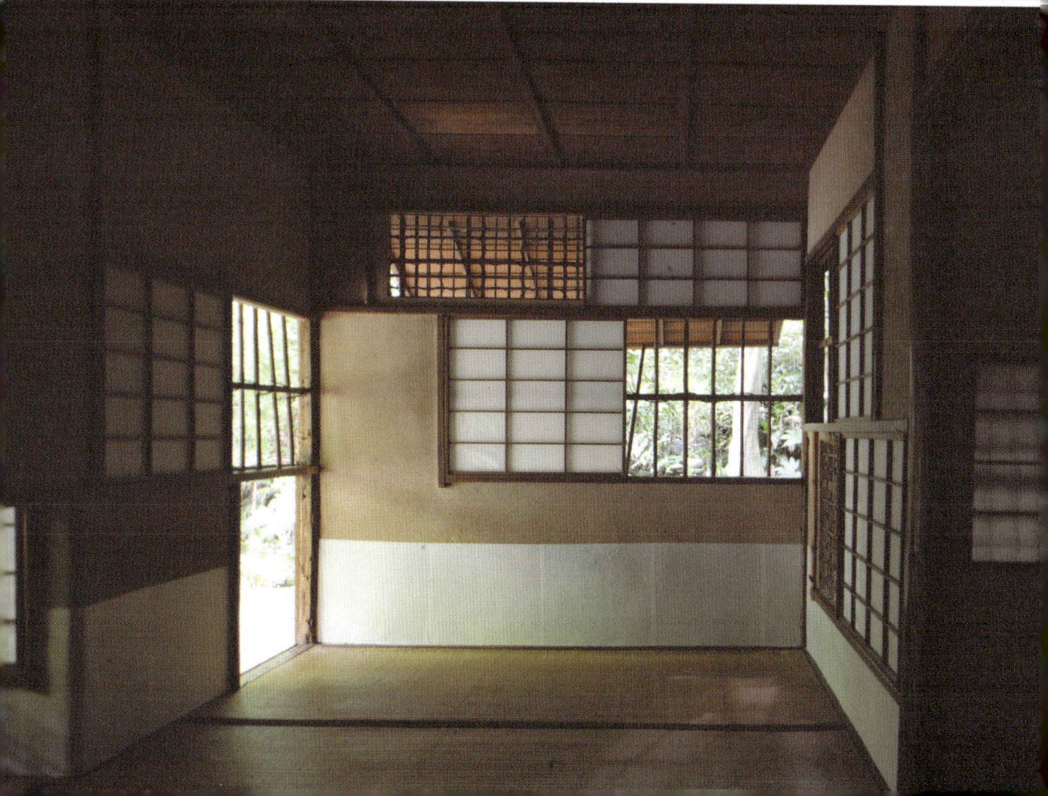

重なりの窓

Layering Windows

建築の内部と外部は通常一枚の壁とそれに穿たれる窓によって境界がつくられる。しかし、二枚の壁あるいは二枚の窓を重層させることによって境界に重なりをつくるやり方もある。これを、「重なりの窓」と呼ぶことにする。重なりの窓は、光や熱、風、雨といった様々な外部の自然要素のふるまいを別々に捉え、各々のふるまいを個別に専門化して扱った各層が、最終的に重ね合わされることによって出来る、きわめて分析的な窓である。つまり、これは外に広がる眺めを見るための窓ではなく、光、熱、風のふるまいという見えないものを見るための窓といえる。重なりの窓は、層状に分節されて操作性が高くなることで、室内の温度、湿度、明度の細やかな調整が可能となり、使用者や設計者の意図を投影できるようにもなっている。これら各層の操作の組合せが、季節や文化的儀礼に真に対応するならば、その「重なりの窓」は、都市空間や社会と対話するデバイスとして洗練されていると言えるのである。

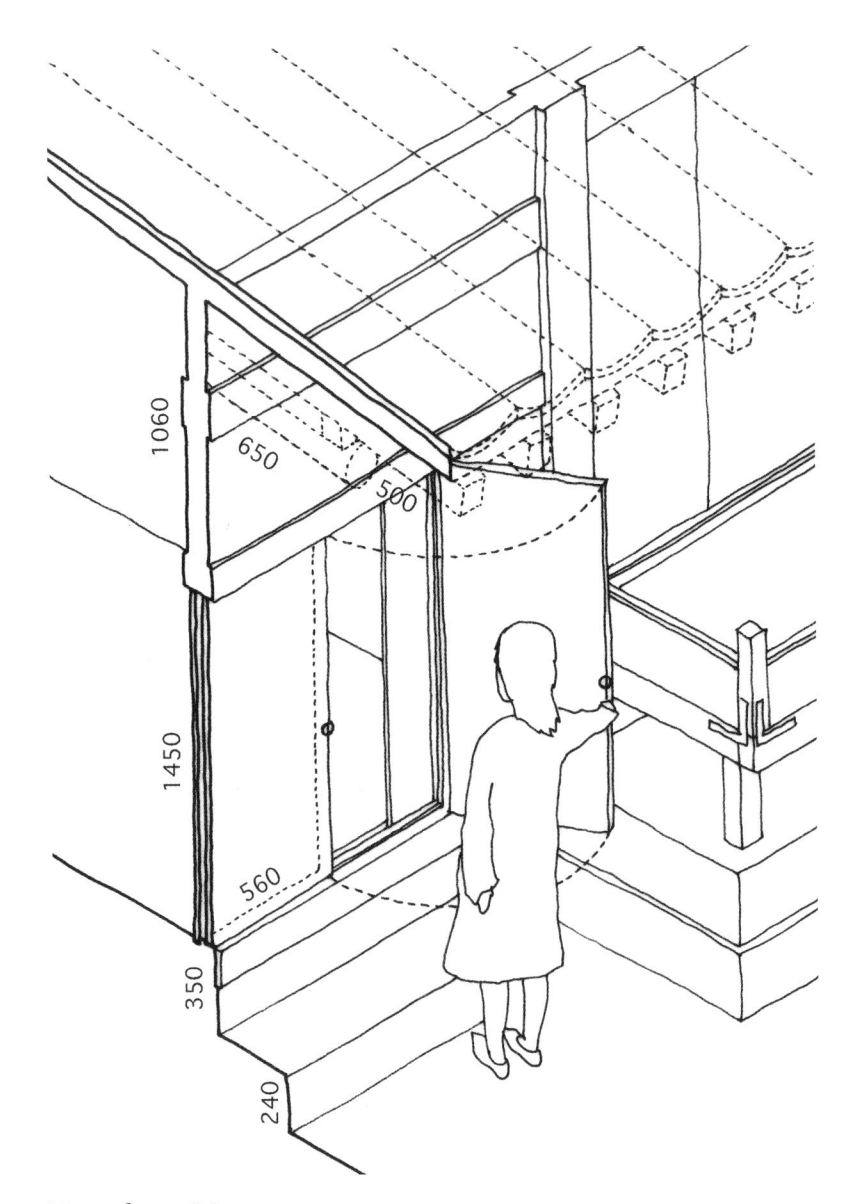

Hanok in Namsan
House / Seoul, Korea / Dw

ソウル、南山の伝統的韓屋。ドゥギョダジチャンと呼ばれる二重扉の形式は、室内側に障子の引き戸、外部側に韓紙が貼られた開き戸が設けられている。服を重ね着するような構成。

塘
鵽
又
飛

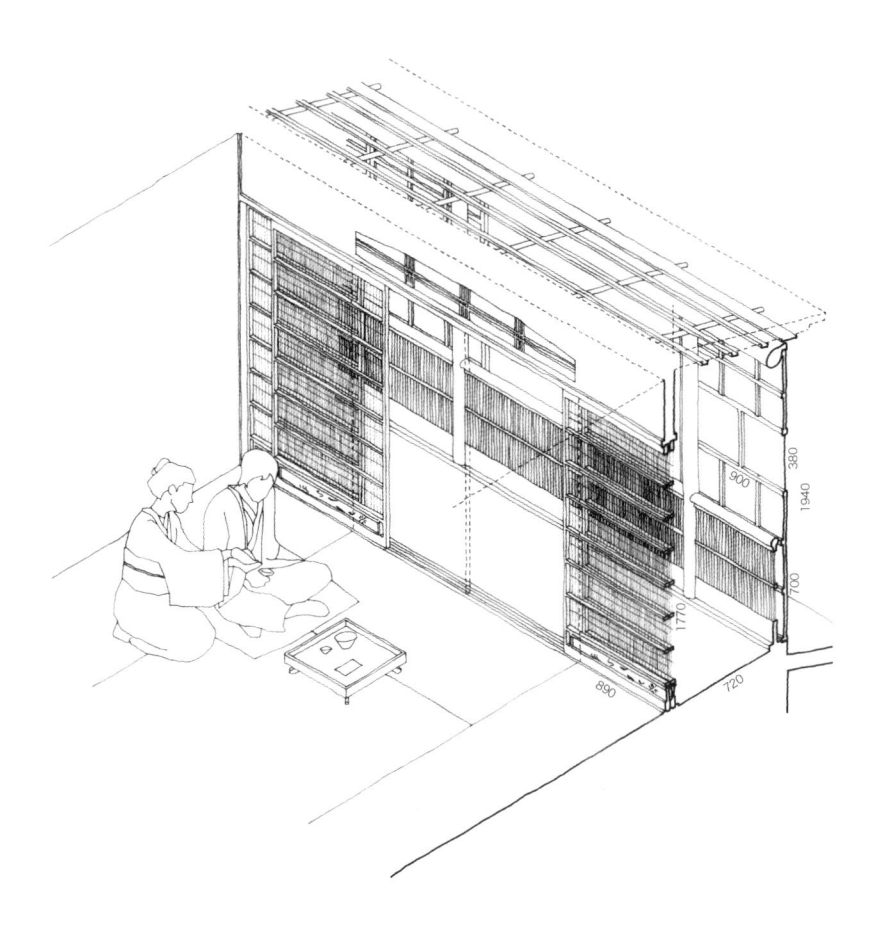

懐華楼

House / Kanazawa, Japan / Cfa

金沢の茶屋街2階の座敷。内側から、簾戸、板の間の縁側、そして引き込みの雨戸。庇の出が支える開放性の中に、軽くて弱い建具が幾重にも重ねられている。

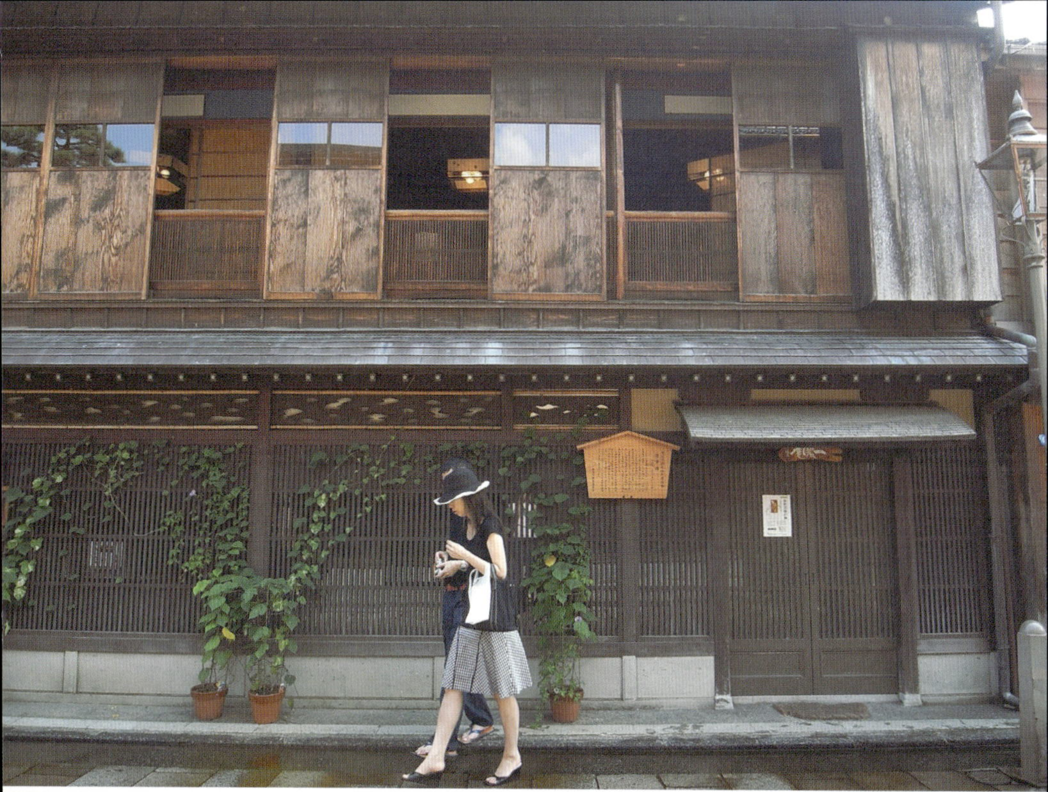

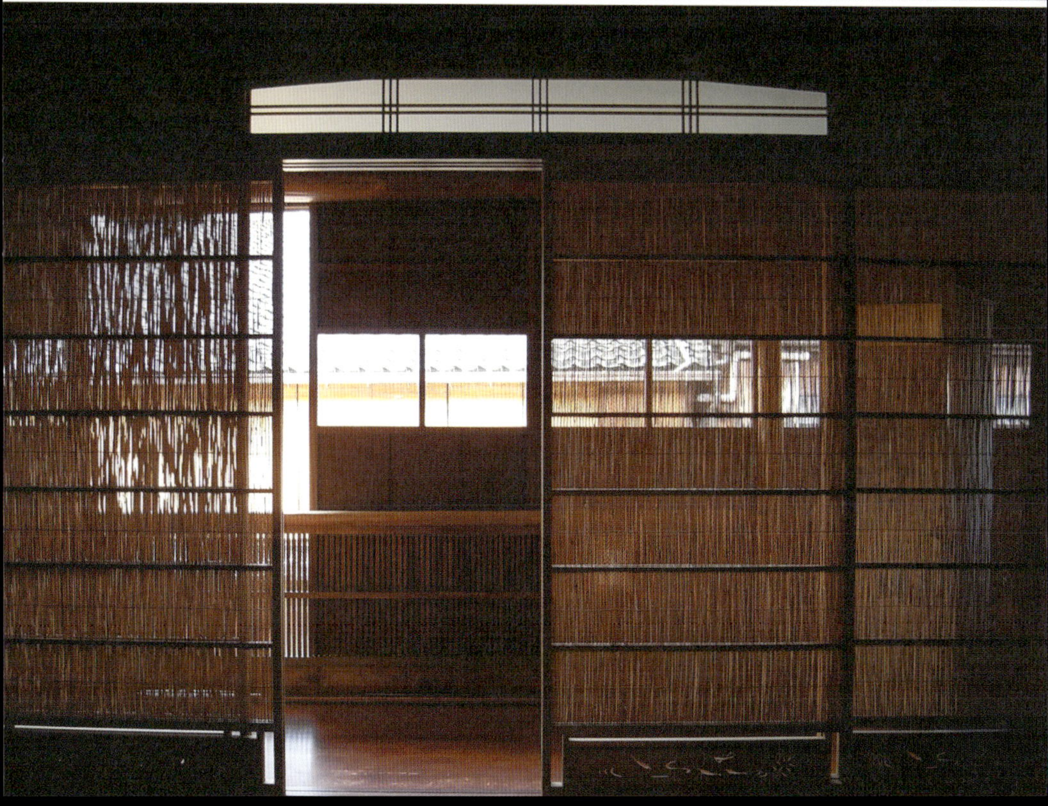

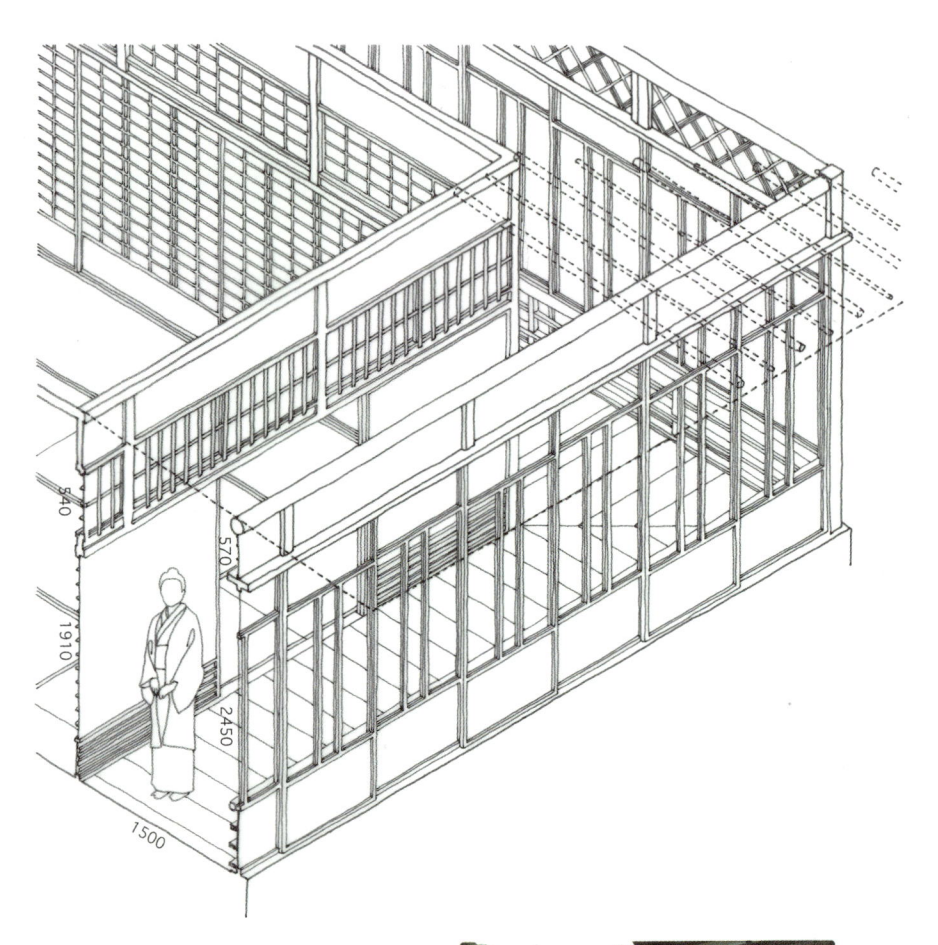

臨春閣
House / Yokohama, Japan/ Cfa

横浜、三溪園の数寄屋風書院造りの建築。移築した際に、池に面した縁側の部分にガラスの引き戸が設けられたが、内側の障子は元のまま。透明、半透明の素材の重ね合わせ。

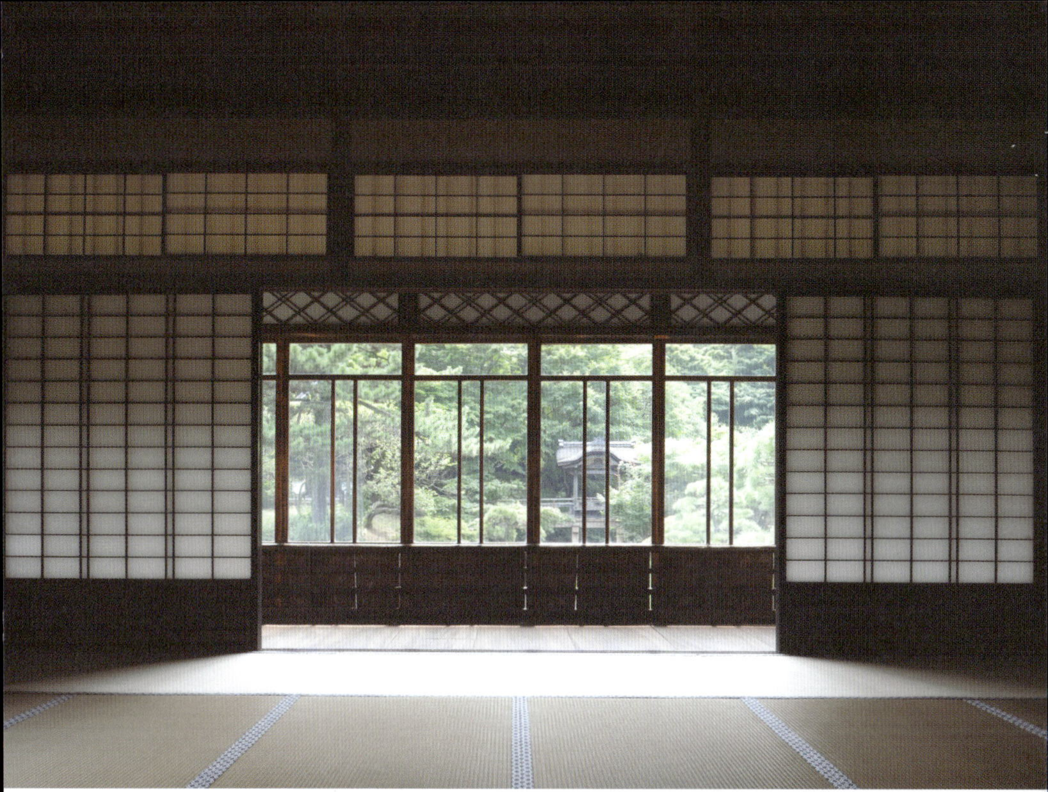

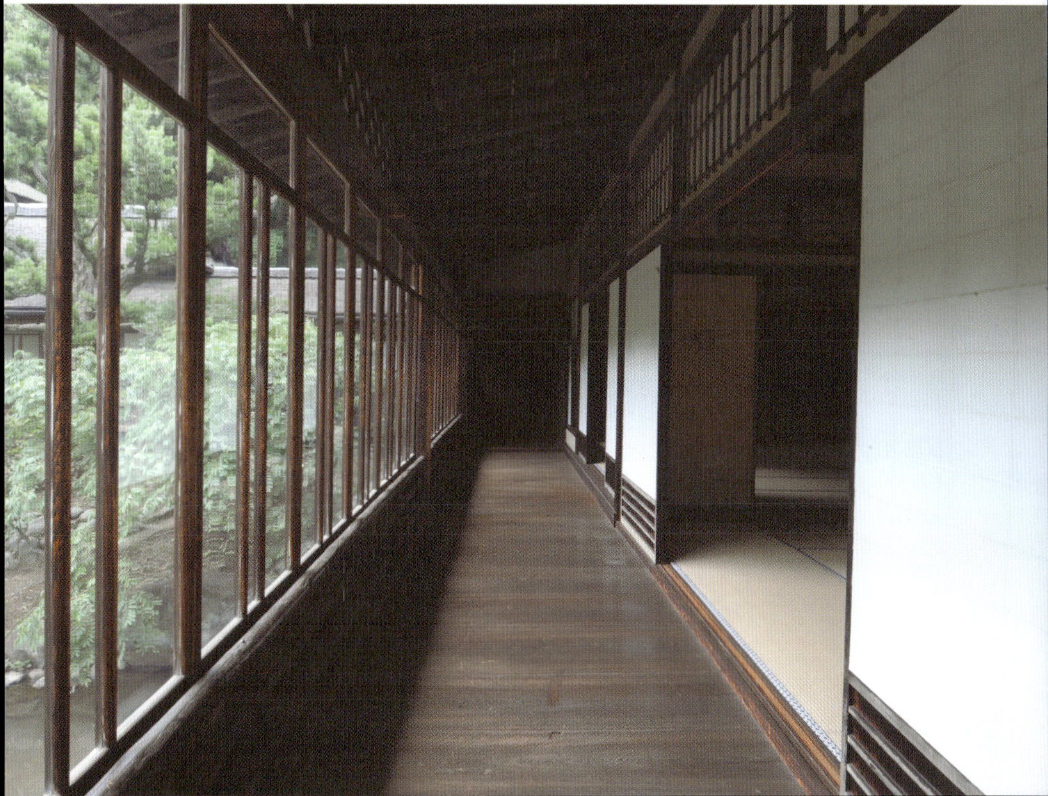

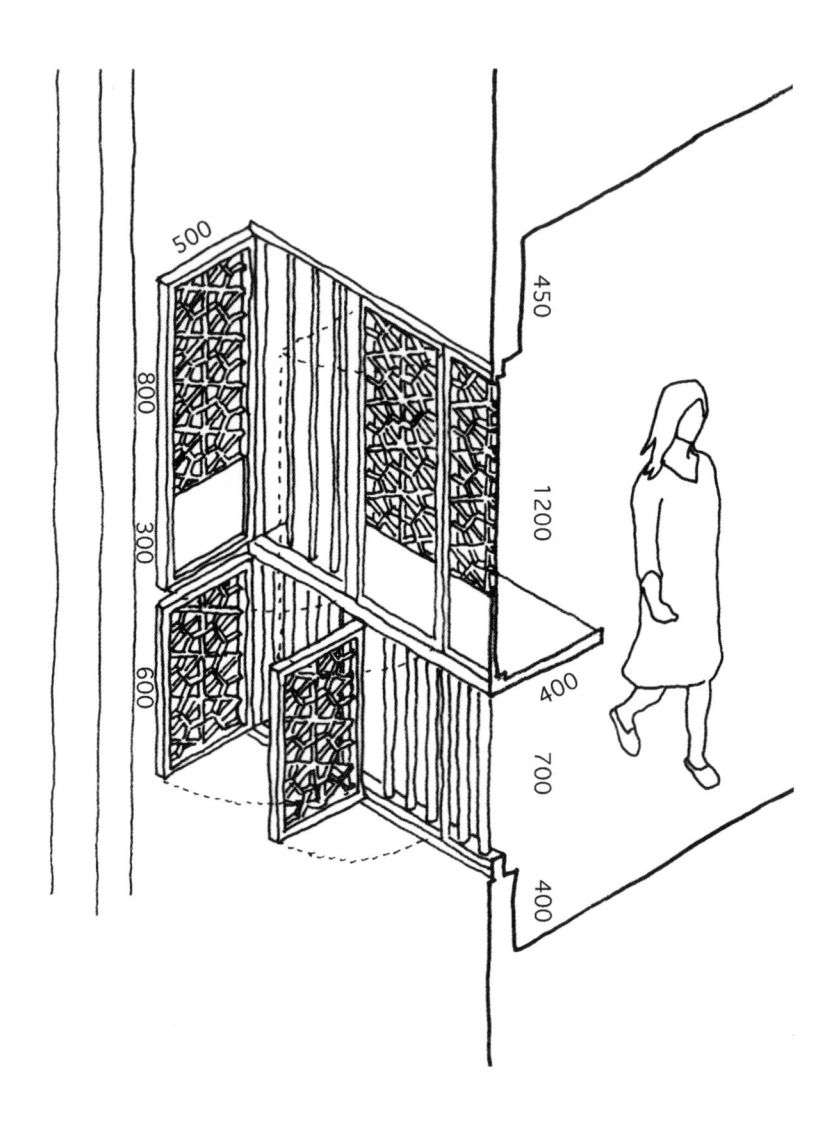

Restaurant in Rua da Felicidade
Restaurant / Macau, China / Cw

マカオ、福隆新街のショップ。以前は娼婦街として栄えた通りの2階に透かし彫りの施された赤い格子窓が反復している。上下4枚ずつに分かれる格子窓の小ささが、往事の女性達の置かれた立場のつらさを物語っている。

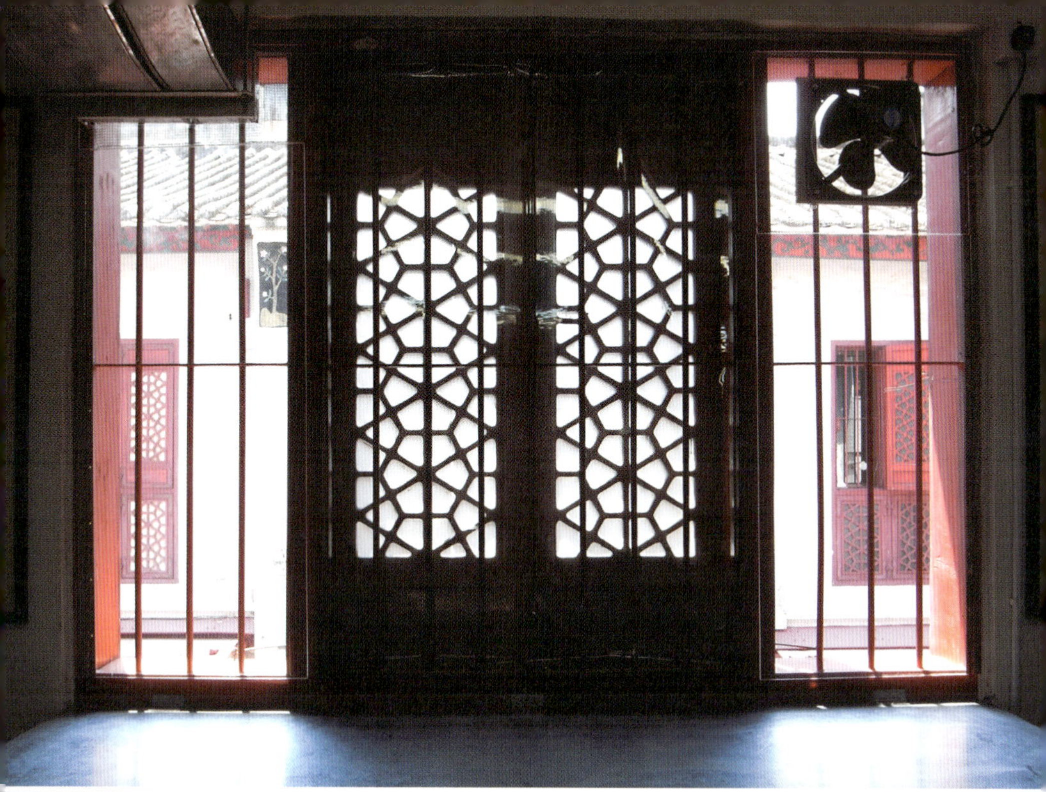
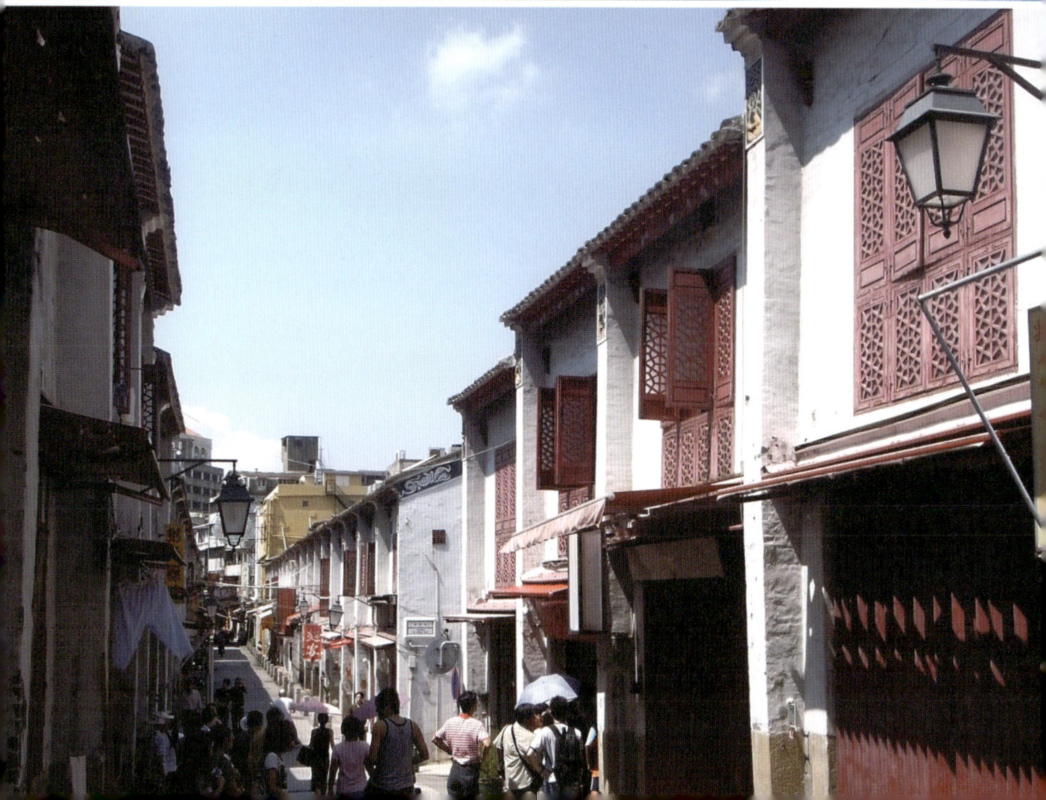

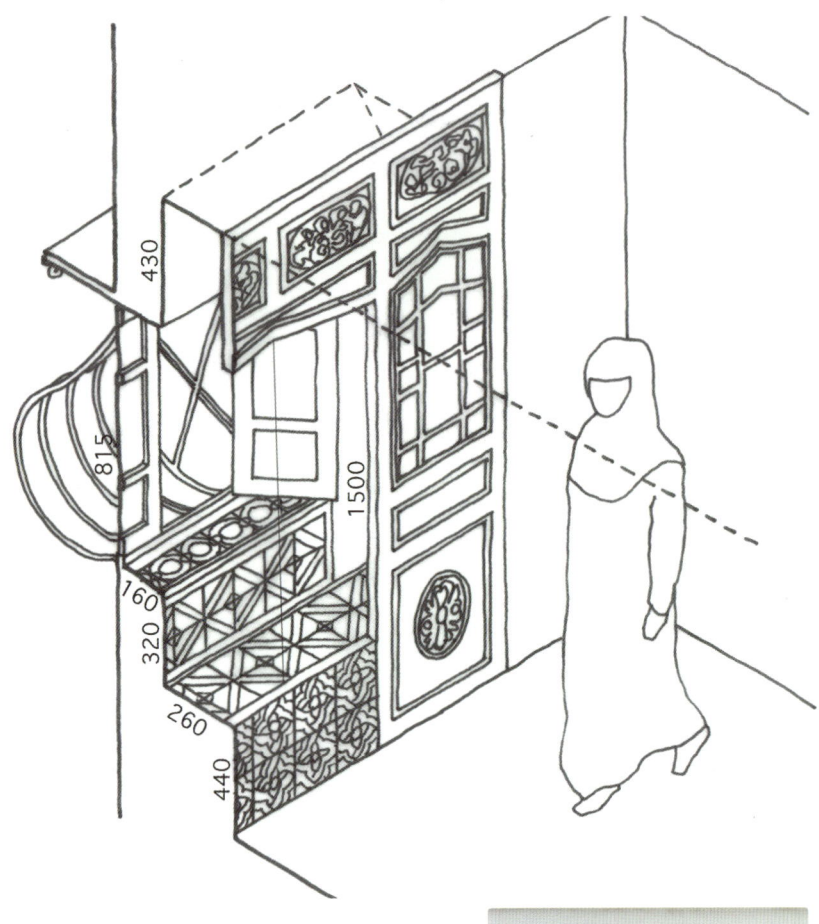

House in Sidi Bou Said
House / Tunis, Tunisia / Cs

チュニジアの地中海沿岸シディ・ブ・サイドにある住居。この窓は内側に木製片開き建具（内開き）、外側に木製格子が設けられて、二重になっている。格子が曲げられて張り出しているので、上半身をのりだして街路を眺めることができる。

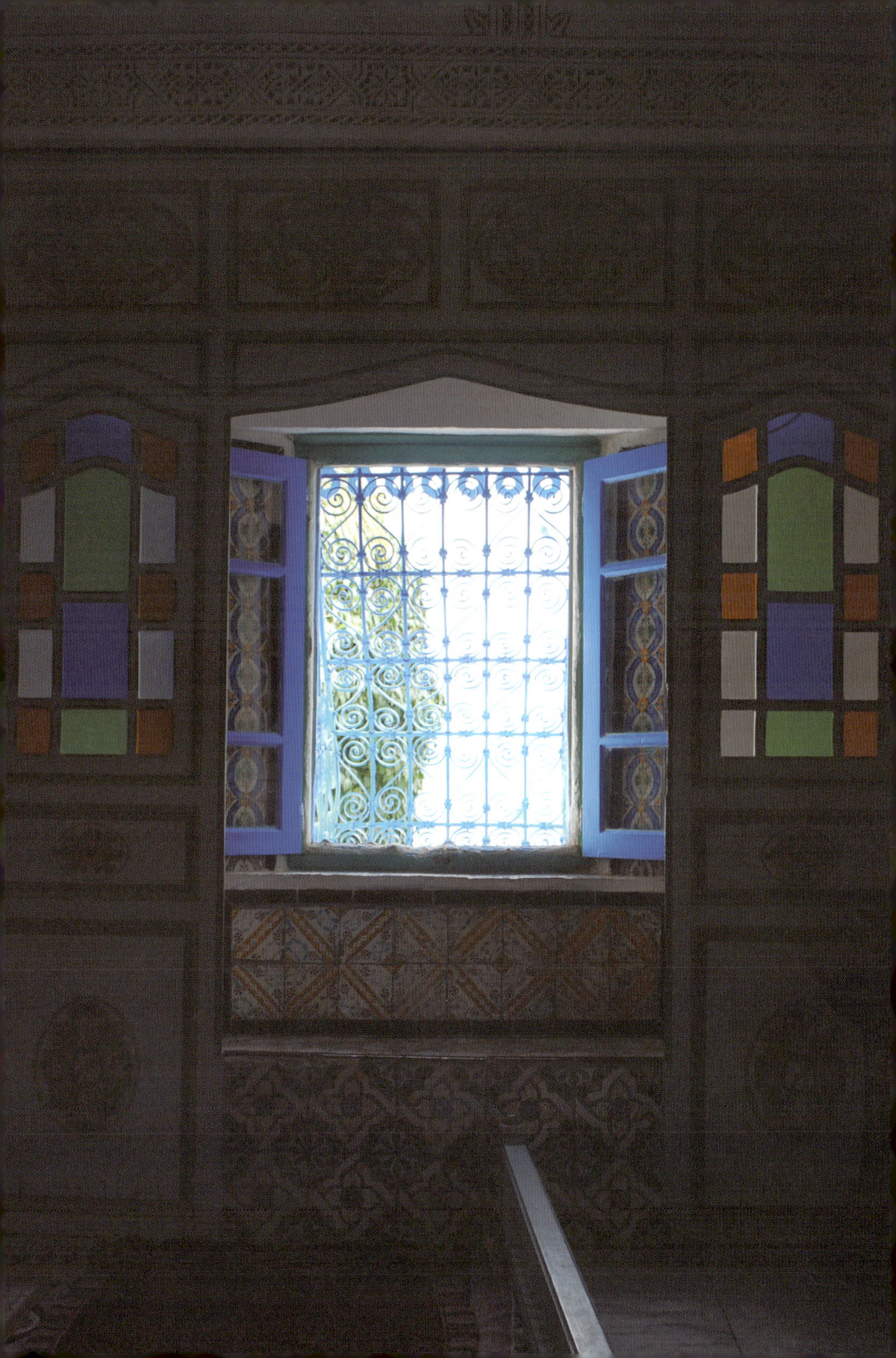

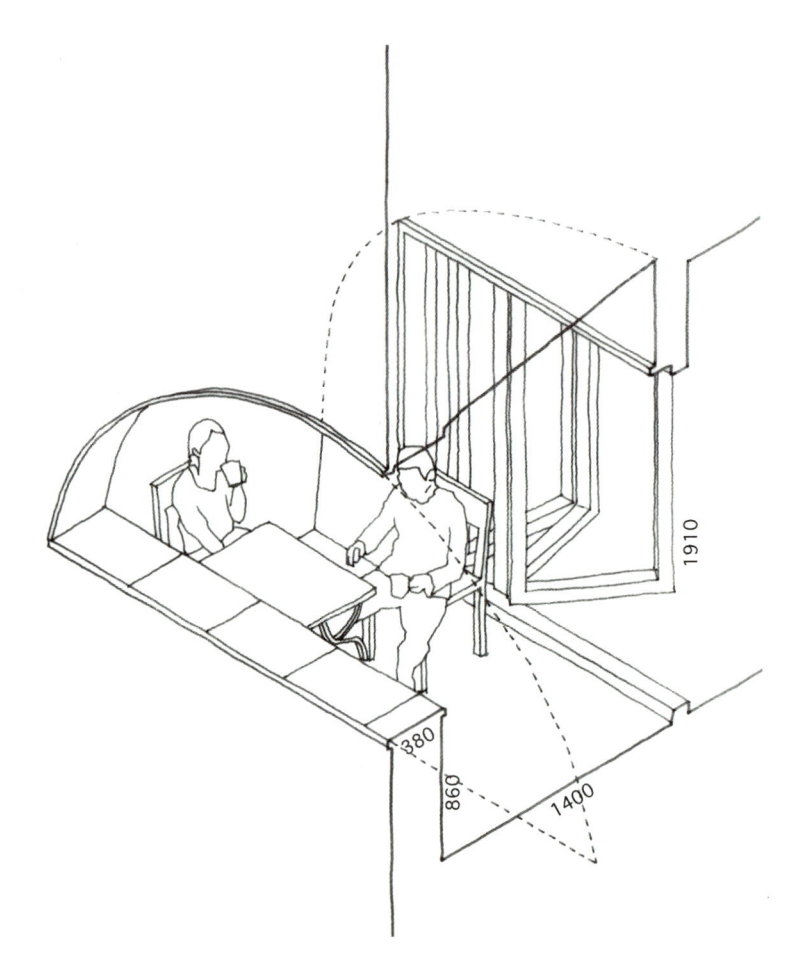

Via Leonardo 7
House / Ostuni, Italy / Cs

イタリア南部、オストゥーニの住宅。最上階の大きなアーチの中にガラスの折れ戸が設けられている。白い街に反射した光が、北向きのバルコニーのヴォールト部分を柔らかく照らし出し、青空との間にくっきりとしたコントラストを描き出している。窓辺にはタイル貼りのテーブルが置かれ、白い街並越しに、アドリア海とオリーブ畑を遠く眺められる。

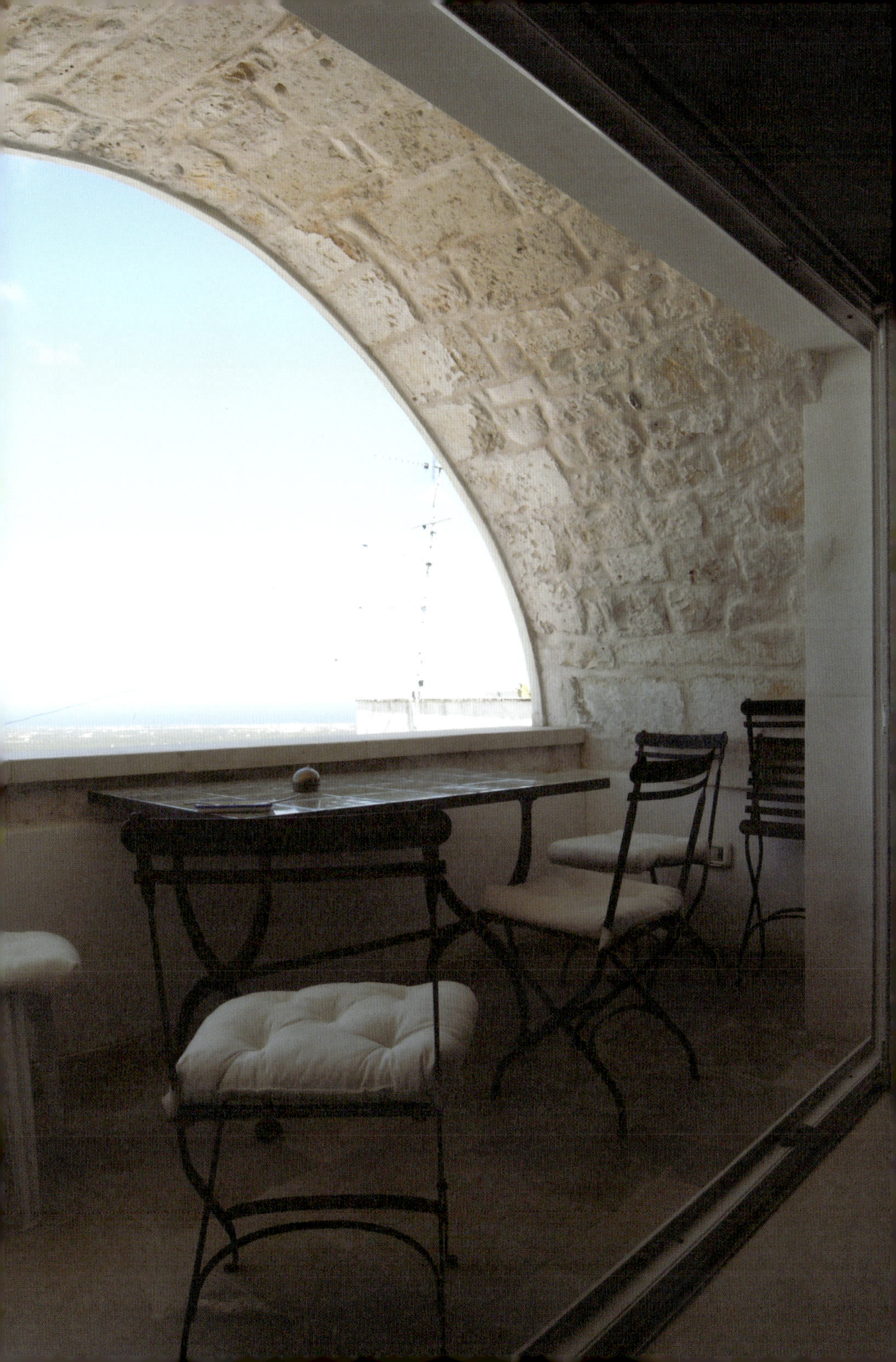

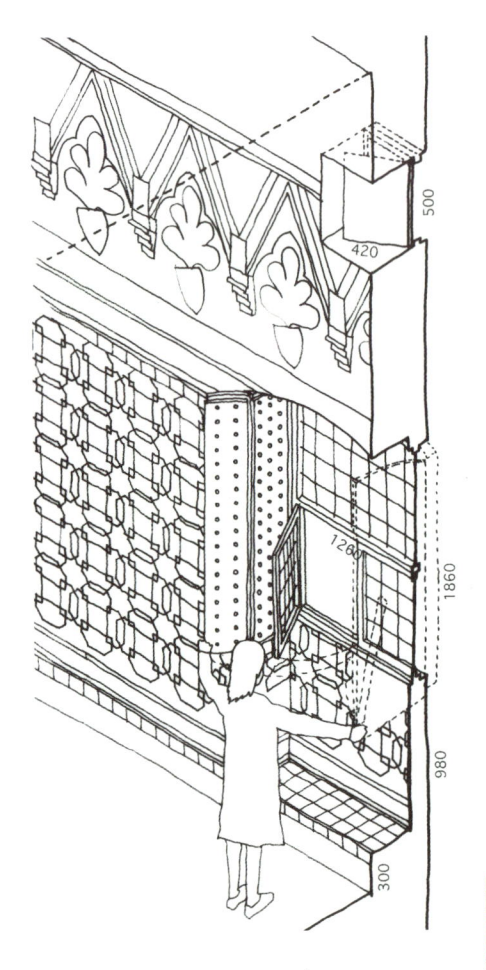

Palazzo Davanzati Bedroom
Palazzo / Florence, Italy / Cs

イタリア、フィレンツェのパラッツォ・ダバンザーティの寝室。アーチ状の木製窓は上下に分割され、上部はフィックス窓、下部は両開き窓となっている。さらにその内側に3つに折り畳まれる両開き折れ戸が設けられることで、開閉の度合いを調整できる。

©Museum of Palazzo Davanzati

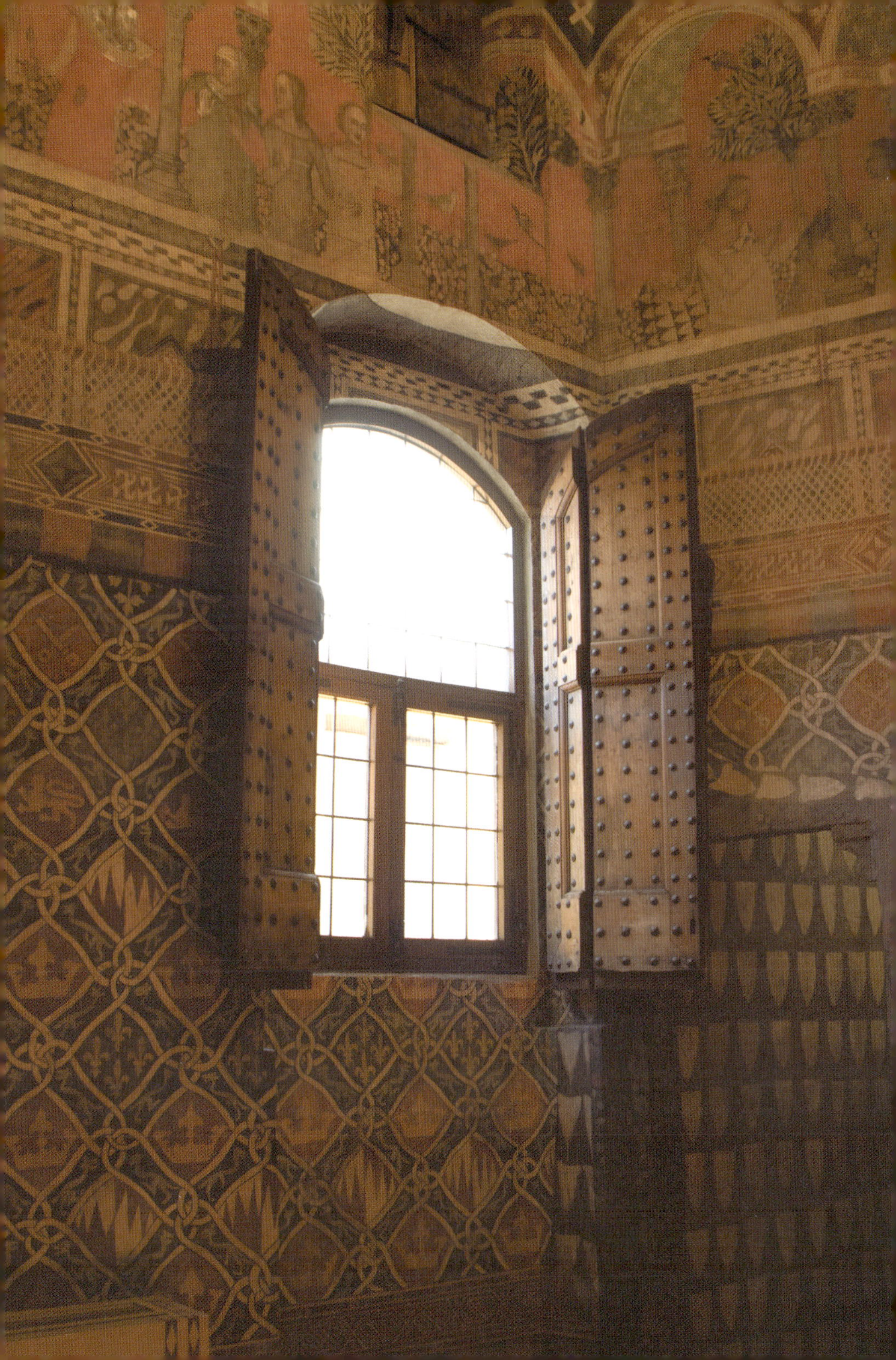

Millowner's Association Building
Office & Public Hall / Ahmedabad, India / Am

インド、アーメダバードのル・コルビュジェ設計の繊維工業会館。西日を遮る角度に斜行するブリーズソレイユ、その中にとられた植栽帯を経て、内／外を区切るガラス面でフィックスになり、木製枠の方立て（縦枠）部分に通風用の小窓が組み込まれている。現在は、一部ガラスに替わってエアコンがビルトインされている。

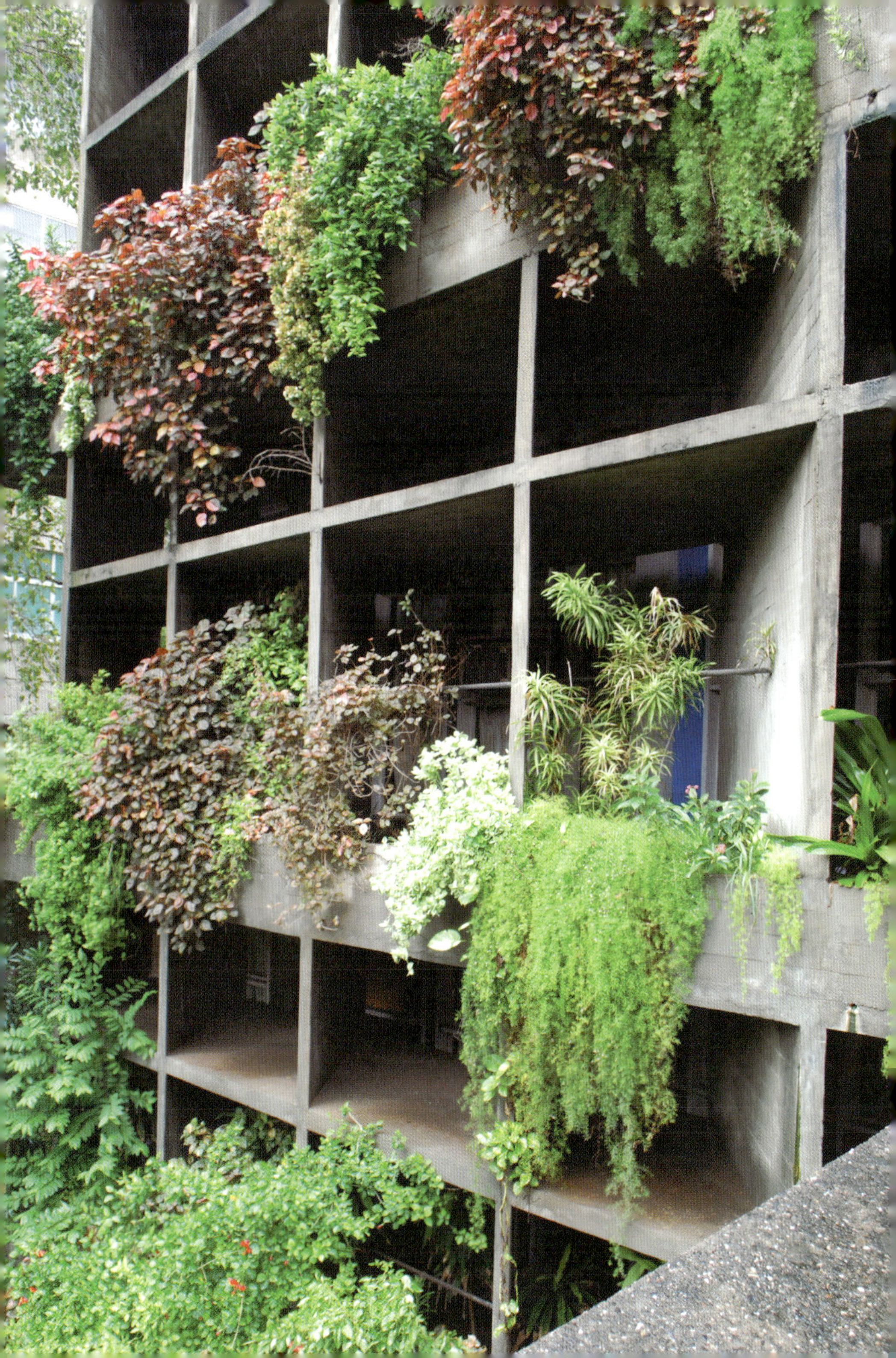

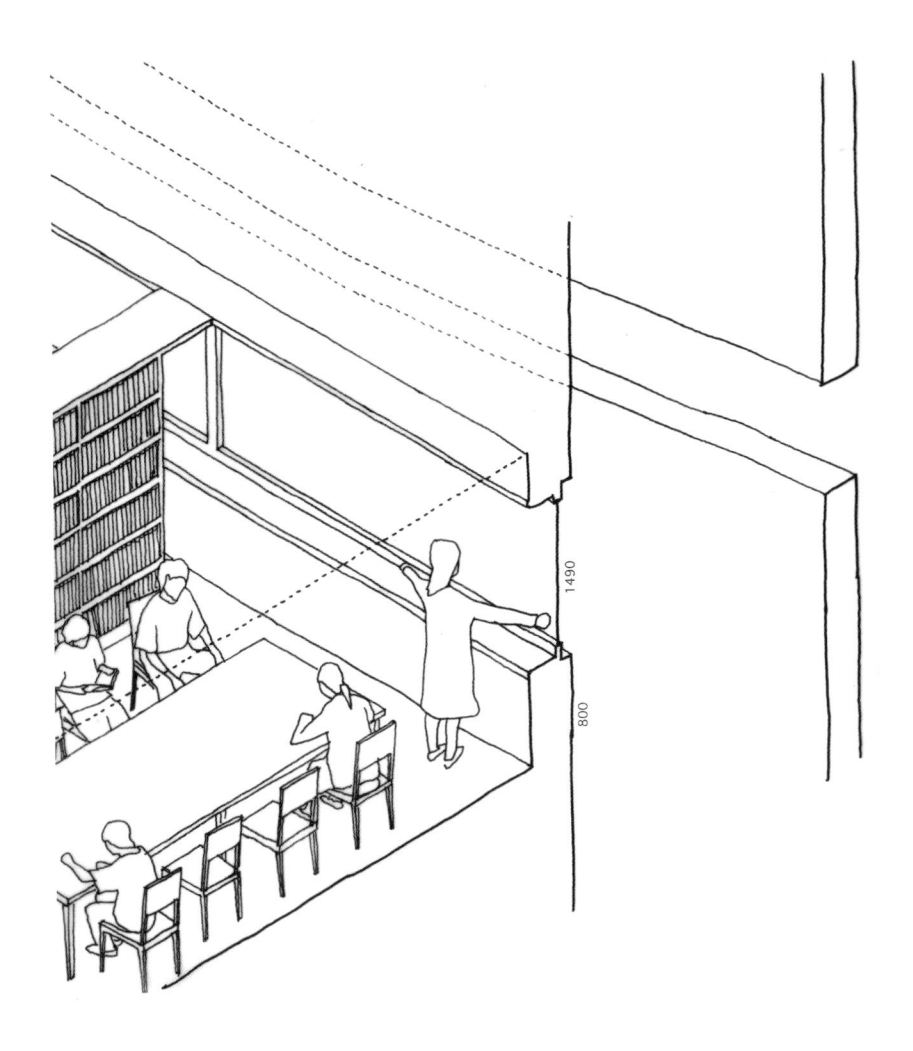

Library of Aveiro University

Library / Aveiro, Portugal / Cs

ポルトガル、アヴェイロにある建築家アルヴァロ・シザ設計の大学図書館。幅約7mの水平連窓が、本棚で仕切られた2つの閲覧スペースをまたぐように設けられている。窓の外の湾曲した壁にも水平にスリットが設けられており、潟に囲われた周辺の風景を縁取っている。

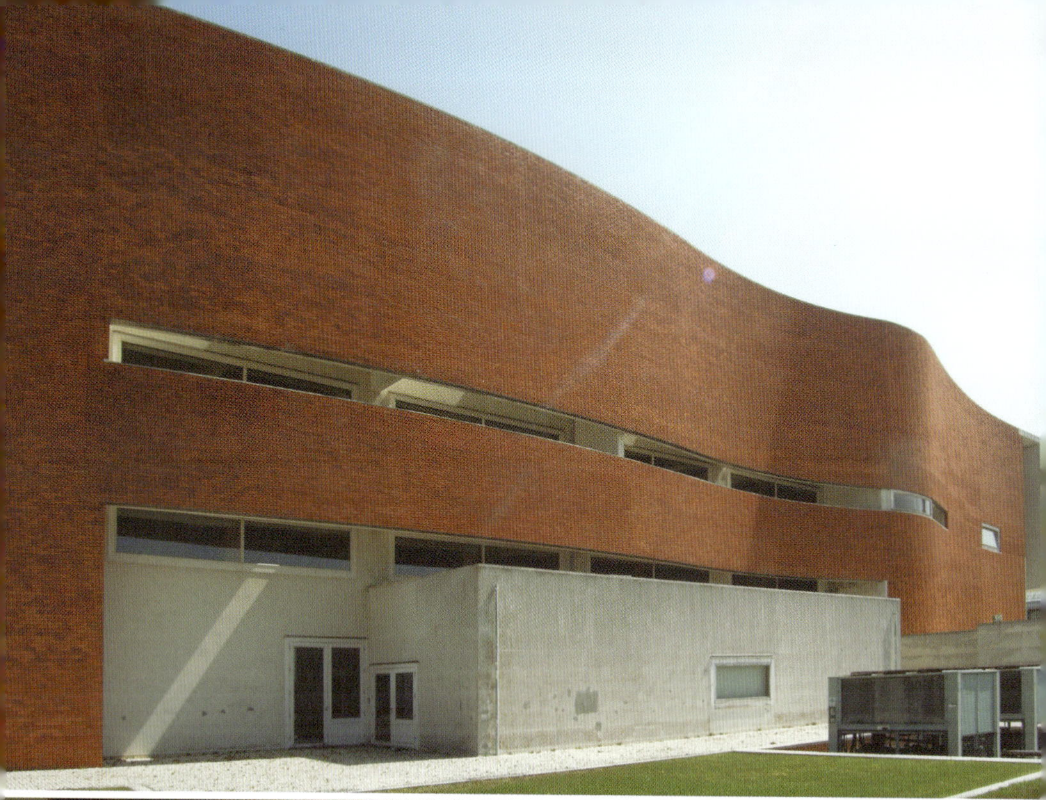
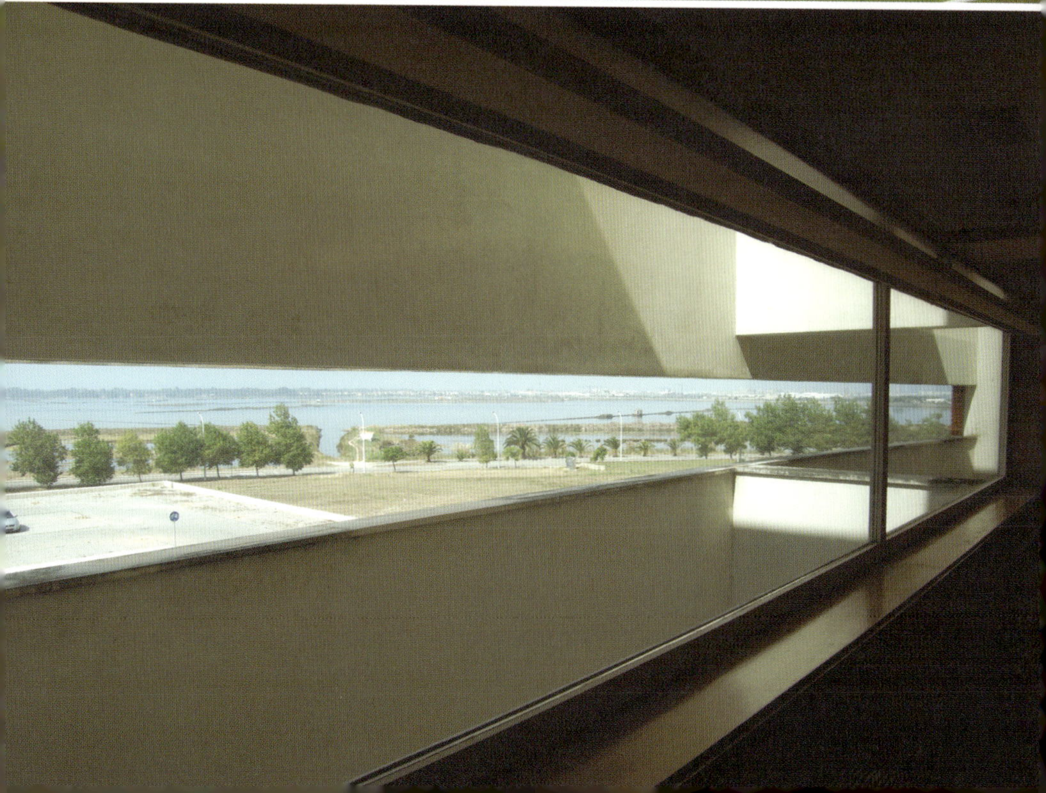

Business Library

Library / Ho Chi Min, Vietnam / Aw

ベトナム、ホーチミンの大学図書館。外側はコンクリート製の民族的モチーフの格子、内側は欄間と回転窓になっている。この2つの面の隙間はまさに風の回廊といえる。

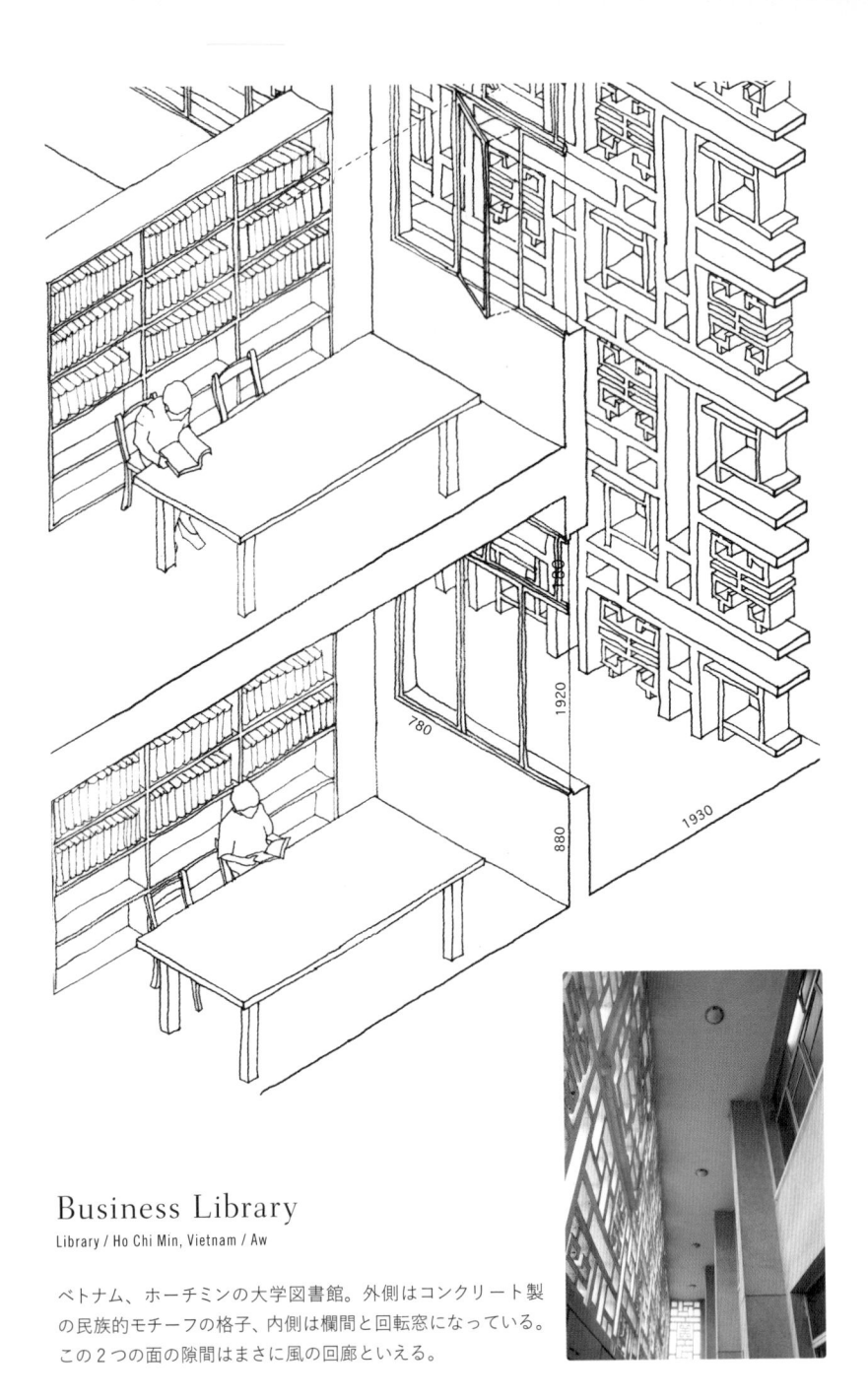

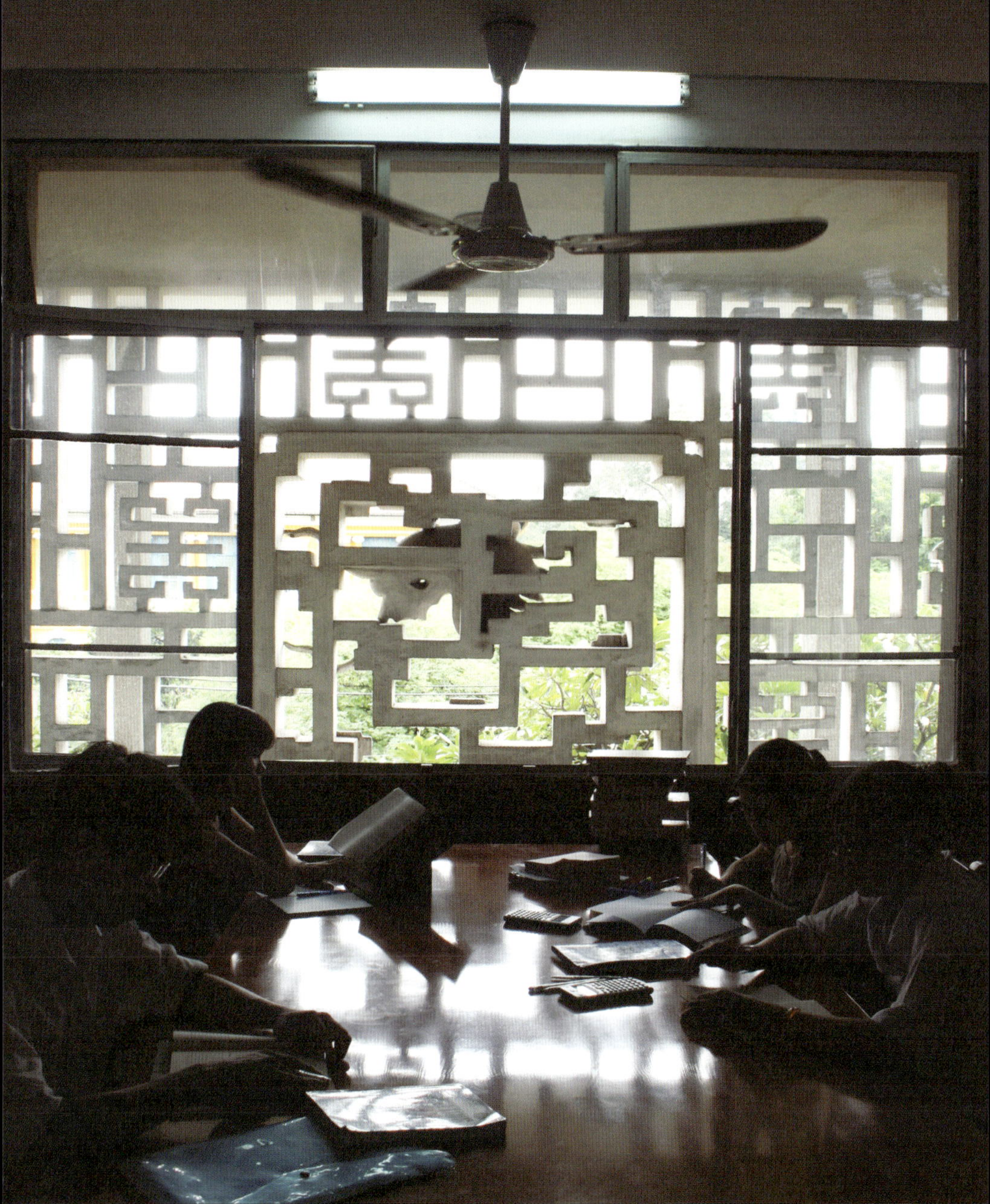

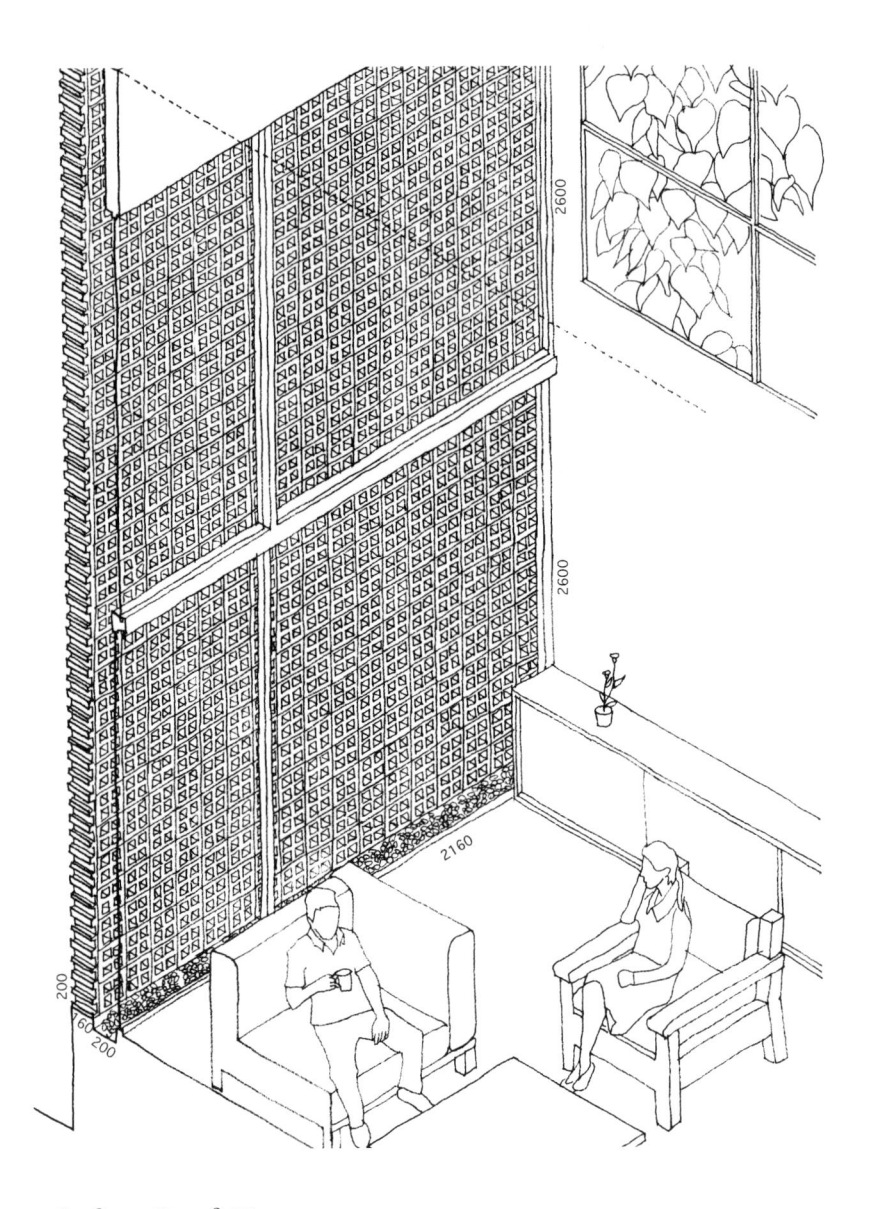

Safari Roof House
House / Kuala Lumpur, Malaysia / Af

マレーシア、クアラルンプール郊外にある、建築家ケビン・ロウ設計の住宅。穴あきコンクリートブロックのスクリーンは、直射日光を遮り、風を通し、やがてツタで被われていく。

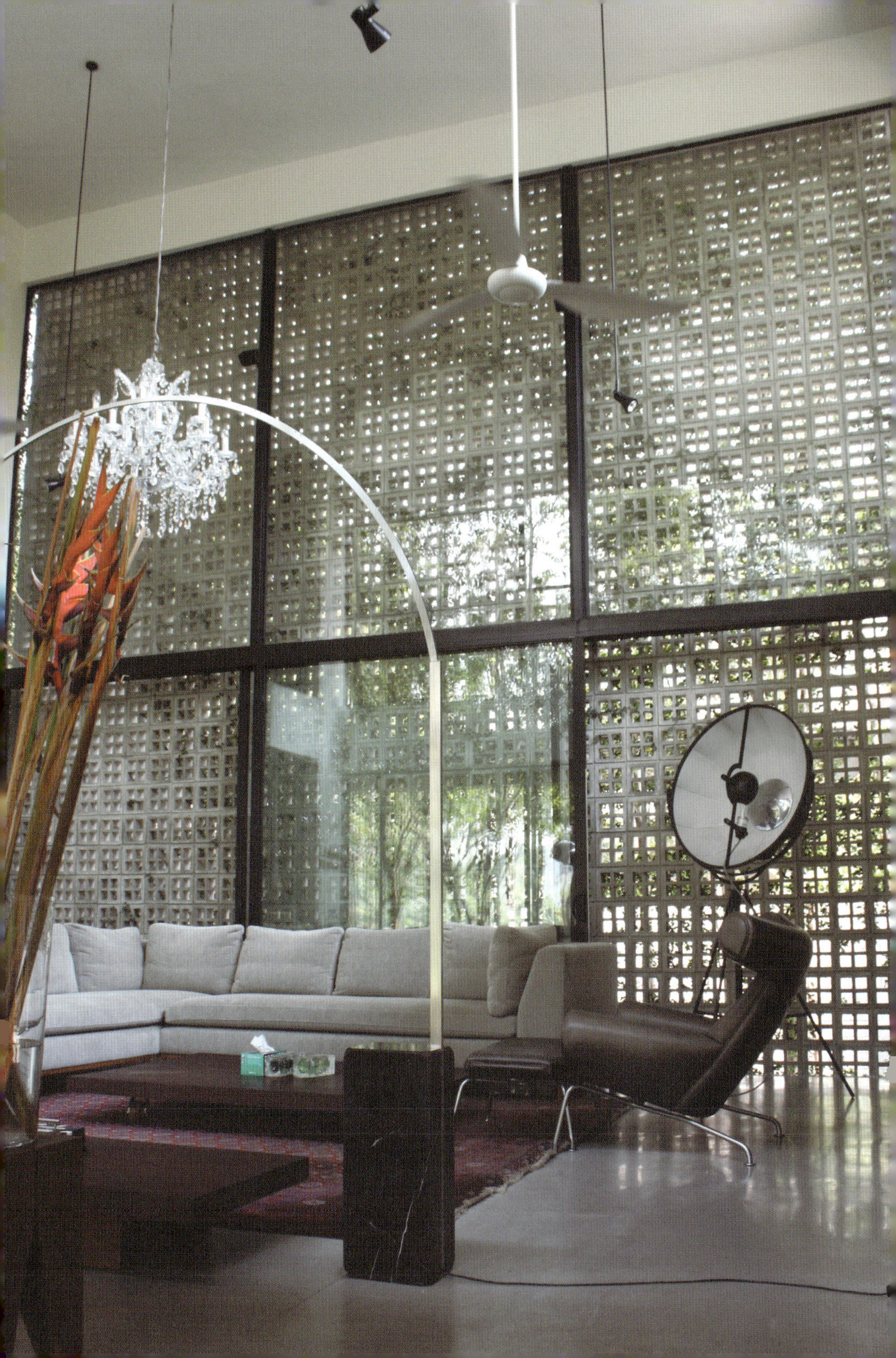

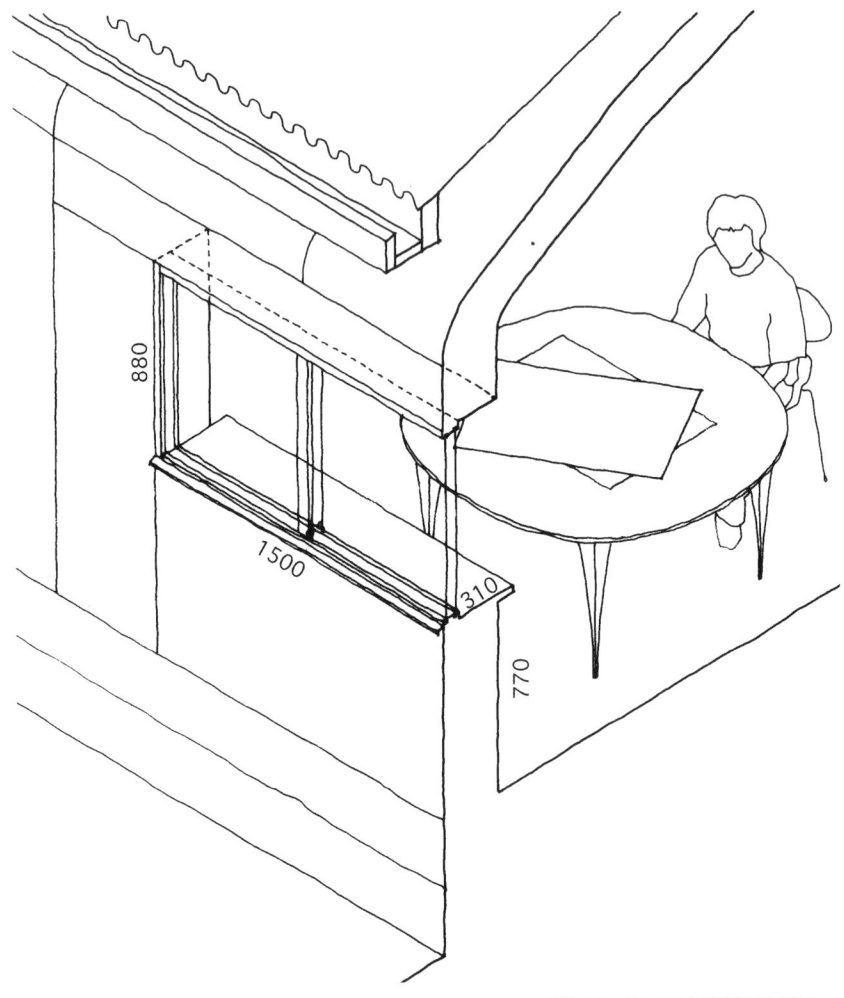

Ralph Erskine Home and Office
Home and Office / Stockholm, Sweden / Cfc

ストックホルム郊外の建築家ラルフ・アースキン設計の自宅兼事務所の窓。耐寒性を確保するために二重の引き違い窓となっている。しかし框はなく、ガラスが枠に直接嵌め込まれているので、透明性以上に卓越した軽さを獲得している。2枚のガラスの重なる部分を金具によって挟み込むことで気密性を確保する仕組みになっている。

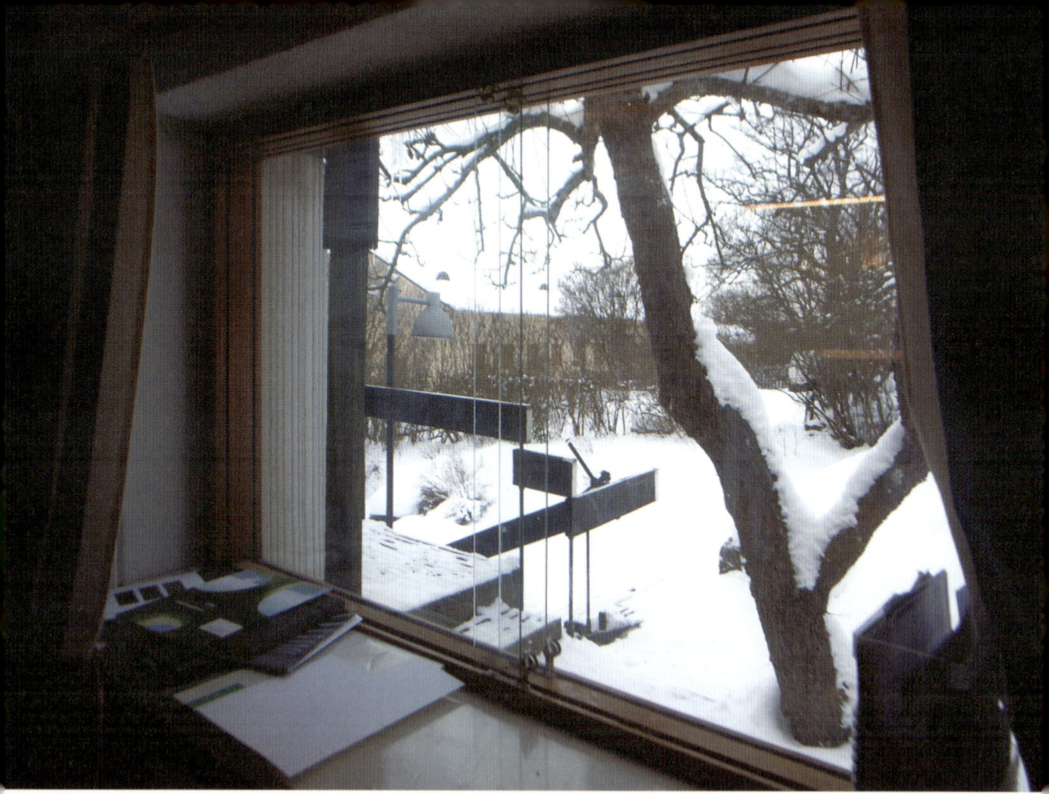

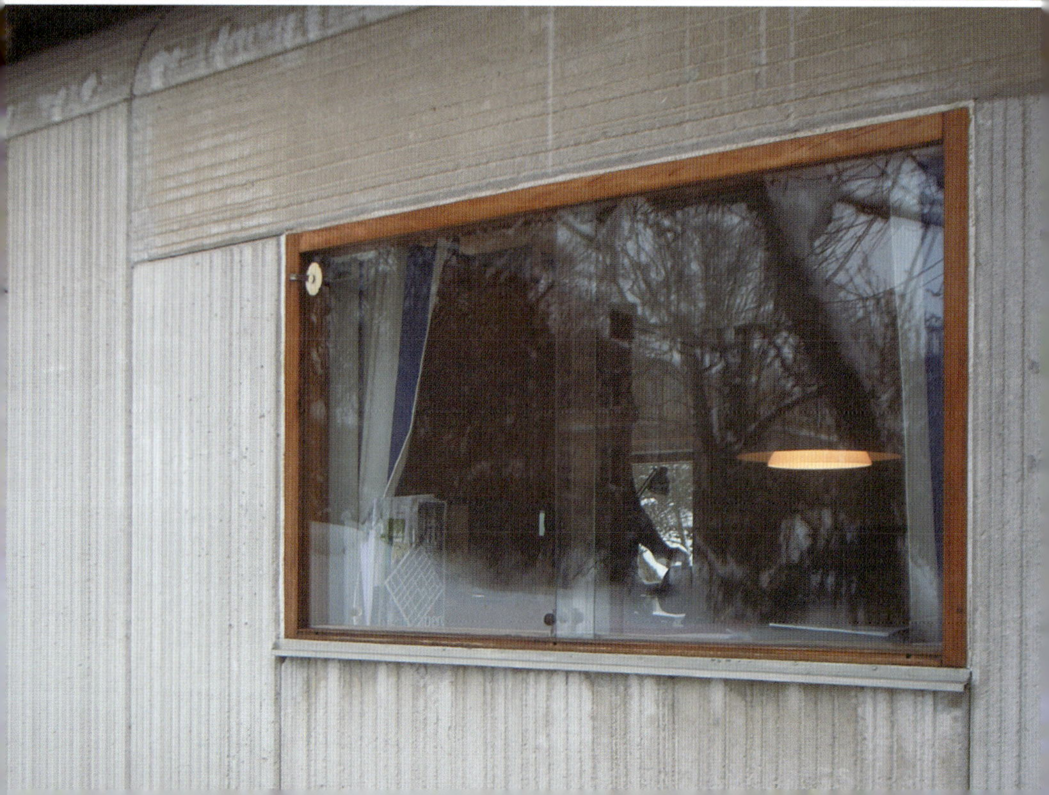

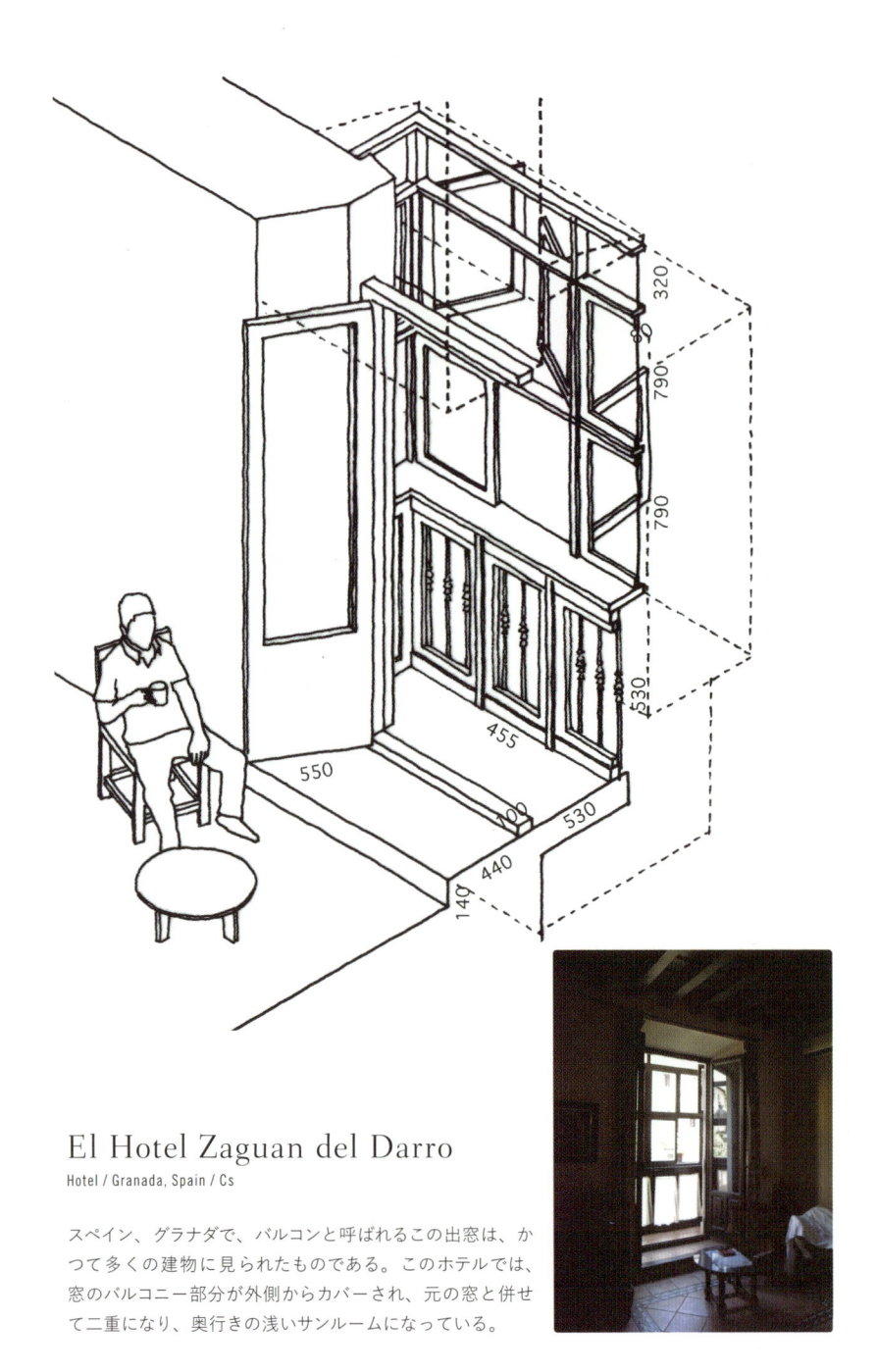

El Hotel Zaguan del Darro
Hotel / Granada, Spain / Cs

スペイン、グラナダで、バルコンと呼ばれるこの出窓は、かつて多くの建物に見られたものである。このホテルでは、窓のバルコニー部分が外側からカバーされ、元の窓と併せて二重になり、奥行きの浅いサンルームになっている。

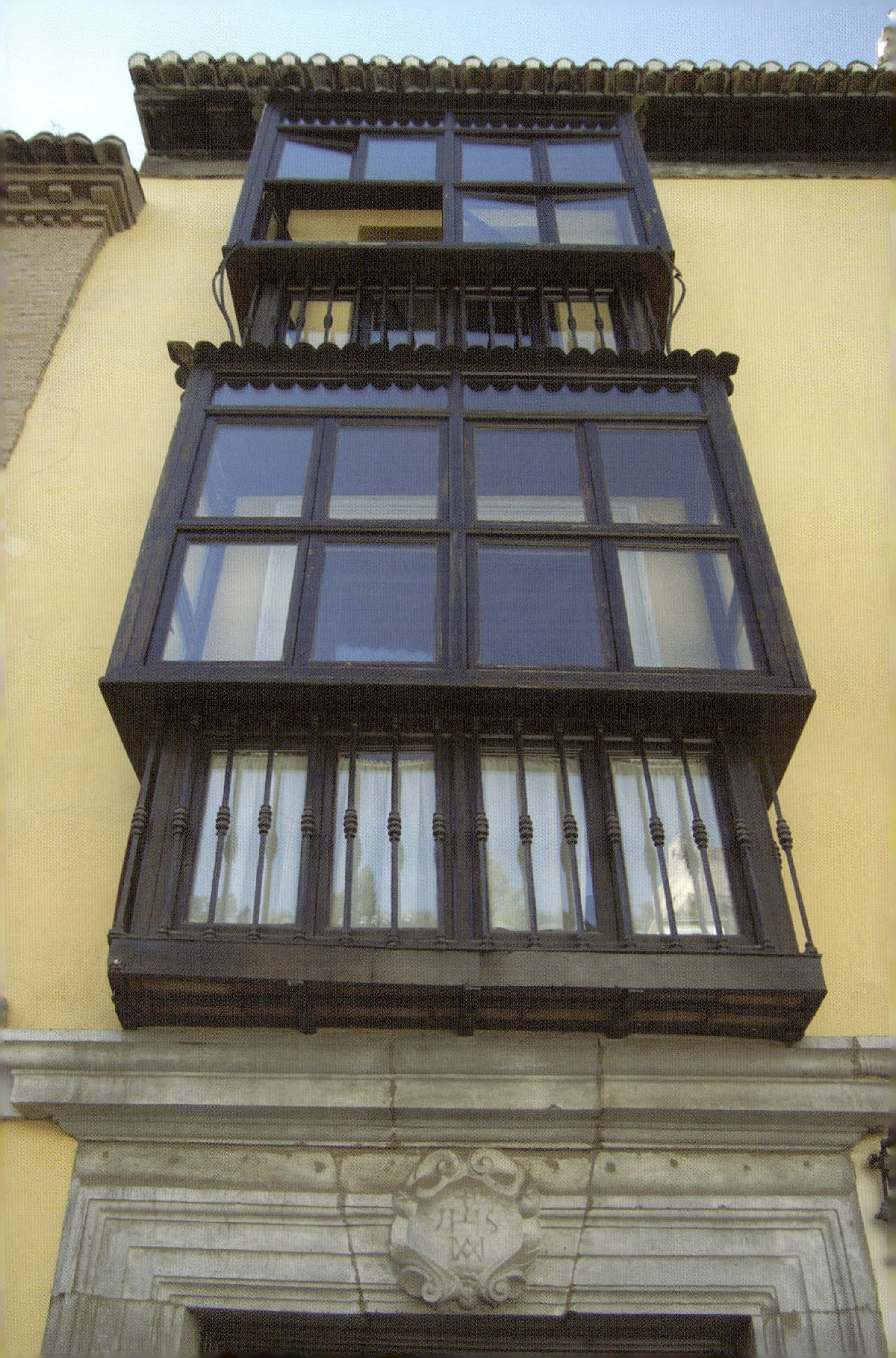
IHS

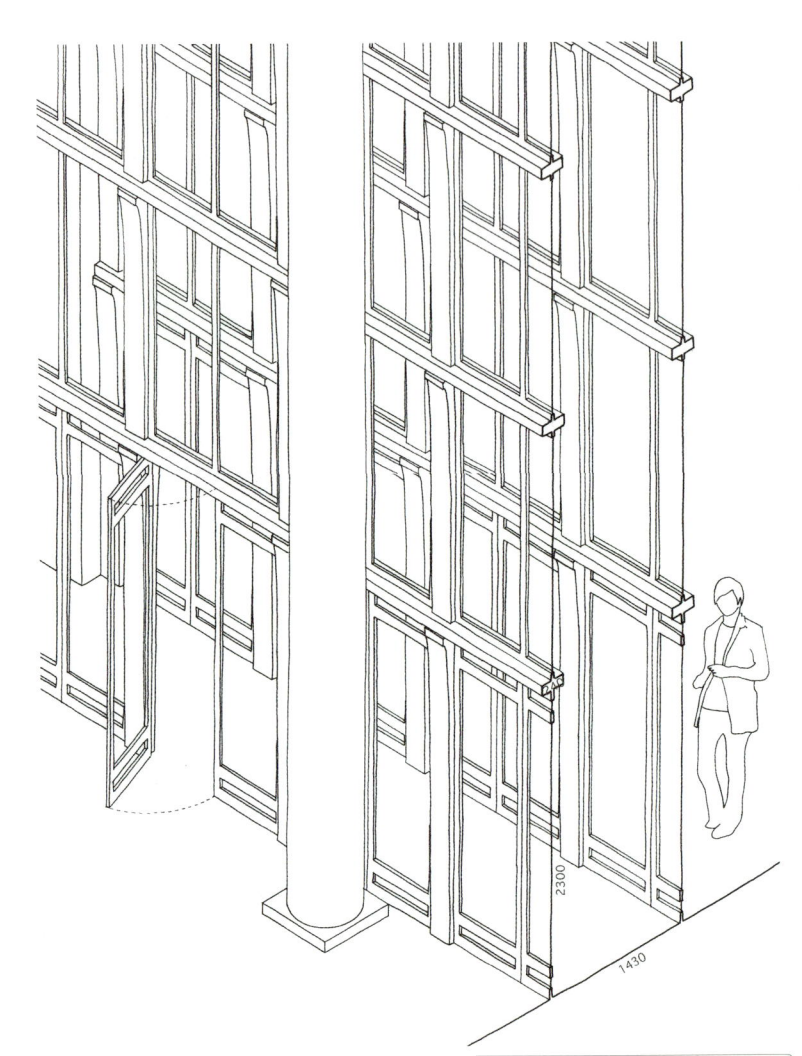

National Library

Library / Ljubljana, Slovenia / Cfb

スロベニア、リュブリアナのヨーゼ・プレチニク設計の図書館。両開きの木製ガラス窓が縦横に反復し、五層にまたがる巨大な窓が二重に構成され、熱や空気、音を調整している。この大きなガラス面に対する不安とまぐさを支える独立したオーダー柱の安定感の対比が緊張感を生んでいる。

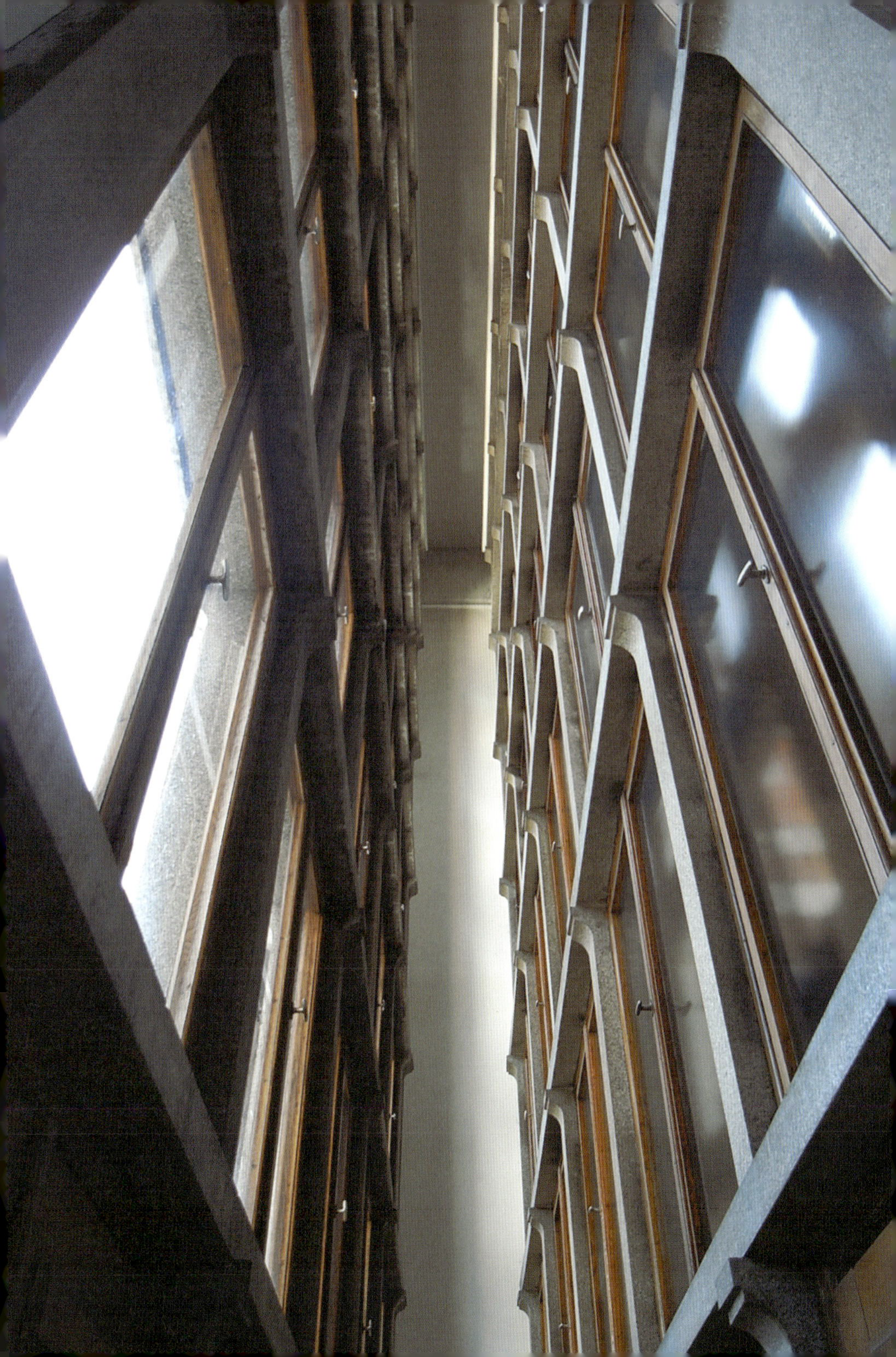

窓の中の窓

Within Windows

　大きな窓は、街路に対して開放的な印象を与えると同時に、その窓辺にあらわれる人のふるまいを、都市の公的な空間に位置づけるという特徴をもつ。しかしその全体をガラスで覆うとなると、重量のために人の手で開閉することが困難になり、人や光、熱、風といった自然要素のふるまいにこまめに対応しにくくなってしまう。このときに、大きな開口部の内部に、必要に応じてさらに小さな開口部を入れ子状に設けることで、その全体性を失わないまま、部分の多様性を含み込むやり方がある。これを、「窓の中の窓」と呼ぶことにしよう。この大きな窓の中では、座り、物見、通り抜けといった窓辺での人間のふるまいが集められ、光や風が個別に調整されることで、大きさ、機構、向きを違えた窓が一同に会することになる。つまり、「窓の中の窓」は、一つの大きな窓に対して、人や自然要素のふるまいの多様性が投射されたものといえるのである。

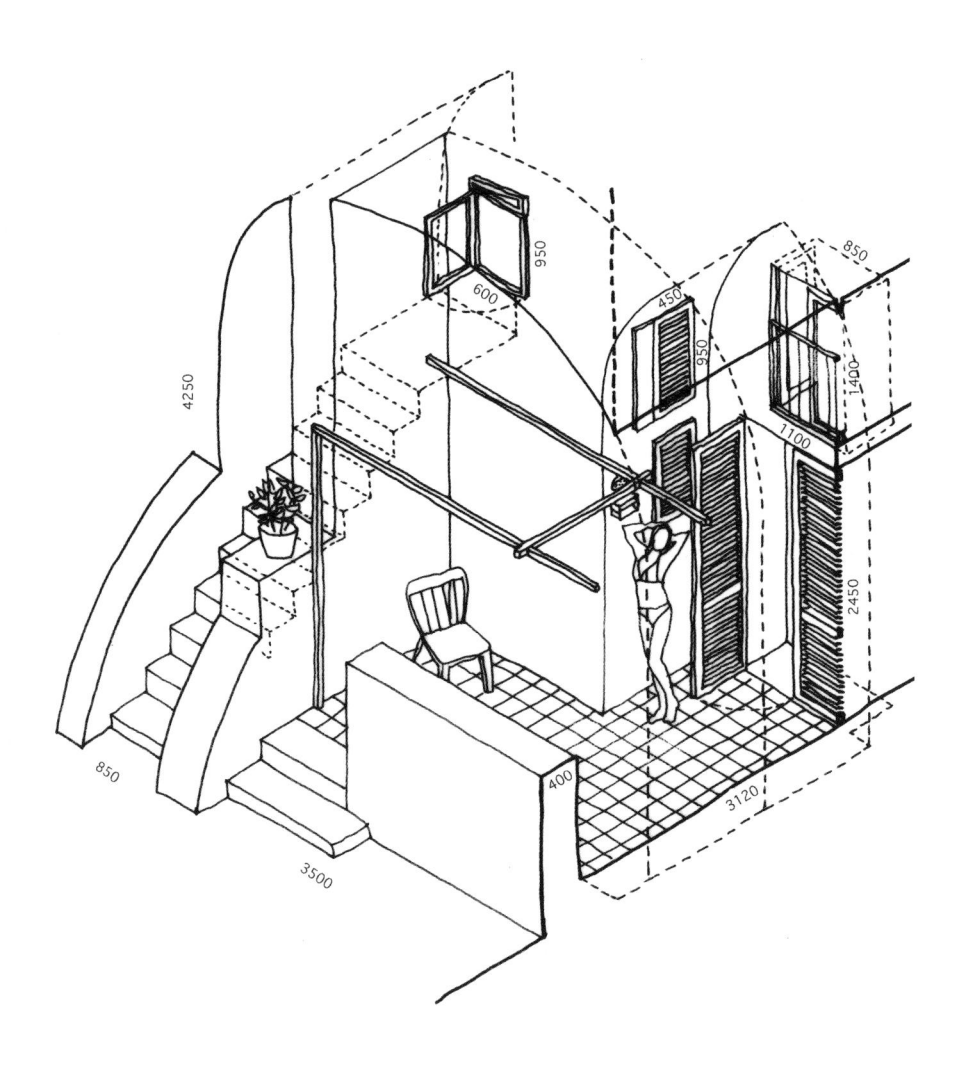

Marina di Chiaiolella

House / Procida, Italy / Cs

プロチダ島の集落キアイオレッラの住宅。ファサードにあけられた大きなアーチが、シャワーのついた戸外空間とその奥に続く住居の窓、そして上階の住居のためのエントランス階段をのみ込んでいる。

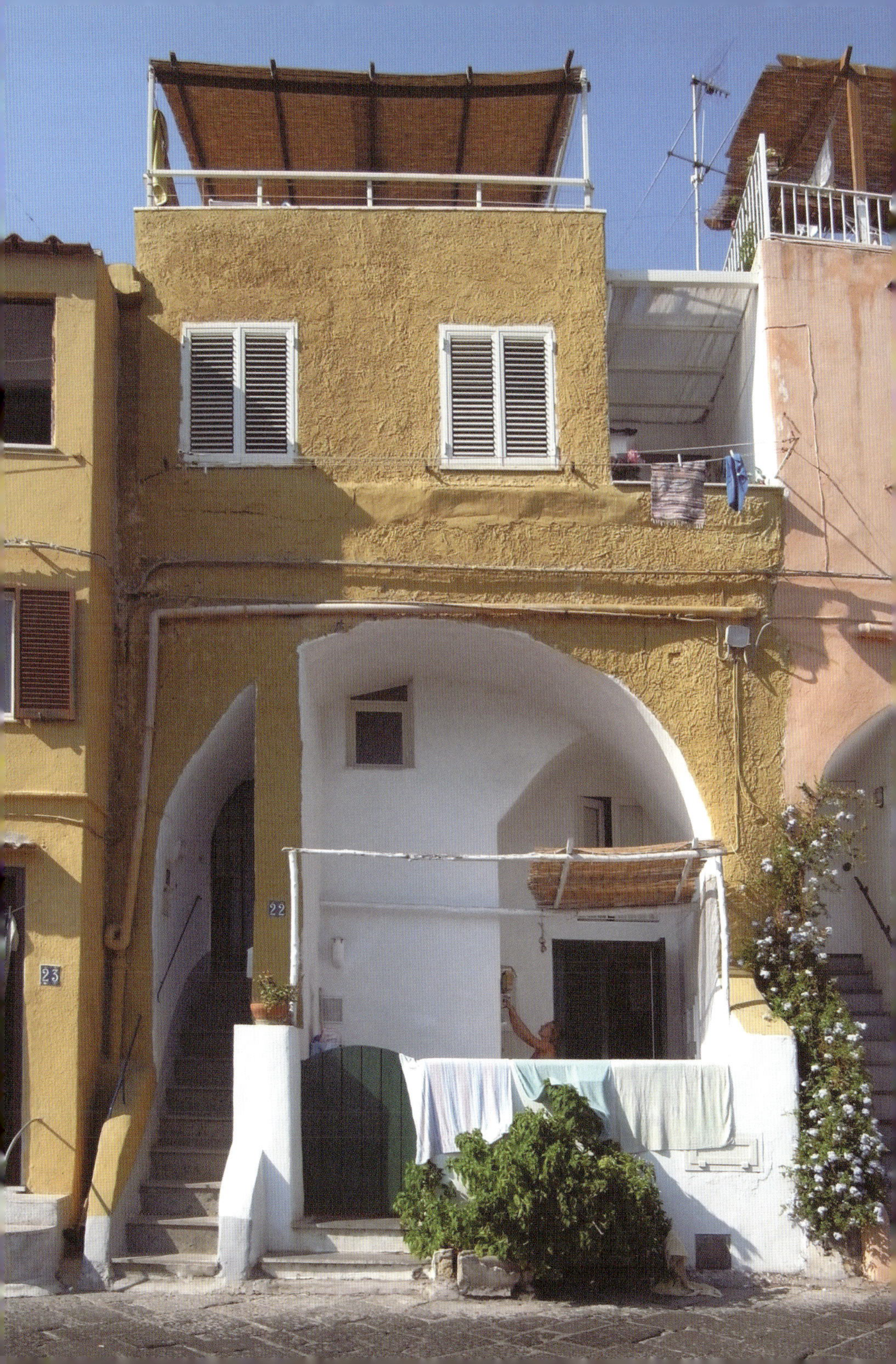
22
23

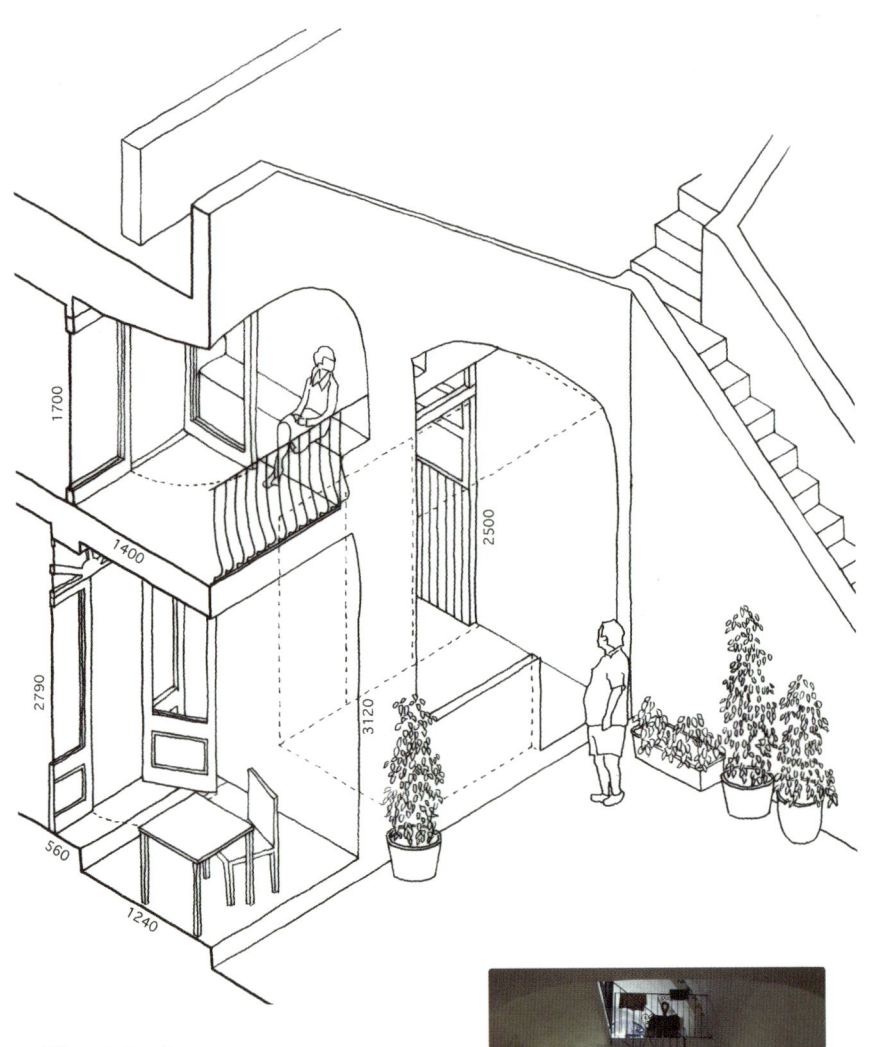

Via M. Scotti

House / Procida, Italy / Cs

プロチダ島の漁師の集落コッリチェッラの貸別荘。外階段と組み合わせられた大きなアーチ窓の中に、3つのアーチ窓が設けられている。かつて船置き場の入り口だった1階のアーチ窓は掃き出しの折れ戸によって全面開放が可能。

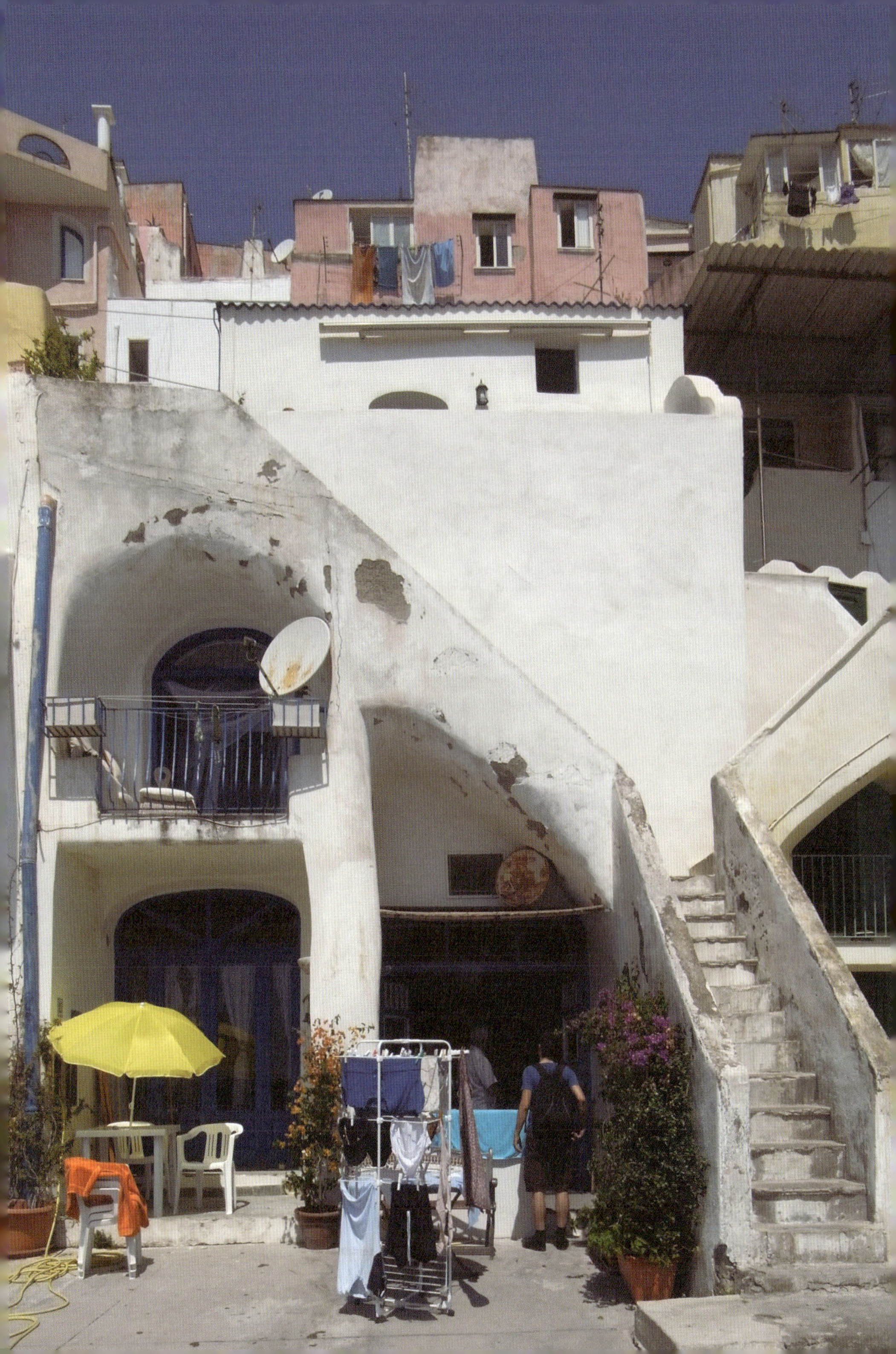

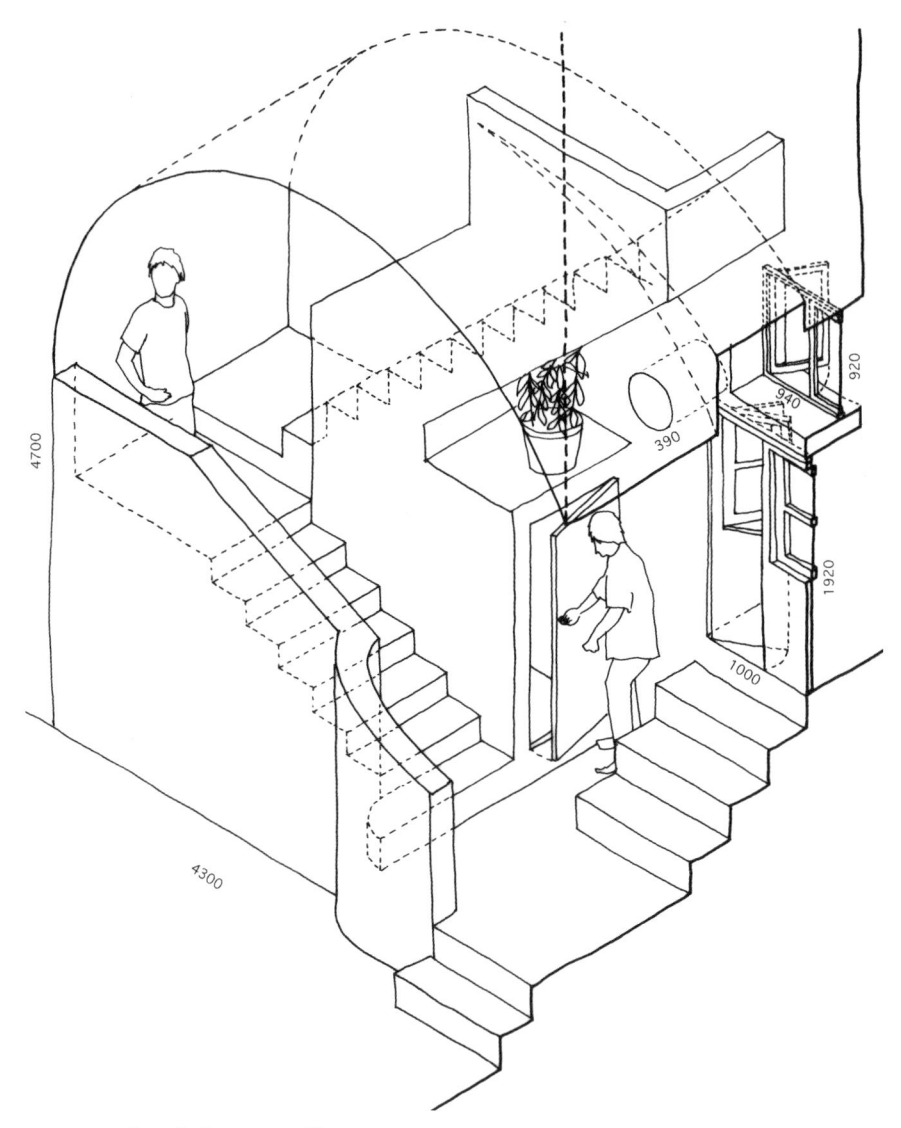

Casale del Vascello

House / Procida, Italy / Cs

プロチダ島の村落ガザーレ・ヴァシェッロ。1、2階の全面には大きなアーチ窓が設けられ、その中に階段や玄関前テラス、様々な戸外空間が納まっている。外の大きさに比して内側から見ると窓はとても小さい。

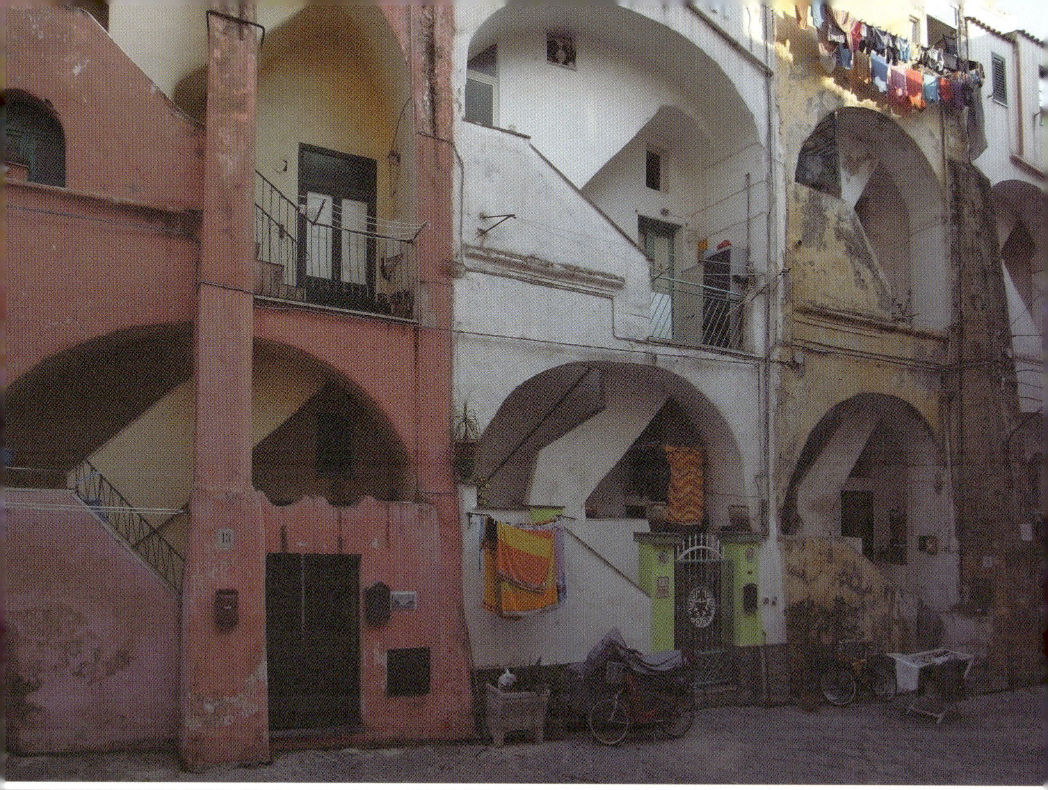

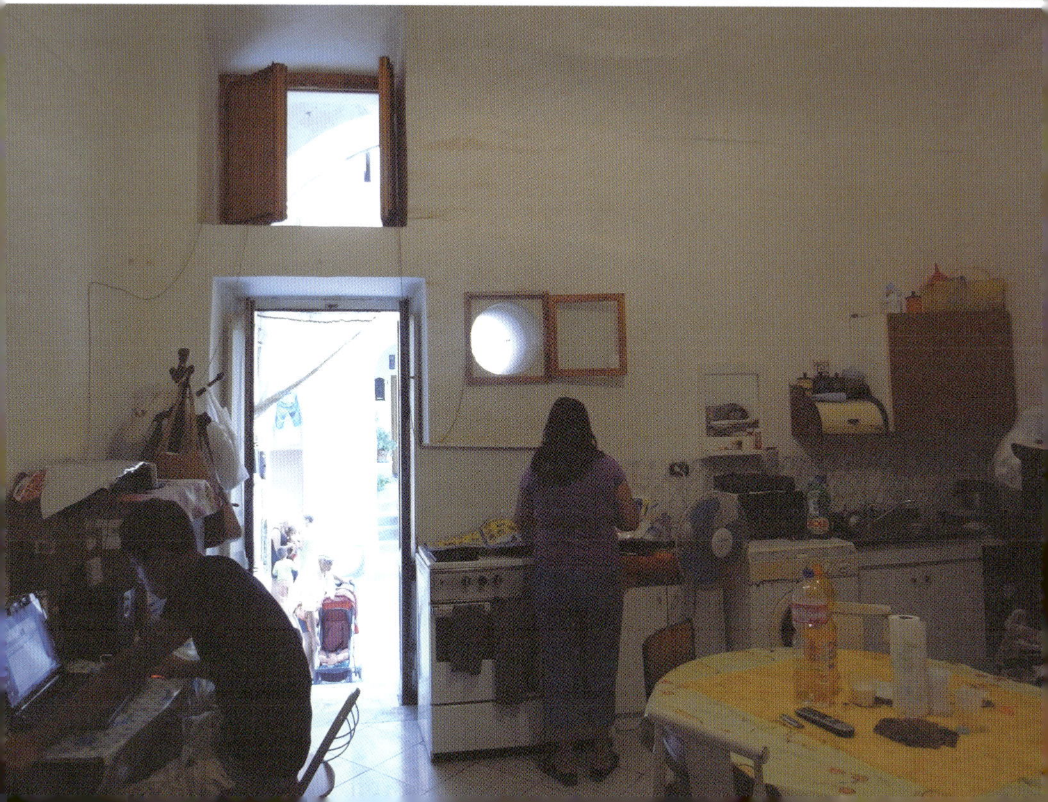

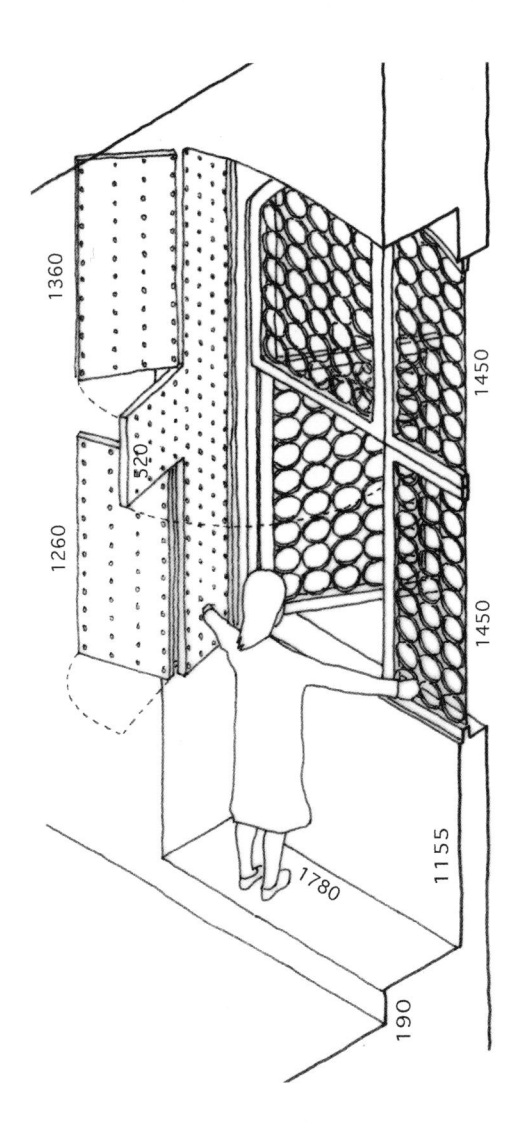

Palazzo Davanzati Main Hall

Palazzo / Florence, Italy / Cs

イタリア、フィレンツェのパラッツォ・ダバンザーティの主室。アーチ状の木製窓は上下に分割され、共に両内開き窓になっている。吹きガラスしかできなかった時代の円形の板ガラスが鉛でつなぎあわされ、美しい幾何学模様をつくりだしている。窓よりひと回り大きな鎧戸は全体で開けることもできるが、各扉の中央を残し上下で部分的に開けることもできる。

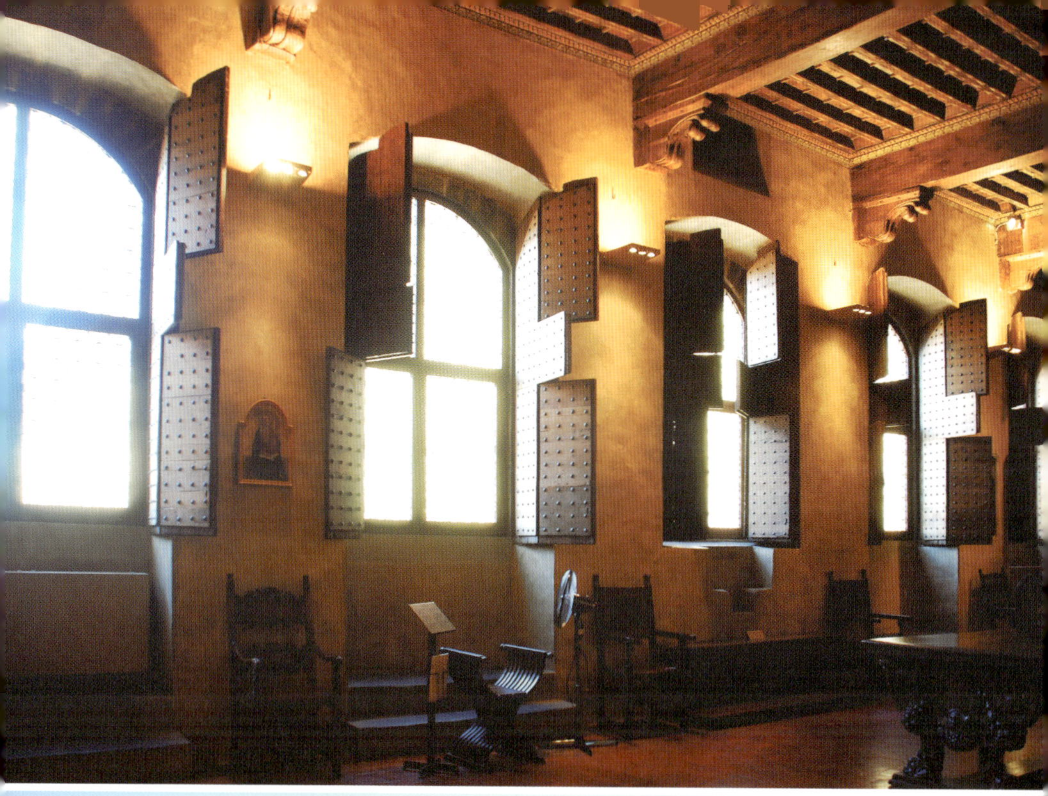

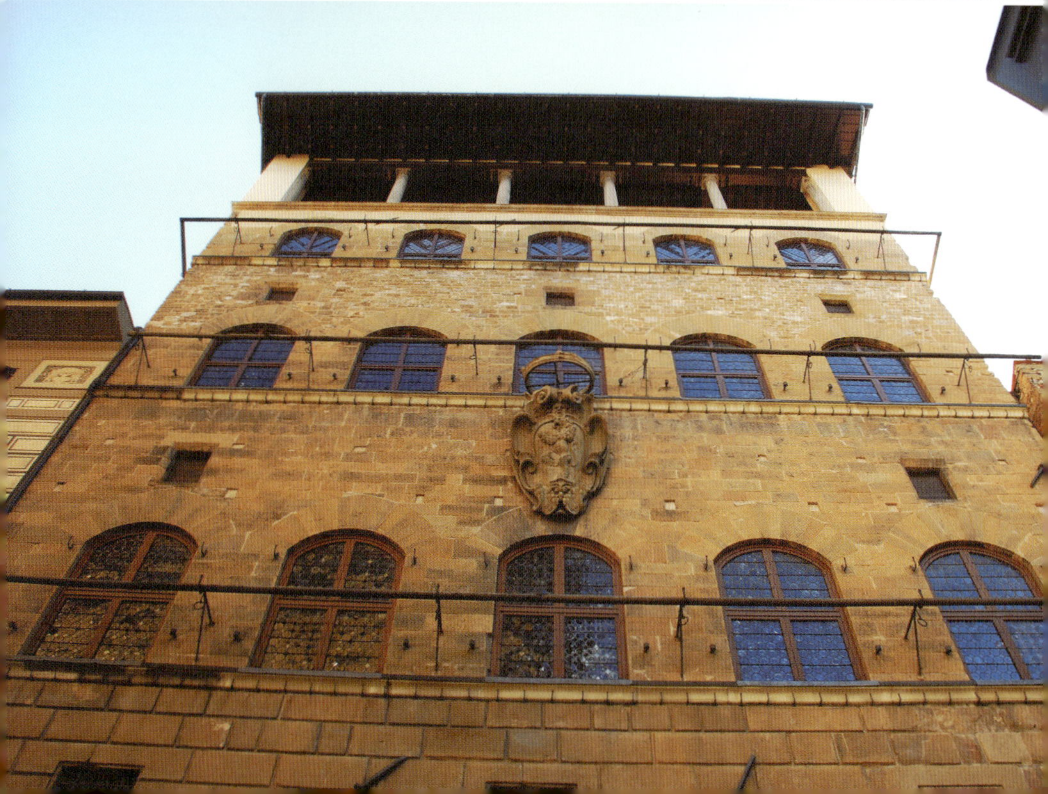

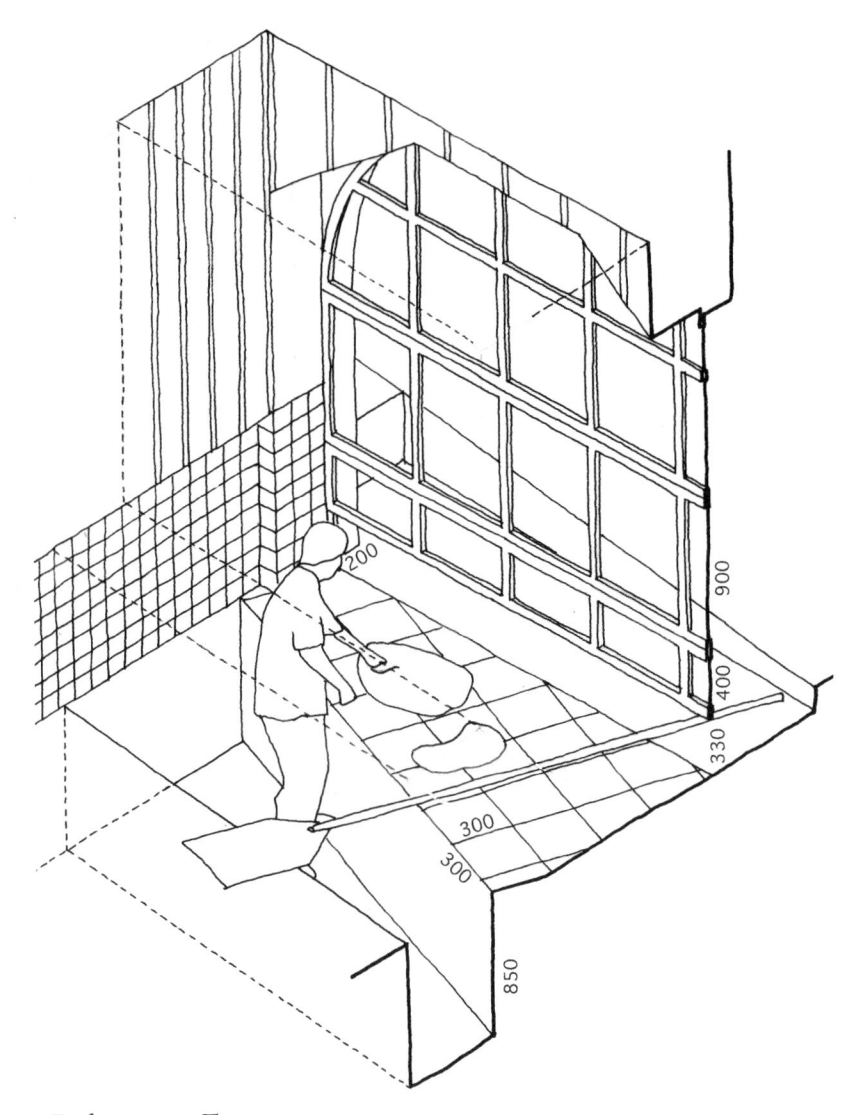

Bakery in Fener
Bakery / Istanbul, Turkey / Cs

イスタンブール、フェネルのパン屋。作業場が半地下にあるため、パンをつくる作業台が道と同じ高さにあり、大きなしゃもじのような道具の柄が、歩道にはみ出す。だれかつまずいたりしないのだろうか？

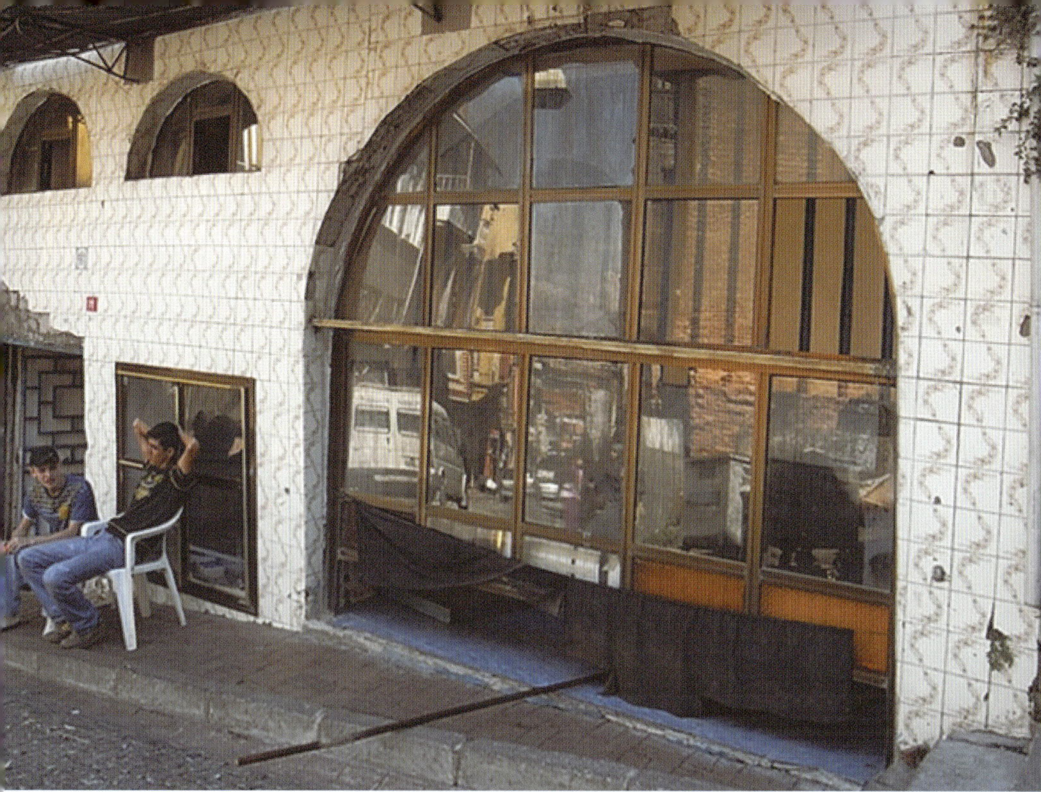

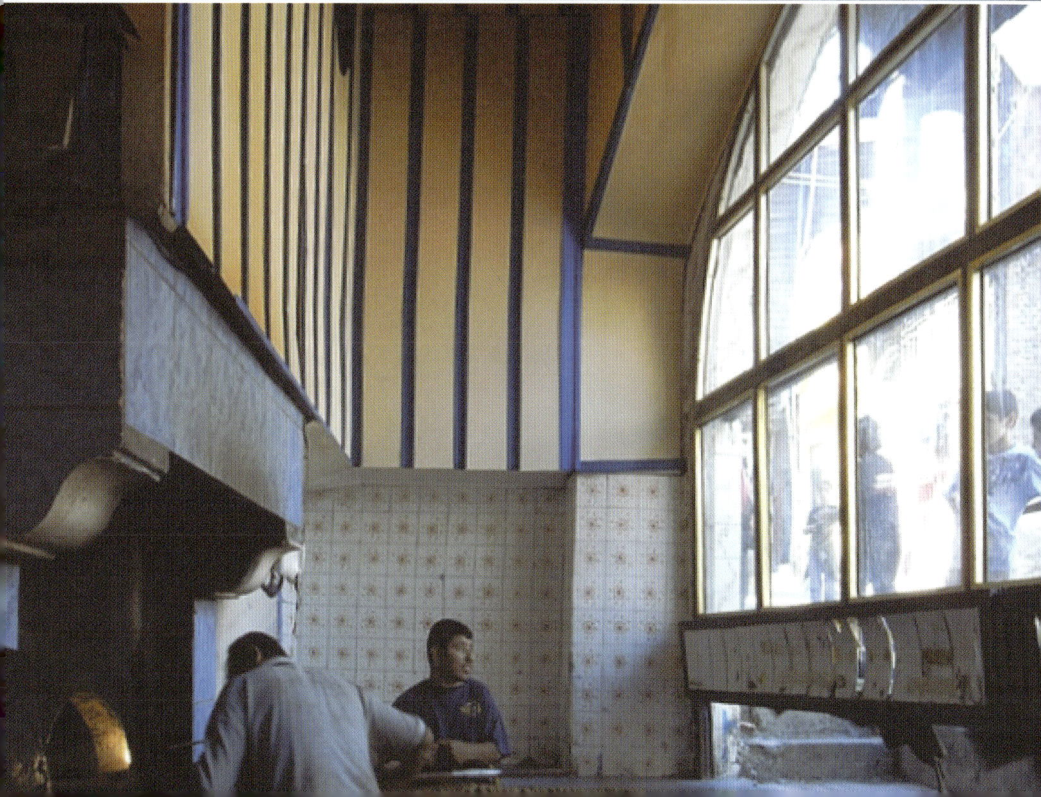

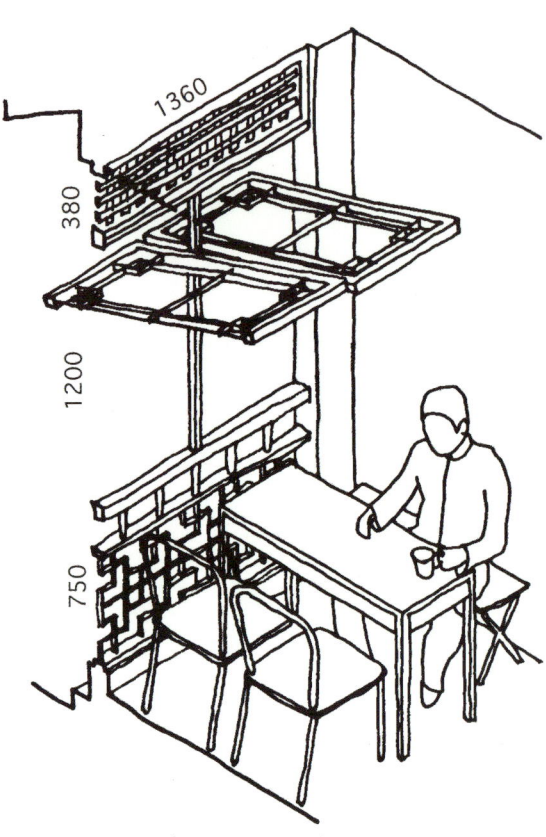

Land of Nod Café

Café / Lijiang, China / Cw

中国南部、麗江の小川沿いのカフェ。テーブルセットが川に面した窓辺に設けられている。2つの水平軸回転の格子窓、その上部に格子の欄間。

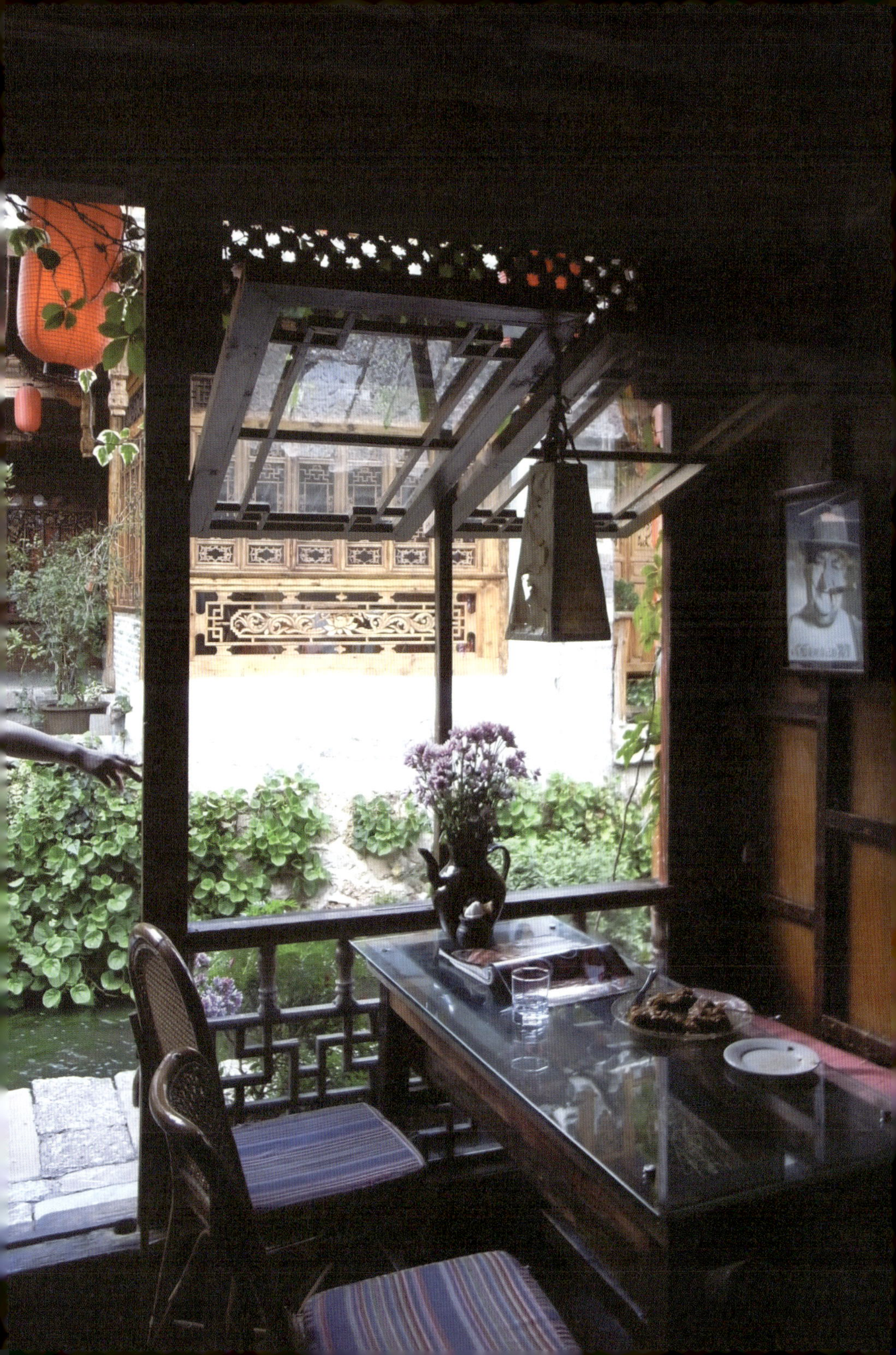

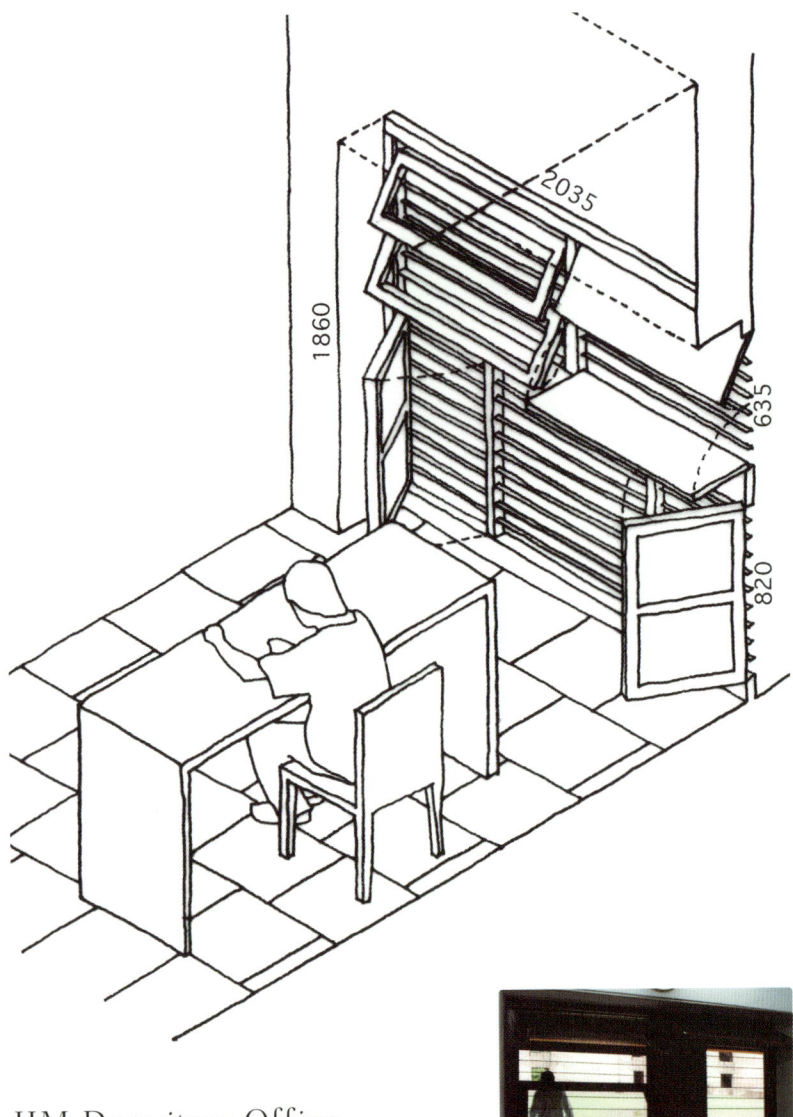

IIM Dormitory Office
College / Ahmedabad, India / BS

インド、アーメダバードにある建築家ルイス・カーン設計のインド経営大学内の事務室。全面が鉄格子で覆われた5つの窓には、フィックス、木製開き戸、オーニング、上下両開き鎧戸が納まり、どこか勤勉な表情を見せている。

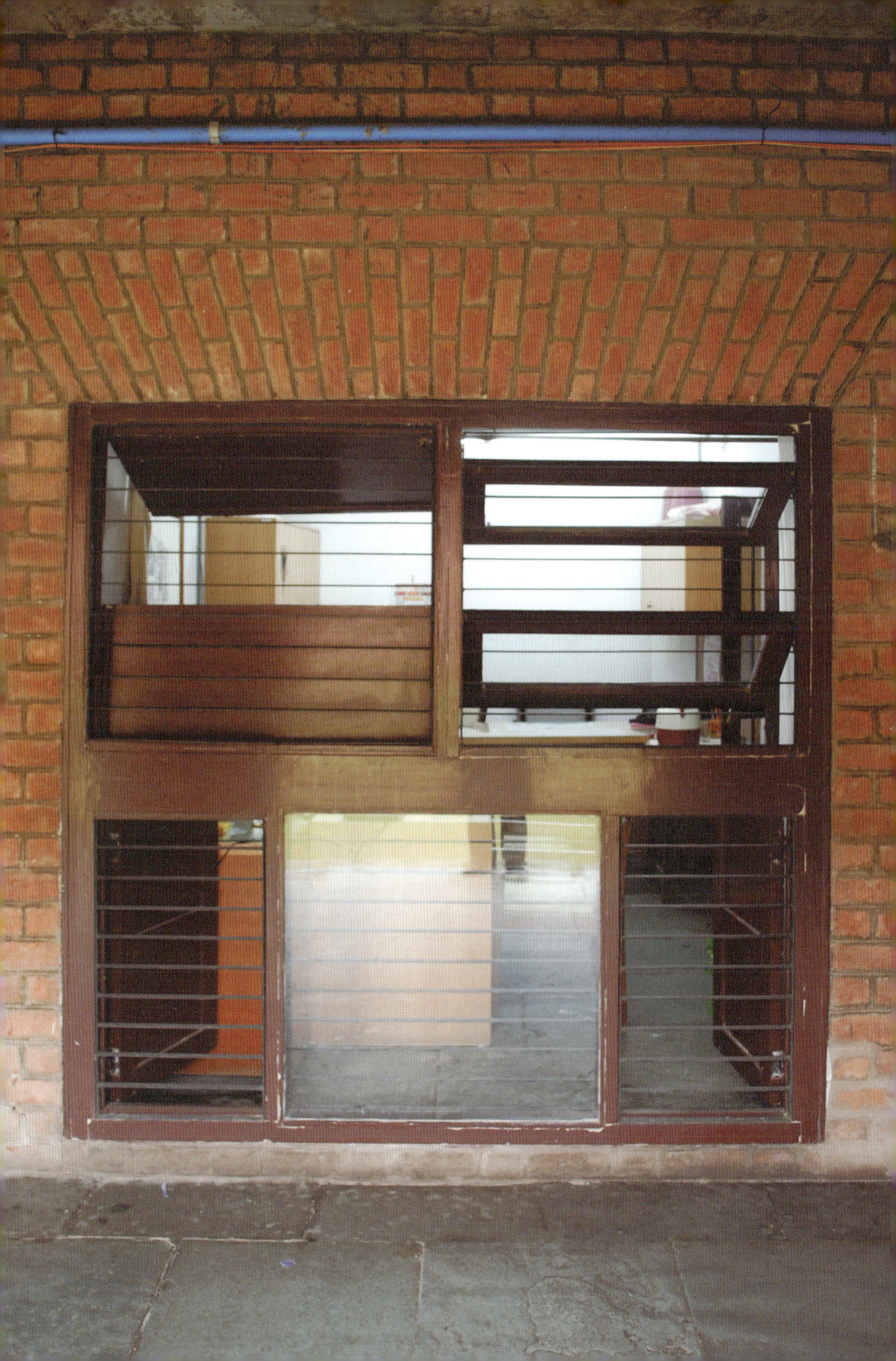

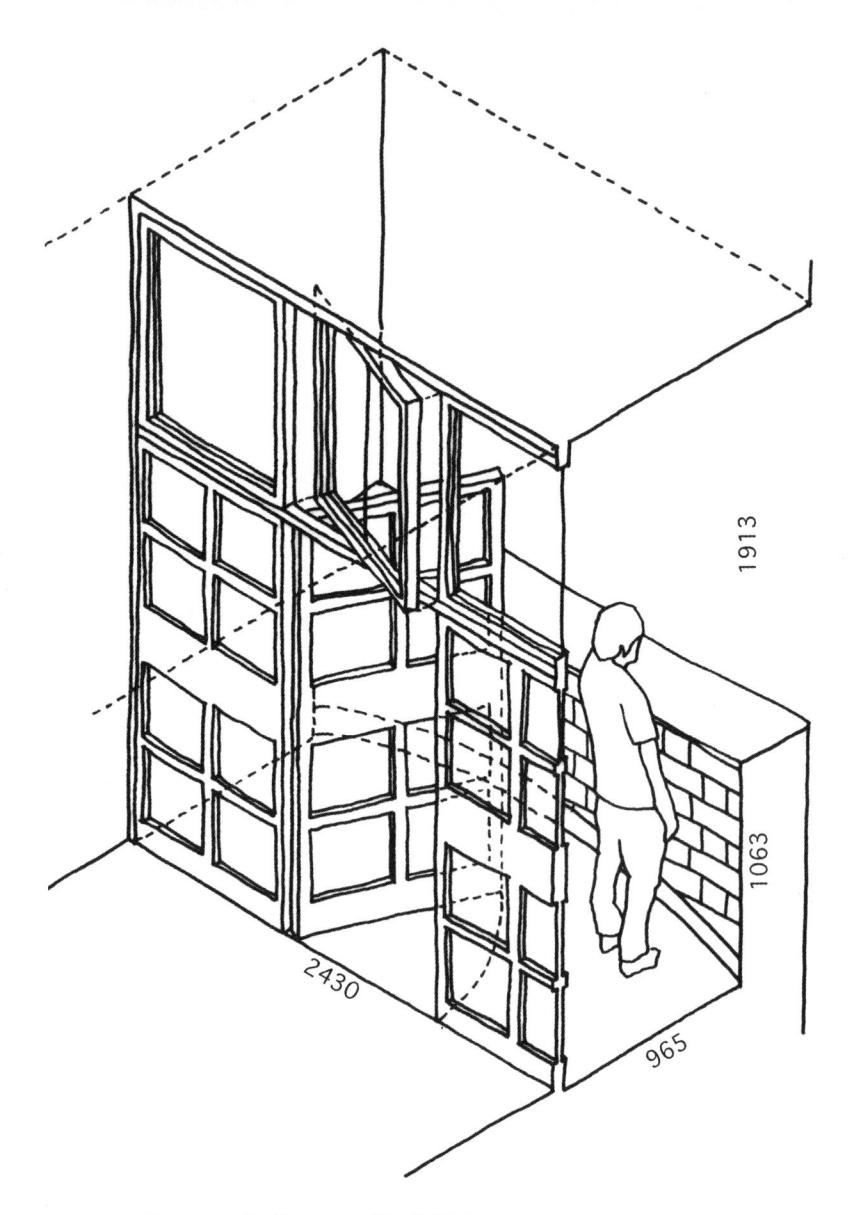

IIM Hemant's Room D-1010

College Domitory / Ahmedabad, India / BS

アーメダバードにあるルイス・カーン設計のインド経営大学内のドミトリー個室。上部に縦軸回転の建具、下部は掃き出しの両開き（外開き）建具が設けられている。滞在時間の長い学習室でもある個室の居住性を上げるために、色々な調整が自分でできるようになっている。

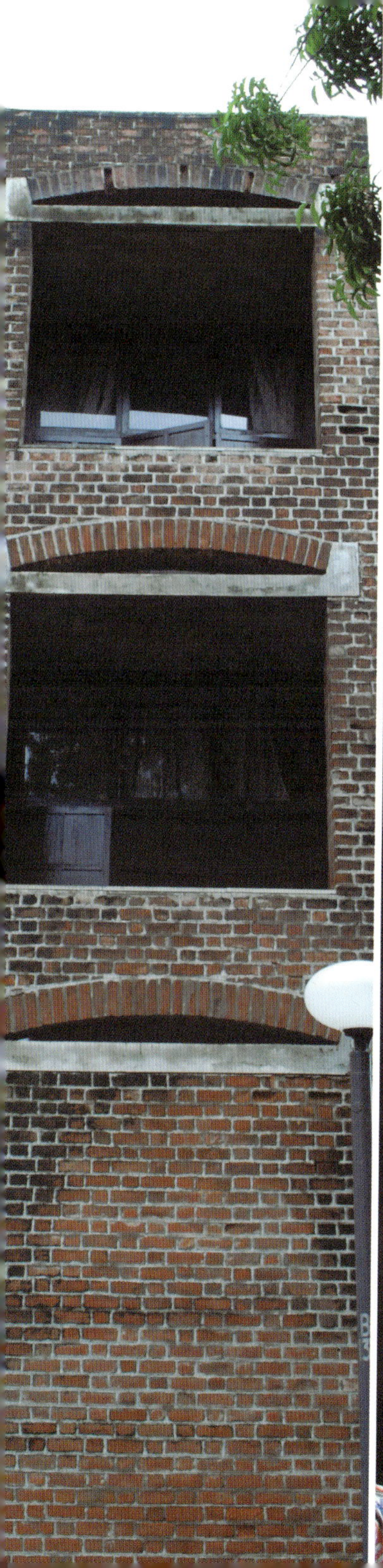

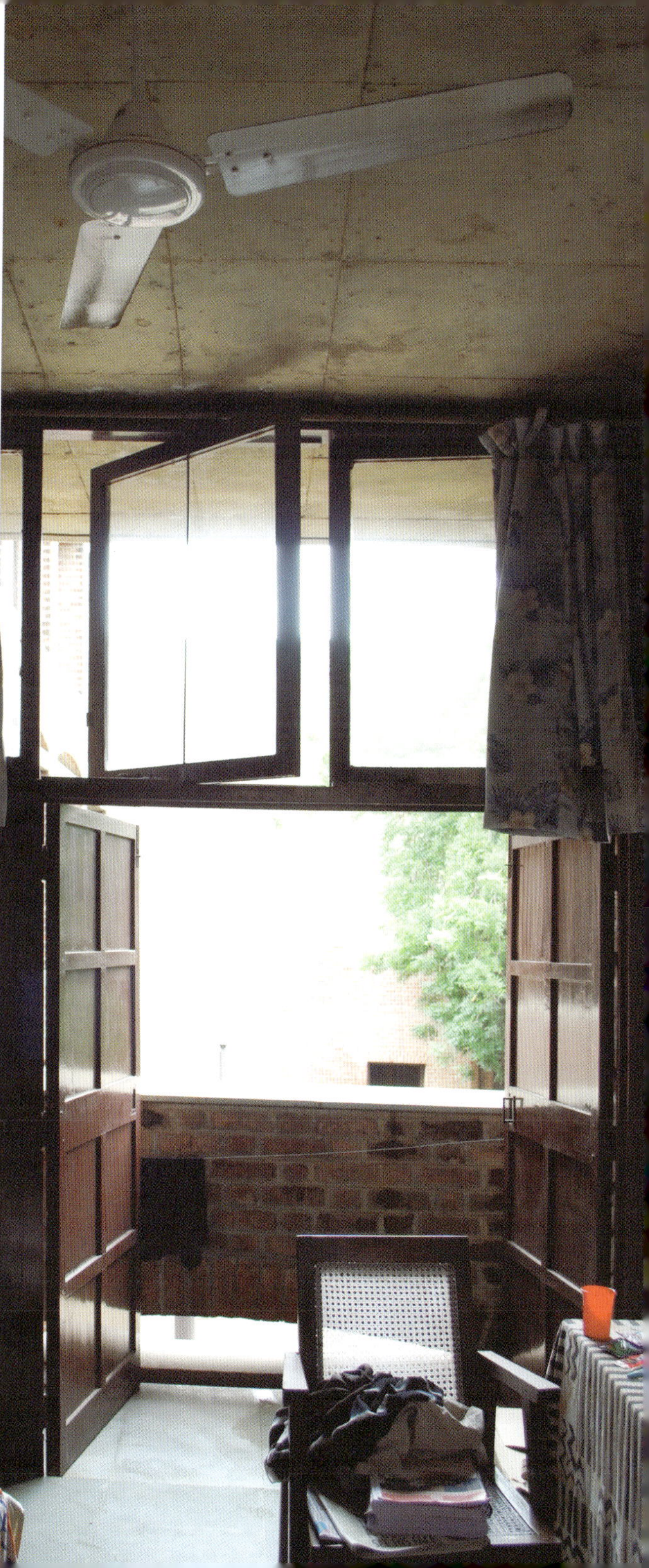

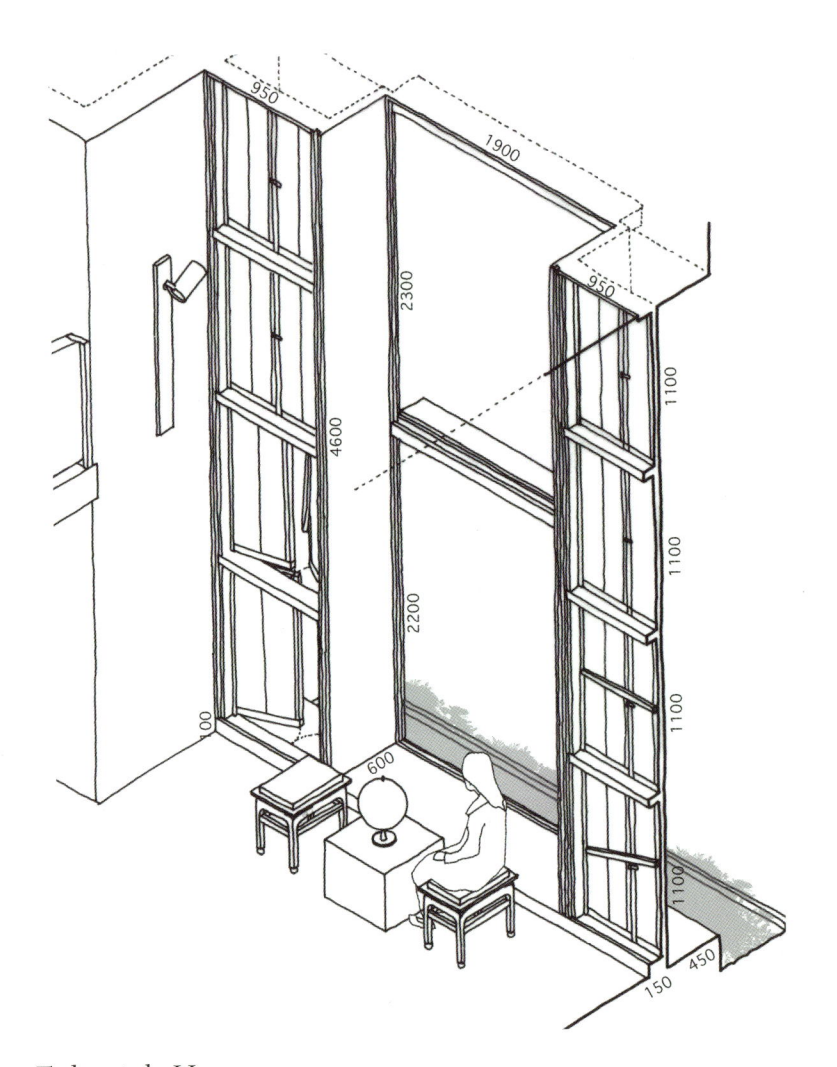

Esherick House

House / Philadelphia, PA, USA / Cfa

フィラデルフィアにあるルイス・カーン設計の住宅。中央の二層分のフィックス窓は光や眺望を、両脇に換気窓。フィックスガラスの建具は枠の外側、換気窓は雨をよけて内側に設けられる。家具に使うオーク材で精度高くつくられているので、風をしまっておくキャビネットのよう。

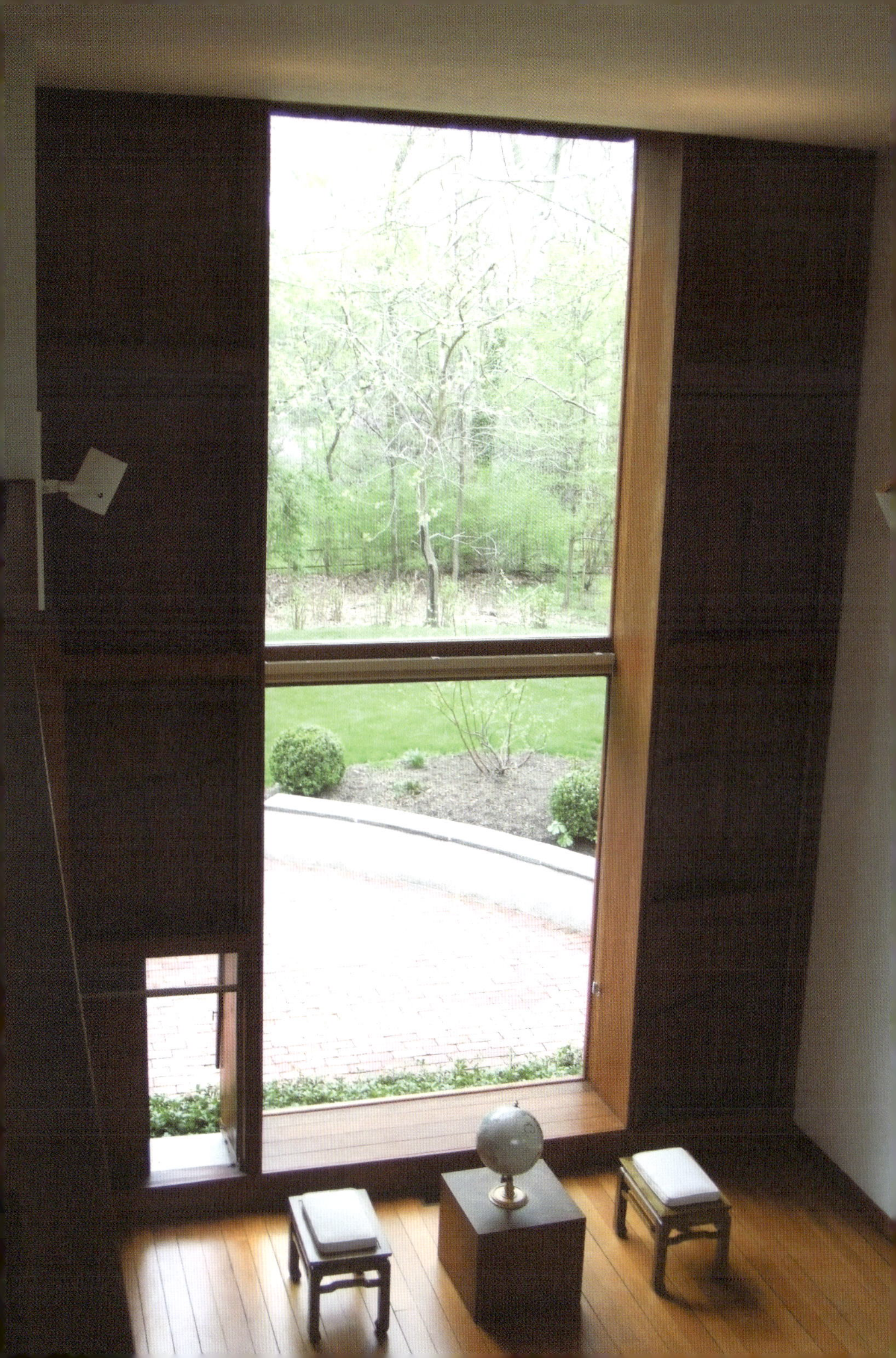

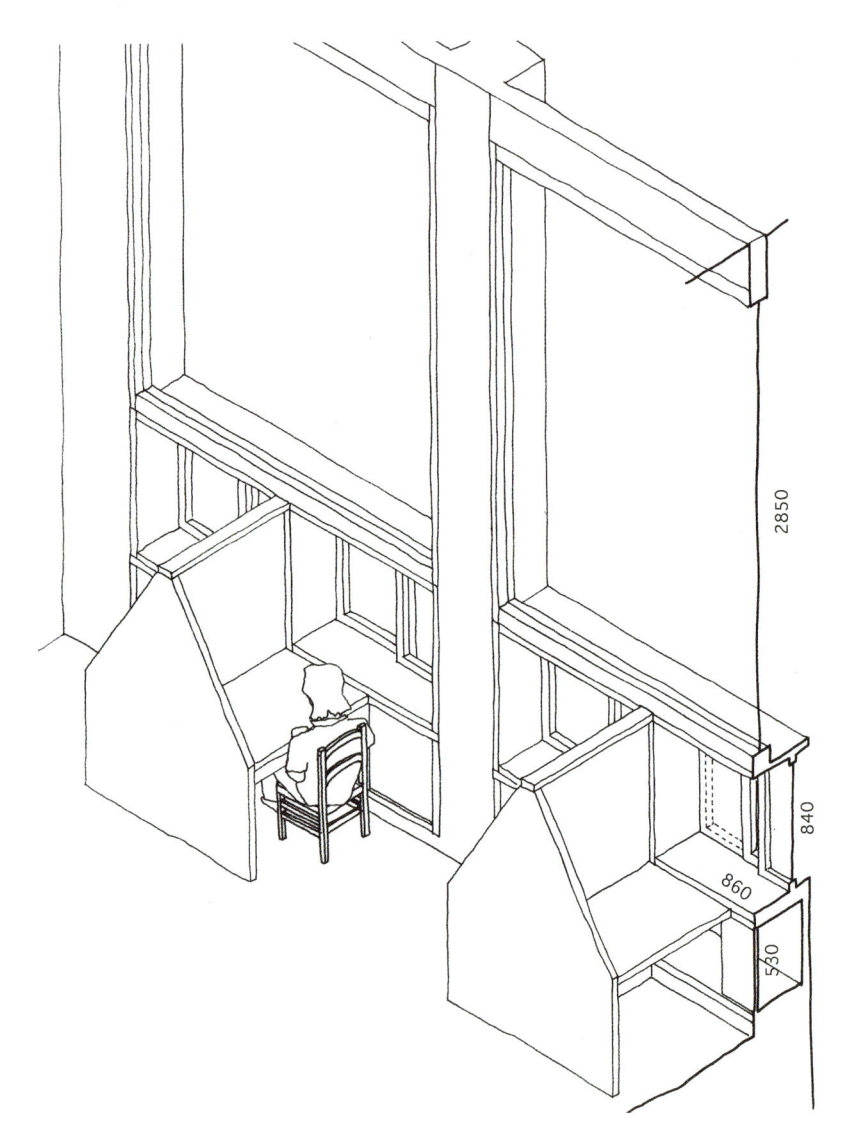

Exeter Public Library

Library / Exeter, NH, USA / Df

エクセターにあるルイス・カーン設計の図書館。外観のモニュメンタルな存在感に対応した大きなフィクス窓の下に、開閉可能な小さな窓、その内側にキャレルの机が設えられている。

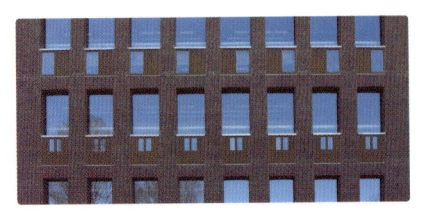

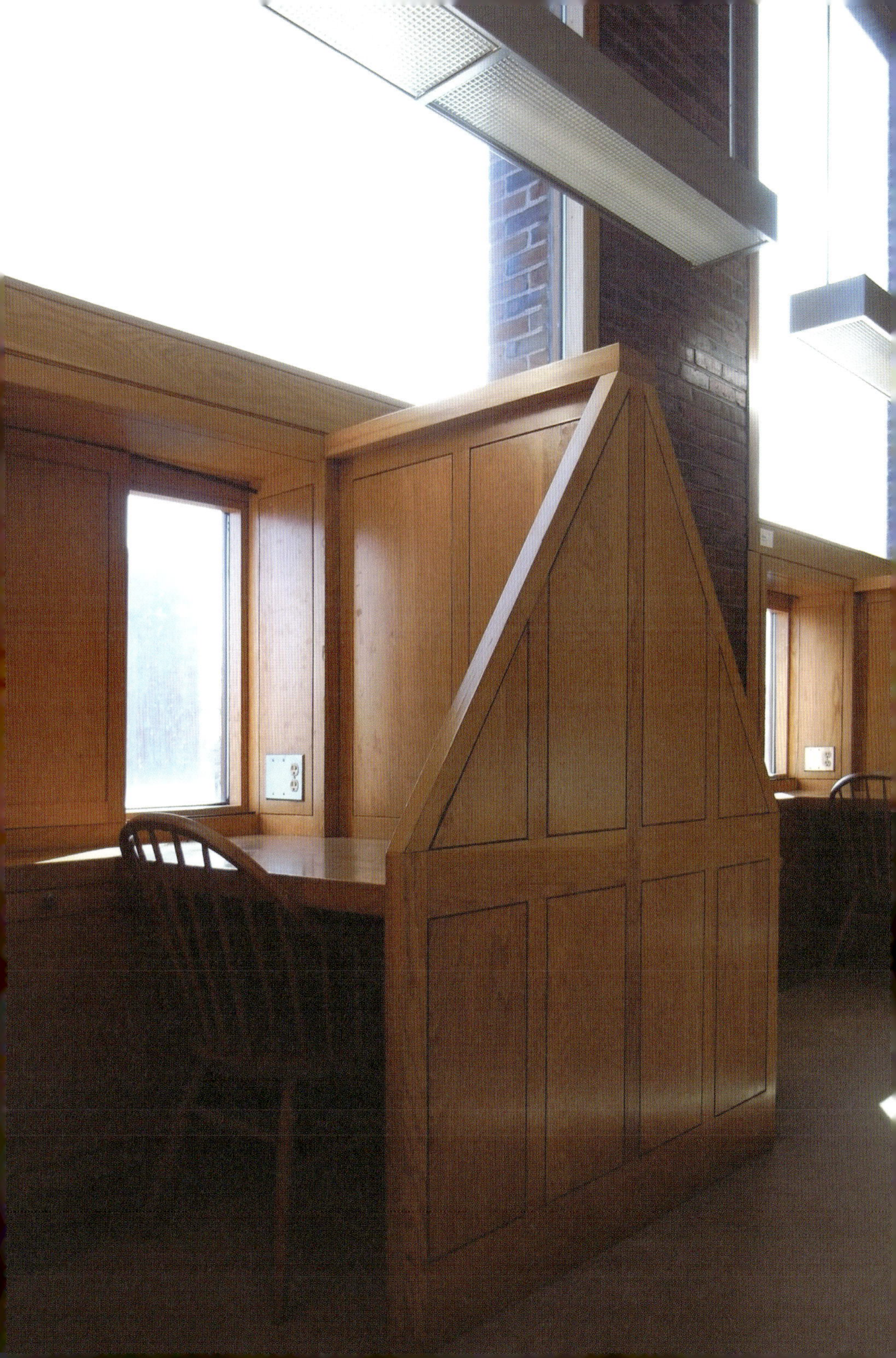

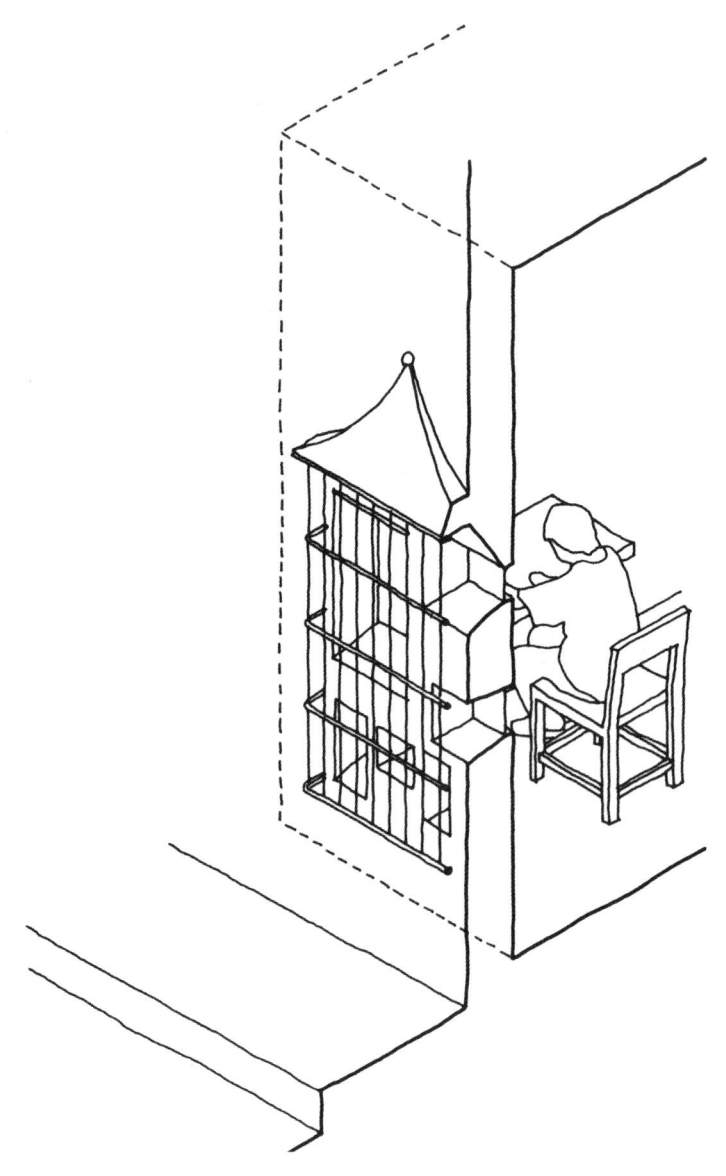

House in Tlalpan
House / Mexico City, Mexico / Aw

メキシコシティ郊外のトラルパンという歴史地区に建つ住宅。この周辺で見られる窓は防犯のために鉄格子をつけている。この窓は小さな庇を戴いた格子の中に6種の小窓が集められている。

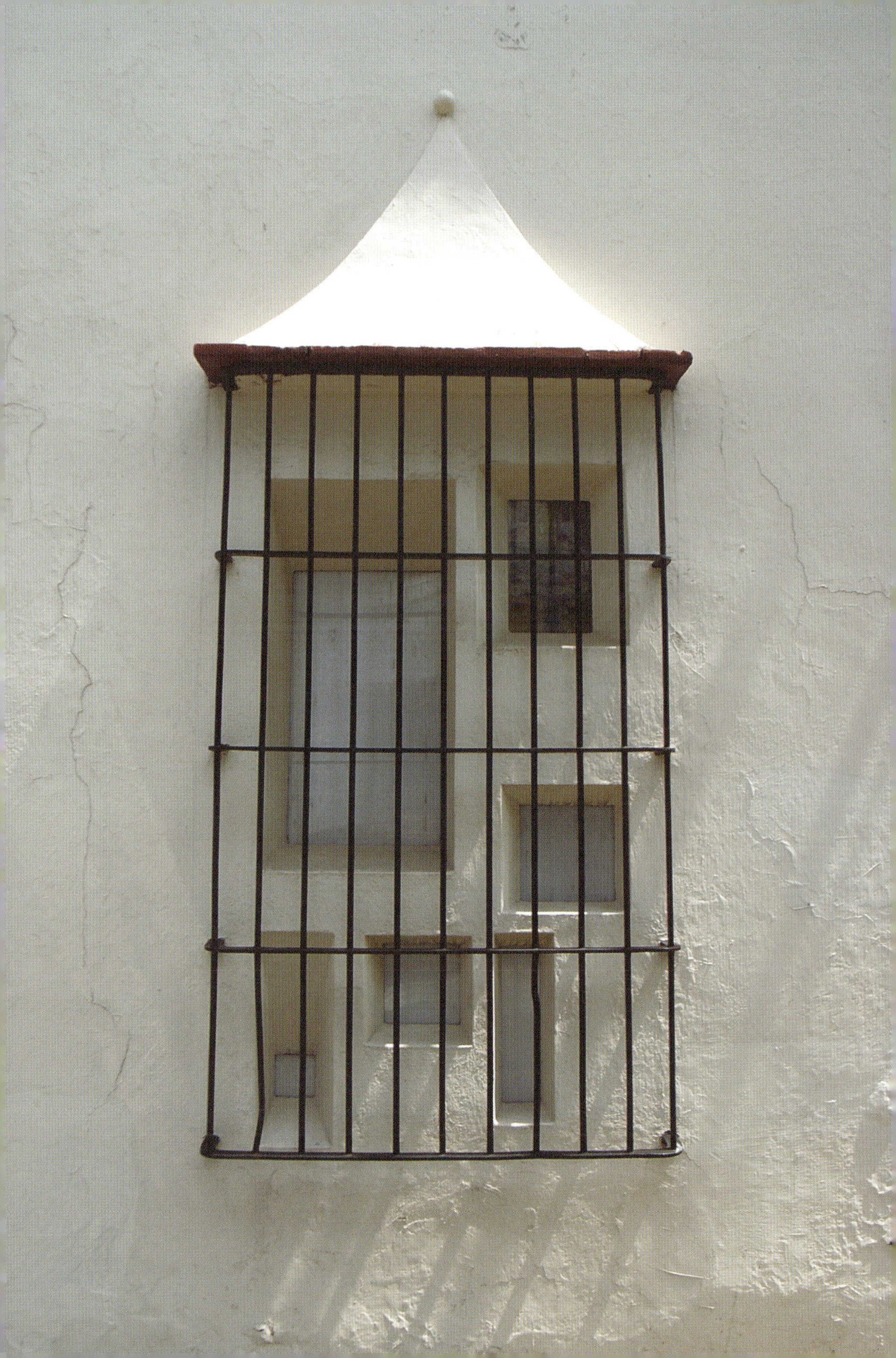

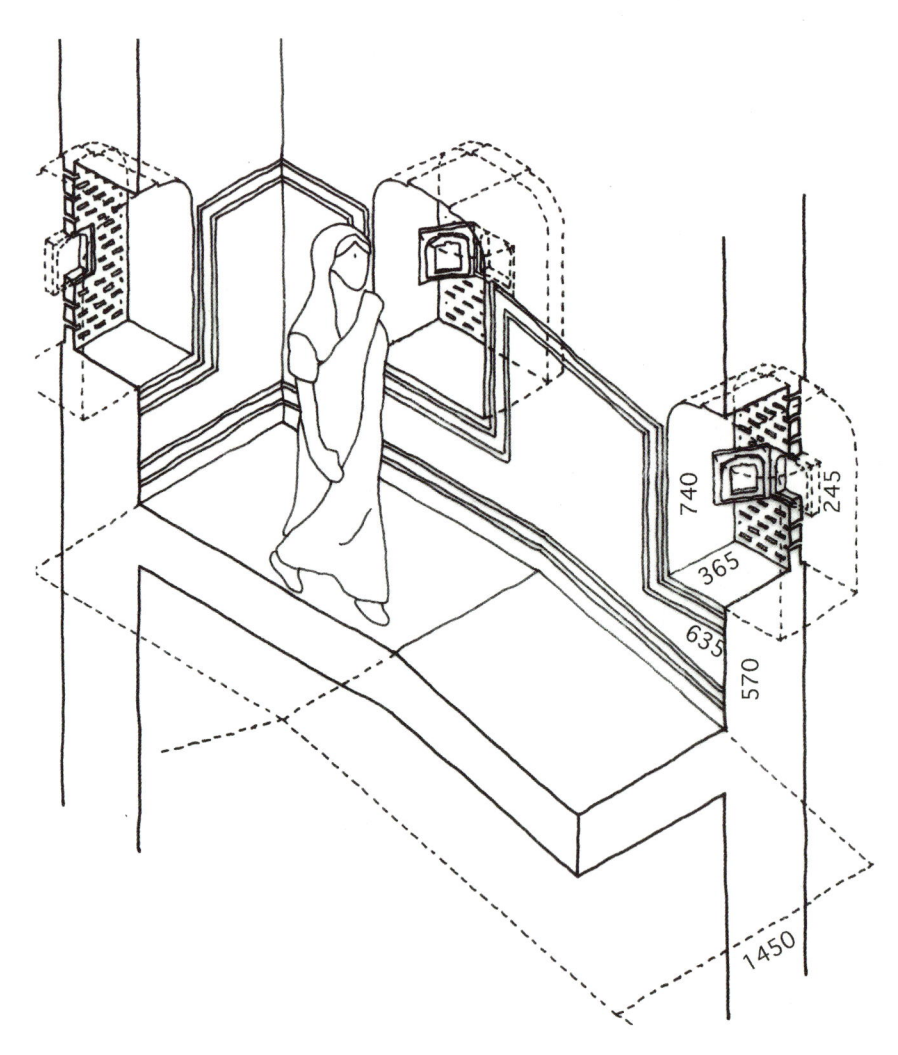

Hawa Mahal Stair Hall
Palace / Jaipur, India / BS

インド、ジャイプールの「風の宮殿(ハワ・マハル)」の塔状階段室。螺旋状に取り巻くスロープの勾配に合わせて、一面3つずつの窓が設えられている。ジャーリー(石板を彫刻したスクリーン)の中にさらにアーチ型の木製小窓が設けられている。風の窓と目の窓の分離。

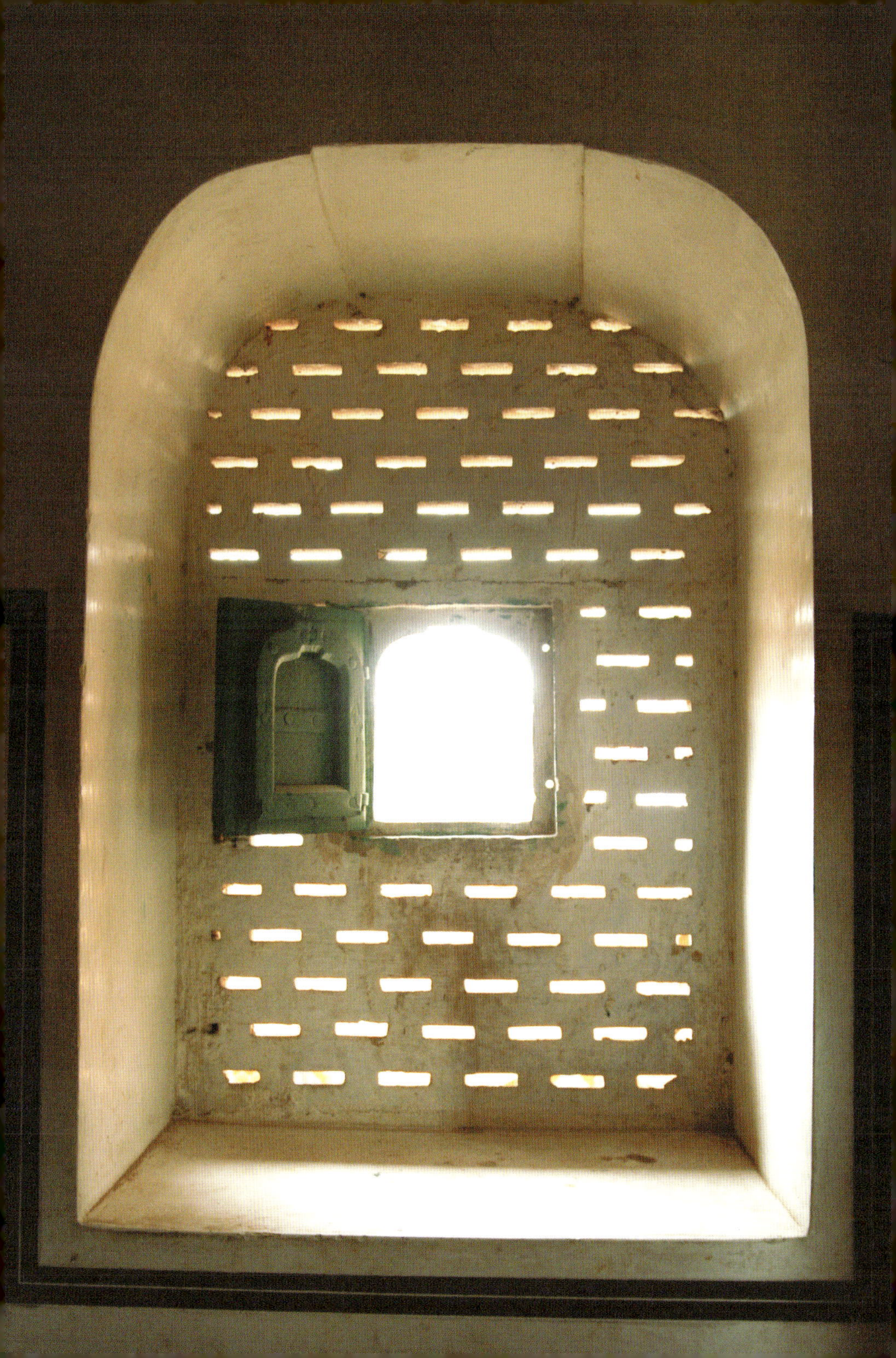

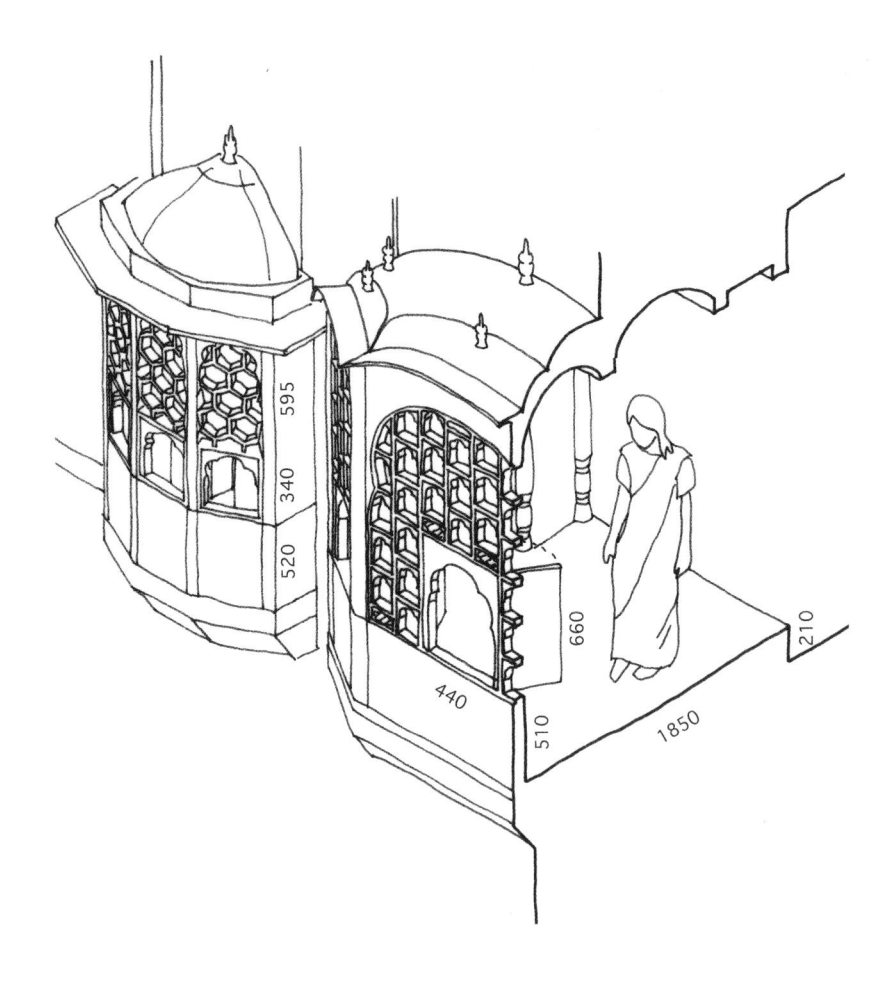

Hawa Mahal Main Façade

Palace / Jaipur, India / BW

インド、ジャイプールの「風の宮殿(ハワ・マハル)」の正面。女性はその姿を表にさらしてはいけないという宗教上の規律が、ジャーリーと呼ばれる石の格子によって覆われた出窓、ジャロカーを生んだ。様々な模様をもつジャーリー中央にある顔ぐらいの小さなアーチ型開口に両開きの木戸が納まっている。

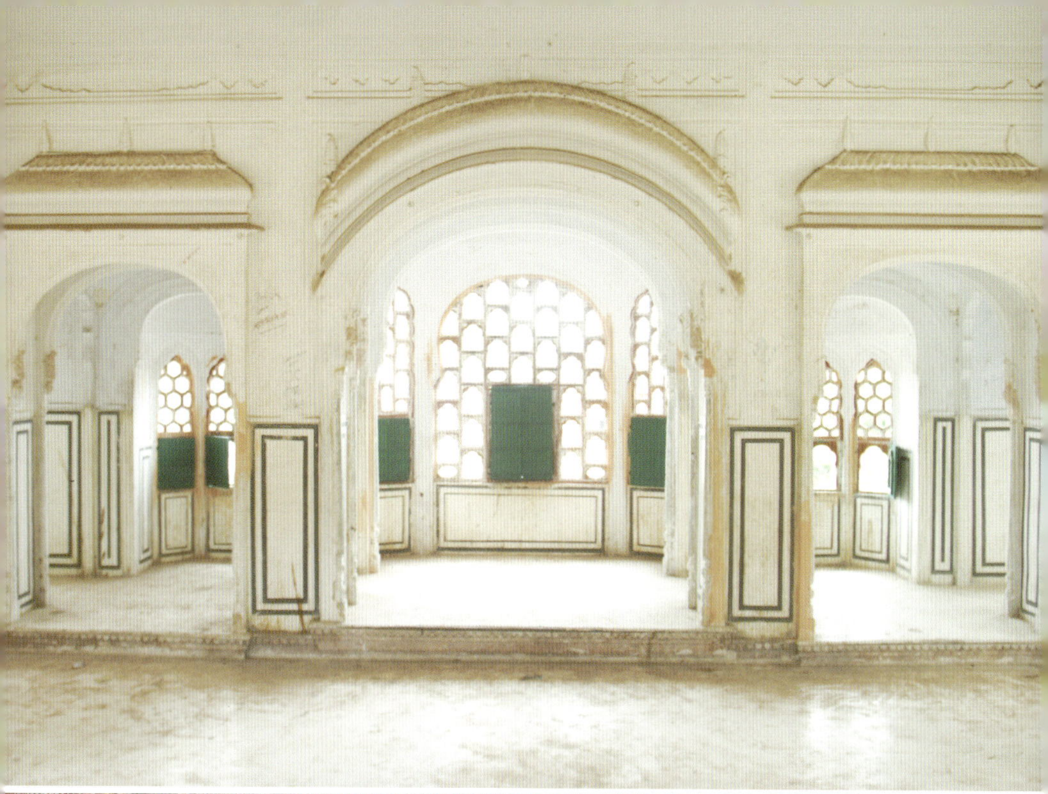

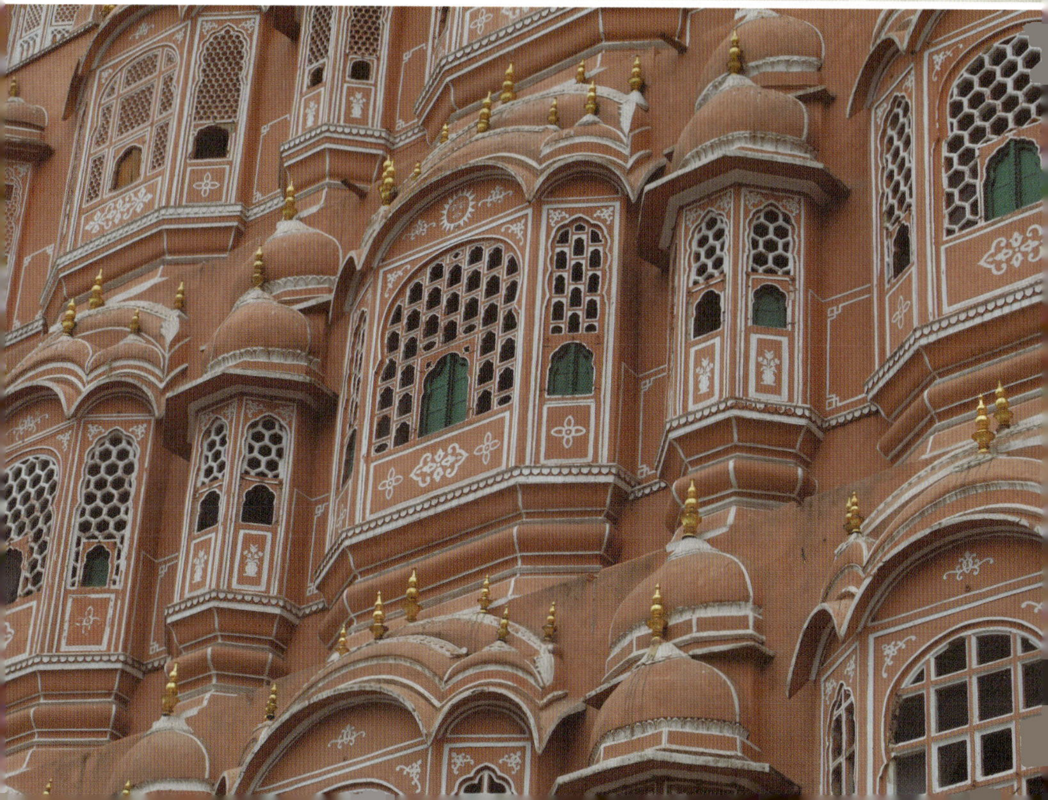

| 口絵解説 | # 街の窓

街には固有の窓というものがある。窓は気候風土との対応や、操作性、施工性の制約の中で試行錯誤を繰り返し、それぞれに固有な形式へと収斂してきたといえる。だから建物の規模や用途が違ったとしても、通りの両側に立ち並ぶ壁面上の窓には一定の型が認められ、街路空間はそうした窓の反復によって統合される。その場所で生活する個の存在を象徴する窓が、それらがお互いに一定の距離を保ちながら集合することによって、街路空間は公の水準を象徴するのである。ここに個の参加が全体を支え、全体のあり方がこの独自性を担保する公共空間のもっとも単純なモデルをみることができる。

ボウネス・オン・ウィンダミア | イギリス
ウィンダミア湖を望むことのできる湖畔の街として栄えた湖水地方を代表する街。街の家々は石造りの外壁を共有しながら、それぞれがドーマー窓とカラフルなベイ・ウィンドウのセットを反復することで、重々しくも軽やかなリズムのある街並を形成している。

ドブロブニク | クロアチア
アドリア海に突き出す城壁で囲まれた都市。拡張が制限されているため、限られた通りに対して建物が密集し、一つの建物の間口は狭い。そのため建物の1階にニーサイドウィンドウと呼ばれる出入口とショーウィンドウが組合わさったアーチ窓が連続することになる。

プロチダ | イタリア
ナポリ港から船で一時間ほど離れた地中海に浮かぶ島。中世の要塞都市が漁村へと転じた集落からなる。海辺の限られた土地を高密度に利用することで、垂直方向に伸びる建築が立ち並ぶ港に面した街のファサードは、カラフルなスタッコによって彩られている。GLレベルには船庫であったアーチの大開口が並び、さらに上階の各層にもアーチの大開口が設けられることで、水平・垂直の両方向にアーチの大開口が反復する街並となっている。

ジャイサルメール ｜ インド
ラジャスターン州のタール砂漠の中央に位置するオアシス都市。かつては東西交易路の中継都市として栄えたが、スエズ運河の開通で陸路から海路になり、さらにパキスタンの独立によって交通の要衝としての機能を失った。しかし今でも城塞の内部にはラジプート族の邸宅（ハヴェリ）が立ち並ぶ通りがあり、石の格子（ジャーリー）によって覆われた出窓（ジャロカー）が反復する美しい街並を残している。

イスタンブール ｜ トルコ
ボスポラス海峡にまたがるトルコの首都。ムスリムのトルコ人だけでなく、ギリシャ人、ユダヤ人、西ヨーロッパの商人などが住む、多文化都市であり、東西交易の中心として栄えた。イスラム教の戒律からムスリムの女性が外から見られずに、内から外を眺めることができる出窓（チュンバ）の反復が街並をつくっている。

西塘 ｜ 中国
明、清時代の建物が数多く残された上海近郊の水郷古鎮。街の中央にはかつて絹の輸送に利用されていた運河が流れており、その安定した流れに接して、長く庇をのばしながら窓や大きなテラスを設けた家々が並んでいる。

ミコノス ｜ ギリシャ
エーゲ海に浮かぶ島。建物は石造りの上に白く石灰が塗り込まれているが、海辺のレストランやカフェ、バーは、海への眺望を得るためこぞって木造のベランダや温室などの非常にカジュアルな小部屋を増築し、エーゲ海の風景に彩りを添えている。

金沢 ｜ 日本
加賀藩の城下町。江戸時代に浅野川の東側に茶屋街が形成され、現在は繊細な木製の格子や雨戸、簾、庇が連続する街並が保存されている。

サラエボ ｜ ボスニア・ヘルツェゴビナ
6世紀にアラブのスーク（市場）をモデルに建設された商業地区。トルコからの品物が持ち込まれる交易の都市で、現在でも金属細工や陶磁器、宝石などが製作、販売されており、ショーウィンドウの出窓と庇の連続が街並をつくっている。

調査メンバー・調査地域

国	調査日	都市名	調査メンバー
Japan	2007.9.8	Kanazawa	能作文徳,亀井聡
	2010.8.10	Yokohama	能作文徳,金野千恵,小笹泉
	2010.9.10	Takaoka	塚本由晴,能作文徳,金野千恵,佐々木啓
Korea	2008.4.13~4.14	Seoul	金野千恵,森中康彰
China	2009.9.4~9.13	Shanghai	能作文徳,森中康彰
		Xitang	
		Suzhou	
		Tongli	
		Hongkong	
		Macau	
		Lijiang	
Vietnam	2009.7.12~7.16	Hochimin	山道拓人,千葉元生
		Hoi an	
Malaysia	2009.7.8~7.11	Kuala Lumpur	山道拓人,千葉元生
		Malaka	
Australia	2009.4.8~4.17	Sydney	能作文徳,金野千恵,坂根みなほ,山道拓人,宮城島崇人
		Brisbane	
		New South Wales	
India	2008.8.8~8.15	Jaipur	塚本由晴,金野千恵,後藤弘旭
		Jaisalmer	
		Jodhpur	
		Ahmedabad	
		Mumbai	
Sri Lanka	2007.9.18~9.22	Colombo	能作文徳,五十嵐麻美
		Bentota	
		Nigonbo	
		Pinnawala	
Turkey	2007.9.5~9.16	Istanbul	塚本由晴,能作文徳,佐々木啓
		Safranbolu	
Greece	2008.8.2	Mykonos	能作文徳
Bosnia and Herzegovina	2008.7.23~7.24	Sarajevo	能作文徳
		Mostar	
Croatia	2008.4.6, 5.3, 5.12	Zagreb	塚本由晴,能作文徳
		Dubrovnik	
Slovenia	2008.8.13	Ljubljana	能作文徳
Czech Republic	2007.5.14-5.16	Prague	能作文徳
Austria	2007.5.17~5.18	Vienna	能作文徳
Switzerland	2007.5.20~5.23	Guarda	能作文徳
		Films	
		Vevey	

国	調査日	都市名	調査メンバー
Germany		Dessau	後藤弘旭
Finland		Espoo	山田明子,坂根みなほ
		Saynatsalo	
Sweden		Stockholm	亀井聡,坂根みなほ
		Stennäs	
		Klippan	
Italy	2009.8.5~8.13	Florence	塚本由晴,金野千恵,佐々木啓
		Tivoli	
		Procida	
		Positano	
		Amalfi	
	2010.9.18	Como	日高海渡
	2010.8.27	Venice	塚本由晴,能作文徳,金野千恵,森中康彰,赤松慎太郎,宮城島崇人
	2010.8.29	Ostuni	能作文徳,金野千恵
	2010.8.30	Locorotondo	能作文徳,金野千恵
France	2007.5.12~5.13	Paris	能作文徳
		Ronchamp	千葉元生
England	2009.8.8~8.17	London	亀井聡,森中康彰,山田明子
		Glasgow	
		Bowness-on-Windermere	
		Chester	
		Bexleyhadth	
		Bibury	
Spain	2009.8.18~8.22	Granada	佐々木啓,宮城島崇人
		Sevillia	
		Santiego de Compostela	
		Majorca	
Portugal	2009.8.24~8.28	Porto	佐々木啓,宮城島崇人
		Aveiro	
		Amares	
Tunisia		Tunis	後藤弘旭
Mexico	2008.9.3~9.12	Mexico City	亀井聡,小笹泉
Brasil		Sao Paulo	塚本由晴
USA	2007.4.28, 5.9	Philadelphia	塚本由晴,金野千恵
		Exeter	
		Mill Run	

WindowScape
窓のふるまい学

2010 年 10 月 30 日　初版発行
2024 年　1 月 20 日　第 9 刷

編者：東京工業大学 塚本由晴研究室
著者：塚本由晴 + 能作文徳 + 金野千恵
クリエイティブ・ディレクター：川崎紀弘（Aleph Zero, inc.）
装幀：関口裕（Aleph Zero, inc.）
DTP：杉山峻輔
協力：前田瑞穂（Aleph Zero, inc.）
発行者：上原哲郎
発行所：〒150-0022　東京都渋谷区恵比寿南 1-20-6　第 21 荒井ビル
　　　　株式会社 フィルムアート社
印刷所・製本所：シナノ印刷株式会社

ISBN978-4-8459-1058-8　C0052

WindowScape - Window Behaviorology -

by Tokyo Insitute of Technology, Graduate School of Architecture and Building Engineering, Tsukamoto Laboratory.

Author : Yoshiharu Tsukamoto + Fuminori Nousaku + Chie Konno